GODEFROID DE BOUILLON

ET LES

ROIS LATINS DE JÉRUSALEM.

Tournai, typ. de H. Casterman, imprimeur de l'Evêché.

GODEFROID DE BOUILLON

ET LES

ROIS LATINS DE JÉRUSALEM

ÉTUDE HISTORIQUE

SUR LEURS TOMBEAUX JADIS EXISTANT DANS L'ÉGLISE DE LA RÉSURRECTION,

PRÉCÉDÉE DE CONSIDÉRATIONS SUR LA PREMIÈRE CROISADE,
AINSI QUE SUR PIERRE L'ERMITE, ARNOULD DE ROHES
ET LES CHEVALIERS DU SAINT-SÉPULCRE,

Par le baron de Hody.

DEUXIÈME ÉDITION, REVUE ET CORRIGÉE.

*Si oblitus fuero, Jerusalem,
oblivioni detur dextera mea.*
Ps. cxxxvi.

PARIS **TOURNAI**
LIBRAIRIE DE P. LETHIELLEUX,   LIBRAIRIE DE H. CASTERMAN,
Rue Bonaparte, 66.   Rue aux Rats, 11.

H. CASTERMAN
ÉDITEUR.
1859.

REPRODUCTION ET TRADUCTION RÉSERVÉES.

En 1849, le ministre de l'intérieur informa l'Académie royale des sciences, des lettres, et des beaux-arts de Belgique (1), qu'il avait fait exécuter en pierre de France, pour le musée royal d'armures et d'antiquités, un petit modèle du tombeau de Godefroid de Bouillon, *tel qu'il existait jadis à Jérusalem*, et qu'il en avait fait mouler en plâtre quelques copies.

M. le ministre adressait à l'Académie une de ces copies, en faisant remarquer que le tombeau de Baudouin était parfaitement semblable à celui de Godefroid, à l'inscription près.

L'Académie dut se borner à remercier le ministre de cet envoi, et il ne serait pas équitable de la rendre responsable de l'anachronisme qui déparait le prétendu *fac-simile* dont on lui faisait hommage. Il importe cependant que le modèle exécuté en 1849 par les ordres du ministre, et qui se trouve déposé au musée royal d'armures et d'antiquités, ne puisse servir de guide pour la restauration éventuelle du mausolée de Godefroid de Bouillon dans l'église du Saint-Sépulcre, s'il est démontré que la gravure d'après laquelle ce modèle a été exécuté ne méritait pas la confiance que lui a témoignée le gouvernement. Il importe également que l'anachronisme qui dépare ce modèle, exécuté du reste dans des proportions trop réduites, ne soit pas imputé à ceux qu'on supposerait à tort avoir été consultés en cette circonstance.

(1) Classe des lettres, séance du 4 juin 1849 ; Bulletin de l'Académie, t. XVI, 1re partie, p. 636.

Le travail ci-après n'a qu'un mérite, celui de la reproduction fidèle de mes lectures, en ce qui concerne les tombeaux de Godefroid de Bouillon et de ses successeurs à Jérusalem ; ces lectures, entreprises d'abord dans le simple but de me créer une distraction dont j'avais besoin, m'ont procuré une foule de notions auxquelles il me semble utile de donner une certaine publicité. Grâce à elles, j'ai pu reconnaître plus d'une erreur, éclaircir plus d'un fait peu connu ou mal apprécié, et constater l'unanimité des sentiments de respect avec lesquels tous les voyageurs s'occupent du Brabançon Godefroid. Ces lectures ont été pour moi un véritable pèlerinage ; elles ont été poursuivies pendant deux ans avec ferveur, et je serais heureux qu'elles pussent rendre de plus en plus populaire l'idée de revendiquer pour nous seuls la gloire du héros chrétien, enfant, comme Charlemagne dont il descendait, de cette Belgique si petite par son territoire aujourd'hui, si grande par sa place dans l'histoire.

Bruxelles, 24 mai 1854.

L'excellent accueil fait à ce travail et les nombreuses fautes dont fourmillait la première édition m'ont engagé à le réimprimer dans un nouveau format.

Je saisis cette occasion pour remercier de leur bienveillance les journaux qui ont bien voulu s'occuper de cette modeste étude.

Bruxelles, 15 octobre 1856.

INTRODUCTION.

Les annales du royaume de Jérusalem, fondé en 1099 par les Croisés, se divisent en deux parties bien distinctes. La première s'arrête à la conquête de la ville sainte par Salah-ed-Din, en 1187; la seconde à la chute de Ptolémaïs, en 1291. Les recherches qui forment la matière de cet opuscule ne concernent que les huit princes enterrés dans l'église du Saint-Sépulcre, et dont les tombeaux ont entièrement disparu.

Ces huit princes furent :

Godefroid de Bouillon, mort le 17 août 1100;

Baudouin I, son frère, mort en 1118;

Baudouin II, son cousin, mort le 21 août 1131;

Foulques, comte d'Anjou, époux de la princesse Mélisende, fille de Baudouin II, mort le 13 novembre 1143 ;

Baudouin III, fils des précédents, couronné en 1152, mort le 10 février 1162 ;

Amaury, frère du précédent, mort le 31 juillet 1174 ;

Baudouin IV, son fils, dit le Lépreux, couronné à 13 ans, mort le 16 mars 1185 ;

Baudouin V, neveu du précédent, couronné le 20 novembre 1183, mort en août 1186.

GODEFROID DE BOUILLON,

AVOUÉ DU SAINT-SÉPULCRE.

1099—1100.

I

Les savants auteurs de l'*Histoire littéraire de la France* (1) faisaient remarquer, en 1747, que Godefroid n'avait pas eu jusqu'alors un seul auteur qui eût donné son histoire complète. *Il serait à désirer*, disaient-ils, *de voir un aussi riche sujet traité avec une juste étendue par quelque plume habile.* Un siècle s'est écoulé, et ce vœu ne s'est point réalisé (2).

En écrivant, en 1841, l'histoire de la première croisade (3), M. H. Von Sybel a démontré toutes les difficultés de cette tâche : la nôtre ne consiste heureusement qu'à esquisser superficiellement la vie de ce héros.

Godefroid le Courageux, de la maison d'Ardenne, devint

(1) *Histoire littéraire de la France*, par des religieux bénédictins de la congrégation de Saint-Maur, t. VIII ; Paris, in-4°, 1747.

(2) Dans sa belle introduction au poème de *Godefroid de Bouillon*, le baron de Reiffenberg dit avec modestie : *ce n'est pas l'histoire de Godefroid de Bouillon que nous avons la prétention d'écrire* (p. XVII). Personne plus que lui n'était en état d'entreprendre cette difficile biographie, pour laquelle il faudrait tout à la fois de la science, de la sagacité, et une plume brillante.

(3) *Geschichte des ersten kreuzzugs von Heinrich von Sybel, doctor der philosophie, und privatdocenten des geschichte an der universität zu Bonn ;* Dusseldorf, 1841, in-8°.

en 1043 duc de la *Basse-Lotharingie* ou de Lothier, dont faisait partie ce qu'on appela plus tard le *duché de Brabant*. Il était fils aîné de Godefroid le Grand. Son frère Gothelon II obtint le duché de Mosellane (Haute-Lotharingie); Frédéric, le cadet des trois frères, reçut les ordres, et devint plus tard souverain pontife, sous le nom d'Etienne IX.

Godefroid le Courageux mourut en 1069, laissant un fils qui hérita du titre ducal, et une fille, Ida, mariée en secondes noces à Eustache, comte de Boulogne et de Lens (1). Son fils Godefroid, dit le Bossu, fut un prince distingué par sa bravoure et ses qualités morales : époux de l'illustre Mathilde, marquise de Toscane, il mourut sans enfants et après avoir adopté l'un de ses neveux (2), celui qui devait illustrer le nom de la petite ville de Bouillon.

Son beau-frère, Eustache-aux-grenons (3), était ce valeureux guerrier qui ornait son casque de deux longues aigrettes en fanons de baleine, symbole de son comté, situé sur les rivages de l'Océan, où vint plus d'une fois, même de nos jours, échouer ce monstrueux cétacé.

Comtes de Boulogne de père en fils, les Eustache montaient de petits navires, se livrant aux expéditions les plus

(1) Eustache-aux-grenons était veuf de Goda ou Godoïa, fille d'Ethlred II, roi d'Angleterre, et veuve de Gauthier, comte de Mantes, qu'il avait épousée en 1050. Il mourut en 1093, au plus tard.

(2) Qui, sine liberis decedens, nepotem suum Godefridum, Ydæ sororis suæ filium, in filium adoptavit, dit Bernard le Trésorier, ch. LXXVII.

Dans une charte de 1094, Godefroid s'intitule ainsi : *Ego Godefridus, legitimus successor et hæres Godefridi Barbati, filiique ejus potentissimi et justissimi ducis Godefridi avunculi mei.* » Miræus, t. ɪ, p. 764.

L'auteur des faits et gestes des évêques de Verdun semble dire que cette adoption était le résultat des dispositions testamentaires de Godefroid-le-Bossu, *quem ex sorore nepotem sui hæredem ille moriens designaverat*, mais, d'après la chronique de Saint-Hubert, cette adoption aurait déjà été consommée de son vivant : *quem avunculus adhùc vivens adoptaverat hæredem sibi.* Pertz, Monum. Germaniæ histor. t. VIII, p. 59, et t. X, p. 404.

(3) *Guernons, Grenons*, moustaches que portaient les soldats, dit Roquefort. Celles d'Eustache étaient sans doute remarquables par leur longueur.

aventureuses : ils sortaient, dit-on, de la ligne collatérale des premiers comtes de Flandre, et par conséquent le sang de Charlemagne coulait dans leurs veines. (Albert d'Aix, liv. II.)

Ida eut trois enfants : Eustache, qui succéda à son père ; Godefroid de Bouillon, et Baudouin, qui fut le premier roi de Jérusalem.

Guillaume de Tyr donne à Ida, mais à tort, un quatrième fils du nom de Guillaume, lequel serait resté près de sa mère, tandis que les trois aînés partaient pour la croisade. Les divers actes de donation auxquels intervinrent la comtesse de Boulogne et ses fils mentionnent uniformément Eustache, Godefroid et Baudouin. Sa légende, insérée dans les *Acta sanctorum*, ne parle également que de ces trois fils : mais Guillaume de Tyr a pu se tromper, comme le fait remarquer l'*Art de vérifier les dates*, t. I, p. 762, de même que Boèmond I, prince d'Antioche, s'est mépris lorsque, dans une lettre à Roger son frère, rapportée par Baronius (ad an. 1098, n° XIV), il donne à ce même Godefroid un frère nommé Hugues : *Godefridus et Hugo Bullionii fratres*.

Maints auteurs pensent que Godefroid fut l'aîné des trois frères : c'est une erreur. La Vie de la bienheureuse Ida, attribuée à une plume contemporaine (1), est formelle à ce sujet :

« Primus filiorum ejus fuit Eustachius, vir potens et in omnibus artibus sæculi ac religione laicali egregius.....

---

(1) Les *Acta sanctorum* contiennent deux biographies de sainte Ide. La première est attribuée à un moine contemporain (*monacho Wastensi coaevo*) : d'après les auteurs de ce beau recueil, le P. Gillemans, mort en 1487, serait lui-même l'auteur de la 2ᵉ vie de sainte Ide, admise par le savant Henschenius, p. 145, dans cette précieuse collection, mais il est plus probable que, conformément à l'opinion du baron Leroy, citée page 22 ci-après, il n'a fait que la transcrire dans la collection des légendes à laquelle il travaillait pour le couvent de Rouge-Cloître, *parte I hagiologii Brabantinorum collecta et transcripta à J. Gillemans*.

Secundus quippe fuit Godefridus, avi sui vocabulo et possessione Dux vocitatus, qui, Deo propitiante, Turcis triumphatis, sub nova gratia Rex primus factus fuit in Jerusalem prædestinatus. Huic autem natu posterior, sed non minùs in actu potentiâque potentior, fuit tertius bonæ memoriæ Balduinus. » (*Act. sanct.*, ad XIII april., p. 144).

D. Bouquet (*Hist. des Gaules*, t. XIV, p. 113) ajoute en note : « Eodem ordine hi tres recensentur in genealogia Caroli Magni superiùs laudata (t. XIII, p. 585) ; Ordericus et qui Eustachium cæteris postponunt ad ordinem dignitatis respexisse videntur. » — V. *Orderic. Vital.*, lib. IV ; item, *Guillaume de Malmesbury*, lib. IV, p. 143.

L'office de sainte Ide (1) accorde aussi le titre d'aîné à Eustache : « Hanc mater, cui nomen Oda, in matrimonium dedit Eustachio, hujus nominis secundo, comiti Bononiæ... Ida tres ab eo filios suscepit : Eustachium qui, post patrem, Bononiæ comes fuit, Gothofredum Bullionæum, primum inter Latinos Hierosolymitarum regem, Balduinum qui, post mortem fratris, Hierosolymorum regno potitus est. Hos Ida suis aluit uberibus, iisque unà cum lacte, virtutis et pietatis amorem infudit. »

La *Chronique généalogique de Nivelles* dit également qu'Eustache était l'aîné des enfants d'Ide de Boulogne.

Enfin, et ceci est décisif, la bibliothèque de Bruxelles possède un manuscrit du XII° siècle (n° 9823) contenant une généalogie rédigée en 1096. On y lit ce qui suit : « Eustachius verò accepit uxorem filiam Godefridi ducis, Idam nomine,

(1) Le corps d'Ide la bienheureuse se trouvait à Paris, avant la révolution, dans l'église des filles du Saint-Sacrement, rue Cassette. Tous les ans, le 13 avril, on y célébrait, selon Butler, sa fête avec beaucoup de solennité, comme celle d'une sainte canonisée. Ces restes précieux furent sauvés par une religieuse et transportés à Bayeux (Calvados) : ils y sont encore conservés dans la maison des religieuses bénédictines du Saint-Sacrement. Des démarches se font en ce moment par S. E. le cardinal-archevêque de Malines pour mettre la Belgique en possession de ces reliques vénérables.

nobilem genere et moribus, et genuit ex eâ tres filios, *Eustachium et Godefridum qui nunc est dux Lotharingiæ et Balduinum.* » Pertz, Monum. Germaniæ histor. t. ix, p. 304.

On peut consulter utilement sur ce point d'histoire la préface de la biographie d'Ide de Boulogne dans les *Acta sanctorum*, ad xiii april., t. 2, p. 139.

C'est encore une autre erreur que d'avoir donné à ces trois princes des sœurs, dont l'une aurait épousé l'empereur Henri IV, et l'autre Conon, comte de Montaigu. — V. *Histoire des Gaules*, t. xiv, p. 113 ; *Orderic Vital*, lib. ix, p. 756 ; *Acta sanctorum*, ad xiii april., p. 140.

Eustache revint en Europe après la bataille d'Ascalon : il avait assisté au siége de Jérusalem, et on le cite parmi les premiers Croisés qui en escaladèrent les murailles. Il hérita des fiefs paternels et épousa Marie, fille du roi d'Ecosse. A la mort de Baudouin, son frère, il paraît qu'on l'engagea à venir ceindre à Jérusalem la couronne royale, et qu'il se mit même en route à cette fin. Mais arrivé dans la Pouille, et au moment de s'embarquer, il apprit l'élection de Baudouin du Bourg ; aussitôt il se hâta de rebrousser chemin, en s'écriant: *A Dieu ne plaise que ce royaume, remis par la vaillance de mes frères sous l'obéissance de Jésus-Christ, soit troublé par moi, et devienne, par mon ambition, le théâtre d'une guerre civile!* (1) Ce récit ne se trouve que dans Guillaume de Tyr, liv. xii, c. 3, et dans la compilation d'Albéric de Trois-Fontaines. (D. Bouquet, t. xiii, p. 693).

Fils adoptif de Godefroid le Bossu, Godefroid fut élevé en Brabant, et l'on prétend même qu'il y naquit au château de Baisy, près de Genappe.

(1) « Absit hoc a me, ut per me in regnum Domini ingrediatur scandalum, per cujus sanguinem pacem Christi recepit, et pro cujus tranquillitate viri virtutum et immortalis memoriæ, fratres mei, egregias animas cœlis intulerunt. »

Cette tradition, glorieuse pour le Brabant, ne peut être dédaignée par un écrivain brabançon ; j'en ferai l'objet d'un examen particulier.

II

Godefroid de Bouillon est-il né dans le Brabant ou à Boulogne-sur-mer ? Tel est le problème historique à la solution duquel, Belges ou Français, nous devons chercher à fournir des arguments exempts de toute animosité.

La chose semble n'avoir pour la Belgique qu'une importance secondaire, car, vassal de l'empire germanique, soit comme marquis dans la Marche d'Anvers, soit comme duc de la Basse-Lotharingie, Godefroid est incontestablement un prince belge, qu'il soit né dans le Brabant ou à Boulogne. Né Français, Godefroid en perdit évidemment la qualité en acceptant l'héritage de son oncle maternel, Godefroid le Bossu ; héritage qui, indépendamment des deux fiefs prémentionnés, le forçait à faire hommage à l'Empereur (1). Dès lors la France peut-elle réclamer Godefroid comme prince français, elle qui, à la fin du xe siècle, ratifia l'usurpation de Hugues Capet, et repoussa l'héritier légitime de la couronne, Charles de France, notre duc de Lothier, par l'unique considération qu'à ce titre de vassal de l'Empire, il n'était plus digne de porter la couronne ?

Reconnaissons que si Godefroid de Bouillon est né à Boulogne, il n'en résulte en aucune façon que cette ville puisse

---

(1) M. de Villenfagne croit toutefois que la terre de Bouillon, étant un franc-alleu, n'était point soumise aux lois de la féodalité, et ne relevait pas de l'Empire. *Recherches sur l'hist. de la principauté de Liége*, t. I, p. 214.

encore le revendiquer comme sien : sa gloire est irrévocablement attachée à la couronne du duc de Lothier, et ce dernier était prince de l'Empire. C'est ce que dit avec beaucoup de sens le moine contemporain Robert : *Associatur cuidam duci Teutonicorum, nomine Godefrido, qui erat Eustachii Boloniensis comitis filius*, SED OFFICIO DIGNITATIS, DUX ERAT TEUTONICUS (1) (lib. I, cap. 9). C'est ce qu'indique aussi très-bien l'*Art de vérifier les dates*, où se trouve l'extrait suivant : « Le comte de Flandre se mit en marche l'an 1096... il emmena avec lui l'élite de la noblesse flamande ; Eustache, comte de Boulogne, qui avait pris les mêmes engagements, préféra, comme vassal de la France, la compagnie de Robert à celle de Godefroid de Bouillon, son frère. Arrivés en Vermandois, le comte Hugues le Grand, frère du roi, se mit à leur tête. » (t. III, p. 7.)

Godefroid de Bouillon, fils puîné du comte de Boulogne et d'Ida, sœur du duc de Lothier, était né prince français ; adopté par son oncle, ou plutôt institué son héritier, il répudia ce titre pour se faire le sujet de l'Empereur ; il mourut duc bénéficiaire de la Basse-Lotharingie, et ce ne fut qu'à sa mort qu'il fut remplacé en cette qualité. Lui élever une statue à Boulogne, c'est comme si la ville de Pau s'avisait d'élever une statue au roi de Suède, Charles XIV. Or, n'est-il pas évident qu'en acceptant la couronne de Suède, le général français Bernadotte a cessé d'appartenir à la France (2), pour prendre rang, légitimement et historiquement parlant, parmi les princes suédois?

(1) C'est aussi dans ce sens qu'il faut entendre ce passage des *Annales de Bari*, qui s'arrêtent à l'an 1102 : « Et hoc anno (1099)..... comprehensa est civitas Jerusalem..... et tunc levaverunt sibi Christiani regem Gotofredum, *qui fuerat Suevorum dux*. » Annales Barenses, apud Pertz. Monum. Germaniæ histor. t. v, p. 51.

(2) On le comprend si bien en France que l'*Encyclopédie du* XIXᵉ *siècle* ne donne sa biographie, du reste équitablement écrite, qu'au supplément consacré aux rois de Suède, et le nom de Bernadotte ne figure seulement pas à la lettre *B*.

Que la ville de Boulogne ne fasse donc point pour Godefroid de Bouillon ce qu'il serait absurde de faire à Pau pour le général Bernadotte.

———

Avant d'examiner si les prétentions du Brabant sont fondées, examinons celles de Boulogne-sur-mer.

Dans un mémoire rédigé en 1832 pour la *Société des arts de Boulogne*, M. P. Hédouin a tenté d'établir les droits de cette localité à la paternité du héros chrétien, et dans la dernière édition de ce mémoire (1), il assure que M. Michaud avait manifesté l'intention de l'insérer dans une nouvelle édition de sa *Bibliographie des croisades*. Il lui prête en outre ces paroles : *Désormais on devra regarder comme certain le fait de la naissance de Godefroid à Boulogne-sur-mer*.

M. Michaud abandonnait donc sa première opinion, puisque, dans son *Histoire des croisades*, il avait reconnu que Godefroid était né à Baisy, dans le Brabant, près de Genappe.

Ce mémoire, que M. De Ram appelle un érudit plaidoyer (*Bulletins de l'Académie*, t. XIX, p. 3), ne m'a aucunement convaincu, et je vais en exposer sommairement le contenu.

Ferry de Locres (Ferreolus Locrius), dans sa chronique de Belgique, et Malbrancq (*de Morinis*, t. II, p. 746 et 828) avaient soutenu que Godefroid reçut le jour à *Wasta* (Wastenée), près de Saint-Omer (2); ils ajoutent que, du château de ce nom, il fut conduit à Boulogne, et élevé dans l'endroit où fut érigée l'abbaye de Saint-Wulmer. Cette désignation de *Wasta* serait, d'après M. Hédouin, une première erreur résultant de la confusion de noms de lieux se ressemblant sous le double rapport de l'orthographe et de la consonnance. En effet, dit-il, il existe dans le Boulonnais un bourg nommé

---

(1) *Histoire de Notre-Dame de Boulogne*, par A. Leroi, 9ᵉ édition, continuée par M. Hédouin. Boulogne-sur-mer et Paris, 1839. in-8º.

(2) Le P. Malbrancq était de Saint-Omer.

Le Wast (1), où les comtes faisaient souvent leur résidence dans un château qu'Ida, mère de Godefroid, affectionnait, et où elle fonda un prieuré. Ferry de Locres et Malbrancq auraient donc confondu *Le Wast* avec *Wasta* ou *Wastenée*, en Artois.

D'autres ont placé le berceau de Godefroid dans le château de Longvilliers (*Longum Villare*), uniquement parce qu'on y voyait une vieille tour crénelée, appelée *tour de Godefroid*. Or, la tradition rapporte seulement que durant son enfance, Godefroid y avait été transporté de Boulogne, à cause d'une maladie qui y faisait des ravages.

M. Hédouin ne doute pas que Godefroid ne soit né à Boulogne même : « Comment, dit-il, s'est-on éloigné de cette idée si simple, si naturelle, que Godefroid est né dans la ville où son père et sa mère résidaient, et où était le siége du comté *auquel il devait succéder ?* »

Ceci n'est point exact. L'aîné des enfants d'Ida était Eustache (2), et c'est ce dernier qui devait hériter du comté de Boulogne. C'est ce que dit formellement Guillaume de Malmesbury, t. IV, p. 143 : « *Ida ergo... magnis spebus ad comitatum Lotharingorum petendum filium Godefridum erexit, nàmque seniori filio Eustachio hœreditas paterna obtigerat.* » N'est-ce même pas pour cela qu'on avait donné à ce dernier le prénom de ses aïeux?

M. Hédouin triomphe surtout de l'opinion de Guillaume de Tyr, liv. IX : « *Godefridus oriundus fuit de regno Franciæ, de Remensi provinciâ, civitate Boloniensi, quæ est*

---

(1) Aujourd'hui Vasconvilliers.

C'est là que Wassebourg fait naître Godefroid de Bouillon : « Les autres escripvent qu'il fut nay au château du Wast au pays du Boullenoys, et allèguent les annales de l'abbaye de Saint-Michel dudit lieu, qui maintenant est prieuré, en laquelle église fut inhumée la dicte Ide ou Idain, mère dudict Goddefroy, disant davantage qu'il fut nourry en jeunesse en la ville de Boullongne, au lieu où de présent est édifiée l'église et l'abbaye de Saint-Wulmer. » *Antiquités de la Gaule-Belgique*, t. I, fol. IV.

(2) V. p. 11 ci-dessus.

secùs mare anglicum sita (1) : Godefroid était originaire du royaume de France, de la province de Reims et de la ville de Boulogne, située sur le rivage de la mer d'Angleterre. » (2)

« Ce témoignage rend complète, dit-il, la démonstration du fait de la naissance de Godefroid de Bouillon à Boulogne-sur-mer. » M. Hédouin perd de vue que le mot *oriundus*, *originaire*, constate non pas la naissance proprement dite de Godefroid, mais son origine. Né accidentellement hors du comté, d'un prince français, il en était néanmoins originaire. C'est ainsi que l'on dit de Rubens, qui naquit à Cologne d'un père Anversois, qu'il était originaire de la ville d'Anvers.

L'opinion de Guillaume de Tyr ne confirme donc en rien la thèse de M. Hédouin (3).

(1) *Remensis provincia* signifie l'archevêché de *Reims*, métropole de la deuxième Belgique. Guillaume de Tyr substitue le nom de la métropole à celui de la province.

Au même chapitre, Guillaume de Tyr fait succéder Godefroid de Bouillon à Godefroid le Bossu, son oncle, dans le duché de Lothier, immédiatement après la mort de ce dernier, assassiné en 1076, tandis qu'il n'en fut pourvu qu'en 1089 : première erreur. — Il dit qu'il devint duc de Lothier *par droit d'hérédité;* or, l'on sait très-bien qu'à cette époque la Basse-Lotharingie n'était encore qu'un duché bénéficiaire, et cette dignité était si peu héréditaire, qu'à la mort de Godefroid-le-bossu elle fut conférée, sans réclamation, au propre fils de l'Empereur. Ces deux erreurs n'entameraient-elles pas singulièrement la confiance que mériterait Guillaume de Tyr quant au lieu de naissance ? Ce qui prouve d'ailleurs que souvent ce prélat n'était pas bien informé, c'est que, seul, il donne à Ida un quatrième fils, nommé Guillaume, et qui serait resté près de sa mère pendant que ses frères partaient pour la première croisade. Voy. page 10, ci-dessus.

(2) L'ancienne traduction française de Guillaume de Tyr, traduction faite apparemment au commencement du xiiie siècle, est bien plus positive, mais elle dépasse évidemment le sens du texte latin : « Il fu nez du regne de France à Boloigne seur la mer, qui fu jadis citez or est chastiax en laveschie de Taroane. Il fu nez de hautes genz et moult religieux... » MS. n° 9492 de la bibliothèque de Bourgogne.

(3) Je pense que les savants Boulonais se font illusion sur la signification du mot *oriundus*. Les lexicographes qui ont déterminé la différence entre *oriundus* et *ortus*, disent qu'*oriundus refertur ad personam vel locum undè parentes orti sunt*, et qu'*ortus idem est ac natus et refertur ad personam vel locum undè ipsi nati sumus*. Ils prouvent cette différence par une multitude

Passons à ses autres arguments, à ce qu'il appelle *des preuves positives parfaitement en harmonie avec toutes les vraisemblances.*

On lit dans un manuscrit du prêtre *Luto*, qui vivait au commencement du siècle dernier : « *Les registres de la ville de Boulogne marquent un lieu où Godefroid, surnommé de Bouillon, est né ; c'est dans l'endroit où sont aujourd'hui les boucheries de la ville, au-dessous du beffroy, où était autrefois le palais des comtes.* »

« L'opinion de Luto, savant très-laborieux, mérite d'autant plus de confiance, dit M. Hédouin, qu'il avait feuilleté les archives de Boulogne, et que c'est dans les registres qui les composaient qu'il avait copié les détails que transmet son manuscrit. »

M. Hédouin poursuit. « En outre, dans un manuscrit de 1650, provenant de la bibliothèque de notre modeste et laborieux compatriote Henry, et dont l'auteur est inconnu, on lit ce passage confirmatif du fait énoncé par Luto : « *Aucuns disent que Ide, la mère de Godefroid, accoucha en la ville de Boulogne, en l'hostel de ville* (1) *qui est sur la place, et auquel on a élevé un beffroi ou clocher pour servir à ladite ville pour les découvertes ; autres qu'il est né dans le bâtiment vis-à-vis, qui a été depuis dédié en abbaye nommée Saint-Wulmer.* »

Voilà donc les preuves positives de M. Hédouin : deux tra-

---

d'exemples. Le suivant, tiré de Tite-Live (lib. XXIV, cap. 6) est frappant : *Hippocrates et Epicydes nati Carthagine, sed oriundi ab Syracusis exsule avo, Pœni ipsi materno genere.* Sans doute *oriundus* est employé quelquefois dans le sens de *ortus*, et ce mot fait partie de la multitude de formules dont les Latins se servaient dans leurs inscriptions pour indiquer la naissance ; mais toujours est-il que la signification première, fondamentale, et ordinaire du mot ne favorise point les prétentions boulonaises. A mon sens, cela devrait être hors de contestation. (*Note du R. P. de Buck, de la compagnie de Jésus.*)

(1) M. Hédouin assure qu'antérieurement à l'an 1231, le palais des comtes de Boulogne existait sur le terrain de l'hôtel de ville actuel, et était bien certainement la résidence d'Eustache-aux-grenons, père de Godefroid.

ditions contradictoires, consignées dans des manuscrits du siècle dernier, et le témoignage de Guillaume de Tyr !

Ce dernier témoignage, nous l'avons réduit à sa véritable valeur ; quant à la tradition constatée au xviii° siècle par M. Luto et son acolyte inconnu, n'est-elle pas bien faible, bien suspecte et bien intéressée ?

Bien faible, — car une tradition n'est respectable que lorsqu'elle remonte à un temps immémorial, et se trouve constatée d'âge en âge par des témoignages irrécusables.

Bien suspecte et bien intéressée. — En effet, l'idée de s'attribuer la paternité de celui que la voix publique et populaire s'obstine à appeler le chef de la première croisade, le roi de Jérusalem, quoiqu'il n'ait été ni l'un ni l'autre, ne devait-elle pas venir naturellement à l'esprit de ceux qu'avaient gouvernés ses ancêtres et de la ville qui lui devait des reliques précieuses, souvenirs de sa piété et de sa bienveillance ?

Cette tradition se forma naturellement, et découla logiquement de l'enchaînement des faits qui se rapportaient à la famille à laquelle appartenait Godefroid ; mais, suspecte et intéressée, elle ne mérite pas d'être accueillie sans réserve (1).

———

Il est temps de passer aux arguments à l'aide desquels le Brabant revendique la paternité de l'illustre Godefroid.

Je m'occuperai d'abord des écrivains qui ont émis en ce sens une opinion affirmative ; je terminerai ma revue par l'examen de la tradition d'après laquelle ce prince, à jamais célèbre, serait né à Baisy (2) en Brabant.

(1) Elle vient d'être défendue avec conviction et talent par M. l'abbé Barbe, à propos du projet d'élever un monument à Godefroid de Bouillon dans la ville de Boulogne-sur-mer. (*Du lieu de naissance de Godefroid de Bouillon... Boulogne, 1855, un vol. in-8°.*) C'est assurément ce qu'on a écrit de mieux sur la matière dans l'intérêt des prétentions Boulonnaises.

(2) M. Hédouin parle constamment des écrivains du Brabant qui veulent faire naître Godefroid à *Baily* ; c'est une erreur typographique, mais il importe de la relever.

La première mention relative à la naissance de Godefroid de Bouillon en ce lieu se trouve dans une chronique découverte récemment par M. le professeur Bormans, et qui constituait les feuillets de garde d'un manuscrit de la bibliothèque de l'université de Liége (1). L'écriture est environ celle de 1269, époque du mariage de Jean I avec Marguerite de France. Le manuscrit commence par ces mots : *Incipit genealogia Karoli Magni;* c'est l'une des plus anciennes chroniques du Brabant.

On y lit : « Godefridus Dux genuit Godefridum gibbosum ducem et sanctam Ydam, Bononiensem comitissam, matrem Godefridi de Boilon, ducis Lotharingie post mortem Godefridi gibbosi et regis Iherusalem, et Eustacii, comitis Bononiensis (2) *qui licet nominati sunt de Boilon*, NATI TAMEN *et nutriti sunt in Brabantiâ, scilicet apud Baisiv juxtà Genepiam, castrum ducis Brabantiæ* (3). »

On trouve, dans la seconde vie de sainte Ide, publiée par Henschenius dans les *Acta sanctorum* (4) : *Apud Bruxellam,*

---

(1) M. De Ram, *Recherches sur les comtes de Louvain et leurs sépultures à Nivelles*, p. 27.

(2) On sait que Sainte Ide survécut à son fils Godefroid : elle mourut le 13 avril 1113. Son époux était décédé, au plus tôt, l'an 1093. (*Art de vérifier les dates*, t. XII, p. 352).

(3) La bibliothèque du séminaire archiépiscopal de Malines possède un manuscrit provenant de M. Allard, ancien curé de Sainte-Gertrude à Nivelles, qui devait l'avoir acquis d'un ancien moine du monastère de Villers ou de celui de Bois-Seigneur-Isaac, situés tous les deux non loin de Baisy. Ce manuscrit est la copie à peu près littérale de la chronique découverte par M. Bormans, mais elle est d'une écriture plus moderne, du XVe siècle. Je n'en ai eu connaissance qu'après la publication de ce travail, et grâce à l'obligeance de M. l'abbé De Bleser, professeur au séminaire prémentionné.

(4) Le baron Leroy, dans sa topographie historique du Brabant wallon, dit à ce sujet : « *Confirmatur traditio illa* (la naissance de Godefroid à Baisy) *ex codice MS. monasterii Rubeæ Vallis propè Bruxellas, parte I hagiologii Brabantinorum, collecta et transcripta à Joanne Gillemans, ejusdem loci canonico regulari, qui ante ducentos annos, magna industria et labore, plures sanctorum vitas collegit, interque eas vitam sanctæ Idæ viduæ et*

vel circa eam magna ex parte vitæ suæ mansionem fecit et juxtà Genepiam cum filiis honestissimè conversans, habitavit. Monstratur illùc (à Baisy) *usque hodiè fons sacri baptisterii, in quo Godefridus, ejus primogenitus,* (1) *fertur fuisse initiatus.* »

Enfin, Albert d'Aix, écrivain contemporain de la première croisade, après avoir rapporté la maladie de Baudouin Ier, à El-Arisch, et ses instances pour être enterré sous le Calvaire, près de son cher Godefroid, ajoute : « *Et hoc dicto*, VIR IN TERRA NATIVITATIS SUÆ DE LOTHARINGIA *ex nobili sanguine nobilissimus, rex in regno Jerusalem gloriosissimus ac victoriosissimus, Dei athleta fortissimus, spiritum vitæ exhalavit, in fide Christi stabilis et in confessione Domini purgatus, Dominici corporis et sanguinis perceptione munitus.* » (Lib. XII, ch. 26, p. 378).

Ce passage que n'ont pas remarqué, que je sache, les écrivains qui se sont occupés du lieu de naissance de Godefroid de Bouillon, dit formellement que Baudouin, son frère, était natif de Lotharingie : *in terra nativitatis suæ de Lotharingia*. S'il y est né, le fait de la naissance de ses frères dans la même contrée devient aussi probable que l'ont déclaré invraisemblable ceux qui veulent rattacher la naissance de tous les enfants d'Ida à la résidence habituelle d'Eustache-aux-grenons à Boulogne-sur-mer.

Ne voyons-nous pas tous les jours de bonnes mères se rendre par prédilection, vers l'époque de leurs couches, dans un lieu déterminé et bien éloigné de leur séjour habituel ? Et Ida de Boulogne, cette bonne et pieuse mère, n'avait-elle pas un immense intérêt à rapprocher ses enfants de l'oncle puissant qui devait leur transmettre des apanages considéra-

Boloniensis comitissæ de stirpe Karolidarum. » Voir la note de la page 11 ci-dessus.

(1) Nous avons déjà fait remarquer que l'aîné de ses fils fut Eustache, qui succéda à son père dans le comté de Boulogne; nous examinerons plus loin la tradition du baptême de Godefroid.

bles et des honneurs auxquels ne pouvaient guère aspirer les cadets de la maison de Boulogne?

Voilà donc des écrivains d'une antiquité non douteuse, à savoir le manuscrit du xiii° siècle découvert par M. Bormans, et une vie de sainte Ide, écrite probablement sur des renseignements dus à une plume contemporaine, qui nous apprennent que Godefroid naquit dans le Brabant; Albert d'Aix, son contemporain ou peu s'en faut, confirme indirectement leur témoignage.

Ajoutons à ces respectables autorités — A — La *chronique généalogique de Nivelles* (1), achevée en 1314, qui porte, p. 129 : « Gerberga genuit Henricum seniorem comitem de
» Bruxella, marcionem imperii, cujus pater erat Lambertus
» cum barba, frater Ragineri, comitis Hanoniæ. Hic Lam-
» bertus fuit princeps Brabantie ex parte uxoris suæ Gerberge,
» qui Lovaniensem ecclesiam construxit, et Baldricum Leo-
» diensem episcopum et exercitum ejus in bello vicit apud
» Hogardis in Brabantia. Hic Lambertus posteà apud Florines
» præliando occubuit ; cui successit Henricus marchio filius
» ejus, qui genuit Henricum et Lambertum, dictum Bal-
» dricum, comitem Bruxellensem, imperii marcionem, et
» Matildem que peperit Eustacium, comitem Boloniensem,
» qui genuit ex S. Idâ Eustacium comitem Boloniensem et
» Godefridum ducem Lotharingiæ et Balduinum. Hi reges
» fuerunt in Jerusalem, christianorum primi et virtutibus
» excellentissimi, *qui nati ac nutriti fuerunt in Brabantia*,
» scilicet apud Baisiv, juxta Genapiam castrum Ducis Lotha-
» ringie et Brabantie. Hi dicti fuerunt de Bulion, quia ipsi
» adepti sunt principatum de Bulion, post mortem avunculi
» sui Godefridi gibbosi. »

B. — Jean de Klerk, d'Anvers, qui commença en 1348 sa célèbre chronique rimée, dédiée à Jean III, duc de Brabant,

---

(1) *Chronicon genealogicum Nivellense*, publié par J. J. Chiflet, à la suite de son *Faux Childebrand*. Bruxelles, in-4°, 1659.

et terminée vers 1350 (1). On y trouve de curieux détails sur la naissance de Godefroid dans le Brabant :

185. « Godevaert metten bulte die was
  » Haer broeder, daer ic vore af las,
  » Die Hollant wan vromelike
  » Ende here sat in Lothrike :

. . . .
  » Ende en liet nu hem gheen kint
  » Ende Lothrike dat bleef doen
  » Op sinen neve van Bolioen,
  » Sijnre suster sone, Sente Yden,
  » Die meest in dien tiden
  » Te Brusele woende, ende daer omtrent :
  » Ende bi Genapien, als men vent
  » Hadsi oec ene woninghe mede,
  » Daer si dicts woende ter stede
  » Ende hilt hare drie kinder
  » Onder haer selfs roede ghinder,
  » Ende leerde hen scame ende ere,
  » Ende boven al te dienen onzen here. »
      Derde boek, II cap.

. . . .
2005. « Dus was Karel ende Godevaert
  » (Deze twee Kempen waert),
  » Beide uut Brabant gheboren,
  » Als ghi hier voer moghet horen. »
      Derde boek, XXIV, cap. (2)

C — La Grande Chronique belge (3) écrite vers 1477 : « Godefridus II, inter duces Lotharingiæ XVI in ordine,

---

(1) *Brabantsche Yeesten of Rymkronyk van Brabant*, édition de J.-B. Willems. (public. de la commission royale d'histoire), Bruxelles, 1839, in-4°.

(2) *L'excellente cronike van Braband*, publiée pour la première fois à Anvers en 1497, n'est guère qu'une compilation de la chronique rimée de De Klerk. Il n'est donc pas étonnant qu'on y retrouve presque littéralement les données qui précèdent, mais il en résulte qu'au xv° siècle la légende de Baisy était irréprochable aux yeux des écrivains Brabançons.

(3) *Magnum Chronicon* in quo cumprimis Belgicæ res et familiæ diligenter explicantur, authore vel collectore ordinis S. Augustini canon. regul. propè Nussiam religioso, t. III, p. 143. — Rerum germ. script. curante Struvio; Ratisbonnæ, 3 vol. in-fol. 1726. Cette chronique s'arrête à l'an 1474.

» fuit filius Gozelonis, ducis Lotharingiæ, et frater Stephani
» Papæ IX atque Odæ uxoris Lamberti junioris, comitis
» Lovaniensis et Bruxellensis. Genuit Godefridum Gibbosum
» ducem et S. Idam matrem Godefridi, Eustachii et Balduini,
» fratrum Boloniensium, qui adepti sunt principatum Bolo-
» niensem et Lotharingensem post mortem Godefridi Gibbosi
» eorum avunculi. *Nati sunt in Brabantia apud Basin,*
» *juxta Genapiam castrum.* »

On lit dans l'*Histoire diplomatique du Brabant*, par P. Van der Heyden, dit à Thymo, chanoine de Sainte-Gudule à Bruxelles, autre chronique estimée du xve siècle : « Gode-
» fridus de Bullione fuit enutritus in quadam villa nomine
» *Basin*, in confinio Genapiæ, castello ducis Brabantiæ, qui
» cum adolescentior fieret, avunculo suo Godefrido Gibboso,
» Lotharingiæ duci, adhæsit. »

De Vaddere nous apprend que *Divaeus*, dans ses commentaires manuscrits, ann. 1070 et 1057, faisait également naître en Brabant les fils d'Ida, mais non à Baisy : « Ida, soror ejus (Godefridi Gibbosi) cùm Eustachio, filio Eustachii comitis Boloniensis, nupsisset, Genapiæ castello, Nivellae propinquo, habitabat ; *illic filios Godefridum, Balduinumque peperit*, ac in vico contiguo Basin educari curavit (1). »

On lit à peu près la même chose dans les mémoires de Jacques Du Clercq, publiés par le baron de Reiffenberg : « Par ung vendredy XVII de juillet 1459, la fille du duc de Savoye et femme à Loys aisné, fils du roy de Fransche, en son chasteau de Genappe en Braband, accoucha d'ung fils, lesquelles nouvelles on vint dire prestement au duc de Bourgogne, qui lors estoit à Bruxelles, dont le duc fust moult joyeux, et donna mille lyons d'or à celluy qui lui rapporta les nouvelles, puis fait prestement escrire lettres par toutes les bonnes villes de son pays, que ils allumassent feus et

---

(1) *Traité de l'origine des ducs et du duché de Brabant*, t. 1, p. 304. Ces manuscrits ne paraissent pas avoir vu le jour. Divaeus mourut en 1581.

feissent joye pour la noble venue dudit enfant ; ce qu'on feit partout moult honorablement ; *et le cinquième jour d'aoust fust le dit enfant baptisé ès fons de la paroisse dudit Genappe, esquels, tout comme on disoit, avoit jadis esté baptisé Godefroid de Bullon, qui jadis avoit conquesté Hiérusalem et en avoit esté roy et sy avoit esté né au dit chasteau.* »

Dans une notice insérée dans la *Belgisch museum voor de Nederduistsche tael en letterkunde*, 4º deel, Gent, 1840, in-8º, p. 391, feu Willems a longuement cherché à prouver que ces fonts se trouvaient, non dans l'église de Genappe, mais à Baisy, à savoir dans l'enclos où se voit encore la fontaine que la tradition appelle *les fonts de baptême de Godefroid de Bouillon*. Il était plus simple de reconnaître que Du Clercq, qui ne portait guère son attention que sur les faits relatifs au dauphin royalement hébergé au château de Lothier lez-Genappe, aura appliqué à cette dernière localité la tradition qui courait le pays en ce qui concernait le village voisin de *Baisy*.

Au surplus, les témoignages de Divaeus et de Du Clercq prouvent, malgré les erreurs dont ils sont entachés, que la tradition faisait naître Godefroid sur ce point du territoire brabançon : seuls, ils seraient de petite valeur, mais ils corroborent les autres témoignages qui attribuent en grand nombre à Baisy même la paternité du fils de la bienheureuse comtesse de Boulogne.

Quant à la tradition d'après laquelle Godefroid serait né à Baisy, on ne peut s'empêcher de lui reconnaître tous les caractères d'une existence immémoriale.

Et d'abord faisons remarquer qu'à la différence de celle dont se targue Boulogne-sur-mer, il n'y a ici rien de suspect. Comment aurait pu naître celle de Baisy, si elle n'avait eu sa racine dans un fait populaire et notoire ?

Nous avons déjà vu, p. 22, que la légende trouvée par les auteurs des *Acta sanctorum* dans les manuscrits de

Rouge-Cloître, affirmait qu'*Ida de Boulogne passa près de Bruxelles la plus grande partie de sa vie, qu'elle habita Genappe avec son fils et qu'on voyait à Baisy les fonts qui avaient servi à son baptême.*

Paquot (1) écrivait en 1770 : « *Le héros chrétien naquit, non à Boulogne, ni à Watène, près de Saint-Omer, comme plusieurs l'ont cru sans fondement, mais à Basy ou Baisy, village du Brabant-Wallon, près de Genappe. Ceux du village de Baisy le croient ainsi ; ils disent que Godefroid de Bouillon fut élevé chez eux, et ils montrent proche leur église paroissiale l'endroit où étoit le château qui lui donna naissance.* »

Le baron Leroy avait dit avant lui, dans son ouvrage intitulé : *Topographia historica Gallo-Brabantiæ* (Amstel., 1692, in-folio) : « *Baisy est un village du Brabant-Wallon : on l'appelle communément Basy ; il est sur le territoire de Genappe, contre la Dyle. Les habitants de ce village croient que Godefroid de Bouillon y est né et y a été élevé : on y montre encore, non loin de l'église, la place du vieux chastel qu'il auroit habité* (2). »

Aubert Le Mire, dans une note écrite en 1636 ; avait dit que les habitants de Baisy assuraient que cette tradition *leur avait été transmise de père en fils* (3).

Jean Blondeau, dont Leroy cite fréquemment les *Mémoires sur le Brabant-Wallon*, avait également dit : « Il se trouve

---

(1) *Mémoires pour servir à l'histoire des XVII provinces des Pays-Bas.* Louvain, 1770, t. III, in-folio.

(2) « Est dictum Bascium Pagus Gallo-Brabantiæ, de quo nunc agimus, versùs comitatum Namurcensem, vulgo Basy, in territorio Genapensi ad fluvium Tiliam, *in quo pago ab incolis creditur Godefridum Bullionium natum fuisse et educatum*, monstraturque propè templum veteris castelli sedes. »

(3) « Est autem Bascium, vulgo Basy, vicus Gallo-Brabantiæ ad fluvium Tiliam, haud procul a Villariensi monachorum cisterciensium abbatiâ : in quo vico natus et nutritus fuit Godefridus Bullionius, ut in MS. nivellensi Genealogia ducum Brabantiæ legitur, utque traditione velut per manus acceptâ illius loci incolæ narrant. » (*Notitia ecclesiarum Belgii*, p. 695.)

presque autant de lieux qui se veuillent attribuer la naissance de Godefroid de Bouillon qu'il y a eu de villes en Grèce qui ont opiniâtrément disputé la naissance du poète Homère. C'est en quoy la vertu se faict essentiellement remarquer... Quoy qu'aucuns en veullent dire, il est assuré que Godefroid de Bouillon, duc de Lothier et marquis du Saint-Empire et puis roy de Jérusalem a print sa naissance en ce lieu (Baisy), et y at esté nourri et élevé déz sa tendre jeunesse par Ide, comtesse de Boulogne, sa mère, au chasteau qu'elle avoit illec qui at esté ruiné passé longues années, restant encore néantmoins la motte sur laquelle il estoit basti. C'estoit un alleu qui luy appartenoit où elle faisoit sa résidence ordinaire, comme on pourra reconnoistre par ce que j'ay déduict en traitant de la franchise de Genappe. » (1)

Enfin les savants auteurs de l'*Histoire littéraire de la France*, qui avaient parcouru tout le nord de ce royaume, et qui rapportent diverses particularités sur les reliques que Godefroid avait envoyées de Jérusalem à sa mère, n'hésitent pas à condamner les prétentions de Boulogne : « Godefroid, disent-ils, *naquit à Boulogne-sur-mer ou plutôt à Basy, dans le Brabant françois* (ou wallon). »

On possède, aux archives du royaume, un manuscrit d'une écriture du xv⁰ siècle, intitulé : *Chore van 't landt van Waes*. Ce volume, qui n'est point paginé, contient sur deux colonnes, à partir de 1301, la liste des échevins de la ville de Gand, et, au pied, l'indication des événements remarquables qui se sont passés sous chaque échevinage.

Ainsi, aux années de 1457 et 1458, l'auteur rapporte que, le 3 février, la femme du dauphin arriva à Gand incognito, et partit le lendemain pour Bruges où se trouvait le prince son époux, et plus bas, à mi-marge : « In dit

---

(1) Une copie du manuscrit de Blondeau faisait partie de la collection de Gérard, et se trouve, dit-on, aux archives de La Haye : je n'en connais pas de duplicata en Belgique.

scependom van 58 (1) omtrent den inganc van Hoymaent was ghebooren te Genepien boven Brussele Johasin Sdaulphin zone van Vranckerye, ende was kerstin ghedaen op de cautre daer Godefroyt van Builloen kerstin ghedaen was, ende men hielt, ter zelver tyt, binnen Ghend, groote feesten van diensteludene, vierne, esbattementene ende andersins. » (2)

Cette note n'est pas d'accord avec ce que dit Jacques Du Clercq à propos de ce baptême. L'écrivain français dit positivement que Godefroid fut baptisé « ès fonts de la paroisse de Genappe », tandis que l'annotateur flamand, d'accord avec la tradition locale, dit que le fils du dauphin fut baptisé dans le champ (cauter) où l'avait été Godefroid de Bouillon. Nous verrons plus loin que c'est en effet dans un enclos, et non dans une église, que se trouvent *les fonts* où la voix publique veut que Godefroid ait été plongé dans les eaux du baptême. C'est Jacques Du Clercq qui doit avoir tort : le château de Lothier, situé sur la droite de la Dyle, n'appartenait pas à la paroisse de Genappe.

M. Schrant, professeur de littérature néerlandaise à l'université de Gand, auteur d'un éloge de Godefroid de Bouil-

---

(1) Ce fut le 17 juillet 1459, et non 1458, que naquit à Genappe le jeune prince Joachim, fils de Louis, dauphin de France, et de sa femme, fille du duc de Savoie. Il mourut en 1460, ainsi que le constate un petit monument placé dans la chapelle de la Sainte-Vierge en la grande église de Hal.

(2) Il paraît que la Belgique entière fut en liesse à cette occasion ; on trouve, en effet, dans Divaeus (*Annales oppidi Lovaniensis*, lib. VI) : « Mense julio, uxor Ludovici Delphini filium peperit Genappæ, cujus baptismum Lovanienses decorârunt legatione, Jacobo ex Liemingis, consule, et Ludovico Radulphi, illùc missis. » — Nous avons vu, par l'extrait de Jacques Du Clercq, p. 26, que cette liesse officielle était le résultat des instructions positives de Philippe-le-Bon, *adressées prestement à toutes les bonnes villes de ses pays*, et c'est là ce qu'on appelle l'ère des libertés communales !

lon (1), eut la louable idée de se transporter à Baisy, qu'il pense également être le lieu de naissance du héros; après avoir cité comme preuves du fait la *grande chronique belge*, *celle de Nivelles*, et la *Vie de sainte Ide*; il ajoute : « Niet minder pleit daarvoor de getuigenis der inwooners van Basy, op eene aloude overlevering gegrond. *By my onderzoek aldaar*, toonde men mij, in den omtrek der kerk, de plaats van het kasteel, waar men wil dat Godfried geboren, alsmede de vont, waarin hij gedoopt is. Een steen, met den naam van Godfried, in zeer oude letters, aldaar voorheen geplaats, was, tot wezenlijk verlies, bij het herbouwen der kerk, als grondsteen van den toren gebezigd. » Note 7. « L'un des arguments de la naissance de Godefroid à Baisy, c'est, dit-il, l'opinion des habitants de Baisy, basée sur une très-ancienne tradition. Lors de l'enquête que j'y fis, on me montra l'emplacement du château où l'on veut que naquit ce prince, ainsi que les fonts dans lesquels il fut baptisé. Une pierre, portant le nom de Godefroid en caractères antiques, y était jadis placée ; mais lors de la reconstruction de l'église, on s'en servit pour les fondations de la tour (2) »

(1) Lofrede op Godfried van Bouillon, door J. N. Schrant, Gend, 1826, in-8°. Cet éloge avait été proposé, en 1824, par la *Société pour la langue et la littérature hollandaises de Gand*. L'auteur avait étudié son sujet, mais il n'a pas su dégager ses yeux du faux éclat qui environne Godefroid. Pour lui, c'est toujours le *véritable héros chrétien*, *le chevalier sans peur et sans reproche*, *l'idéal des paladins!* « Met een woord, Godfried vertoont ons den echt christelyken held, den ridder zonder vrees en blaam, het ideaal der ridders, p. 3. »

Cet écrit est dédié au prince Frédéric d'Orange : *Godfried van Bouillon was het sieraad van zyn eeuw ; uwe koningklijke Hoogheid is het sieraad der onse!* Cette flagornerie n'aura pu que déplaire au prince modeste et distingué à qui elle s'adressait.

En tête de *l'éloge* se trouve, d'après le vitrail de la cathédrale d'Anvers, le portrait de Godefroid de Bouillon, portrait qui n'a pas plus de valeur historique que celui qu'avait donné Thevet.

(2) La Commission royale des monuments vient d'arrêter le modèle d'un monument destiné à honorer la mémoire de Godefroid. On le placera à juste titre dans le chœur même de l'église.

J'ai voulu imiter M. Schrant, et je me suis aussi rendu à Baisy, pour voir la place où furent l'antique manoir du héros brabançon et ce qu'on appelle ses *fonts de baptême*.

L'église, reconstruite au siècle dernier (1), est située, dit-on aujourd'hui, en face de l'ancien château d'Ida de Boulogne : on le suppose ainsi d'après des fondations qu'on y a mises plus d'une fois à découvert. J'incline à croire que le château était plutôt situé dans la prairie dite de la *Motte*, jadis étang, au milieu de laquelle se trouve encore une motte qui peut avoir été l'emplacement du château. Au devant se trouve la place publique, avec les débris du pilori seigneurial.

En descendant de la hauteur sur laquelle se voit l'église, et en traversant un chemin public, l'on arrive dans une autre prairie au milieu de laquelle on remarque une source assez abondante, entourée, à ras de terre, d'un mur de pierres blanches en forme de puits sans margelle, et que recouvre un couvercle de bois remplaçant, dit-on, une vieille pierre, utilisée lors de la construction de la tour de l'église actuelle.

A côté de cette prairie est l'ancien presbytère, aujourd'hui converti en étable, et dont cette prairie formait une dépendance.

De la source s'échappe, à l'aide d'un conduit souterrain, une eau vive qui forme, avec d'autres rivulets, le ruisseau connu sous le nom de *Ry* (2) *de Godefroid* ou *de la Falise*.

(1) Elle le fut en 1763, sous le curé Jacques d'Anvoy, aux dépens de l'abbaye d'Aywières, principale décimatrice du lieu. Elle n'offre rien de remarquable, si ce n'est la pierre tumulaire d'une demoiselle Cupis-Camargo, décédée à Baisy en 1755. Cette pierre, ornée de ses armoiries et de ses quartiers, mériterait d'être encastrée dans la muraille : placée, comme elle l'est, sur le passage quotidien des campagnards, elle est menacée d'une prochaine dégradation.

On sait que l'un des régiments belges qui se distinguèrent en Allemagne, sous Wallenstein, portait le nom de *Camargo*. D'autres souvenirs se rattachent à ce nom, qui mérite peut-être une notice spéciale.

(2) Ry, expression dérivée du latin *rivus*, comme une foule d'autres mots appartenant à l'idiome wallon, ce fidèle représentant de notre vieux français.

Il est possible que le jeune Godefroid ait été baptisé (1) dans la source de la prairie ; en tout cas, il est fort probable que l'eau qui fut employée à son baptême en provenait, puisqu'à cette époque, vu l'exiguité des églises semblables à celle de Baisy, c'était au presbytère même qu'on baptisait les nouveau-nés. Au xie siècle, il n'y avait apparemment qu'une population minime à Baisy, et la voix publique désigne encore les habitations situées à l'endroit dit *les Barraques*, sur la grande route de Charleroi, comme étant les constructions primitives de la commune.

Quant au baptême du fils du dauphin de France en 1459, l'on peut se demander comment ce dernier prince a pu être baptisé à Baisy, comme le dit le manuscrit flamand cité ci-dessus, et non à Genappe. Ceci s'explique par cette considération que le château de Lothier, situé à droite de la Dyle (2), ne dépendait pas, sous le rapport religieux, de la paroisse de

---

(1) L'usage de baptiser par immersion existait encore, d'après l'*Encyclopédie du* xixe *siècle*, V° *Baptême*, à l'époque de la naissance de Godefroid, et Bergier, dans son Dictionnaire de théologie, t. I, p. 281, contient sur cette matière le passage suivant qu'il m'a paru intéressant de rapprocher de la tradition dont nous nous occupons. « Le mot baptême, dit-il, signifie en général *lotion*, immersion, du mot grec βαπτω, ou βαπτιξω, je lave, je plonge. Tous les peuples ont compris que l'action de laver le corps était un symbole de la purification de l'âme. Les premiers chrétiens n'avaient d'autres baptistères que les fontaines, les rivières, les lacs ou la mer, qui se trouvaient plus à portée de leurs habitations. »

(2) Les anciens auteurs appellent indistinctement la Dyle, Tylia, Thila, Thilia, ou Dylia (v. Miraeus, *Donat. piar.*, p. 53, etc.; Divaeus, *Rerum Lovan.* lib. I, c. 3), et je ne dois pas omettre que Gramaye (a), s'écartant de l'opinion qui place à Houtain les sources de la Dyle, considère la Thyle qui passe à Villers, et sort du territoire de Tilly d'où dériverait son nom, comme la véritable Dyle, au préjudice du cours d'eau qui arrose Genappe. Mais Grammaye doit avoir tort ; la Thyle, qui traverse l'ex-abbaye de Villers, et qui a sa source à Sart-Dame-Aveline plutôt qu'à Tilly, n'est réellement qu'un affluent de la Dyle (b) ; cette dernière a sa véritable source à Houtain, arrondissement de Nivelles.

(a) Gallo-Brabantia ad limitem Hannonicum. Bruxellis, 1606, in-4, p. 7 et 10.
(b) Voy. le mémoire de M. Ch. Grandgagnage, sur les anciens noms de lieux de la Belgique orientale, t. xxvi des Mém. de l'Académie, p. 108.

Genappe; cette dernière ville, qui n'avait ni curé ni église avant 1837, dépendait de l'église de Vieux-Genappe, et ne possédait qu'une toute petite chapelle.

La tradition que M. Schrant était allé constater sur les lieux en 1825, et que j'ai étudiée de la même manière en 1854, est vivace, populaire, et assez vague pour écarter toute idée de sophistication. Ce n'est pas une de ces traditions frelatées qu'entretiennent et qu'amplifient les artistes et les savants, après les avoir fait naître ; c'est une bonne et simple tradition villageoise qui s'est perpétuée de père en fils, et qu'attestent les vieillards d'aujourd'hui comme l'attestaient, de 1825 à 1829, les vieillards de l'époque à M. l'abbé Mortas, alors curé de Baisy, et qui exerce aujourd'hui les mêmes fonctions dans l'église de Saint-Boniface à Ixelles.

Cette tradition s'est perpétuée d'âge en âge, d'une manière exceptionnelle et frappante. Nous la trouvons une première fois au XIIIe siècle, pour la retrouver aux XIVe et XVe siècles; postérieurement, elle se trouve acceptée par les auteurs les plus sérieux; elle se propage par l'imprimerie ; elle se maintient dans le petit village de Baisy, habité par des paysans illettrés qui ne savent guère ce qu'est Godefroid de Bouillon, et qui se passent de père en fils le joyau de la tradition qu'à mon tour j'ai voulu étudier consciencieusement, sans parti pris et même, je dois l'avouer, avec un certain esprit d'incrédulité ; mais je n'ai pas tardé à lui appliquer ce passage de Malte-Brun : « Une tradition populaire peut n'être pas d'un grand poids aux yeux des savants, lorsqu'elle est opposée au témoignage de leur raison et aux faits qui forment la base d'une science; mais lorsqu'elle s'accorde avec ce témoignage et ces faits, elle doit être considérée comme une preuve de quelque importance. » (*Précis de la géographie universelle*, t. IV, p. 238.)

Le résultat de cette étude loyale, bien qu'intéressée, puisque, enfant du Brabant, je ne puis dissimuler ma joie de pouvoir donner le titre de compatriote à l'illustre Godefroid de Bouillon, le résultat de cette étude, dis-je, me semble de nature à démontrer que la tradition de sa naissance à Baisy est des plus respectables, et mérite une créance plus vive que n'en méritent ordinairement les traditions de ce genre.

Que cette tradition immémoriale, attestée de siècle en siècle par des chroniqueurs et des écrivains dignes de respect, soit désormais pour tout Brabançon un article de foi, et pour le Brabant l'un de ses principaux titres de noblesse!

III

Victime d'un odieux assassinat, Godefroid le Bossu mourut le 26 février 1076. Son fils adoptif se mit en possession de ses biens patrimoniaux, mais il n'obtint point de l'Empereur la dignité ducale; il dut se contenter de la Marche d'Anvers (1). Renfermé dans le château de Bouillon, avec sa mère, il s'y vit bientôt assiégé par le comte de Namur, Albert, qui s'avisait de faire revivre d'anciens droits sur cette seigneurie, et qui s'était ligué avec l'évêque de Verdun. Cette dernière ville, ancien patrimoine de la famille d'Ardenne, tomba au pouvoir du prélat; mais Godefroid défendit sa forteresse avec une énergie au-dessus de son âge : il n'avait alors que 17 ans. Il ne tarda pas à trouver un protecteur dans l'évêque de Liége, Henri, dont la famille était alliée à la sienne. L'intervention de ce prélat puissant força le comte de Namur à se désister de son entreprise, et le jeune prince fut dès lors généralement connu sous le nom de *Godefroid de Bouillon*.

(1) C'est de là qu'on l'appelle, improprement du reste, *marquis d'Anvers*, tandis qu'il ne prit jamais que le titre de *marchio*. Ce terme, synonyme de *mark-graef*, commandant des frontières, provient de *marca*, terme de basse latinité qui signifiait *marches, frontières, limites, confins*. Les marchis ou marquis étaient, avant l'hérédité des fiefs, les gouverneurs des villes situées sur les marches ou frontières d'un Etat. Dans les temps modernes, le marquisat n'était plus qu'une terre qui conservait le titre, et que l'on ne pouvait vendre ou acheter à volonté. En Allemagne, le *margrave* était devenu l'égal des princes souverains.

Vassal de l'empereur, Godefroid lui fut constamment fidèle(1); toutefois il ne semble pas lui avoir rendu les éminents services que lui attribuent la plupart des historiens modernes. C'est ce qu'explique parfaitement M. Von Sybel, déjà cité, et dont l'ouvrage, trop peu connu en Belgique, mériterait assurément les honneurs d'une traduction française, destinée à mieux faire connaître la critique savante et judicieuse du professeur allemand.

M. Von Sybel s'attache à prouver que, pour avoir été un prince distingué, pieux (2), plein de bravoure et de générosité; un héros enfin dans toute l'acception du mot, Godefroid ne fut pas un être parfait, et n'est même pas ce géant que nous ont fait le roman, la légende, et la poésie. Avec ce guide excellent, il faut rejeter les récits concernant l'arrivée pompeuse de Godefroid à la cour de l'empereur Henri IV, ainsi que la part brillante qu'il prit à l'expédition de son suzerain contre Rodolphe de Rhinfeld, duc de Souabe. Rien ne prouve que la veille de la bataille de Volcksheim, il ait été, comme le plus digne entre tous, proclamé porte-étendard de l'empire; rien ne constate qu'il ait déterminé le succès de cette journée (15 octobre 1080), en tuant Rodolphe de sa propre main.

Quoi de plus exagéré que ses exploits au siége de Rome? Quoi de plus romanesque que le prétendu vœu qu'il aurait fait pour se débarrasser d'une fièvre contractée en campant sous les murs de cette ville?

En fait, on voit Godefroid résistant en son château patri-

---

(1) Divers auteurs parlent d'un combat singulier ou d'une bataille entre l'Empereur et Godefroid de Bouillon, au sujet des mauvais traitements infligés par le premier à la princesse Praxède, sœur de Godefroid. Cette princesse était russe, et nous avons vu que Godefroid n'eut pas de sœur.

(2) Godefridus, vir magnæ potentiæ et famosi nominis, eâ intentione quâ cæteri, *sed majori devotione quam plures alii*, dit Gilles d'Orval, apud Chapeauville; *Gesta pontificum Tungrensium, Trajectensium et Leodiensium*. Leodii, 1612, 3 vol. in-4.

monial, fortement occupé de ses propres affaires, et se souciant du reste peu des intérêts du pape et de l'empereur.

Ainsi, il se met en hostilité avec le comte Théodore de Flamme, l'un des féaux de l'empereur, le bat, et le retient prisonnier jusqu'à sa mort. Les évêques de Liége sont les chauds partisans de l'empire ; néanmoins, si Godefroid s'entend bien avec Henri, c'est que l'évêque le soutient contre le comte de Namur, et il se brouille immédiatement avec son successeur Obert, dès que celui-ci attaque l'abbaye de Saint-Hubert, à cause de sa conduite envers le pape. Godefroid ne protége toutefois l'abbaye, dont il était l'avoué, que par des considérations de famille, et il persécute l'évêque de toutes les manières, sans s'inquiéter, en agissant ainsi, ni de Rome ni de l'empire.

Les mêmes raisons qui motivaient ses relations amicales avec l'évêque de Liége, Henri, le brouillent avec l'évêque de Verdun. Les seigneurs de Bouillon étaient encore en 1076 en possession du titre de comtes de Verdun. L'évêque Théodoric ayant trouvé bon de reconnaître en cette qualité le comte de Namur, Albert, Godefroid agit à son égard comme envers l'évêque de Liége, Obert : sans égard pour les alliances impériales de Théodoric et de son successeur Richer, il dévaste leur diocèse, et ne leur accorde aucun répit. En agissant ainsi, il ne songe nullement aux intérêts de la cour de Rome, et il est néanmoins visible qu'en paralysant les forces des plus chauds partisans de l'empereur, il faisait grand tort à la cause de ce dernier.

Ce ne fut qu'en 1089 que Godefroid obtint la dignité de duc de Lothier (Basse-Lotharingie). Déjà avant cette époque c'était un prince puissant, héritier des comtés de Bruxelles et de Louvain, qui répondaient assez bien au Brabant actuel (1),

---

(1) Jacques de Vitry l'appelle *duc de Brabant ;* mais ce titre fut porté pour la première fois par Godefroid dit le Barbu, premier duc de Brabant et de Lothier, en 1106.

ce coin de l'ancienne Lotharingie où vécurent obscurément les derniers Carolingiens (1).

L'heure des croisades avait sonné, et Godefroid mit son bras et son épée au service de cette sainte et chevaleresque expédition (2). Qu'il l'ait fait uniquement par piété, c'est

(1) Charles, fils puîné de Louis d'Outremer et oncle de Louis V, fut investi par l'empereur Otton du duché de Lothier ou de Basse-Lorraine. Il séjournait habituellement à Bruxelles dans un palais qu'il s'y fit bâtir en 980, dans une des îles qu'y forme la Senne, non loin de l'église de Saint-Géry, détruite à la fin du siècle dernier. Ce fut lui qui y transporta du monastère de Moorsel, près d'Alost, le corps de sainte Gudule.

A la mort de Louis V, Charles voulut revendiquer le trône de France ; mais Hugues Capet, duc de France, se fit reconnaître roi à l'assemblée de Noyon, se basant sur ce que, vassal de l'empire, Charles avait perdu les droits qu'il tenait de sa naissance. Le duc de Lothier, que des courtisans de la nouvelle dynastie ont dépeint comme un prince faible et sans caractère, mais que les loyaux auteurs de l'*Art de vérifier les dates* appellent un *héros*, à propos du siége de Laon, marcha courageusement contre les Français et remporta deux victoires consécutives : il fut battu dans une troisième rencontre, et obligé de s'enfermer dans la ville de Laon. Trahi par l'évêque du lieu, et livré à son ennemi, il fut conduit à Orléans, et y languit jusqu'à sa mort, arrivée en 992. Ainsi fut détrônée la grande race de Charlemagne !

Selon Paquot (*Origine des ducs et du duché de Brabant*, par De Vaddere, p. 224) Charles, relâché ou échappé de prison, serait mort à Maestricht en 1001, d'après une inscription antique, gravée sur un cercueil de plomb trouvé en 1666, dans la petite crypte de la collégiale de Saint-Servais. (*Acta sanct.* maii, t. VII, p. 67).

Le malheureux duc de Lothier laissa un fils, Othon, qui mourut sans postérité en 1005, après avoir reçu de l'Empereur, à titre de consolation, dit Fisen, l'investiture du duché de Lothier ; il préféra une vie paisible aux risques d'une couronne à reconquérir. Ses deux sœurs, Gerberge et Ermengarde, épousèrent, l'une Lambert Balderic, comte de Louvain, et la seconde, le comte de Namur, Albert. Gerberge eut pour sa part, à titre d'alleux, le territoire de Bruxelles, une partie de la forêt de Soignes, etc. On la désigne habituellement sous le nom de comtesse de Bruxelles ; ce titre passa à ses héritiers jusqu'à Godefroid le Barbu, qui fut de nouveau investi, en 1106, de la dignité ducale. Dans une dissertation spéciale, imprimée à la suite de son *Histoire du comté de Namur*, Liége, 1754, in-4, le P. de Marne examine si Gerberge était bien la fille aînée de Charles de France, ou si c'était sa sœur Ermengarde, comtesse de Namur.

(2) Godefroid de Bouillon, dit Gibbon, regardait toutes les considérations humaines comme subordonnées à la gloire de Dieu et au succès de la croisade. (*Décadence de l'empire romain*, chap. LVIII.)

encore une exagération dont M. Von Sybel a fait justice, et ce qui prouve que tout en montrant pour cette entreprise un très-grand dévouement, il n'entendait pas renoncer à sa patrie, c'est, d'une part, qu'il n'abdiqua pas la dignité ducale (1), et, d'autre part, qu'il se borna à engager, plutôt qu'à vendre, comme on l'énonce habituellement, son domaine de Bouillon.

Le fameux concile de Clermont (2), en Auvergne, s'ouvrit en 1095. Ce fut là que Godefroid prit la résolution de s'associer à la croisade prêchée par le pape Urbain. Il s'occupa aussitôt à organiser son armée, et à se procurer les ressources pécuniaires que comportait un pareil armement. Il vendit ses

(1) Ce ne fut qu'après sa mort que l'empereur conféra à Henri I, comte de Limbourg, le titre de marquis pour la marche d'Anvers et celui du duc de Lothier. Godefroid continuait à en assumer le titre, même après la prise de Jérusalem, comme le démontre la célèbre épître dont se chargèrent les Croisés qui se décidèrent après la victoire d'Ascalon, à regagner leurs foyers.

On lit dans la *Grande Chronique belge*, p. 155 : « Godefridus... com- » misit ducatum suum in manus Henrici ducis lymborgensis, viri utique » minùs fidelis, ut pro patulo claruit. » Cette délégation prouve bien que Godefroid, en partant pour la Palestine, n'entendait aucunement renoncer à ses titres de duc et de marquis dans l'empire.

(2) Commencé le 18 novembre, il se termina le 28 du même mois. On y vit, dit l'*Art de vérifier les dates*, (t. I, p. 183), treize archevêques et 250 prélats portant crosse, tant évêques qu'abbés ; d'autres en comptent 400.

On y fit plusieurs canons nouveaux : le 29e porte que si quelqu'un, poursuivi par ses ennemis, se réfugie auprès de quelque croix sur les chemins, il doit y trouver asile comme dans les églises : de là l'usage de planter des croix sur les grandes routes.

On y confirma la *Trêve de Dieu*, et l'on y excommunia le roi de France, Philippe, à raison de son mariage avec Bertrade ; enfin, on y établit le petit office de la Vierge pour tous les jours, et son office canonial pour tous les samedis non empêchés. Mgr Gaume, dans son *Catéchisme de persévérance*, 39e leçon, énonce que le pape Urbain II, en vue d'attirer sur les Croisés la protection du ciel, décida au concile de Clermont, que tous les jours on sonnerait la cloche le matin, à midi et le soir, pour réciter l'*Angelus*. Cet usage ne fut introduit en France que par Louis XI, et ce fut le pape Callixte III (1455), qui, effrayé du succès des armes de Mahomet II, recommanda spécialement cette dévotion, afin d'implorer le secours de Dieu par la puissante intervention de la sainte Vierge. V. Pascal, *origines liturgiques*, Paris, 1844, in-8o, art. *Angelus*.

châteaux de Stenay et de Mouzon à l'évêque de Verdun et fit démanteler, dans son intérêt, le château de Montfaucon, qu'il avait fait fortifier ; il renonça en outre à la dignité de comte de Verdun, ce brandon de discorde. Il accorda aux habitants de Metz le rachat de la suzeraineté qu'il exerçait sur leur ville ; enfin, d'après Gilles d'Orval, il céda aussi à l'évêque de Liége la seigneurie de Bouillon, sous condition que trois de ses plus proches héritiers, spécialement dénommés, pourraient opérer le retrait de la citadelle ou du pays de Bouillon, pendant le terme de quatorze années. (*Gesta Pontif. Leod.* t. II, p. 40).

Il proposa à l'évêque de Liége, dit le baron de Gerlache (1), de lui céder la forteresse de Bouillon, qui était située sur les confins de la Basse-Lorraine, de la France, et du pays de Liége. Cette citadelle, dont la garnison faisait des courses fréquentes sur les terres voisines et rançonnait les habitants, avait causé de grands embarras à ses prédécesseurs : Obert saisit avec empressement l'occasion de se rendre maître de ce poste important. On fixa le prix de la vente à 1,300 marcs d'argent pur et à trois marcs d'or (2). Comme l'évêque n'avait pas cette somme à sa disposition, il dépouilla la châsse de Saint-Lambert, qui était couverte de plaques d'or, et il aliéna les pierres précieuses qui décoraient l'autel, la chaire de vérité, et les vêtements sacerdotaux de la cathédrale ; et tout cela ne suffisant point, il spolia les couvents de son diocèse. L'église de Saint-Hubert, dit l'auteur du *Cantatorium*, ne fut point épargnée. La table du maître-autel était d'une grande richesse ; il n'y laissa qu'une pierre nue. Il existait dans cette même église trois grandes croix d'or, auxquelles

---

(1) *Histoire de Liége, depuis César jusqu'à Maximilien de Bavière*. Bruxelles, 1840, in-8°, p. 68. — Les chroniqueurs sont loin de s'accorder sur le prix de cette cession qui resta définitive.

(2) C'est ce que dit Gilles d'Orval. Orderic-Vital parle de 7,000 marcs d'argent, et Albéric de Trois-Fontaines de 1,500 marcs. Laurent de Liége mentionne 1,300 marcs d'argent et une livre d'or.

Henri de Verdun avait défendu de toucher sous peine d'excommunication ; Obert les fit enlever pour battre monnaie.

La série des donations pieuses que Godefroid fit en vue de son expédition, est considérable. Dès 1090, il arrache au comte Arnould et restitue à l'abbaye de Gorze (*monachis Gorziensibus*), au diocèse de Metz, l'église de Saint-Dagobert, à Stenay : il lui fait en outre plusieurs largesses en 1096, de concert avec son frère Baudouin.

En 1094, et avec le consentement de sa mère et de ses frères, il accorde l'église de Baisy au monastère de Saint-Pierre à Bouillon. (Miræus, *Donat. piarum*, caput LXVI.)

Avant de quitter ses Etats, il institue à Anvers le chapitre de Saint-Michel, transféré plus tard en l'église de Notre-Dame. Cette fondation fut rappelée, en 1616, par un vitrail que l'on voit encore dans cette cathédrale (Divæus, *Rerum Brabant.*, p. 26, — Miræus, *Diplom. belge.*, c. LV, cap. LXXVIII.).

En 1096, il assigne au monastère d'Afflighem (1) cinq manoirs (2) situés dans le territoire de Genappe, et la même année la famille entière, réunie à cette fin, donne au même monastère l'église de Genappe avec ses dîmes et ses revenus.

Non content de ces actes de pieuse générosité, Godefroid donne au chapitre de Saint-Servais, à Maestricht, la terre de Ramioul-sur-Meuse.

---

(1) L'abbaye d'Afflighem, de l'ordre de Saint-Benoît, l'une des plus riches et des plus célèbres des Pays-Bas, était située en la commune d'Hekelghem. Fondée en 1083, elle partagea le sort de tous les établissements religieux de cette catégorie, et il n'en reste aujourd'hui que d'insignifiantes ruines. On y voyait une magnifique bibliothèque dont Guicciardin parle dans sa *Description des Pays-Bas,* et l'on y conservait la crosse de saint Bernard. Cette dernière relique se trouve aujourd'hui à Termonde, chez les membres d'une congrégation qui cherche à reconstituer l'ancienne abbaye d'Afflighem.

(2) Mansus (quantitas terræ) dictus a manendo, quod integrum sit duodecim jugeribus (Ducange, *Glossar.*) Notre savant Raspsaet cite toutefois une charte de 856 qui attribue 30 bonniers à chaque *mansum*. (*Analyse hist. des Belges et Gaulois*. Gand, 1825, t. II, p. 194.)

Outre tout ce qui précède, Ida, de concert avec Godefroid et Baudouin, vendit au chapitre de Nivelles, évidemment pour augmenter les ressources de ses fils et leur permettre de soudoyer leur armée, les alleux (*alodia*) de Genappe et de Baisy.

Telles furent les fondations les plus importantes (1) que l'histoire ait enregistrées, mais il est probable que nombre d'actes analogues ont été omis. On voit, par exemple, dans la chronique d'Afflighem, qu'il donna la liberté à tous les serfs qu'il possédait dans les environs de ce monastère : « sciendum est, quoniam quæque ex hâc parte Aschae in agris obtinemus, ferè omnia à servis ducis Godefridi seu beneficio seu jure hereditario inhabitantibus particulatim mercati sumus, *quorum omnium ab eodem pio duce consequuti sumus.* » (Pertz. *Monum. Germaniæ histor.* t. IX, p. 496.)

Malgré ces largesses réellement considérables, et le titre d'*avoué du Saint-Sépulcre*, à la délivrance duquel il avait si puissamment contribué, Godefroid ne fut pas canonisé, ainsi que le fut jadis Charlemagne, l'un de ses ancêtres. C'est que l'Eglise ne se laisse pas guider en cela par des considérations exclusivement terrestres. Juste-Lipse s'en étonne cependant : « Quem mirari aliquandò subiit non et ipsum relatum in divorum numerum, tam claris testatisque meritis (t. VI, *Monita et exempla politica*, p. 178). Le baron de Reiffenberg l'explique (*Le Chevalier au Cygne et Godefroid de Bouillon* : introd., p. XXIII) par des raisons politiques qu'on ne saurait admettre : *La croix rouge du Croisé n'effaçait pas*, dit-il, *la tache indélébile du Gibelin.*

Godefroid ne fut pas canonisé, parce que l'Eglise, toujours

---

(1) Vertot y ajoute, mais sans preuves, t. 1, liv. 2, p. 46, que Godefroid de Bouillon voulut contribuer, immédiatement après la prise de Jérusalem, à l'entretien de la maison des hospitaliers de Saint-Jean qu'il y aurait trouvée déjà établie. *Il y attacha*, dit-il, *la seigneurie de Montboirc avec toutes ses dépendances, qui faisait autrefois partie de son domaine dans le Brabant.* Vertot a oublié de nous apprendre où était située cette seigneurie.

sage et prudente, s'en est tenue sur son compte à la réalité, et ne se laisse pas entraîner par l'enthousiasme des masses.

Il est à remarquer qu'ici encore l'opinion publique qui impose à Godefroid, contre sa volonté, le titre de roi de Jérusalem, l'inscrit d'office, et sans ouïr l'Eglise, au rang des bienheureux. Gazet (*Histoire ecclésiastique des Pays-Bas*, Arras, 1614, in-4°) l'indique comme l'un des Saints qui sont honorés dans le diocèse d'Anvers, et l'inestimable recueil des Bollandistes ne croit pas pouvoir lui refuser, au 18 juillet, l'hommage d'une mention : « Godefridi Bullionii virtutes breviter prosecuti sumus inter omissos xv hujus, ibidemque monuimus hoc ipso die obiisse : ast honores ecclesiasticos ipsi legitime delatos, ut ut eos meritum nonnulli velint, nobis hactenùs conspectum non est. » (*Acta Sanctorum* julii, t. IV, p. 345.) Le même recueil nous apprend qu'en l'église de Sainte-Waudru, à Mons, on voyait au maître-autel un portrait de Godefroid avec cette épigraphe : *au bienheureux Godefroid de Bouillon.*

Godefroid partit pour la Terre-Sainte au mois d'août 1096; il se distingua pendant toute l'expédition par sa valeur, par sa sagesse, et par sa prudence : il fut l'un des chefs qui assurèrent le succès des armes des Croisés ; mais il ne fut aucunement le chef de la première croisade, comme le proclame l'opinion vulgaire. On a pris souvent pour un commandement effectif, pour une délégation officielle, la suprématie morale qu'il exerça réellement. C'est de cette suprématie, résultant uniquement de son influence personnelle, que dérive l'immense popularité de notre Godefroid, popularité dont nous trouvons encore un souvenir sur les rives du Bosphore. La tradition veut que l'armée des princes, avant de passer en Asie, campa dans la belle vallée de Buyuk-Déré, où se voient aujourd'hui les résidences d'été des ambassadeurs chrétiens accrédités à Constantinople. C'est dans cette vallée que s'élèvent de vieux platanes qui portent le nom de Godefroid de Bouillon. Ces arbres, groupés ensemble au nombre de huit, ont des troncs énormes, dont les cavités, dit M. Michaud (*Voyage en Orient*, lettre 38), suffiraient pour servir de cabanes aux pâtres, ou de cellules aux derviches.

Notre duc fut aussi l'un des premiers qui pénétrèrent dans la ville sainte, mais non le premier, et ce fut à lui que les Croisés, avant de se disperser, les uns pour se fixer dans les contrées conquises par leur valeur, les autres pour retourner dans leurs foyers, déférèrent l'autorité suprême.

C'est toutefois une erreur trop générale de donner à Godefroid le titre de roi de Jérusalem.

Cette erreur n'est pas moderne : elle remonte pour ainsi dire à la conquête même de cette ville. Tout en mentionnant la pieuse résolution de ne pas vouloir porter la couronne d'or dans une ville où le Seigneur avait été couronné d'épines (1), Raymond d'Agiles, Robert le Moine, Baudry l'archevêque, l'abbé Guibert, Bernard le Trésorier lui donnent le titre de *roi*, mais Tudebode, l'abbé Ekkard, qui était en Palestine en 1101, Albert d'Aix, et Foucher de Chartres continuent à ne lui donner que le titre de *duc*. Il est donc étonnant que la plupart des chroniqueurs lui aient ensuite attribué la dignité royale : tels sont Robert du Mont (*Appendix ad chronographiam Sigeberti*, 1210); la chronique anglaise de Raoul de Coggeshale ; *Martène et Durant*, t. v. (1200); la grande chronique belge ; et la chronique de J. Bromton, *in histor. anglicanæ script. ed. Rog. Twysden.* Lond., 1652, in-fol.

D'autres se sont mieux conformés à la vérité historique.

---

(1) « Ce refus, dit Guillaume de Tyr, engage plusieurs personnes à ne pas l'inscrire sur la liste des rois de Jérusalem. Quant à nous, il nous paraît non-seulement avoir été roi, mais le meilleur des rois, la lumière et le modèle de tous les autres. — Undè quidam in catalogo regum, non distinguentes merita, eum dubitant connumerare..... Nobis autem non solum rex, sed regum optimos, lumen et speculum videtur aliorum. » lib. ix, ch. 9.

Une chronique qui s'arrête à 1137, exclut formellement le titre de roi : « Si quidem, captâ urbe Hierosolymâ à christianis, primus præfuit illi Godefridus, frater Eustachii comitis Boloniæ. Hic tamen ad reverentiam nostri Redemptoris, qui in illâ urbe coronam spineam pro nobis peccatoribus gesserat, nunquàm voluit regio diademate insigniri. Quo mortuo Balduinus frater ejus factus est ibi primus rex. » (*Wilhelmi Calculi Gemeticensis monachi hist.* Bouquet. t. xii, p. 582.)

La chronique de Rombaut, archevêque de Salerne (Muratori, t. vii (1181), dit qu'après la prise de Jérusalem, Godefroid fut choisi comme chef et protecteur de la cité sainte : « *Capta itaque Hierusalem, christiani statuerunt sibi Gothfridum ducem ac protectorem.* » (p. 177.)

Sigebert de Gembloux (1112) avait dit de son côté : *Duce autem Godefrido elato ad principandum remanentibus in Jerusalem, cæteris principes repatriant.*

Otton de Frisingen dit qu'après le départ des principaux Croisés, en 1099, Godefroid gouverna sagement ceux qui restaient : *Ducatum eorum qui remanserant strenuissimè rexit.* (Lib. xii, ch. v.)

Une chronique liégeoise, celle de Saint-Jacques, dont le premier auteur mourut en 1194, porte ce qui suit : « Post multa prælia diversarum gentium, dux noster Godfridus cum omnium principum elatione et totius populi victoris proclamatione, *Hierosolymorum sumit principatum.* Post cujus decessum, Balduinus, frater ejus, de principatu Armeniæ accessit ad regnum, sumitque regium diadema de manu patriarchæ. *Lamberti Calvi, Leodiensis, S.-Jacobi monasterii, Chronicon, a Reinero ejusdem cœnobii asceto continuata.*» (Martène et Durant, t. v.)

La *Chronique universelle de Gobelin* (1418) se borne à dire : « Gotfridus præfectus est civitati... Anno sequente obiit, et successit ei Baldewinus, frater suus, qui deinde Rex Hierusalem appelatus est.»(*Gobelini Personæ Cosmodromium*

—*rerum germanic. script.*, t. III, *ed. Meibomio, Helmaestadii,* 1668 *in-folio.*

Sans nier qu'il ait été question parmi les Croisés d'élire un roi, on pourrait soutenir que probablement Godefroid n'eut pas à refuser la couronne, et l'on en trouverait la preuve dans un fragment historique que Duchesne a jugé digne d'être admis dans sa précieuse collection ; il est ainsi conçu : « Facto conventu, statuunt letanias celebrare, agere jejunia, quatenus Salvator eis manifestaret quem eorum regali sceptro dignum judicaret. Factis itaque crebris letaniis et jejuniis, unanimi consilio eligunt *ducem Godefridum sibi præesse*, qui promptior cæteris ducibus et manu et consilio probatus fuerat. *Cauti in hoc, quod nequaquam ei licere judicant regium diadema infra urbem eamdem portare* : solus enim Christus ejus urbis Rex dignus judicatur, qui pro peccatis nostris in eadem suscepit spineam coronam.., » (*Historiæ Francicæ fragmentum à Roberto ad mortem Philippi regis.* Duchesne, t. IV, p. 85.)

En ce qui concerne la prise de Jérusalem, Godefroid de Bouillon se trouvait pendant le dernier assaut sur la plate-forme supérieure de la tour qu'il avait fait construire, et qu'on était parvenu à rapprocher des murailles. C'était la position la plus périlleuse, car pour écarter à coups de flèches les défenseurs des remparts, il devait évidemment se trouver à découvert : c'est à cette position périlleuse que se rapportent les vers du poëme de Gilon de Paris sur l'expédition de Jérusalem :

> Stans comes Eustachius in castro cum Godefrido,
> Susceptos ictus reddit cum fœnore duro.
> Ilia Turcorum transverberat a duce missa
> Non tantum contenta latus transire sagitta.
> Dux Ducis exequitur curam, fortisque laborem.
> Multis hortatur pugnantes, pugnat et ipse ;
> Pugnat pro duplici regno, quia quærit utramque
> Jerusalem, decertat in hâc, ut vivat in illâ.

Cette position explique fort bien l'impossibilité où il se trouvait d'entrer le premier dans la ville. Dès que la tour fut assez rapprochée des murailles pour qu'on pût laisser tomber le pont-levis sur le parapet, les plus ardents se précipitèrent en avant, et ce fut alors seulement que Godefroid et Baudouin, abandonnant la plate-forme supérieure, purent descendre à l'étage intermédiaire, et se mettre à la tête de leurs soldats. C'est ce qu'explique fort bien Albert d'Aix : « *Dux... in eminentiore cœnaculo* (1) *arcis obtinuerat mansionem*, omneque genus jaculorum saxorumque in medium vulgus conglobatorum cum suis intorquebat, et stantes in muro sine intermissione a mœnibus arcebat... ad hoc fratres prænominati Ludolfus et Engelbertus, sine mora, sicuti muro erant propiores, *a secundo cœnaculo in quo manebant...* primùm in urbem cum virtute armorum descenderunt... Dux verò, fraterque ejus Eustachius, *hos urbem jam ingressos intelligentes extemplò à superiore arce descendentes*, mox et ipsi in mœnibus consistentes, ad opem illorum descenderunt. »

N'oublions pas que Ludolphe ou Léthold et Engelbert étaient de Tournai (2), *ambo Flandrigenæ*, dit l'auteur anonyme de l'histoire *De via Hierosolymis*, etc. (Mus. italic. t. 1, 2. p. 134).

D'autres auteurs disent que les premiers qui se jetèrent dans la place furent Raimbaud Creton (3), ou Bernard de Saint-Valery. (*Historia de via Hierosolymis*, p. 222.)

---

(1) « Dux Godefridus, qui cum fratre suo Eustachio, in superiori castelli nostri cœnaculo... erat constitutus.» (Guillaume de Tyr, liv. VIII, ch. 16.)

(2) Post multa vero annorum curricula restauratum est cenobium istut, anno scilicet incarnati Verbi milesimo nonagesimo secundo a dompno Odone abbate, annis videlicet septem antequam iherusalem a francis caperetur In qua primus introivit quidam de patriotis nostris nomine Letaldus, vir fortis cum duobus sociis. (*Liber sancti Martini Tornacensis*, manusc. de la bibl. de Tournai, écrit sur velin vers 1146.)

(3) La première édition d'Orderic Vital, par Duchesne, en 1619, portait R. Croton. C'était une erreur de copie qu'en général les auteurs modernes ont rectifiée, en se conformant à l'orthographe adoptée par les Bénédictins, dans leur célèbre collection des *Historiens des Gaules*, t. XII, p. 706. — D'après

C'est ici le lieu de faire remarquer l'erreur singulière dans laquelle est tombé l'un de nos bons artistes, en gravant pour *Les Belges aux croisades*, de M. Van Hasselt, la planche destinée à reproduire la tour de Godefroid. Il suffit de la mettre en regard du plan qu'en a donné le chevalier Folard, dans son *Traité de l'attaque des places*, à la suite de son commentaire sur Polybe : ce plan est tout à fait en rapport avec la description qu'en font les historiens contemporains. On trouve également dans Montfaucon (*Monuments de la monarchie françoise*, t. I, p. 52), le dessin des vitraux consacrés aux croisades dans l'église de Saint-Denis. L'un d'eux reproduit une tour d'attaque, construite à peu près comme celle du chevalier Folard, mais avec cette différence que cette dernière est munie d'un pont-levis qui devait s'abattre sur les remparts de l'ennemi, tandis que la première est munie d'un pont fixe, soutenu par deux étais.

S'il ne fut pas roi, Godefroid obtint le pouvoir royal, sans en recevoir les insignes, soit qu'il les ait dédaignés, d'après une tradition trop ancienne pour ne pas être respectée, soit parce qu'on évita de l'investir de la dignité royale.

C'est donc encore un rayon qu'il faut arracher à son auréole. Godefroid avait été élu, non parce qu'il était *le général en chef de l'armée des princes*, comme le représentent certains auteurs trop préoccupés de la phraséologie moderne, mais probablement à titre de transaction. On sait combien les divers princes rangés sous la bannière de la croix professaient des sentiments d'indiscipline, d'ambition, et d'indépendance. Le puissant comte de Flandre, Hugues le Grand, frère du

M. Michaud, t. I, liv. 4. les descendants de R. Creton auraient porté indifféremment jusqu'au XVIe siècle les noms de *Creton* et d'*Estourmel*, et auraient même conservé pour devise ces mots : *vaillants sur la crête*. Cette famille semble exister encore : du moins c'est à elle que se rattachait M. le comte J. D'Estourmel, auteur du *Journal d'un voyage en Orient*, Paris, 1844, 2 vol. in-8°.

roi de France, le comte Raymond de Toulouse, le comte Robert de Normandie, Bohémond, prince de Tarente, eussent pu tous élever des prétentions à la couronne. Godefroid fut élu par une véritable transaction, parce qu'il était aimé de tout le monde, et sa mort prématurée fut pour le nouveau royaume une calamité sans remède.

Il était évident en effet que, pour fonder à Jérusalem une colonie chrétienne, et pour la rendre viable, elle devait avoir un caractère européen, ou plutôt catholique ; elle ne devait être ni flamande ou française, ni normande ou provençale, ni espagnole ou italienne. Délivrée du joug des infidèles sous la bannière de la croix, elle devait être gouvernée par celui-là seul qui pouvait tenir cette bannière haut et ferme, en dehors des ambitions féodales et des jalousies internationales. Elle devait, en un mot, constituer un Etat neutre, comme on dit aujourd'hui, ou plutôt un nouveau fief de Saint-Pierre, administré par un délégué du Saint-Siége, et soutenu par le bras séculier.

C'est ce que Godefroid de Bouillon comprit admirablement. Tandis que la plupart des princes croisés cherchaient en Orient des aventures de chevalerie, des fiefs ou des principautés, le valeureux duc de Lothier, digne fils de la bienheureuse Ida, ne voulut accepter que le rôle assigné par les papes aux soldats du Christ. Il conserva son titre ducal, et se borna à y ajouter celui d'*avoué du Saint-Sépulcre* (1). Il fit plus : décidé à ne

---

(1) « Domno Papæ romanæ Ecclesiæ et omnibus episcopis et universis christianæ fidei cultoribus, Pisanus archiepiscopus et alii episcopi, et *Godefridus, gratiâ Dei, ecclesiæ Sancti Sepulcri nunc advocatus*, et Robertus, comes sancti Egidii, et universus Dei exercitus qui est in terrâ Israël : salutem et orationem. Multiplicare preces et orationes cum jucunditate et exultatione in conspectu Domini, quàm Deus magnificavit suam misericordiam, complendo in nobis ea quæ antiquis temporibus promiserat... etc. » (Annales Baronii, t. XII, p 4.) Ce document précieux fut remis après la bataille d'Ascalon aux croisés qui quittaient la Terre Sainte : tout le monde le connaît. — Charlemagne et Pépin avaient porté le titre d'avoués de l'église de Rome.

pas se marier (1), Godefroid déclara, selon Guillaume de Tyr, le jour de Pâques, devant le clergé et le peuple assemblés au Saint-Sépulcre, que la tour de David et la cité de Jérusalem avec ses dépendances appartiendraient en toute souveraineté à l'Eglise, s'il mourait sans enfants.

Déjà, le jour de la Purification, il avait fait pareille déclaration pour la forteresse de Jaffa et son territoire.

En agissant ainsi, Godefroid, qui avait fait ses preuves comme soldat, comme administrateur, comme général, se montrait homme d'Etat : il empêchait la couronne de Jérusalem d'être une pomme de discorde entre tous ces princes indociles et ambitieux qui avaient si souvent failli compromettre le succès de la croisade par leurs déplorables querelles; il maintenait le faisceau des sympathies chrétiennes, acquises au Saint-Sépulcre et à la cité sainte dès que les préoccupations mondaines pouvaient se taire ou s'apaiser.

C'est cependant cette concession, si indignement foulée aux pieds par l'esprit féodal et par l'ambition de Baudouin, immédiatement après la mort de Godefroid, qui, exploitée contre le clergé latin par l'esprit philosophique et gallican, est devenue contre lui l'objet d'attaques aussi animées que peu raisonnables. On en trouve la preuve dans l'histoire de l'archidiacre Arnould de Rohes, prêtre belge, qui fut le 4° patriarche de Jérusalem reconquise.

(1) On ne trouve, dans les écrivains contemporains, rien qui se rapporte à l'idée même d'un mariage quelconque. Je ne sais dès lors comment m'expliquer une note que je trouve dans la collection de Miraeus sur la charte de Robert I, comte d'Artois, relative à des reliques données par Godefroid à l'église de Lens. Voici cette note : « Castellanus Lensensis hereditarius est dominus de Recourt et Lignes qui nunc quoque (1627) est comes Rupelmondanus; in cujus familiâ extant varia monumenta de Godefrido Bullonio, *cui uxor fuisse putatur ex castellanis Lensiensibus.* » (Diplom. Belgic. t. I, p. 204.) Cette allusion à une alliance de Godefroid avec le comte de Rupelmonde, par la maison de Lens, me fait l'effet d'un acte de courtoisie analogue à celui qui porta M. Michaud à reconnaître à certaine famille de Souliers, en Limousin, le droit de se dire descendante de Pierre l'ermite. — V. plus loin § V.

IV

Peu de jours avant la prise de Jérusalem, les princes, entre lesquels continuait à régner peu d'union (1), délibérèrent pour savoir qui serait élu roi de Jérusalem (2). Alors intervint, dit-on, le clergé qui, comprenant très-bien que cette opération allait être le germe de nouvelles divisions, et exposait même le siége à être abandonné, proposa de ne point élire un roi à Jérusalem, mais d'y établir un chef militaire, chargé d'assurer la défense de la place et d'y entretenir une garnison à l'aide de contributions publiques (3).

(1) M. Von Sybel explique la chose autrement : « La confiance des assiégeants, dit-il (p. 486), était si grande qu'ils délibérèrent pour savoir à qui serait dévolue la couronne du Saint-Sépulcre, mais, après certaines discussions, on s'arrêta au parti le plus raisonnable, celui de prendre d'abord la ville, et de ne s'occuper qu'après de ce qu'on en ferait. » Je trouve qu'ici la sagacité ordinaire de M. Von Sybel est en défaut : en s'occupant de cette question, et en différant de la résoudre, l'on ne prouva qu'une chose, à savoir l'impossibilité de s'entendre, et l'ambition de ceux qui flairaient la pourpre, et la voulaient chacun pour soi.

(2) *Habuimus eo tempore conventum*, dit Raymond d'Agiles, (p. 176), *quia principes male inter se conveniebant. Et quæstio habita est de Tancredo eo quòd Bethleem occupasset et super Ecclesiam Dominicæ Nativitatis, quasi super communem domum, vexillum suum posuisset. Quæsitum est ut aliquis de principatu in Regem eligeretur, qui civitatem custodiret, ne communis facta, si nobis illam traderet Deus, à nullo custodita, communiter destitueretur.*

(3) *Quibus principibus*, dit encore Raimond d'Agiles, *ab episcopis et à clero responsum est: non debere ibi eligi Regem ubi Deus passus et coronatus*

Ces observations, dit Raimond d'Agiles, firent ajourner la délibération : *atque his et aliis de causis multis dilata electio et impedita...* Quelles étaient ces autres causes ? Evidemment l'animosité qui remua toutes les têtes, dès que l'on craignit de voir déférer à son voisin ce qu'on désirait ardemment pour soi-même (1).

Cet incident et celui de l'élection d'un patriarche ont été singulièrement dénaturés, à mon avis, par les historiens. L'un et l'autre, ils ont servi, contre le clergé latin, de base aux accusations les plus passionnées ; et, chose étonnante, ce ne sont pas cette fois les écrivains anticatholiques qui sont les plus injustes.

J'ai déjà fait remarquer que la seule organisation politique praticable en Terre Sainte était celle des Etats Pontificaux eux-mêmes. Il fallait établir à Jérusalem un Patriarche, relevant du Saint-Siége et représentant la chrétienté entière. Emanation de l'Europe, alors réunie dans la même foi pour son bonheur, le Patriarcat de Jérusalem devait s'appuyer sur les bras robustes des guerriers accourant de tous les points de l'Occident à la défense du Saint-Sépulcre. Ces guerriers eussent dû se ranger sous la bannière de celui d'entre eux à qui l'Eglise de Jérusalem eût donné le titre et la dignité d'*avoué*, à l'instar de ce que pratiquèrent tous les établissements religieux du moyen âge.

Idée grande et pratique, elle ne pouvait être conçue et proposée que par le clergé, seul dépositaire, à cette époque, des

---

est... sed esset aliquis advocatus qui et civitatem custodiret, et custodibus civitatis tributa regionis divideret et redditus.

(1) Le huitième jour après la prise de la ville, dit Wilken, les princes se réunirent de nouveau, et convinrent que la défense et le gouvernement de Jérusalem passeraient à l'un d'eux avec le titre de roi : *parmi eux, toutefois, il n'en était aucun qui ne se tînt plus digne de cet honneur que son voisin.* — *Aber unter diesen fürsten war keiner der nicht sich selbst dieser ehre würdiger als jeden andern hielt.* — Geschichte der kreuzzüge nach morgenländischen und aberländischen berichten. Leipzig. 1807-1832. T. I, liv. 1, chap. 12 p. 302.

lumières et du raisonnement : elle dut s'évanouir au contact des idées féodales qui ne connaissaient et ne respectaient que la force matérielle. Godefroid de Bouillon seul se montra digne de la comprendre, et lorsqu'il fut investi de l'autorité suprême, il sut, sans forfanterie et sans fausse modestie, se réduire au rôle que le clergé de la croisade voulait assigner à l'autorité laïque. Il se contenta du titre d'*avoué du Saint-Sépulcre*; mais sa mort remit tout en question, et la féodalité l'emporta.

Ce n'était cependant pas pour l'établir en Terre Sainte que les papes l'avaient entamée en Europe, en provoquant les croisades; c'est ce que fait très-bien ressortir l'Encyclopédie du xix° siècle : « Urbain II fit changer l'aspect civil et politique de l'Europe... la féodalité était trop puissante, et il fallait mettre un terme à la férocité de ces seigneurs vagabonds, de ces routiers qu'on mènerait aujourd'hui aux galères, et qui rançonnaient sans pitié les voyageurs dans leurs jours de clémence. En jetant tous les hommes grossiers et ambitieux vers l'Orient, Urbain II débarrassa l'Europe d'un fléau, et la grandeur des vues du souverain pontife amena peu à peu en Occident la liberté que les Césars y avaient étouffée..... Urbain II est une des gloires de l'Eglise : nul souverain pontife n'a mieux compris sa mission; ce fut un grand homme, et si les croisades provoquées par lui n'ont amené aucun résultat comme conquêtes, elles en ont eu d'immenses sous le rapport des arts, des sciences, de la liberté, de la politique, et de l'humanité. »

Or, le jour où la féodalité triompha, la domination chrétienne en Orient fut frappée au cœur. Au lieu d'être un fief de la chrétienté, le royaume de Jérusalem devint le patrimoine d'une dynastie, et la passion des Lieux Saints s'affaiblissant de jour en jour, la couronne de Jérusalem dut un jour tomber à terre sans que personne sût la ramasser. Et ainsi se justifièrent les paroles prêtées à Godefroid qui ne voulut pas *estre sacré ne coroné à Roy el dit royaume, por ce que il ne volt porter corone dor là où le Roy des Roys Jhésus-Crist, le Fis de Dieu, porta corone despines le jour de sa passion.*

Sept ou huit jours après la prise de Jérusalem, les seigneurs en vinrent à l'organisation du pouvoir ; ils se réunirent en assemblée générale pour élire un roi. Alors parut dans l'assemblée une députation du clergé qui s'exprima ainsi : « Nous approuvons le but de cette assemblée, s'il s'agit d'une chose juste et régulière ; nous entendons par là que vous procédiez d'abord à l'organisation du pouvoir spirituel, les choses du ciel devant avoir le pas sur les choses de la terre ; et immédiatement après, nommez celui qui doit présider au gouvernement laïque : si vous agissiez autrement, nous ne saurions ratifier vos décisions. »

Tel est le récit de Raimond d'Agiles, (p. 179) : il ajoute que ces conseils mirent les seigneurs dans une grande exaspération, et les engagèrent à précipiter l'élection : *Principes cùm hæc audiissent, irati nimiùm, electionem tamen nihilominùs accelerabant.*

Voyez-vous ces seigneurs qui, avant la conquête, ne savaient pas se passer des évêques et des prélats, à la parole desquels ils avaient souvent déposé des armes fratricides ; les voyez-vous, dis-je, s'exaspérer au premier conseil que se permettent de leur donner, après la victoire, ceux à la voix desquels ils avaient pris la croix, ceux avec lesquels ils avaient marché de pair à la conquête de Jérusalem ?

Ils s'exaspèrent, parce que le clergé, qui lisait dans l'avenir, voulait empêcher l'un d'eux d'obtenir une couronne pour lui et pour ses enfants ; ils s'exaspèrent, parce que les hommes lettrés, qui se croyaient niaisement les égaux, sinon les supérieurs des hommes d'armes, parlent d'organiser l'Eglise plutôt que de fonder une dynastie royale !

Une fois victorieux, les Croisés avaient perdu de vue l'origine et le but de la sainte expédition : c'était cependant au service de la Croix qu'ils s'étaient exclusivement engagés.

C'était à la voix du pape qu'ils avaient fait le vœu du pèlerinage armé, et c'était sous la bannière de l'Eglise qu'ils s'étaient enrôlés. Baudry, qui avait assisté au concile de Clermont, le déclare en termes formels : « Adhémar, évêque du Puy, dit-il, s'agenouilla pour recevoir l'autorisation de se croiser, ainsi que la bénédiction pontificale : il reçut en outre du Saint-Siège l'autorité sur tous les Croisés, et la charge de guider l'armée au nom de son office. Dès que l'on connut ce digne chef, les seigneurs se montrèrent enchantés, et s'empressèrent de coudre sur leurs habits le signe de la croix, car tel avait été l'ordre du pape (1). »

« Dans le concile de Clermont, dit M. Paulin Paris, dans son *Introduction à la chançon d'Antioche*, un seul guide avait été désigné par le Pape : ce fut Aimar (2) de Monteil,

---

(1) *Inter omnes autem in eodem concilio*, NOBIS VIDENTIBUS, *vir magni nominis et summæ ingenuitatis episcopus Podiensis, nomine Naimarus, ad dominum Papam vultu jucundus accessit, et genu flexo, licentiam et benedictionem eundi poposcit et impetravit : insuper et ab apostolico mandatum promeruit*, UT OMNES EI OBEDIRENT, ET IPSE PRO OFFICIO SUO IN OMNIBUS EXERCITUI PATROCINARETUR, *utpote quem omnes magnæ strenuitatis et singularis industriæ præsulem noverant*. DIGNO ITAQUE EXERCITUI DEI INVENTO PRIMICERIO *præbuit assensum multitudo multa nobilium : et statim omnes in vestibus superamictis consuerunt sanctæ crucis vexillum, sic etenim Papa præceperat...* lib. I, p. 88. C'est ce que dit aussi Albert de Stade, dans sa chronique : « His omnibus venerandæ senectutis et sapientiæ virum Hadamarum episcopum præfatus Apostolicus præfecit, cui etiam ligandi solvendique potestatem suâ vice exercendam concessit. »

C'est ce qu'avait proclamé, dès 1073, Bernold, moine de Saint-Blaise dans le diocèse de Constance : « In temporibus, dit-il, maxima multitudo de Italiâ et omni Galliâ et Germaniâ Jerosolymam contrà Paganos, ut liberarent christianos, ire cœpit. *Cujus expeditionis domnus Papa maximus auctor fuit.* Nam et in præteritis sinodis studiosissimè omnes de hâc expeditione præmonuit, eamque eis in remissionem peccatorum faciendam firmissimè commendavit. »

Bernold mourut en 1100, dans le monastère de Schaffouse, et ne dit pas un mot de Pierre l'ermite. Ce silence à côté de la part qu'il assigne au Pape à la première Croisade est significatif.

(2) C'est à lui que certains auteurs attribuent le *Salve Regina*, cette célèbre antienne en l'honneur de la Sainte Vierge : c'est pour ce motif qu'on la désigne

évêque du Puy, honneur éternel des généreuses maisons de Grignan et de Castellane. Aimar fut le Calchas de l'héroïque voyage. Il représenta dans l'armée le chef visible de l'Eglise ; il combattit, il concilia, il avertit, il consola ; en un mot, il fut l'âme de ce corps immense. Sans le secours de sa parole toujours ferme, de sa charité toujours ardente, la bravoure la plus héroïque n'eût pas empêché l'armée chrétienne de périr, victime nécessaire de l'inexpérience, de la discorde et de l'indiscipline. »

C'était donc à la voix de la papauté que s'était ébranlée l'Europe pour délivrer le Saint Sépulcre.

« La tiare, dit le comte de Maistre, nous a sauvés du croissant. Elle n'a cessé de lui résister, de le combattre, de lui chercher des ennemis, de les réunir, de les animer, de les soudoyer et de les diriger. Si nous sommes libres, savants et chrétiens, c'est à elle que nous le devons. » (*Du Pape*, lib. III, ch. 7, p. 355.)

» Les Papes découvrirent avec des yeux d'Annibal que pour repousser ou briser sans retour une puissance formidable et extravasée, il ne suffit pas du tout de se défendre chez soi, mais qu'il faut attaquer chez elle. Les Croisés, lancés par eux sur l'Asie, donnèrent bien aux soudans d'autres idées que celle d'envahir ou seulement d'insulter l'Europe.

« Ceux qui disent que les croisades ne furent pour les Papes que des guerres de dévotion, n'ont pas lu apparemment le discours d'Urbain II, au concile de Clermont. Jamais les Papes n'ont fermé les yeux sur le mahométisme, jusqu'à ce qu'il se soit endormi lui-même de ce sommeil léthargique qui nous a tranquillisés pour toujours. » (Ibid, p. 556.)

Pendant l'expédition elle-même, avait-on eu besoin de voix éloquentes pour apaiser les discordes incessantes qui menaçaient de la faire avorter, c'était aux prêtres, soldats

---

parfois sous le nom d'*Antiphona de Podio*, Antienne du Puy. — Pascal, origines liturgiques, V. *Salve Regina*.

du Saint-Siége, qu'on avait eu recours ; avait-on eu besoin d'hommes dévoués pour s'aboucher avec l'ennemi, c'était encore à eux qu'on s'était adressé pour servir d'ambassadeurs. Associés aux hommes d'armes tant que dura le danger, ces prêtres courageux qui s'étaient rendus solidaires des périls, des travaux, et des souffrances des Croisés, crurent avoir voix au chapitre lorsque le but commun eut été atteint : ils crurent pouvoir exprimer leur opinion sur l'organisation de la conquête qu'ils avaient provoquée et facilitée. Quelle fut leur erreur ! les seigneurs ne daignèrent seulement pas discuter avec eux : *irati nimiùm, electionem nihilominus accelerabant*.

L'estimable historien des croisades, M. Michaud, ne me semble pas avoir été suffisamment impartial envers le clergé latin. Rédacteur de la *Quotidienne*, qu'il fonda en face des échafauds de la terreur, et qu'il dirigea pendant 40 ans, homme profondément et sincèrement religieux, il s'est fait, contre le clergé des croisades, l'écho aveugle des accusations passionnées de Guillaume de Tyr. Pour lui, le clergé a tort, lorsqu'il n'approuve pas l'élection d'un roi ; il a tort, lorsqu'il réorganise l'Eglise latine ; il a toujours tort, lorsque des démêlés s'élèvent entre les patriarches et le roi.

Pendant que les opinions restaient incertaines, dit-il, *le clergé s'indignait qu'on s'occupât de nommer un roi, avant de donner un chef spirituel à la ville sainte*, etc.

Enfant du xviiie siècle, M. Michaud ne voit dans les légitimes conseils que les prélats de la croisade avaient assurément le droit de donner à ce sujet à leurs associés, qu'*un effet de l'ambition du clergé romain*. Après avoir prononcé ces terribles mots, il n'ajoute rien : en cette matière, les preuves sont superflues apparemment.

M. Poujoulat, dans son intéressante *Histoire de Jérusalem*, t. 2, ch. xxxi, blâme aussi *l'ambition patriarcale qui voulait se mettre à la place de l'autorité de l'épée*.

Fleury, dans son *Histoire ecclésiastique* (liv. LXV, ch. 2), n'est guère plus favorable au clergé de Jérusalem.

Pour M. Michaud comme pour M. Poujoulat, Dagobert n'est qu'un fougueux disciple de Grégoire VII. Voilà assurément un horrible grief! Que voulait donc ce pape illustre que l'Eglise a justement élevé sur les autels? Il voulut énergiquement la liberté et l'indépendance de l'Eglise et du sacerdoce : il voulut en outre le rétablissement de la discipline ecclésiastique. Aussi ce grand pontife s'attira-t-il la haine du méprisable Henri IV, empereur d'Allemagne, et celle des prélats concubinaires et simoniaques dont il cherchait à purger la sainte Eglise romaine. Alors naquit cette longue querelle, dite des investitures, qui dure encore, témoin le grand-duché de Bade. L'impudique empereur voulait mettre les bénéfices ecclésiastiques à l'encan, et faire de l'Eglise, dit le comte de Maistre, un fief relevant de sa couronne. Voici ce que voulait Grégoire VII, d'après ses propres paroles : « Unum volumus, videlicet ut omnes impii resipiscant et ad creatorem suum revertantur. Unum desideramus, scilicet ut sancta Ecclesia, per totam orbem conculcata et confusa et per diversas partes diffusa, ad pristinum decorem et soliditatem redeat. Ad unum tendimus, quia ut Deus glorificetur in nobis, et nos cum fratribus nostris, etiam cum his qui nos persequuntur, ad vitam æternam pervenire mereamur, exoptamus. — Nous ne voulons qu'une chose, à savoir que l'impiété vienne à résipiscence, et s'incline devant le Créateur. Nous ne désirons qu'une chose, à savoir que la sainte Église, partout persécutée, couverte de confusion, et travaillée par la zizanie, recouvre son ancien lustre et son ancienne vigueur. Nous ne recherchons qu'une chose, à savoir que Dieu soit glorifié dans notre personne, et nous ne souhaitons que la vie éternelle en société de nos frères et de nos persécuteurs! »

Faute d'avoir apporté dans cette partie de son histoire une critique plus sévère et plus impartiale, M. Michaud est tombé dans une autre erreur non moins fâcheuse.

On sait que lors du pèlerinage de Pierre l'ermite, ce fut surtout le patriarche de Jérusalem qui l'engagea à implorer les secours de l'Europe en faveur des Lieux Saints. Siméon (1) était un vieillard respectable (*vir religiosus ac timens Deum*, dit Mathieu Paris, *Histor. major*, p. 19). Ce fut lui qui remit à Pierre une lettre pour le Saint-Père, et qui le chargea en outre d'autres lettres destinées aux princes et prélats de la chrétienté. A l'approche des Croisés, Siméon crut prudent (2) de quitter sa ville épiscopale; il se retira dans l'île de Chypre. Il *mourut*, dit Michaud, *au moment où les ecclésiastiques latins se disputaient ses dépouilles, et sa mort vint fort à propos pour excuser leur injustice et leur ingratitude.*

Ce reproche est encore moins fondé que celui dont nous avons ci-dessus cherché à faire justice. En effet, le premier grief imputé au clergé latin, et consistant dans sa manière de voir au sujet de l'organisation du pouvoir dans Jérusalem reconquise, paraîtra encore sérieux, malgré la réfutation que j'ai tenté d'en faire, aux yeux des hommes imbus de certains préjugés anticléricaux. Ces hommes ne veulent en effet ni la séparation de l'Eglise et de l'Etat, ni, à plus forte raison, la suprématie du pouvoir spirituel dans aucun cas. Pour eux, un gouvernement dirigé par un évêque ou par le Pape est une théocratie, et à ce mot il n'y a plus qu'à se voiler la face. Il n'y a cependant théocratie ou *gouvernement de Dieu*, que si Dieu l'exerce immédiatement par lui-même, ou s'il désigne exté-

---

(1) « Patriarcha iste appellatus *Simon* in catalogis græcis et *Simeon* à scriptoribus iisque præsertim qui bellorum sacrorum in Oriente à Francis et Latinis gestorum historias edidere. » — Lequien, Oriens christianus, Paris 1740, in-fol. t. III, p. 498.

(2) A cause, dit Albert d'Aix, des menaces des Turcs et des vexations des Sarrasins : *propter minas Turcorum et importunitatem Sarracenorum.* — V. p. 63 ci-après.

rieurement l'homme qui doit l'exercer en son nom. Le gouvernement fondé par Moïse était théocratique ; celui des princes-évêques de Liége était une véritable république ; ce n'était en aucune façon un état théocratique, pas plus que ne l'étaient en Allemagne les principautés ecclésiastiques, successivement victimes de la rapacité de leurs voisins, ou les Réductions du Paraguai (1).

On peut être parfaitement heureux sous cette forme de gouvernement ; on peut y être parfaitement libre, excepté pour le mal, mais qu'importe ? Il est une école qui ne veut pas qu'on soit heureux autrement qu'à sa manière, et qui ne comprend la liberté que dans son sens le plus absolu, oubliant qu'alors elle perd son nom, et ne mérite plus que celui de licence.

Si la pensée féodale n'avait pas voulu le rétablissement d'un royaume de Jérusalem, la cité sainte eût été administrée comme le furent longtemps, en France, Avignon et le comtat Venaissin.

Le deuxième grief, celui qui consiste dans *le partage des dépouilles patriarcales* de Siméon, n'est qu'une grosse erreur historique, et j'espère qu'à cet égard, tout le monde sera de mon avis contre M. Michaud.

« Tandis que les princes, dit ce dernier, confiaient ainsi au duc de Bouillon le gouvernement du pays conquis par leurs armes, le clergé s'occupait de consacrer des églises, de nommer des évêques, et d'envoyer des pasteurs dans toutes les

---

(1) Ce fut en 1586 que se forma au Paraguai la première des missions de la Compagnie de Jésus. Ces établissements s'accrurent si rapidement qu'en 1629 on en comptait déjà vingt et un. C'étaient des communautés dites Réductions, ayant le triple caractère religieux, militaire et manufacturier. Chacune d'elles avait une ville considérable, habitée exclusivement par des Indiens, avec une église en pierres, magnifiquement ornée, et deux ecclésiastiques seulement pour exercer les fonctions pastorales et présider à l'administration civile. A la suppression de l'Ordre, ces beaux établissements tombèrent dans l'anarchie, et ne tardèrent pas à être ruinés.

villes soumises à la domination des chrétiens ; mais les prêtres grecs furent, malgré leurs droits, sacrifiés à l'ambition du clergé romain. Le chapelain du duc de Normandie se présenta pour occuper la chaire patriarcale de Siméon, qui avait appelé les guerriers de l'Occident : ce dernier était encore dans l'île de Chypre, d'où il n'avait cessé d'envoyer des vivres (1) aux Croisés pendant le siége. Il mourut au moment où les ecclésiastiques latins se disputaient ses dépouilles, » etc.

Ainsi l'on *dépossédait* Siméon, on le *dépouillait avant sa mort*, lui, l'un des promoteurs de la sainte expédition !

Ces critiques amères n'ont reçu, à ma connaissance, aucune contestation : si j'en juge d'après mes propres et premières

(1) « Migravit idem Patriarcha ab Jerusalem et sepulchro Domini, audito adventu et sede christianorum circà mœnia Antiochiæ, profectus ad insulam Cyprum propter minas Turcorum et importunitatem Sarracenorum. Fuit quippe vir grandævus et fidelis Christi servus, qui à prædictâ insulâ plurima caritatis dona duci Godefrido cæterisque principibus misit in initio obsidionis Jerusalem, interdùm *fructum arboris qui dicitur malum granatum*, interdùm *pretiosa poma cedrorum Libani*, interdùm *pavones saginatos* aut *laudabile vinum* et quæcumque juxtà possibilitatem suam consequi poterat. » (Albert. Aquens. lib. vi, p. 285.) Ce n'étaient pas des vivres que Siméon envoyait aux Croisés ; c'étaient des présents et des friandises qu'il offrait aux princes.

Bernard le trésorier dit que le patriarche s'était rendu, avant la prise de Jérusalem, dans l'île de Chypre pour y solliciter des subsides qu'il pût envoyer aux chrétiens de la Terre Sainte : — Eo quoque tempore patriarcha Hierusalem non erat in urbe. Perrexerat siquidem Cyprum, petiturus à fidelibus eleemosynam quâ Christiani qui in Hierusalem erant, explere posset barbaræ avaritiæ sitim, interminantis assiduè eversionem et gladium. » (cap. LXXV, p. 722.)

C'est également ainsi que Guillaume de Tyr explique son absence (liv. VIII, ch. 23) : « pro reipublicæ statu et salute civium multo precio comparandâ, in Cyprum navigaverat, eleemosynas à fidelibus illius regionis mendicaturus, undè tributa et imposita extraordinariè et suprà vires vectigalia persolverent, ne pro eorum defectu aut ecclesias dejicerent tributorum exactores, aut populum gladiis manciparent, sicut anterioribus consueverant temporibus. »

Hâtons-nous d'ajouter qu'on ne saurait faire au patriarche un grief de son éloignement dans de pareilles circonstances, et c'est bien à tort que la *Revue catholique de Louvain* (t. xiii, p. 503) m'a reproché d'avoir donné à l'absence du prélat une interprétation défavorable, bien éloignée de ma pensée.

impressions, elles ont dû produire un détestable effet sur l'esprit des lecteurs. Un secret instinct me disait cependant que ces guerriers généreux, que ces prélats dévoués devaient, en face du Saint Sépulcre, avoir été innocents d'une ingratitude aussi noire et aussi odieuse. Je crus pouvoir me demander si l'élection d'un patriarche latin n'était pas un fait nécessaire, indispensable, corrélatif de l'élection d'un roi et de l'organisation du nouveau gouvernement?

Je me demandai ce qu'était ce patriarche Siméon qui semblait ne pas avoir de relations avec le Saint-Siége avant l'arrivée de Pierre l'ermite, lequel dut l'engager à écrire une lettre destinée au pape?

Siméon était un patriarche schismatique, et ainsi tombent toutes les déclamations contre l'ambition et l'ingratitude du clergé romain envers ce vieillard.

Après l'élection de Godefroid, Dagobert, archevêque de Pise, fut élu patriarche de Jérusalem, *et dès lors cette ancienne Eglise et ce nouveau royaume prirent une forme régulière.* (*Histoire générale de l'Eglise*, d'après Bérault-Bercastel; Paris, 1836, in-8°, t. IV, p. 533.)

On lit aussi dans l'*Encyclopédie du* XIX° *siècle*, V. *Patriarches* (1) : « Les quatre grands patriarches se partagèrent l'Eglise d'Orient : ils l'entraînèrent malheureusement dans le schisme. Les Croisades rétablirent momentanément l'unité catholique avec la primauté romaine dans quelques parties de cette malheureuse Eglise grecque, sans pouvoir la rappeler à

---

(1) Il n'y eut dans le principe que trois patriarches : celui de Rome pour l'Occident, ceux d'Alexandrie et d'Antioche en Orient ; l'évêque de Jérusalem obtint ensuite les honneurs du patriarcat, mais sous réserve des droits de la métropole, qui était alors Césarée. Le même honneur fut accordé à l'évêque de Constantinople appelée la *nouvelle Rome*. Le nombre des patriarches ayant juridiction fut porté au concile de Chalcédoine, septième session, à cinq, et ce nombre demeura invariable. Je citerai, pour mémoire, et comme dignités modernes, les patriarches de Cilicie et de Babylone, celui de Lisbonne et des Indes, etc.

la vie. Les patriarches grecs ne comptant plus dans le gounement de l'Eglise, les Croisés établirent des patriarches latins à Jérusalem (1099), à Antioche (1100), et à Constantinople (1204)... Après la chute des deux Etats fondés par les Croisés à Jérusalem et à Constantinople, les patriarches latins cessèrent eux-mêmes de résider dans leurs églises, qui devinrent des titres de patriarches *in partibus*. »

« On sait, dit Maimbourg, que dès les premiers siècles l'Eglise chrétienne fut partagée en deux principales divisions : l'Eglise d'Occident ou la latine, qui comprend toutes les provinces du patriarcat de Rome, et celle d'Orient ou la grecque, laquelle est composée des provinces et églises sujettes aux patriarches de Constantinople, d'Alexandrie, d'Antioche et de Jérusalem, *qui ont reconnu constamment, dans les huit premiers siècles, la primauté et la supériorité du Pape comme chef de toute l'Eglise catholique. (Histoire du schisme des Grecs*, Paris, in-4°, 1686, liv. I, p. 3.) »

L'abbé de Nogent, Guibert, qui avait assisté au Concile de Clermont, dit positivement, en parlant de l'état de l'église de Jérusalem, que la foi des Orientaux s'était écartée de la tradition, et que sous le rapport de la soumission au pontificat romain, comme sous d'autres rapports, il n'y avait presque plus rien de commun entre l'église latine et l'église orientale. (1)

C'est ce que confirme en dernier lieu M. J. de Bertou, dans sa notice sur *les chrétiens d'Orient et les réformes du*

---

(1) Nunc de Hierosolymitanæ vel Orientalis statu, qui tunc erat, Ecclesiæ aliquantisper agamus... Orientalium autem fides, cùm semper nutabunda constiterit et rerum molitione novarum mutabilis et vagabunda fuerit, semper à regulâ veræ credulitatis exorbitans, ab antiquorum patrum auctoritate descivit... Undè hæc ipsorum et in arte sæculari et in christianâ professione nugacitas, ad hoc usquè tempus in tantum viguit, ut neque in Eucharistiæ confessione, neque in apostolicæ sedis subjectione penè quicquàm illis commune nobiscum sit. Lib. I, cap. 2; apud Bongars, p. 472.

Sultan (1) : « L'église d'Orient, après le patriarcat de Michel Cérulaire (1034), languit séparée de Rome pendant près de quatre cents ans, et ce ne fut que vers le milieu du quinzième siècle (1439) que, cédant aux instances du père commun des fidèles, elle consentit à entrer dans un sérieux examen des causes qui avaient amené la séparation. »

Ainsi le schisme était prépondérant à Jérusalem : nous voyons que, vers 1048, des marchands d'Amalfi, au royaume de Naples, qui trafiquaient en Syrie et visitaient souvent les Lieux Saints, obtinrent du calife du Caire la permission d'établir à Jérusalem une chapelle où l'on pût célébrer l'office divin selon le rite de l'église latine. Cette chapelle prit le nom de *Sainte-Marie des Latins, pour la distinguer des autres églises où l'on ne suivait pas le rite latin.* Ils y adjoignirent un monastère de religieux de l'Ordre de Saint-Benoît, pour recevoir les pèlerins, et un hôpital pour les malades. Godefroid de Bouillon et d'autres firent à cet établissement des donations considérables : ce fut l'origine des Hospitaliers de l'Ordre de Saint-Jean de Jérusalem, appelés plus tard Chevaliers de Rhodes et de Malte. C'est ce que nous lisons dans la chronique de Saint-Bertin : « Voici, dit-il, comment commencèrent les ordres militaires... Avant l'arrivée de Godefroid de Bouillon, les Grecs et les Syriens obtinrent, moyennant tribut, de demeurer aux alentours du Saint Sépulcre, et *comme les Latins supportaient avec peine l'obligation de devoir communiquer avec ces schismatiques*, certains marchands d'Amalfi obtinrent du Soudan d'Egypte la permission de bâtir près du temple de la Résurrection une église spécialement réservée au rite latin ; ce qui dura jusqu'à l'époque de la première croisade, etc. » (2)

---

(1) Insérée dans le *Correspondant* (Paris, 1856, t. II, p. 275). L'auteur de cette notice s'appuie principalement sur le savant ouvrage de M. *Pitzipios*, intitulé : L'*église orientale*, et imprimé à Rome, par la Propagande, en 1855.

(2) « Militares ordines omnes ab ordine nigrorum monachorum B. Benedicti

L'épithète *schismaticis* se trouve formellement dans cette célèbre chronique, et renverse l'hypothèse de ceux qui voudraient faire croire que les Grecs et les Syriens se bornaient à cette époque à pratiquer des rites particuliers, sans être pour cela en dehors de la communion catholique. Toute l'église du rite grec était alors schismatique, puisque ce ne fut qu'aux conciles généraux de Lyon, en 1274, et de Florence, en 1439, qu'eurent lieu des réconciliations partielles avec l'Eglise romaine (1).

Si l'on doutait encore de l'exactitude de l'opinion émise par l'abbé de Saint-Bertin sur l'hétérodoxie des Grecs et des Syriens à l'époque de la première croisade, je me bornerais à rappeler, d'après Foucher de Chartres (c. xv, p. 394), la

sumserunt exordium : nam Fratres S. Johannis in Jerusalem, qui alio nomine dicuntur Hospitalarii, primò fuerunt fratres laïci sub abbate B. Mariæ de Latinis in Jerusalem ordinis S. Benedicti professi, et sub eodem arma sumserunt et militiam. Ex eorum exemplo orti sunt alii militares religiosi professi. Inceperunt autem sic : antè tempora passagii Godefridi, Saraceni tunc Jerusalem occupantes, Græcis et Surianis christianis sub eorum jugo manentibus, quartam partem civitatis Jerusalem, versùs S. Sepulchrum sub tributo concesserunt ad inhabitandum : et *quoniam ritum Græcorum omnes observabant, Latini molestè ferebant hujusmodi schismaticis communicare;* propter quod quidam mercatores italici de Amalphiâ civitate Apuliæ obtinuerunt ab Ægypti principe juxtà ecclesiam S. Sepulchri ecclesiam construi Latinorum. Construxerunt ergò abbatiam ordinis S. Benedicti nigrorum monachorum quæ dicitur B. Mariæ de Latinis, latinos abbatem et conventum habens, ad quam ecclesiam confluere possent Latini ad divinum officium more romano celebrandum. Ideò abbas et monachi in ingressu monasterii sui construxerunt hospitale et capellam in honore beati Johannis Eleëmosynarii, ad latinos advenas et peregrinos, pauperes et infirmos recipiendum... sicque duravit usquè ad Godefridi tempora, etc., etc. — *Johannis Iperii chronicon S. Bertini*, cap. xii, pars iv, p. 625. Jean d'Ypres, abbé de Saint-Bertin, mourut en 1383, comme l'attestent Martène et Durand : *Thesaur. nov. anecdot.* t. iii, p. 443.

(1) L'*Encyclopédie du 19e siècle* assure que les Maronites du mont Liban, après être tombés dans le Nestorianisme et l'Entychianisme et avoir suivi les Grecs dans leur schisme, rentrèrent dès 1182 dans le sein de l'Eglise : dans la seconde moitié du 16e siècle, ils renouvelèrent leur acte de soumission au Saint Siége ; leur patriarche prend le titre de Patriarche d'Antioche, quoiqu'il réside dans le Liban.

lettre écrite au pape Urbain II, après la prise d'Antioche, par les princes qui lui annonçaient la mort du vénérable évêque du Puy, son légat : ils l'engagent à venir honorer l'Orient de sa présence, pour dompter le schisme, comme ils avaient eux-mêmes dompté les musulmans : « Quid igitur in orbe rectius esse videtur quàm ut tu, qui pater et caput christianæ religionis existis, ad urbem principalem et capitalem christiani nominis (1) venias, et bellum quod tuum est, ex tuâ parte conficias ? Nos enim Turcos et paganos expugnavimus, hæreticos autem Græcos et Armenos, Syros, Jacobitasque expugnare nequivimus. » — « Ne serait-il point parfaitement régulier, Très-Saint Père, Vous, la tête et le père de la chrétienté, de voir Votre Sainteté se transporter dans la ville principale du nom chrétien, pour diriger la partie de la guerre sainte qui vous concerne spécialement? Nous avons en effet bien pu dompter les Turcs et les païens ; mais nous sommes restés impuissants contre l'hérésie des Grecs, des Arméniens, des Syriens et des Jacobites. »

Jacques de Vitry, le vertueux et savant évêque de Ptolémaïs, est encore plus positif, et il fait des Grecs et des Syriens un portrait à l'exactitude duquel on ne peut guère refuser de croire.

Voici ce qu'on lit au chapitre LXXIV de son histoire (2) ; le passage est un peu long, mais je n'en puis rien retrancher :

---

(1) Antioche était, en effet, le premier patriarcat d'Asie : celui de Jérusalem ne venait qu'en deuxième ligne, et l'évêque de cette dernière ville ne reçut, dans le principe, et par simple déférence, nous l'avons déjà fait remarquer, que les honneurs du patriarcat, sans cesser de dépendre de l'église de Césarée.

(2) « Sunt alii homines à diebus antiquis sub diversis dominis in terrâ
» commorantes, sub Romanis, Græcis, Latinis et Barbaris, Saracenis et Chris-
» tianis, vicibus subalternis longo tempore jugum passi servitutis : ubique
» servi, semper tributarii, ad usus agriculturæ et ad alias inferiores necessitates,
» dominis suis reservati ; prorsùs imbelles et præliis velut mulieres inutiles,
» exceptis quibusdam qui inermes et ad fugam expediti, arcubus et sagittis
» tantùm utuntur. Hi Suriani nuncupantur, vel à civitate dicta *Sur*, quæ inter
» Syriæ civitates magnam à priscis temporibus obtinet præeminentiam, vel à

« Il y a une autre race d'hommes qui, de temps immémorial, habite cette terre sous les divers maîtres qu'elle a dû subir ; sous les Romains, comme sous les Grecs, sous les Latins comme sous les Barbares, sous les Sarrasins comme sous les Chrétiens, ils ont toujours été esclaves, avec des chances diverses. Constamment tributaires, ils furent réservés par les conquérants pour les travaux de l'agriculture et d'autres occupations peu considérées ; ce sont des hommes sans courage, aussi peu propres que les femmes à la guerre, à l'exception toutefois d'un petit nombre de gens qui, privés de toute armure et prompts à lever le pied, ne se servent que d'arcs et de flèches. On les appelle *Suriens*, dénomination tirée de la ville de *Sur*, ville ancienne et importante de la

» Syriâ, *Y* conversâ in *U*, Suriani dicuntur, qui in scripturis antiquis Syri
» nominantur. Sunt autem homines magnâ ex parte infideles, duplices, et
» mores Græcorum velut vulpes dolosi, mendaces et inconstantes, amici fortunæ, proditores, et qui ad munera facile inclinantur ; aliud in ore, aliud in
» corde habentes, furtum et rapinam pro nihilo reputantes, secreta christianorum, pro modico pretio facti exploratores, nuntiant Saracenis inter quos
» nutriti sunt, quorum etiam linguâ libentiùs utuntur quàm aliâ, et quorum
» mores perversos ex parte magnâ imitantur... Consuetudines autem et institutiones Græcorum, in divinis officiis et in aliis spiritualibus Suriani penitùs
» observant, et eis tanquam superioribus suis obediunt. Latinorum autem Prælatis, in quorum diœcesibus commorantur, non corde sed ore tantùm et
» superficialiter se dicunt obedire, timore scilicet secularium dominorum ;
» habent enim proprios episcopos græcos ; nec Latinorum excommunicationes
» vel alias quascumque sententias in aliquo formidarent, nisi ab eorum communione, in contractibus et in aliis necessitatibus Latini nostri se subtraherent : discunt enim inter se quòd Latini omnes excommunicati sunt, undè
» non possunt aliquos aliquâ sententiâ innodare. Cùm igitur tàm Græci quàm
» Suriani, ut prædictum est, omnes Latinos excommunicatos reputent, altaria
» suprà quæ Latini celebraverunt divina, priusquàm in ipsis celebrent,
» abluere consueverunt. Sacramentis etiam nostris nullam exhibent reverentiam, nec assurgere volunt, quandò corpus Domini ad visitandos infirmos
» nostri deferunt sacerdotes........Sed et in multis aliis sanctæ et summæ
» romanæ ecclesiæ, à quâ propriâ authoritate recesserunt, ipsi schismaticè
» contradicunt, contra Dei dispositionem, qui romanam civitatem totius
» mundi metropolitani et capitaneam, sicut in temporalibus omnibus præerat,
» itâ in spiritualibus universis fidelibus voluit præfuisse. »

Syrie, soit du nom de la Syrie elle-même, l'*u* ayant été substituée à l'*y*, et en effet de vieux documents leur donnent le nom de *Syriens*. Ce sont des hommes de peu de foi en général, faux et menteurs, à l'instar des Grecs ; perfides comme les renards ; inconstants, amis de la fortune et traîtres, ils sont toujours prêts à recevoir des cadeaux : leur langue n'exprime jamais leur pensée ; ils n'ont aucune répulsion pour le vol et la maraude : espions des Chrétiens, ils vendent leurs secrets, pour une bagatelle, aux Sarrasins parmi lesquels ils ont été élevés, dont ils préfèrent l'idiome, et dont ils imitent en grande partie les mœurs détestables... Pour ce qui concerne le culte et leurs devoirs spirituels, ils suivent les coutumes et les pratiques des Grecs, et leur obéissent comme si c'étaient leurs supérieurs, et ce n'est que par crainte du bras séculier qu'ils font semblant de respecter les prélats latins dont ils habitent les diocèses ; ils ont en effet leurs évêques particuliers, et ils se soucieraient peu de l'excommunication ou d'une autre sentence quelconque, s'ils ne craignaient de voir les Latins rompre toute relation avec eux. Ils tiennent en effet que ces derniers sont eux-mêmes excommuniés, et qu'il leur est donc impossible de prononcer une sentence valable. Il en résulte qu'ils ont bien soin de purifier les autels sur lesquels les Latins ont célébré les saints mystères, avant de s'en servir eux-mêmes. Par une autre conséquence, ils ne montrent aucun respect pour nos sacrements, et refusent même de se lever lorsque nos prêtres vont porter le saint Viatique aux infirmes... Enfin, il est une foule de points sur lesquels ils sont en contradiction avec la sainte église romaine, de laquelle ils se sont séparés (1)

---

(1) Voici à l'appui de cette allégation un extrait du célèbre ouvrage de Lequien :
« Captis Hierosolymis anno 1099 quùm Simeon Patriarcha in Cypro insulâ, quo
» antè copiarum latinarum in Palæstinam adventum sese receperat, eodem
» anno obiisset, Patriarchæ latini ritûs institui cœperunt. Interim Græci quoque
» sui ritûs Patriarchas Hierosolymitanos Constantinopoli creârunt qui in eâ

de leur propre autorité et par un schisme évident, contre la volonté de Dieu qui a voulu que Rome, de même qu'elle avait été la métropole de l'univers pour les choses terrestres, le devînt également pour le spirituel. »

Je désire du reste m'être trompé : je serais heureux de devoir reconnaître que le patriarche Siméon et les Grecs qui habitaient la Terre Sainte vers l'époque des croisades étaient réellement orthodoxes, bien que suivant un rite différent de celui de l'église romaine ; car, dans ce cas encore, les Croisés ne mériteraient aucun reproche pour avoir songé, après la prise de Jérusalem, à la nomination d'un patriarche et au rétablissement des églises appartenant au rite latin (1). Rien ne mettait obstacle à l'existence simultanée de prélats des deux rites : c'est ainsi que nous voyons à Gran, en Hongrie, deux évêques, l'un grec-uni, l'autre latin, et à Lemberg, en Gallicie, trois archevêques, le premier latin, le deuxième arménien, le troisième grec-ruthène, tous catholiques et orthodoxes.

C'est encore ce qui arriverait en Palestine, si le Saint-Père, de même qu'il a jugé dans sa sagesse pouvoir fixer à Jérulem, en 1847, le siége du patriarche catholique, se décidait à renvoyer en Orient les divers patriarches et évêques qui se trouvent actuellement à Rome, pourvus de siéges *in partibus*. On verrait alors les divers rites simultanément en exercice, de même que l'on eût pu voir fonctionner dans la même église

---

» urbe sedebant quandiù Hierusalem in potestate Latinorum fuit. *Quo factum*
» *est ut quia Byzantini, dudùm antè belli sacri initia, Romanæ ecclesiæ com-*
» *munionem abnegârant, horum scissionem Hierosolymitani Græci amplexi*
» *fuerint dùm Constantinopoli morabantur eamdemque, ejectis postmodum*
» *è Palestinâ per Sarracenos Latinis, Hierosolymam reversi, cum Melchitis*
» *Alexandrinis et Antiochenis, ad hoc usque tempus prorogaverint.* »
Oriens Christianus, Paris, 1740, in-fol. t. III, p. 131.

(1) C'est ce qu'a dû reconnaître le gallican Fleury lui-même, si hostile à cette réorganisation. (*Histoire ecclésiastique*, t. xviii, 6º discours sur les croisades.)

le patriarche latin Dagobert et le patriarche grec Siméon, ou leurs successeurs respectifs.

Je ne dois pas cacher, en effet, que, tout en reconnaissant l'injustice des reproches adressés par M. Michaud au clergé des croisades, à propos de la nomination d'un patriarche latin avant la mort de Siméon ; l'un des savants hommes qui continuent l'œuvre de Bollandus, consulté par moi, semble avoir des doutes (1) sur l'hétérodoxie du patriarche Siméon, et il faut avouer que les paroles d'Albert d'Aix justifient jusqu'à un certain point l'hypothèse qu'il n'était pas schismatique : « L'assemblée songea ensuite à établir un patriarche qui gou-
» vernât la population des fidèles et la sainte Eglise. Celle-ci
» était en effet veuve de son pasteur, le patriarche Siméon, ce
» saint homme étant mort dans l'île de Chypre pendant le
» siége de Jérusalem. Après une longue discussion, on ne
» trouva personne qui fût digne d'un tel honneur, ni qui fût à
» la hauteur d'une telle administration. » (2)

Il y avait, à mon avis, plusieurs autres raisons pour ne pas nommer un patriarche en ce moment : d'abord, le légat du Pape, le vénérable Adhémar de Monteil, évêque du Puy, était mort en 1198 au siége d'Antioche, et n'était pas encore remplacé ; les princes eurent ensuite la sagesse de reconnaître

---

(1) Ces doutes s'appuieraient-ils sur l'extrait suivant ? « Dositheus patriar-
» cha hunc Simeonem II ait adversùs azyma Latinorum scripsisse. Voluminis
» quidem Simeonis cujusdam adversus azyma nonnulla excerpta refert Leo
» Allatius... *verùm an Simeon istius operis auctor sit reipsà Simeon II,*
» *Hierosolymorum Patriarcha, asserere non ausim, ut potè qui non videatur*
» *Latinis fuisse infestus.* » Oriens Christianus, p. 499. Quel rapport y a-t-il entre ses sympathies envers les Latins et son orthodoxie ?

(2) « Post hæc placuit universo cœtui fidelium... ut pastor etiam et Patriarcha restitueretur, qui gregi fidelium sanctæque præesset Ecclesiæ. *Nam*
» *viduata erat pastore suo, Patriarcha, viro sanctissimo, in insula Cypro*
» *tempore obsidionis Jerusalem, ex hác luce subtracto...* Quapropter consilio
» inter christianorum principes habito et sæpiùs discusso, ut prædictum est,
» qui tanto viro succederet non aliquis repertus est tanto honore et divino
» regimine dignus. » *Lib.* VI, p. 285.

qu'il ne leur appartenait pas de désigner l'évêque de Jérusalem. (1)

Ainsi, schismatique ou non, le patriarche Siméon ne pouvait se plaindre de la nomination d'un patriarche latin.

Schismatique, c'était à bon droit que, vu les idées de l'époque (2), on l'éloignait d'une église où la loi religieuse ne permettait pas la promiscuité des cultes.

Orthodoxe, mais du rite grec, il ne pouvait se plaindre qu'on organisât à côté de lui l'église latine, qui était celle des Croisés (3).

(1) Il faut toutefois remarquer qu'à cette époque la désignation des patriarches n'était pas absolument réservée au Saint-Siége, car on lit dans Butler (*Vies des Pères, Martyrs*, etc.) qu'en 1204, les chrétiens de la Palestine nommèrent l'évêque de Verceil, Albert, pour succéder au deuxième patriarche de Jérusalem, et que le pape Innocent III applaudit à ce choix, persuadé qu'Albert était plus propre que personne à conduire une église qui se trouvait dans des conjonctures fort critiques.

(2) Ces idées étaient fort éloignées de la tolérance actuelle, et l'histoire nous apprend que les sectes chrétiennes dissidentes regrettèrent la domination musulmane. Renaudot raconte que les Chrétiens du rite jacobite avaient perdu même la faculté de visiter les Lieux Saints : « Indè actum est ut nos christiani » Jacobitæ Coptitæ non ampliùs peregrinationis religiosæ ad eam urbem insti- » tuendæ facultatem habeamus, sed neque ad eam accedendi. » *Historia Patriarcharum Alexandrinorum*, etc. *p. 479.* J'indiquerai, au chapitre VI ci-après, les résultats de cette intolérance, mais je ne puis m'empêcher de faire remarquer dès à présent qu'en général les Croisés ne ménageaient guère les indigènes : Guillaume de Tyr nous révèle (liv. VII, c. 6.) que Baudouin de Boulogne, à peine installé à Edesse, eut à sévir contre une conspiration provoquée par les excès et l'insolence des Latins qui l'accompagnaient : « Factum est » itaque quod, nostrorum turbis ad urbem sæpè dictam confluentibus, tanta » erat in eâ Latinorum multitudo, quod civibus jam inciperet esse molestum : » frequenter enim eis, in hospitio suscepti, inferebant molestias, suprà » modum in populo dominari volentes, jàmque civium consilio nobilium quo- » rum beneficio tantam urbem acquisierant minùs et minùs utebantur. »

(3) Déjà, avant la prise de Jérusalem, on avait établi des prêtres du rite latin à Antioche, à Lydda, et ailleurs, sans exciter la moindre réclamation. V. *Guillaume de Tyr*, liv. VI, ch. 23, et VII, ch. 22. — *Robert-le-Moine*, liv. VIII, etc. C'est sans doute par inadvertance que M. Wilken présente l'évêque de Lydda, créé peu de temps avant la prise de Jérusalem, comme le premier prélat du rite latin en Terre Sainte. *Geschichte der Kreuzzüge*, t. I, p. 269.

Mais, à mes yeux, je le répète, Siméon appartenait au schisme (1), et quelque respectable qu'il fût d'ailleurs, les Croisés devaient, sans mériter les reproches de M. Michaud, le remplacer par un prélat orthodoxe et du rite latin.

La nécessité d'organiser l'église latine après la prise de Jérusalem une fois démontrée, qui en fut le premier patriarche?

Ce fut, disent les uns, l'archevêque de Pise, Dagobert, qui n'était arrivé qu'à la fin de 1099 en Terre-Sainte, en qualité de légat. Ainsi l'assure Foucher de Chartres, d'abord chapelain du duc de Normandie, mais qui s'attacha ensuite à la fortune de Baudouin I. D'autres veulent que le premier patriarche fut Arnould de Rohes (Hernoldus sive Arnulfus de Rohes), ce qui est une erreur évidente.

Je vois dans Foucher de Chartres, qu'*après l'élection de Godefroid, on différa celle du Patriarche jusqu'à ce que le Saint-Siége eût fait connaître sa volonté* : « quippè Godefrido primo principe facto..... « Patriarcham tunc fieri » decreverunt prolungare, donec a romano Papâ consilium » quæsivissent, quem præfici placeret, p. 399, » et l'on trouve, dans d'autres écrivains contemporains, d'autres détails concernant l'intérim de cette dignité, intérim qui fut confié à Arnould, en sa qualité d'archidiacre (2) de l'église du Saint-Sépulcre.

(1) Mgr Gaume est du même avis, lorsqu'il dit dans son *Catéchisme de persévérance*, 28ᵉ leçon : *les Mahométans ravagèrent d'abord les provinces de l'Asie et de l'Afrique, coupables d'hérésie...* Le crime appelle le *châtiment, comme l'aimant attire le fer*.

(2) Indépendamment des fonctions attachées à leur ordre, les diacres administraient les revenus de l'église, prenaient soin des pauvres et distribuaient les aumônes des fidèles. Les évêques se reposaient sur eux d'une infinité de soins, et ils les regardaient comme leurs premiers ministres. Comme dans toutes les églises épiscopales, à l'imitation de ce qui eut lieu à Jérusalem, on nommait sept diacres, leur chef portait le nom d'archidiacre. Cette supériorité l'investissait d'une grande confiance, et par la suite il devint le principal ministre de l'évêque. (*Origines et raisons de la liturgie catholique*, par l'abbé Pascal ; Paris, 1844, in-8º.)

» Les seigneurs et le peuple proclamèrent roi Godefroid de
» Bouillon, et créèrent, immédiatement après, des chanoines
» chargés du service du Saint Sépulcre (1). A leur tête, ils
» placèrent Arnould, et lui conférèrent l'autorité patriarcale,
» jusqu'à ce qu'ils pussent savoir du Pontife de Rome ce qu'ils
» devaient faire en cette matière. » (2)

Albert d'Aix dit également : « On ajourna l'élection du
» patriarche jusqu'à ce qu'on trouvât quelqu'un qui fût pro-
» pre à ces fonctions ; mais ils nommèrent chancelier de
» l'église de Jérusalem, conservateur des reliques sacrées, et
» trésorier des aumônes publiques, Arnould de Rohes, prêtre
» d'une rare sagesse et d'une admirable éloquence. » (3)

(1) La garde proprement dite du Saint Sépulcre devait être conférée à un autre dignitaire ecclésiastique. Je trouve, dans l'excellente chronique de Bernold, la mention que l'ancien abbé de Schaffouse, Gérard, qui avait déposé la mitre pour suivre la croisade, fut nommé custode du Saint Sépulcre en 1100 : « Gerhardus venerabilis abbas, qui dudùm Scaphusensem abbatiam pro Deo » dimisit et hoc cum auctoritate domini Urbani Papæ, Jerosolymam cum » exercitu christianorum petiit, qui post multos labores civitatem obtinuerant » et *prædicto abbati* sepulchrum Domini custodiendum commiserant. » (*Bernoldi chronicon ad ann.* 1100. — *Pertz. monum. Germ. historica t. V*, p. 385.) C'était lui qui portait la sainte Croix au siége de Joppé, en 1101. L'abbé Ekkard, qui se trouvait vers cette époque en Palestine, rapporte une conversation qu'il eut avec ce prélat : « referebat mihi venerabilis abbas Gerhardus, qui tunc Crucem Dominicam semper lateri regis contiguus præferebat, numquàm se tantam nivis vel pluviæ quantam tunc telorum contrà regem volare densitatem vidisse... (*Pertz. monum. Germaniæ histor. t. VI*, ad a. *1101.*)

Il est encore question de cet abbé Gérard dans la chronique de Bertold, à propos d'un reliquaire de prix que ce dernier rapporta de la Palestine. (*Pertz, monum. Germaniæ histor. t. X, p. 108.*) — Foucher de Chartres et Albert d'Aix en font également mention dans les termes les plus honorables.

(2) « His itaque omnibus, ut dictum est, patratis, Primates et populi Go-
» defridum ducem in regem ac principem civitatis Jerusalem et totius regionis
» extulerunt... Canonicos autem qui Domini sepulcro inservirent iidem statim
» creaverunt : *Ernulphum verò quasi Patriarcham eis præposuerunt*,
» donec à romano Pontifice quid agendum foret, requisivissent. — *Gesta*
» *Franc. expugn. Hierus.* p. 577.

(3) « Dilatio facta est, donec inveniretur aliquis qui ad hoc pontificale

C'est ce qu'indique fort bien Orderic Vital, dans son *Histoire ecclésiastique*, lib. ix, p. 756 : « Après l'élection de » Godefroid, dit-il, Arnould de Zocres fut appelé à occuper » par intérim le siége épiscopal : *Tunc etiam Arnulfus de* » *Zocris ad vices episcopi supplendas elatus est.* » C'est ainsi qu'à la mort de chaque évêque, on élit aujourd'hui, à titre provisoire, un vicaire général capitulaire, investi, quant à l'administration du diocèse, de tous les pouvoirs de l'évêque lui-même.

Enfin, je trouve dans Duchesne, (*Histoire des Gaules*, t. iv, p. 92), ce fragment d'un auteur inconnu, qui achève de préciser la position d'Arnould :

« Les seigneurs voulurent alors nommer patriarche un » prêtre nommé Arnould, qui leur avait rendu d'éminents » services durant toute la campagne. Mais celui-ci refusa cet » honneur, protestant qu'il n'accepterait un pareil fardeau que » sur l'ordre du pape. Il consentit cependant à diriger les » affaires ecclésiastiques jusqu'à ce que le pape Urbain leur eût » envoyé comme patriarche un prélat irréprochable, nommé » Dagobert, qui était évêque de Pise. » (1)

Cette partie de l'histoire ecclésiastique s'explique donc parfaitement avec un peu de réflexion. Tout en méprisant, après la prise de Jérusalem, les conseils et les vues du clergé supérieur, en ce qui concernait l'organisation du pouvoir, les princes n'allèrent pas jusqu'à vouloir organiser, sans l'inter-

---

» officium foret idoneus, et tantùm Arnulfum de Rohes, clericum miræ
» prudentiæ et facundiæ, cancellarium sanctæ ecclesiæ Hierosolymitanæ,
» procuratorem sanctarum reliquiarum et custodem eleemosynarum fidelium
» constituerunt. » *Lib.* vi, p. 285.

(1) « Patriarcham verò quemdam clericum, nomine Arnulfum, ordinare
» voluerunt, qui eos plurimùm verbo consolationis in cunctis eorum laboribus
» sustentaverat. Sed renisus est ille, dicens se minimè absquè Papæ præcepto
» tantum onus suscepturum. Curam tamen ecclesiasticarum rerum assumpsit,
» donec Papa Urbanus dirigeret illis in Patriarcham virum omni probitate de-
» coratum, dominum videlicet Dagobertum, episcopum Pisanum, quem,
» cum gaudio suscipientes, Patriarcham constituerunt. »

vention du Pape, l'église latine : on se borna donc à établir dans l'église du Saint Sépulcre des chanoines préposés à la garde des Lieux Saints ; ils furent placés sous la direction d'Arnould, nommé archidiacre. Ce dernier fut en outre chargé de gérer le patriarcat jusqu'à ce que le Saint-Père eût fait connaître son choix, et l'on ne voit pas trace de la moindre opposition faite par qui que ce soit à l'admission du patriarche régulièrement désigné par le Souverain Pontife.

Je vois au contraire dans *Raoul de Caen* (ch. cxl, p. 198), qu'Arnould s'empressa de reconnaître l'archevêque de Pise, légat du Saint-Siége, promu à la dignité de patriarche, et cela par les motifs les plus honorables : « Dagobert, archevêque de
» Pise, ayant été élevé au patriarcat de Jérusalem, Arnould,
» homme d'un grand caractère, quoiqu'il eût eu lui-même la
» promesse de cette dignité, à la suite d'une élection, s'em-
» pressa de le reconnaître, espérant que les intérêts de
» l'église se trouveraient mieux de cette nomination que de la
» sienne propre. » (1)

Il semble en effet que, dès cette époque, il avait été sérieusement question d'élever Arnould à cette dignité, car Guibert de Nogent (liv. vii, c. 12) nous apprend que le légat du Pape, Dagobert, ayant trouvé que la nomination d'Arnould serait contraire aux canons, en ce qu'on inculpait sa naissance, les princes voulant consoler l'archidiacre de cet échec, lui demandèrent à qui, selon lui, ils devaient offrir la dignité patriarcale. Arnould leur conseilla de choisir le légat lui-même, et les princes suivirent son conseil. Ceci prouve la grande influence qu'il exerçait autour de lui.

Guibert de Nogent, qui se montre hostile à Arnould, ne manque pas de trouver dans cette conduite une nouvelle

---

(1) « Dagobertus, Pisanorum episcopus..... in Patriarchatum Jerusalem
» sublimatus. Arnulfus autem, magnæ indolis vir, quamquàm dignitatis
» hujus electione donatus fuerat, tamen obedientissimè annuit, *sperans christianitatem ibi magis in illo, quàm in se, profuturam.* »

preuve de sa jalousie contre ses égaux et contre les prélats plus jeunes que lui ; mais sa mauvaise humeur le rend évidemment injuste, car il s'emporte jusqu'à contester les rares capacités de l'archidiacre, et à le traiter d'intrigant : « Cùm
» enim scientiâ litterali plurimùm posset, dit-il, et ingenio ac
» eloquentia non deesset, uberiorque jam copia cognitiorem
» redderet, cœperat nostros crebris animare sermonibus,
» *famamque suam propagare in talibus : inopia namque lit-*
» *teratorum virum fecerat clariorem.* . . . . . . »

Cet Arnould de Rohes est certes l'un des principaux personnages de la première croisade : il fut nommé lui-même patriarche en 1112, après Gibelin, successeur de Dagobert, également nommé grâce à son influence, selon quelques chroniqueurs. Il jouit de toute la confiance de Baudouin I, et succomba à la douleur que lui causa la mort de ce roi célèbre, qui avait consolidé les conquêtes des Croisés et porté le royaume à sa plus haute splendeur.

Arnould présida aux funérailles du roi Baudouin, et ne put se consoler de cette perte immense : *Jam sepulto tam clarissimo principe Jerusalem*, dit Albert d'Aix (lib. XII, ch. 29), *Arnulfus, Patriarcha venerabilis, piæ dolore mortis tanti regis et athletæ Christi vehementi infirmitate correptus et spatio trium hebdomadum male habens, vitam finivit...* Profitant du dernier souffle de vie qui lui restait, il sacra, avant d'expirer, le successeur de Baudouin I : *Patriarcha adhùc vivens licet ægrotus..... in regem et dominum Jerusalem unxit et consecravit.* C'était une dernière marque de dévouement (1) qu'il voulait donner à la dynastie lotharingienne.

Cet homme était un parvenu : cette circonstance explique la haine et l'envie contre lesquelles il eut à combattre pendant sa vie, et dont sa mémoire souffre encore, car il est peu de

(1) Ce fut lui qui, avec Josselin de Courtenai, décida l'élection de Baudouin d'Edesse au trône de Jérusalem, à l'exclusion d'Eustache de Boulogne. (*Guillaume de Tyr*, liv. XII, ch. III.)

personnages historiques qui aient été aussi fortement attaqués et aussi faiblement défendus.

Guibert de Nogent nous apprend que déjà le comte de Normandie, à la sollicitation de sa sœur dont il avait dirigé l'éducation, lui avait promis le premier évêché vacant : il nous apprend aussi que l'opulent évêque de Bayeux, qui s'était croisé avec le comte Robert et avec Arnould, étant mort pendant le voyage, avait institué ce dernier son légataire universel (1). Arnould était donc déjà riche et dans une position élevée, lorsqu'il arriva en Terre-Sainte.

Il était de la Flandre, dit Albert d'Aix (liv. VI, c. VIII, p. 277) : *Arnulfus de Rohcs, castello Flandriæ*..... et M. Van Hasselt pense (2) que ce personnage pourrait bien être le même qu'*Arnulphe de Rode*, qui figure comme témoin dans l'acte du mois de février 1096, par lequel Ida, comtesse de Boulogne, donna l'église de Genappe, avec ses dîmes et ses revenus, à l'abbaye d'Afflighem. (V. p. 43, ci-dessus.)

Serait-il impossible de préciser son lieu de naissance ? M. Van Hasselt l'a déjà essayé : il dit que RODE est une dépendance de GODVEERDEGEM, arrondissement d'Audenarde,

---

(1) Il avait, d'après le même auteur, donné des leçons à la fille du roi d'Angleterre et il partit en société de l'évêque de Bayeux. Ce prélat, de race royale, était immensément riche : il mourut aux frontières de la Romanie et laissa à Arnould la majeure partie de ses richesses. — « Is (Arnulphus) dialec-
» ticæ eruditionis non hebes, cùm minimè haberetur ad grammaticæ documenta
» rudis, regis Anglorum filiam monacham, eum quem præmisimus, diù
» disciplinâ docuerat : cui Northmannorum comes, mediante sorore, spo-
» ponderat quòd etiàm episcopalem honorem ipsi deferret si quempiam epi-
» scoporum suorum obisse contingeret. Interim Hierosolymitani itineris cùm
» suborta fuisset occasio, episcopus Baiocensis, Odo nomine, vir magnarum
» opum, hoc ipsum devovit iter... ipse suæ gentis fretus frequentiâ cum opibus
» innumeris ire præreexit. Cujus Arnulphus idem comitatui sese indidit, et
» cùm hinc ipsi episcopo citrà nisi fallor, Romaniæ fines, finis obtigisset, ex
» illo maximo censu quem post se reliquerat, hunc legatorium, penè antè
» omnes, supellectilis suæ pretiosæ effecit. » (*Guiberti abb. historia Hierosolymitana, lib. VII, ch. XII.*)

(2) *Annales de l'Académie d'archéologie de Belgique*, t. VI, p. 101.

canton de Sotteghem. Cette commune possède en effet un hameau de ce nom sous sa dépendance. Le savant chanoine Carton, de Bruges, estime qu'il faut donner la préférence à Ardenbourg, jadis Rodenbourg, qui faisait partie du *pagus Rodinensis* dans le *Mempiscus*.

Hansbeke, village de l'arrondissement de Gand, canton de Nevele, possède un hameau du nom de Rho, où l'on trouve encore les vestiges d'un ancien château, auquel semble malheureusement ne se rattacher aucune tradition.

Nous avons aussi Rhode-Sainte-Agathe, dans l'arrondissement de Louvain, et Rhode-Saint-Genèse, dans l'arrondissement de Bruxelles, tous les deux à une faible distance de Genappe et de Baisy, résidence habituelle de Godefroid de Bouillon et de sa mère.

En présence du texte positif d'Albert d'Aix, qui assure qu'Arnould était d'*un château de la Flandre*, je ne sais ce que peuvent valoir :

1° L'opinion d'Orderic Vital qui nous apprend qu'Arnould était de Zocres : *Tunc etiam Arnulfus de Zocris* (1), *vir eruditissimus, ad vices episcopi supplendas elatus est*, lib. ix, p. 755 ;

2° Celle de Gilles d'Orval, qui le dit natif de *Chocques* (2). L'abbaye de ce nom, dit Gazet (*Histoire ecclésiastique des Pays-Bas*, p. 290), fut premièrement bâtie en l'honneur de la Vierge, au bourg de *Chocques*, près de Chasteau, l'an 1100. — *Choque*, dit Meyer, fol. 34, est un village en Artois, dépendant autrefois de l'avouerie de Béthune. — *Choque*, dit le P. d'Oultreman, est au diocèse de Térouanne, mais tenant au comté d'Artois. Dans une composition relative aux hommes illustres de ce diocèse qui prirent part à la pre-

---

(1) C'est le nom que lui donne aussi le P. Malbrancq, *De Morinis*, t. iii.

(2) Entre Aire et Lillers. Le château de Chocques fut brûlé par le duc de Normandie, Robert, lors de la rébellion de Baudouin de Lille contre son père, au commencement du XIe siècle.

mière croisade (Martène et Durand, t. V, p. 539), on trouve les vers suivants :

> « Primus Evermarus sedit patriarcha sepulchri,
> » Post hunc Arnulfus, oriundus uterque Cickes... »

3° Celle des auteurs de l'*Art de vérifier les dates* (1), qui le nomment *Arnoul des Roches*, ou *de Rocas*, château situé dans le Hainaut. (t. IV, p. 52.)

Enfin 4°. Celle de M. Auguste Le Prévost, auteur de la nouvelle édition que la Société de l'histoire de France a faite à Paris, en 1855, de l'*Histoire ecclésiastique d'Orderic Vital*. J'y trouve à la page 642, t. III, la note suivante : « Nous » ignorons pourquoi notre auteur n'a point encore parlé de ce » personnage, et n'est pas entré dans plus de détails sur son » compte. Son nom n'était pas *Arnulfus de Zocris*, mais » *Arnulfus de Rohes*, *castello Flandriæ*. Nous pensons que » ce lieu doit être Rœulx, près de Valenciennes. » — Rœulx en Ostrevant (2) est désigné : 1° sous le nom de *Ruoth* dans un diplôme de Pascal II, reproduit par Le Mire, t. II, p. 1151 ; 2° sous celui de *Roeth* ou *Roet*, en 1181, par Jacques de Guyse (Annales du Hainaut, liv. XVIII, ch. 24). L'hypothèse de M. Le Prévost me semble uniquement s'appuyer, à part la consonnance très-imparfaite des mots *Rœulx* et *Rohes* employés par Albert d'Aix, sur le désir de conserver à la France actuelle le personnage dont j'entreprends le premier la réhabilitation historique.

Rœulx en Ostrevant n'a pas plus de droit à la paternité d'Arnould de Rohes que n'en aurait Rœulx en Hainaut, connu au moyen âge sous le nom de *Rues* ou plutôt *Ruez* (Miraei diplom., t. I, p. 559 et 723), en latin *Rodius*, *Rodium* ou

---

(1) T. 1ᵉʳ, p. 273, in-fol.

(2) L'Ostrevant, *Austerbantum* ou *Austerbantensis pagus*, *Auster-ban* ou *Oosterband* (limite à l'Orient) était ainsi appelé, parce qu'il formait primitivement la limite orientale de la Neustrie. C'était un petit pays situé entre le Hainaut et l'Artois, auxquels il paraît avoir successivement appartenu.

Reussium. S'il faut en croire Jacques de Guyse et Guicciardin, dit M. Th. Lejeune, cette ville portait jadis le nom de *Rhetiæ*, que lui donnèrent ses premiers fondateurs, les Rhétiens et les Ruthènes, peuples de race slave qui vinrent y camper avant de livrer bataille aux Gaulois Sénonais dans le nord de la Nervie. — (*Coup d'œil géographique, statistique et historique sur le canton de Rœulx; par M. Lejeune, instituteur communal à Estinnes-au-val*, 1853.)

Il me semble évident qu'aucune de ces indications ne peut détruire celle d'Albert d'Aix, et il faut admettre avec lui qu'Arnould était né dans l'un ou l'autre château de Flandre. Où était situé ce château? c'est ce qu'on ne découvrira sans doute pas d'une manière précise. Mais pourquoi ne serait-ce pas au hameau de *Rho*, sous Hansbeke, arrondissement de Gand, canton de Nevele?

M. Van Hasselt, comme je l'ai déjà dit, soupçonne qu'Arnould ou Arnulfe de Rohes n'était autre qu'*Arnulfe de Rode*, qui figure comme témoin dans l'acte du mois de février 1096, par lequel Ida, comtesse de Boulogne, du consentement de ses fils Godefroid et Baudouin, donna l'église de Genappe, avec toutes ses dîmes et tous ses revenus, à l'abbaye d'Afflighem, en rappelant que son fils avait donné à la même abbaye les cinq manoirs (60 bonniers) situés dans le même domaine.

Je ne trouve rien qui puisse confirmer cette hypothèse, si ce n'est certain passage de l'*Histoire de l'abbaye d'Afflighem* (L. d'Achéry, Spicilegium, t. x, p. 585). On y lit, p. 775, que Godefroid et Baudouin étant allés à Gand, sans doute pour conférer avec le comte de Flandre au sujet de la croisade, furent invités à loger, au retour, au monastère d'Afflighem, et que là, touché du bon accueil qu'ils y reçurent, Godefroid s'approcha de l'autel de Saint-Pierre, et y offrit, avec Baudouin, à l'église du lieu, les 60 bonniers prémentionnés. L'acte de cette donation fut rédigé peu de temps après à Maestricht, et signé, entre autres, par Arnulfe de Rode. Il ne serait donc pas impossible qu'Arnould, mis en rapport à Gand avec les deux princes Lorrains, qui s'occupaient en ce moment des préparatifs de la croisade et engageaient des hommes d'armes pour leur expédition (1), eût sollicité l'autorisation de s'attacher à leur personne, qu'il les eût accompagnés à leur retour, qu'il eût séjourné avec eux à Afflighem, qu'il eût été ainsi témoin

(1) Caput xvii, p. 775.

« Contigit intereà ut duo filii dominæ Idæ, Boloniensium comitissæ, dux
» videlicet Godefridus et frater ejus Balduinus, qui uterque posteà unus post
» alium regni sceptro politi sunt, Hierosolymam proficisci disponerent, in id
» ut Loca Sancta quæ ab infidelibus et impiis obsessa tenebantur, Dei adjutorio
» per manum validam christianæ religioni restituerent; coadunantes igitur
» longè latèque fidelium exercitum, in hujus quoque provinciæ terminis con-
» venerant, in quâ plerisque pauperibus cænobiis de propriis patrimoniis larga
» beneficia contulerunt. Quo comperto frater Godefridus, cognomento Niger,
» quoniàm ante conversionem suam memorato duci Godefrido notus erat, Gan-
» davum ubi tunc fortè venerat, illi obviàm properat, quem ut in reditu suo
» hospitandi causâ Afflighemium divertat, multis precibus expostulavit. Dux
» autem religiosus ac pius preces tam devotas parvi pendere noluit, sed mox
» disperso penè exercitu hâc illâcque, ne multùm per ipsum Fratres grava-
» rentur, cum fratre suo comite Balduino atque comite Godefrido, qui posteà
» ducatûs vexillum strenuus gessit, *et cum reliquis quos secum detinuit* ad
» memoratum cænobium declinavit.

» Susceptus igitur à fratribus cum debito honore et reverentiâ, omnique
» illi humanitate exhibitâ, volens beneficiis Fratrum vicem rependere, *cum
» optimatibus suis ad altare sancti Petri accessit*, ibique quinque patrimonii
» sui mansos in loco qui *Huglintrau* dicitur, concedente fratre suo Balduino,
» eidem ecclesiæ juxtà statuta Principum legaliter obtulit. Verùm quia fra-
» ter eorum comes Eustachius huic donationi non intererat, non parvus metus
» Fratribus omninò inerat, ne post discessum eorum aliquid ab eo pateretur
» adversitatis incommodum. Inito itaque consilio Fratres quidam ex ipsis Bo-
» loniam properant, atque hoc fratrum suorum beneficium suâ auctoritate
» corroborari expostulant. Ille autem non solùm fratrum suorum donationi non
» restitit, verùm etiam quidquid sui juris erat superaddens, ratam et incon-
» cussam, matre suâ annuente, imò compellente, in perpetuum statuit. Porrò
» nobilium filiorum mater æque generosa ac nobilis, in his posteà finibus iter
» agens, apud idem cænobium hospitium sibi elegit, atque inter cætera largi-
» tatis suæ beneficia altare de Genepiâ, quod sui juris erat, liberè et ab omni
» abolitum exactione fratribus devotissimè tradidit. » — (*Historiæ Afflighe-
mensis*, lib. unus. L. d'Achéry, Spicilegium, t. x, — Pertz, Monumenta Germaniæ histor, t. IX, p. 415).

de l'offrande qu'ils y firent sur l'autel de Saint-Pierre, et qu'il eût été appelé ensuite à signer l'acte qui constatait cette donation, acte dressé en février 1096, à Maestricht, dans l'église de Saint-Servais, avec grande solennité.

Les relations qui se seraient ainsi établies, dès cette époque, entre Arnould, Godefroid, et Baudouin, expliqueraient naturellement l'inaltérable dévouement que le futur archidiacre ne cessa de montrer au roi Baudouin I.

Quoi qu'il en soit, *Rho* reproduit très-bien le *Rohes* des chroniqueurs, et le hameau de ce nom possède encore, je le répète, les débris d'un ancien manoir auquel, toutefois, ne semble se rapporter aucun souvenir historique.

M. Van Hasselt avait cru que le lieu de naissance d'Arnould serait plutôt *Rode*, hameau de Godveerdeghem, canton de Sotteghem, entre la Dendre et l'Escaut, et la différence seule d'orthographe ne serait pas de nature à faire rejeter cette opinion, puisque les gens du peuple ont, en Flandre comme en Brabant, l'habitude d'élider la lettre *d* dans tous les noms de villages qui s'appellent Rode ou Rhode ; mais il est une autre raison qui ne permet pas d'accepter l'indication de M. Van Hasselt : c'est que *Godveerdeghem* ne faisait pas partie, au XI° siècle, de la Flandre (1), mais bien de la Lotharingie, laquelle, ainsi que le diocèse de Cambrai, longeait l'Escaut depuis Tournai jusqu'à Gand, et se prolongeait jusqu'à la mer à l'aide de la fosse othonienne.

Le château de *Rho*, sous Hansbeke, situé au contraire au delà de l'Escaut, dans la direction de Bruges, faisait partie du pays qui portait à cette époque le nom de Flandre, et offre

---

(1) « Flandria imperialis, Brabantiæ hodiernæ contigua, est ex antiquo » Brabanto decerpta..... Gerardi-mons et Ninive seu Ninovia, oppida nunc » Flandriæ, *Brabanto adhùc* XII° *seculo annumerata*, uti et Herlingova, vicus » propè Ninoviam, miraculis et S. Amandi corpore tum eò delato nota. » — Brevis notitia, ex Actis Sanctorum digesta. Antv. 1658, in-12. 2° édition, Bruxelles, 1843, in-8°.

ainsi toutes les conditions qu'indique le texte d'Albert d'Aix, qui le fait naître dans un château de la Flandre, *castello Flandriæ*.

Examinons maintenant ce qu'était Arnould de Rohes.

C'était, dit Tudebode, un homme sage et honorable : « *similiter elegerunt patriarcham quemdam sapientem et* » *honorabilem virum, nomine Arnulfum, (p. 28.)*

« Il parut convenable, dit Robert le Moine, qu'après avoir
» choisi pour leurs corps un gouverneur accompli, ils donnas-
» sent à leurs âmes un guide possédant les mêmes qualités.
» Ils élurent donc un prêtre, nommé Arnould, parfaitement
» instruit dans les choses du ciel et de la terre. C'était un
» écrivain savant, dont l'érudition et l'éloquence étaient un
» véritable trésor. » (1)

Baudry, l'archevêque, met dans la bouche des chefs de l'armée le discours suivant, également flatteur pour Arnould :

« Quant au choix du patriarche, le meilleur parti auquel
» nous puissions nous arrêter serait de désigner Arnould, cet
» homme si instruit dans les belles-lettres, et de lui conférer
» l'exercice de ces fonctions éminentes..... En effet, nous le
» connaissons aussi éloquent qu'habile à administrer la justice :
» il a en outre une foule de qualités qui conviennent à un
» évêque. Mais comme nous manquons en ce moment du
» temps nécessaire à une affaire aussi importante, contentons-
» nous de lui confier l'intérim du patriarcat... jusqu'à ce que
» le Seigneur ait mieux fait connaître sa volonté. » (2)

---

(1) « Congruum quoque deinceps erat, ut qui sibi gubernatorem corporum
» decenter et docenter elegerant, rectorem animarum pari modo sibi propo-
» nerent. Elegerunt itaque quemdam clericum, nomine Arnulfum, divinâ et
» humanâ lege bene eruditum. Erat autem scriba doctus in regno cœlorum, id
» est in sanctâ Ecclesiâ qui benè poterat de thesauro suo proferre nova et
» vetera. » (*Histor. Hierosol.* lib. ix, p. 76.)

(2) « Porro de personâ (patriarchæ) eligendâ nihil ad præsens occurrit
» melius, quàm ut dominum Arnulfum, virum litteris apprime liberalibus
» eruditum, conveniamus, et huic curæ vicarium præficiamus... Novimus

L'abbé Ekkard l'appelle un homme vénérable, un prêtre savant : *Arnoldus quidam venerabilis et benè litteratus clericus.* (1)

Ce fut à Arnould de Rohes que *Raoul de Caen* dédia son ouvrage : « Je t'ai choisi, ô savant patriarche, dit-il dans sa préface, pour améliorer et corriger mon ouvrage, car tu es un homme universel, et tes observations, quelles qu'elles soient, auront pour moi la douceur du miel. » (2)

Arnould de Rohes, chapelain du duc de Normandie, avait rendu de nombreux services durant la marche des Croisés. Ce fut à la suite de l'un de ses sermons que Tancrède et Raymond, qui avaient eu entre eux de longs démêlés, s'embrassèrent sur le mont des Olives, à la vue de toute l'armée, peu

» enim eum justitiæ censurâ præeminentem, linguæ facundiæ pollentem;
» insuper plurima quæ conveniunt in episcopo in eo concurrunt. Sed quoniam
» non possumus in præsentiarum hoc statuere consilium (ad alias siquidem
» properamus), rem istam, de quolibet videlicet inthronizando, censemus
» induciandam : excepto quod dominum Arnulfum nominemus, qui vices
» suppleat episcopi et interim respondeat ore pastoris... Nunc interim episco-
» petur consilio, donec quem Deus idoneum sibi providerit, episcopetur officio. »
(*Histor. Hieros.* lib. IV, p. 135.)

On sait que l'archevêque Baudry n'assista pas à la première croisade, bien qu'il eût été présent au concile de Clermont; mais il a écrit d'après la relation d'un témoin oculaire, et il soumit son ouvrage à Pierre, abbé de la Mailleraie, qui avait suivi les Croisés : ce prélat lui répondit en louant son style et son exactitude.

(1) *Ekkardi abbatis libellus qui dicitur Hierosolymita*, etc., § 28, p. 530; Martène et Durand, *Ampliss. Collect.* t. v, Paris, 1724, in-folio. « Cette chronique, dit M. Michaud, a tout l'intérêt d'une production contemporaine. » Nous avons fait remarquer que l'abbé Ekkard s'était rendu en Palestine en 1101 et en était revenu en 1102. Certains manuscrits portent : *Arnoldus quidam honorabilis et benè litteratus clericus.* Pertz, Monun. German. histor. t. VI, ad a. 1101.

(2) « Elegi te, Arnulphe patriarcha, doctissime doctorum, qui paginæ meæ
» superflua reseres, rimas impleas, obscura illustres, arida superfundas;
» nulliùs etenim scientiæ te cognovimus exortem ; præsertim mellita mihi erit
» quæcumque correctio tua. » — Gesta Tancredi in expeditione Hierosolymitanâ, auctore Radulfo Cadomensi, ejus familiari. (*Thesaur. nov. anecdot.*, t. III.)

de jours avant la prise de Jérusalem. C'est Albert d'Aix qui nous l'apprend en ces termes : « Le sixième jour, l'armée » chrétienne fit processionnellement le tour de Jérusalem. » Lorsque les Croisés arrivèrent sur le mont des Oliviers, et à » l'endroit où le Seigneur enseigna à ses disciples l'oraison » dominicale, ils s'arrêtèrent pénétrés de sentiments d'humble » dévotion. Pierre l'ermite et Arnould de Rohes adressèrent » ensuite la parole au peuple et étouffèrent la zizanie qui, pour » divers motifs, régnait parmi les pèlerins (1). » D'après l'archevêque Baudry, il n'y eut qu'un seul sermon dans cette cérémonie : on peut donc sans témérité l'attribuer à Arnould de Rohes.

Ce fut ce dernier qui, à la bataille d'Ascalon, porta la sainte croix, en guise de labarum. (2)

Ce fut encore lui qui fut chargé (3) de haranguer, au siége de Joppé (Jaffa), tout le peuple assemblé, et il le fit en termes magnifiques.

Ce fut lui enfin qui, élevé au siége patriarcal en 1112, c'est-à-dire après 12 années passées dans l'une des premières fonctions de l'église de Jérusalem, celle d'archidiacre, poste qui supposait un rare mérite, dut aller se justifier à Rome de toutes les infamies qu'on avait accumulées sur son compte.

(1) « Sextâ feriâ processionem universi Christiani circa urbem facientes, » deindè ad montem Oliveti venientes, in loco ubi Dominus Jesus cœlos ad- » scendit, ac deindè procedentes in alio loco ubi discipulos suos orare docuit, » in omni devotione et humilitate constiterunt. Illic in eodem loco montis » Petrus eremita et Arnulfus de Rohes, castello Flandriæ, clericus magnæ » scientiæ et facundiæ, ad populum sermonem facientes, plurimam discordiam » quæ inter peregrinos de diversis causis excreverat, extinxerunt. » (*Lib.* VI, c. 8, p. 277).

(2) D'après Raymond d'Agiles, ce fut grâce à ses soins et à sa fermeté qu'elle fut retrouvée après la prise de Jérusalem. Elle avait été enfouie en terre pendant le siége, et on s'obstinait à ne pas la restituer.

(3) *Jussu regis...*

Ekkeardi Uraugiensis chronica. Pertz, Monum. Germaniæ histor. t. VI, ad a. 1101.

Il s'en justifia complétement, car nous trouvons dans le *Cartulaire du Saint-Sépulcre* un bref pontifical qui semble de nature à devoir réduire tous ses détracteurs au silence ; ce bref accepte l'affirmation d'Arnould qu'il était pur des accusations dont il avait été poursuivi, et lui accorde des dispenses quant à l'illégitimité de sa naissance, seul et dernier grief qui subsistait, et qui semblait avoir quelque consistance, grâce à la manière dont se constatait alors l'état-civil. Cette dispense lui est accordée, dit le Saint-Père, à cause de ses grands mérites qu'il serait trop long d'énumérer, des immenses services qu'il a rendus depuis le commencement de la croisade, et parce que la paix et les intérêts de l'Église de Jérusalem ne pouvaient se passer de lui : « Porrò personæ ipsius utilitas ab
» initio expeditionis Hierosolymitanæ quanta penès vos fuerit
» et quanta sit, non solùm nos sed universus penè agnoscit...
» quod de ipsius genitura vulgatum est, pro multis et variis
» personæ utilitatibus, quos dinumerare prolixum est, pro
» pace ac necessitate Hierosolymitanæ Ecclesiæ..., apostolicæ
» dispensationis provisione duximus tolerandum. » — Datum
» Priverni, xiv kalend. august. indict. ix, J. D. an. mcxvii. »(1) *Cartulaire du Saint-Sépulcre*, publié par M. de Rozière, (Paris, 1848, in-4°, p. 11.)

Raimond d'Agiles, l'abbé Guibert, Guillaume de Tyr et Bernard le trésorier sont les écrivains qui se sont rendus les échos de toutes les turpitudes reprochées à Arnould. (2)

— *C'était le fils d'un prêtre concubinaire.*

— *Il n'était pas même sous-diacre.*

---

(1) L'animosité de Guillaume de Tyr va jusqu'à flétrir la décision pontificacale ! « Domini Papæ, dit-il, t. XI, ch. 26, et totius ecclesiæ blandis verbis et
» largâ munerum profusione religionem circumveniens, cum gratiâ sedis
» apostolicæ remeavit ad propria, sedem obtinens Hierosolymitanam eâdem
» vivendi licentiâ, quâ priùs meruerat depositionem. »

(2) Ajoutons, non sans regret, que les Bollandistes se sont également prononcés contre la mémoire d'Arnould de Rohes. *V. Acta SS. maii t. III. tractatus de episcop. et patriarch. S. Hierosolymitanæ ecclesiæ*, p. XLVI.

— *Il avait des relations criminelles avec deux femmes qu'il faisait passer pour ses nièces, et dont l'une était même une sarrasine, dont il avait un fils.*

— *Il donna en dot à l'une de ses nièces les revenus considérables de Jéricho et de ses dépendances.*

— *Enfin ce fut lui qui poussa Baudouin I à demander, à cause de son opulence, la main de la princesse de Sicile, bien que sa femme légitime fût encore vivante.*

Il ne faut point perdre de vue qu'homme sans naissance et fils de ses œuvres, Arnould dut exciter maintes jalousies. Ce qui dut surtout irriter violemment contre lui une partie notable des Croisés, ce fut sa conduite à propos de la prétendue lance miraculeuse trouvée dans Antioche, alors que le farouche Kerboga, prince de Mossoul, en faisait le siége. Qui ne connaît ce curieux incident de la première croisade? Pierre Barthélemy, prêtre du diocèse de Marseille, vint révéler une apparition de saint André, qui lui avait dit: « Va dans l'église de Saint-
» Pierre; près du maître autel tu trouveras, en creusant
» la terre, le fer de la lance qui perça le flanc de Notre-
» Seigneur Jésus-Christ. Ce fer sacré, porté à la tête
» de l'armée, opèrera sa délivrance, et percera le cœur des
» infidèles. »(1)

Pendant trois jours l'armée chrétienne se prépara par le jeûne et la prière à la découverte du fer sacré : dès le matin du quatrième jour, douze Croisés, choisis parmi le clergé et les chevaliers, se rendirent au lieu désigné, avec des ouvriers chargés des instruments nécessaires : toute l'armée, assemblée aux portes, attendait avec impatience le résultat des fouilles. Jusqu'au soir elles furent infructueuses; l'impatience

---

(1) Tous les historiens des croisades rapportent la découverte de la lance et les prodiges qu'elle opéra. Guillaume de Tyr, Raimond d'Agiles, Guibert de Nogent, Robert le Moine n'élèvent aucun doute sur l'authenticité de la lance : Foucher de Chartres, Albert d'Aix et Raoul de Caen ne l'admettent point, sans toutefois la combattre en termes exprès.

commençait à gagner les Chrétiens, et les ombres de la nuit à s'étendre ; tout à coup Barthélemy, qui se tenait avec les douze témoins sur les bords de la fosse, s'y précipite, et reparaît, élevant le fer sacré qu'il venait d'apercevoir et de saisir.

Cet événement porta jusqu'au délire l'enthousiasme des soldats, et bientôt Kerboga, vaincu en bataille rangée, s'enfuit vers l'Euphrate, laissant près de 100,000 hommes sur le terrain, s'il faut en croire certains historiens.

Mais tout le monde n'avait pas cru au miracle : bientôt l'on en discuta la réalité ; bientôt l'on traita l'événement de fraude pieuse. Raimond d'Agiles, chapelain du comte de Toulouse et le plus crédule de tous, dit qu'Arnould de Rohes *était l'âme des incrédules : Arnulfus capellanus comitis Normaniæ... caput omnium incredulorum erat, et quia litteratus erat, credebant ei multi.*

Arnould, tout en attaquant l'authenticité de la lance découverte par Pierre Barthélemy, était loin de dédaigner les pratiques d'un culte raisonnable ; et ce fut apparemment d'après son conseil que les seigneurs, après l'épreuve du feu dans laquelle avait succombé le prêtre provençal qui s'était attribué l'honneur de cette découverte, décidèrent qu'il serait fait, de l'or le plus pur, une image du Sauveur : « On fit un
» appel, dit Raoul de Caen (c. cx), à la dévotion du peuple ;
» on n'oublia pas de lui représenter les bienfaits qu'il avait
» reçus et ses fréquentes victoires sur l'ennemi ; on l'invita à
» rendre grâces à Dieu pour les périls auxquels il avait déjà
» échappé, à le supplier pour ceux qu'il pourrait avoir encore
» à éviter. Ce fut Arnould qui fut chargé d'adresser au peuple
» ces exhortations *et qui dirigea le cœur de ses auditeurs*
» *ainsi qu'il le voulut.* L'évêque de Mortura ou Martaro,
» homme un peu plus savant que les ignorants, mais lettré
» presque sans science, se tenait auprès d'Arnould pour
» étendre la main droite sur le peuple et lui donner la bénédiction à la suite du sermon. » S'il ne savait point parler,

ce dernier prélat sut mourir pour la délivrance du Saint-Sépulcre. Il faisait partie de l'armée qui allait livrer la terrible bataille d'Ascalon : ayant été renvoyé à Jérusalem en mission , il tomba , au retour , dans l'un des partis ennemis qui battaient la campagne , et l'on n'entendit plus parler de lui. Cette mort rachète bien des fautes , s'il en a commis , comme le prétendent plusieurs écrivains. (1)

Arnould , sans nier l'intervention de la puissance divine, dit Michaud , n'admettait d'autres prodiges que ceux de la valeur et de l'héroïsme des soldats chrétiens : les Croisés du Nord se rangèrent à son opinion ; ceux du Midi au contraire, et les Provençaux surtout , avec leur imagination ardente , ne cessaient de reprocher aux partisans d'Arnould leur peu de foi et leurs sacriléges railleries. Les choses en vinrent au point que, pour ramener la paix , Barthélemy dut finir par se soumettre à l'épreuve du feu ; il y succomba , et la lance miraculeuse cessa d'opérer des prodiges ; mais les Provençaux (2) n'en furent que plus irrités contre Arnould : ils ne lui pardonnèrent jamais la mort de Barthélemy et le discrédit qu'il avait jeté sur ce prétendu miracle. Les pauvres , à qui était distribuée une partie des offrandes considérables faites aux dépositaires de la sainte lance, éclatèrent aussi en murmures contre le chapelain du duc de Normandie.

Je n'attribue pas d'autre cause aux chansons satiriques qui le poursuivirent , et aux imputations injurieuses dont Guillaume de Tyr s'est surtout rendu l'écho. L'animosité fut telle qu'elle menaça d'aller jusqu'au meurtre. Raoul de Caen nous raconte (ch. CIX) que Raymond de Toulouse et ses complices lui dépêchèrent des assassins , mais qu'averti à temps , Ar-

---

(1) Guillaume de Tyr , liv, IX, ch. 4. — Gesta Francorum et aliorum Hierosolym. cap. XXXIX.

(2) Raoul de Caen s'écrie, en parlant de cette prétendue découverte : *O fatuitas rustica ! O rusticitas credula !* Il n'épargne guère les Provençaux à ce sujet.

nould put s'échapper, et accourut près du comte Robert de Normandie. Celui-ci était occupé à souper avec le comte de Flandre. Les deux princes se mirent aussitôt à la poursuite des assassins, et ceux-ci n'échappèrent à leur juste colère qu'en feignant d'avoir une mission tout autre que celle dont ils avaient été réellement chargés. Il faut bien admettre que si les soudards de Raymond descendaient au rôle de sicaires, ses troubadours ne se faisaient point faute de draper l'archidiacre à leur manière. « Les hauts barons, dit M. P. Paris, n'avaient » pas seulement emmené avec eux des clercs et des chape-» lains, les ménestrels et les jongleurs faisaient une partie » non moins obligée de leur équipage et présidaient à toutes » les fêtes. C'est à eux évidemment qu'on devait les chants » satiriques composés contre l'archidiacre Arnould. »

Ne pouvant se défaire de lui, les ennemis d'Arnould auront voulu du moins l'assassiner moralement, et des écrivains trop crédules ou partiaux se sont chargés de la vengeance de Pierre Barthélemy.

Mais Arnould ne cessa, jusqu'à sa mort, de marcher tête levée, et de pratiquer courageusement son devoir chaque fois que le cas l'exigeait, sans se préoccuper des haines et des clameurs qu'il pouvait soulever contre lui. Ainsi, non-seulement il donna une règle nouvelle aux vingt chanoines préposés par Godefroid de Bouillon à la garde du Saint-Sépulcre, et les rendit *réguliers* de *séculiers* qu'ils étaient, réforme louable (1) qui froissa peut-être ces dignitaires ; mais nous le voyons, peu de jours après la prise de Jérusalem, traduire, avec une hardiesse peu commune, devant l'assemblée générale des chefs de la croisade, le valeureux Tancrède, l'une

(1) Les lettres du Patriarche Arnould prescrivant cette réformation se trouvent reproduites textuellement par Helyot dans son *Histoire des ordres monastiques, religieux et militaires*. (Douai, 1714, in-4°, t. II, p. 147.) Elles furent confirmées par une bulle du Pape Calixte II, en 1122, et par une autre bulle du Pape Honorius II, en 1128.

des sommités de l'expédition. Nous entendons Arnould expliquer hardiment les faits devant cette assemblée, véritable conseil de guerre convoqué à sa requête ; nous entendons Tancrède s'y défendre avec l'emportement propre à son caractère. Arnould parle avec éloquence, non pour lui-même, mais dans l'intérêt de l'Eglise. Tancrède ne nie point les griefs que lui impute l'archidiacre ; il les avoue avec morgue, et prenant corps à corps son adversaire, il lui jette à la face les ignobles cancans qui couraient dans les bas-fonds de l'armée. Cependant les chefs, placés entre l'alternative de condamner Tancrède, ce qui pouvait être fort dangereux, ou de donner tort à Arnould, c'est-à-dire de condamner la cause de la justice et de la vérité, prononcent une sentence qui justifia complétement l'accusation, et satisfit l'accusé en lui laissant la majeure partie de ses rapines.

Voici le fait : Tancrède avait appris par deux prisonniers sarrasins l'existence d'immenses trésors accumulés dans la mosquée bâtie sur le mont Moriah : aussi, dès qu'il eut pénétré dans la ville, il se précipita vers le temple, renversant tout sur son passage ; y arrivant avant la masse des fuyards et avant ceux qui les poursuivaient, il y planta son drapeau (1)

---

(1) Ce fait se présente souvent dans l'histoire de la première croisade, et prouve l'orgueil et l'avidité des seigneurs. Déjà Tancrède et Baudouin s'étaient honteusement disputés pour la possession de Tarse. Ce fut une pareille contestation entre Baudouin et Bohémond qui fit perdre aux Croisés l'occasion de s'emparer d'Haran. Le drapeau qu'y avait planté Tancrède fut jeté à bas et remplacé par celui du frère de Godefroid, ce qui faillit amener une effusion de sang.

Peu de temps avant la prise de Jérusalem, Tancrède avait également arboré son drapeau sur la sainte église de Bethléem (a), comme il eût pu le faire sur une propriété ordinaire. Raymond de Toulouse, qui avait déjà trouvé fort mauvais que les Croisés ne voulussent pas l'aider à s'emparer pour son compte personnel de la ville d'Archas, avait arboré son gonfanon sur la tour de David, le point le plus fortifié de Jérusalem, et il refusa d'en

(a) Je conserve cette orthographe comme la plus généralement usitée : il paraît cependant qu'il faudrait écrire Beit-Léhem, comme on écrit Beit-Djallah, Beit-Dedjen, Beit-Dagon, etc.

et s'empara (1) des trésors qu'il contenait. Les Musulmans qui s'y trouvaient, et qui s'étaient réfugiés sur la plate-forme du temple, furent momentanément sauvés du massacre ; mais le lendemain ils furent tous passés au fil de l'épée.

Plus tard, la mosquée ayant été convertie en église chrétienne, Arnould de Rohes, qui, en sa qualité d'archidiacre, était le conservateur naturel des trésors et des revenus de l'église de Jérusalem, ainsi que l'administrateur des aumônes, prétendit que les trésors qui s'étaient trouvés dans la mosquée, au moment de la conquête, ne pouvaient appartenir légitimement à Tancrède seul ; et sur le refus de celui-ci de s'en dessaisir, il en référa à l'assemblée des princes : « Les » chefs de l'armée chrétienne, dit Michaud, appelés à juger » ce grand débat, ne voulurent point condamner Arnould ou » blesser l'orgueil de leur compagnon : ils décidèrent (2) que

faire la cession à Godefroid. Le même Raymond voulut s'approprier Ascalon par un procédé analogue : cette indignité irrita Godefroid au plus haut degré, et lui fit commettre la seconde des deux seules fautes qu'on puisse lui reprocher dans tout le cours de la guerre sainte. Même après la prise de Jérusalem, Tancrède refusa de céder Caïphas et méconnut l'autorité du roi Baudouin : il ne devint tranquille que lorsqu'il eût obtenu la principauté d'Antioche.

(1) « Templum violenter ingressus, post stragem innumeram, infinitas » auri et argenti et gemmarum copias indè secum dicitur abstulisse, quæ » tamen postmodùm, sedato tumultu, restituisse creditur in integrum. » Ici la gêne de Guillaume de Tyr est évidente : il semble douter de la soustraction, et il n'ose affirmer la restitution. Est-il possible qu'il ait ignoré la courageuse réclamation d'Arnould, la défense audacieuse de Tancrède, et la transaction décrétée par les chefs de la croisade ? Pourquoi le prélat passe-t-il à peu près sous silence un épisode aussi important? N'est-ce pas une nouvelle preuve de son animosité contre Arnould de Rohes ?

(2) « Medium quoddam inveniunt, quo nec frustrà declamaverit Arnulphus, » nec paratis proprio sanguine opibus frustraretur Tancredus... septingentis » templum redonat marchis consilio principum Marchisides, non invitus : » hoc medio conjunguntur qui abjuncti fuerant, viri ambo conspicui, ambo ab » humili potentes, ambo omnium invidia, cùm neuter nisi forte alterutrum » invideret. De quibus simile illi quod de Hectore et Æneâ edidit Mantuanus, » confidenter et ipse protulerim.

» sur les trésors de la mosquée d'Omar on prélèverait, comme
» dîme du butin, sept cents marcs d'argent pour les donner à
» l'église du Saint-Sépulcre. »

L'unique reproche qu'adresse Guillaume de Tyr à Baudouin I, c'est d'avoir trop écouté Arnould de Rohes (1). Ce reproche est vraiment bizarre. Le règne de Baudouin est le plus brillant de tous ceux dont se compose l'histoire de Jérusalem : ce fut ce grand guerrier qui consolida la conquête de Godefroid. Jusqu'à sa mort, il repoussa l'islamisme sous l'influence de son regard, et, comme jadis on le pratiquait à Sparte, ce fut sur son bouclier qu'on rapporta son cadavre à Jérusalem. Quel mauvais conseil lui a donné Arnould? Est-ce lui qui l'avait engagé à mépriser les dernières volontés de Godefroid et à se faire conférer la dignité royale au détriment de l'Eglise de Jérusalem? Guillaume de Tyr lui reproche (2) d'avoir engagé Baudouin à épouser la comtesse de Sicile, quoique sa première épouse fût encore vivante ; mais l'on sait qu'à la suite d'une maladie mortelle, le roi la répudia par scrupule de conscience pour obéir à son confesseur : or, si Arnould avait conseillé ce mariage adultère, comment concilier cette répudiation avec l'empire qu'il exerça jusqu'à sa mort (3)

» Si duo præntereà misisset Gallica tales terra viros, jamdudùm Gallos
» habuissent reges Memphys et Babylon : tanta enituit virtus in hoc facundiæ,
» in illo audaciæ, in utroque liberalitatis, discretionis, sollicitudinis, pru-
» dentiæ, justitiæ. » (*Raoul de Caen, Gesta Tancredi, cap. CXXXVII.*)

(1) Après avoir longuement énuméré, au chap. LXXXV, les qualités physiques et morales de Baudouin, Guillaume de Tyr ajoute : « Has autem
» universas gratiarum dotes Arnoldi ad patriarchatum intrusi detestabilis
» familiaritas, antequam Rex esset, plurimum offuscabat, *cujus perniciosis*
» *consiliis sæpius inhærebat.* »

(2) Toutes les injures imaginables se pressent sous sa plume lorsqu'il s'agit d'Arnould, qu'il appelle successivement *vir immundæ conversationis et scandalorum procurator,* PRIMOGENITUS SATHANÆ, *filius perditionis, malitiosissimus et scandalorum sator, hypocrita,* etc. Est-ce là le langage d'un historien impartial ?

(3) C'est également à Arnould que Guillaume de Tyr impute l'absence du patriarche Dagobert à l'inauguration de Baudouin I : « Statim post Ducis obi-

sur Baudouin, et que lui reproche aigrement l'archevêque de Tyr? Ce fut d'ailleurs Arnould lui-même qui rompit ce mariage irrégulier et scandaleux; il est vrai que l'*Art de vérifier les dates* ajoute que ce fut sur l'ordre du Pape.

Enfin peut-on admettre qu'un prélat flétri par l'opinion publique eût été solennellement maintenu ou rétabli dans sa dignité par le Saint-Siége? Le bref de Pascal II ne parle-t-il pas assez haut en sa faveur?

En résumé, la grande physionomie d'Arnould de Rohes, ou plutôt de *Rho*, n'a pas été assez remarquée, à mon avis, et mérite d'être étudiée avec attention. Il m'a semblé que l'on pouvait réhabiliter sa mémoire, et revendiquer pour la Belgique l'honneur de lui avoir donné naissance.

Comme Pierre l'ermite, il sortit de l'obscurité, mais il n'y rentra point (1). Comme lui, il eut une grande influence sur les Croisés; mais, à la différence de Pierre, il se montra capable de soutenir l'édifice qu'il avait contribué à fonder. Esprit fantasque, aventureux et sans portée, Pierre, qui s'était déjà dégoûté de la guerre sainte, comme il s'était apparemment dégoûté de la vie érémitique et de tout ce qu'il avait entrepris dans sa jeunesse, s'éclipsa de la Palestine dès qu'il

---

» tum, apud Dominum Balduinum comitem eum super multis accusaverat...
» videns itaque dominus patriarcha et prædicti Arnulfi malitiam... et comitis
» credulitatem, suspectum habens ejus adventum... in ecclesiam montis Sion
» se contulerat. » (Lib. X, ch. 7.) Quelques mois plus tard, Baudouin et Dagobert étaient cependant réconciliés : dès lors n'est-il pas plus logique d'attribuer l'abstention de Dagobert à sa démarche auprès du prince d'Antioche?

(1) Arnould ne rougissait point de son obscurité première. Dans le discours qu'il prononça devant les princes assemblés pour juger une contestation qui s'était élevée entre Tancrède et le chapitre du Saint-Sépulcre, l'archidiacre est plutôt tenté de s'en vanter. « Vous m'avez tiré, dit-il, d'un état obscur; d'in-
» connu que j'étais, vous m'avez rendu illustre; vous m'avez élevé à votre
» niveau, en m'admettant à participer aux tributs, et cela par grâce spéciale.
» par un effet de cette antique libéralité de vos aïeux, qui s'est tout récemment
» étendue sur moi. » (*Raoul de Caen*, ch. cxxxv.)

en trouva l'occasion : il suivit le comte de Montaigu qui revenait en Belgique après la bataille d'Ascalon, et alla terminer prosaïquement ses jours au monastère qu'il fonda, grâce aux largesses de ce seigneur. En un mot, Pierre l'ermite fut un exalté qui fut pris d'un accès d'enthousiasme. Il devint entre les mains du pape Urbain II, véritable auteur de la première croisade, un instrument utile. Un beau matin l'instrument se trouva émoussé ; on n'en parla plus. Arnould de Rohes, au contraire, grandit avec les événements ; il met son éloquence au service des généraux de la croisade ; il paie de sa personne à l'occasion, et c'est lui qui, à la terrible bataille d'Ascalon, où les Croisés étaient un contre vingt au moins, portait la Sainte Croix en tête de leurs bataillons ; ce fut lui qui organisa l'église latine de Jérusalem, et cela au milieu des attaques les plus violentes, les plus furibondes. Le courage et la vie ne lui manquent qu'à la nouvelle de la mort inattendue du moderne Machabée, dont il sentait que le bras était nécessaire au soutien de l'Etat, et pour éviter l'anarchie, il emploie son dernier souffle à sacrer le troisième roi qui doit porter le fardeau, de plus en plus lourd, hélas ! de cette couronne qu'avait refusée Godefroid !

Je veux bien admettre après cela qu'Arnould n'eut point les vertus d'un cénobite, qu'il n'eut point l'humilité d'un moine ; mais il avait les vertus et les qualités de la position qu'il occupait. Dignitaire de l'Eglise dans un temps barbare, au milieu d'une ville essentiellement guerrière, Arnould de Rohes me rappelle ces pontifes du moyen âge, qui apparaissaient au besoin sur le champ de bataille. Arnould fut un homme d'une trempe supérieure, tel qu'il en fallait à cette époque. Baudouin I et Arnould sont les deux grandes physionomies du royaume chrétien de Jérusalem, après Godefroid. Dignes l'un de l'autre, ils consolidèrent, je le répète, la conquête des chrétiens : c'étaient des hommes d'élite ; mais il ne fut jamais question de les canoniser.

G. DE B.

On ne sait, en vérité, comment expliquer les reproches violents adressés simultanément au premier patriarche Dagobert et à Arnould de Rohes, que Guillaume de Tyr va jusqu'à appeler *le premier-né de Satan*.

Il faut reconnaître qu'Arnould fut l'homme du pouvoir civil, et qu'il abandonna les premières prétentions qu'avait manifestées le clergé au moment de l'organisation du pouvoir en 1099, et à la mort de Godefroid en 1100. Il fut évidemment l'homme de confiance de Baudouin I, puisqu'on reproche à ce dernier de l'avoir trop écouté. Or, Guillaume de Tyr, qui articule ce reproche, ne traite pas le patriarche Dagobert plus favorablement.

Légat du Saint-Siége, l'archevêque de Pise n'arriva en Palestine avec la flotte des Pisans qu'à la fin de l'année 1099. Elu patriarche (1), Dagobert adopta complétement les vues du clergé en ce qui concernait le gouvernement de ce petit coin de terre aride que l'orgueil féodal voulait métamorphoser en nouveau royaume de Jérusalem. Fils de la république de Pise, il devait envisager avec peu de faveur cette contrefaçon des royautés d'Europe ; fils de l'Eglise, il devait prendre en pitié ces aspirations de l'esprit féodal et désirer, à l'exclusion de tout intérêt terrestre, l'organisation que comportait le gouvernement des Lieux Saints reconquis au seul nom du Seigneur.

Nous avons vu que Godefroid la désira comme lui, et il est probable que si le vaillant duc de Lothier eût vécu, Dagobert eût été son conseiller fidèle, comme Arnould fut celui de Baudouin.

Dagobert et Arnould furent deux hommes éminents, mais il y a entre eux les mêmes dissemblances qu'entre Godefroid et son frère. Dagobert, qui avait obtenu de Godefroid ce que demandait le clergé dès la prise de Jérusalem, prétendit natu-

---

(1) Avec l'aide de Bohémond et de Baudouin d'Edesse. V. Albert d'Aix, qui le maltraite singulièrement, liv. VII, ch. 7.

rellement qu'à sa mort l'Eglise seule devait succéder au prince qui venait de mourir. Les hommes d'armes ne l'entendaient point ainsi ; ils prirent possession de la tour de David et de tous les lieux fortifiés de Jérusalem. Un instant, on put craindre une guerre civile, car Tancrède accourut de Caïphas, dont il venait de s'emparer, pour défendre la cause du prélat ; mais on lui ferma les portes de la ville et il n'y put pénétrer. Alors Dagobert, dans une lettre (1) dont Guillaume de Tyr

(1) *Epistola domini Daiberti ad principem Antiochenorum.*

Scis, fili charissime, quoniam me ignorantem et invitum, bonæ tamen ac sanctæ intentionis affectu, in eam quæ omnium ecclesiarum singularis est mater et gentium domina, Rectorem et Patriarcham elegeris, electumque communi tam cleri ac plebis, quàm principum assensu, in hujus summæ dignitatis sedem, licet indignum, Dei præeunte gratia, locaveris. In quo ergo culmine constitutus, quanta pericula, quot labores, quot persecutiones sustineam, injurijs offensus mille, meus cognoscit animus, et ipse cognoscit omnium inspector Christus. Vix enim dux Godefridus dum adhuc viveret, non tam propriæ voluntatis arbitrio, quàm malorum persuasione seductus, ea reliquit ecclesiæ tenenda, quæ Turcorum temporibus, qui tunc fuerat Patriarcha tenuerat, et sancta Ecclesia, cum amplius honorari et exaltari debuit, tunc majora desolationis atque confusionis suæ opprobria sustinuit. Resipuit ille tamen, et per misericordiam Dei ab impietatis desistens proposito, in die purificationis Beatæ Mariæ virginis, de Joppe quartam partem ecclesiæ Sancti Sepulchri dedit : et post in die paschalis solennitatis, jam ultra superbè sapere, aut in seculari pompa confidere respuens, divino nutu compunctus, cuncta quæ juris erant Ecclesiæ, libere reddidit : et homo Sancti Sepulchri ac noster effectus, fideliter se Deo, et nobis amodo militaturum spopondit. Reddidit itaque nostræ potestati turrim David, cum tota Hierosolymitana urbe, ejusque pertinentijs, et quod in Joppe ipse tenebat : sic tamen, ut ob rerum temporalium insufficientiam, nostra concessione, ipse hoc tamdiu teneret, donec illum Deus in captione Babylonis, aut aliarum urbium amplificasset. Si autem absque hærede masculo moreretur, hæc omnia absque ulla contradictione ecclesiæ redderentur. Hæc omnia cum in præsentia totius cleri ac populi in die solenni Paschae ante Sacrosanctum Sepulchrum confirmasset, et in lecto ægritudinis de quà mortuus est, coram multis, et probatis testibus ipse constituit : quo defuncto, comes Garnerius, ut hostis contra ecclesiam Dei insurgens, fidem pactumque justitiæ nihili pendens, turrim David contra nos munivit : et legatis suis ad Balduinum directis, mandat, uti ecclesiam Dei direpturus, resque ejus violenter occupaturus, quantociùs veniat. Unde judicio Dei percussus, quarto post obitum Ducis die obijt. Hoc autem ipso mortuo, viri ignobiles ac de plebe, adhuc eamdem turrim cum totà urbe

(liv. X. ch. 4) nous a conservé le texte, rappela au prince d'Antioche, Bohémond, l'exemple de Robert Guiscard, son illustre père, qui jadis avait délivré Grégoire VII, et il le supplia d'empêcher Baudouin de parvenir à Jérusalem, où ce dernier était appelé par ses partisans pour se mettre à la tête du gouvernement.

Cette lettre ne parvint pas à Bohémond, qui venait d'être fait prisonnier par un émir de la Mésopotamie, et le comte d'Edesse, Baudouin, s'empressa d'accepter la couronne qu'on lui offrait, au mépris des dernières volontés de son frère.

A son approche, le peuple et le clergé vinrent au-devant de lui ; Grecs et Syriens partagèrent l'entraînement général. Tous le proclamèrent roi, et le patriarche fut réduit à se retirer

occupantes tenent, adventum Balduini, ad ruinam ecclesiæ et totius Christianitatis interitum præstolantes. At ego, qui solius Dei clementiæ, tuæque dilectioni, fili charissime, sum relictus, miserijs omnibus calumniisque insidiantium mihi malignorum circumventus, tibi soli, quia in te solo post Deum confido, et spei meæ anchoram in tuæ dilectionis soliditate figo, tibi (inquam) soli, quas patior ærumnas, imò quas ecclesia patitur, voce flebili et anxiâ pietate et cogitatione refero.

Tu autem si quid pietatis habes, et nisi paternæ gloriæ vis esse degener filius (qui tyrannica crudelitate clausum ab impia manu domnum Apostolicum Gregorium de urbe Roma eripuit, unde memorabile seculis omnibus nomen emeruit) omni occasione remota, festina venire, et terræ Regnique tui cura in militibus tuis prudentioribus sapienter disposita, Sanctæ Ecclesiæ miserabiliter laboranti, misericorditer succurre. Et certe scis ipse, quoniam auxilium tuum, consiliumque promiseris, et debitorem te Sanctæ Ecclesiæ ac mihi sponte tua feceris. Scribe igitur ad Balduinum literas, interdicens ei, ne sine licentia nostra et legatione (cum ille tecum in Patriarcham et Rectorem ecclesiæ Hierosolymitanæ me elegerit) Sanctam Ecclesiam devastaturus, et res ejus occupaturus, ullo modo veniat: monstrans ei quoniam irrationabile est tot vos pro eadem ecclesia labores sustinuisse, totque pericula, ut illa libera fieret, si nunc vilis et abjecta servire cogatur illis, quibus dominari et præesse jure materno debet. Quod si ille justitiæ resistens, rationabilibus acquiescere noluerit, per eam quam beato Petro debes obedientiam, contestor, ut quibuscunque modis vales, aut etiam si necesse sit, armis adventum ejus impedias. Quicquid autem super ijs quæ mando tu facturus sis, galea tua ad me sub festinatione missa, per hunc eundem, quem ad te mitto nuncium, mihi, charissime, manifesta.

seul et en silence sur le mont Sion. Toutefois, il consentit bientôt à se rapprocher du roi, qui reçut de ses mains (1), à Bethléem, l'onction sacrée et la couronne royale.

Cet acte de condescendance ou de soumission rétablit momentanément l'harmonie entre le patriarche et Baudouin ; mais la lettre écrite par le premier à Bohémond étant tombée entre ses mains, le roi ne sut point la lui pardonner. Dagobert s'éloigna de Jérusalem, et alla trouver le pape Pascal ; au bout de trois années d'absence, il allait s'embarquer à Messine pour reprendre possession de son siége, lorsqu'il y tomba malade et y mourut le 27 juin 1107 (2).

Il fut remplacé par le vieux archevêque d'Arles, Gibelin, légat du Saint-Siége. Cette élection toute naturelle devint de nouveau un grief contre l'archidiacre Arnould : ce fut, dit-on, par son influence qu'elle se fit, et cela dans l'espoir de recueillir promptement son héritage. Ce ne fut cependant que cinq ans après, en 1112, qu'il fut élevé lui-même sur le siége patriarcal, et il s'y maintint jusqu'à sa mort. L'élection de Gibelin, comme celle de Dagobert, avait été la conséquence toute simple de leur titre de légats du Saint-Siége : l'élection d'Arnould fut la conséquence non moins naturelle des services éminents qu'il avait rendus aux Croisés, pendant leurs premières campagnes, ainsi qu'à l'Eglise de Jérusalem, à l'organisation de laquelle il avait en quelque sorte présidé. Que la faveur du roi Baudouin y ait ensuite contribué, je suis loin de le nier, et il faut même qu'on en ait prévu l'imputation, car on lit dans la bulle du Saint-Père qui confirme son élection :
« Venerabiles quidem fratres, Aschetinus, episcopus Be-
» thleem, Hugo, abbas monasterii de valle Josaphat, Arnoldus
» prior ecclesiæ de monte Sion, Petrus et Guillelmus, canonici

---

(1) L'abbé Ekkard rapporte cependant que la consécration royale lui fut donnée par un légat du Saint-Siége. *Ekkardi Uraugiensis chronica* ad a. 1100. — Pertz, Monum. German. histor. t. V.

(2) V. Guillaume de Tyr, liv. xi, chap. 4.

» dominici Sepulcri, tactis sacro-sanctis Evangeliis, in hæc
» verba juraverunt : Pro pace et necessitate Ecclesiæ Hieroso-
» lymitanæ communi voto et consensu eligimus nobis in
» Patriarcham dominum Arnulfum, *remota violentia regis.* »
(*Cartulaire du Saint-Sépulcre,* p. 11.)

Je ne crois pas qu'on puisse mieux clore ce panégyrique sommaire que par l'extrait suivant du discours que prononça Arnould devant les princes réunis, à sa demande, en conseil de guerre (1) pour statuer sur la réclamation qu'il avait cru devoir former à charge de Tancrède, relativement au trésor qui existait dans la grande mosquée au moment de la prise de Jérusalem, et que ce guerrier s'était approprié au détriment de la régie des biens ecclésiastiques, régie à laquelle présidait Arnould, en qualité d'archidiacre du chapitre du Saint-Sépulcre.

Nous avons fait connaître (page 94) la décision des princes qui n'osèrent condamner Tancrède, et adoptèrent un terme moyen auquel ce dernier se soumit sans observation.

« C'est avec vous, messeigneurs, dit Arnould, c'est avec
» vous que j'ai travaillé, sans jamais vous abandonner (2).
» Dès le commencement de cette guerre, Nicée a senti les
» effets de ma vigilance : j'y gourmandais la paresse, et la
» valeur même s'enflammait à mes paroles ; j'encourageais les
» jeunes gens, et les vieillards eux-mêmes rajeunissaient à ma
» voix. Dans la vallée de Dorylée, enveloppés par les ennemis,
» nous avions la mort devant les yeux, et nous tremblions
» pour notre vie, mais la peur ne me fit point perdre la tête ;
» la fraude ne dirigea pas mes conseils, et mes avis ne demeu-
» rèrent points stériles. Voyant qu'il fallait envoyer un messa-
» ger fidèle auprès de nos compagnons qui ignoraient ce qui
» se passait, pour le leur annoncer et rassembler ceux qui

---

(1) Raoul de Caen (*Gesta Tancredi*), ch. cxxxv. Thesaur. nov. anecdot., p. 193.
(2) Allusion à la fuite de Pierre l'ermite et autres.

» étaient épars, j'en donnai le conseil, et je l'exécutai moi-
» même. Je n'allai point charger frauduleusement de ce
» fardeau les épaules d'un autre ; ce que les miens mêmes me
» refusaient, je l'entrepris, accompagné d'un seul homme,
» encore celui-ci était-il sans armes et ne savait-il pas com-
» battre. Je passai au travers de milliers d'ennemis ; j'échap-
» pai à tous ceux qui me poursuivaient ; j'annonçai ce qui se
» passait ; je ramenai la victoire, je fus le véritable vainqueur !

» Ce que j'ai été à Antioche (1), les ennemis peuvent
» l'attester. Mais je ne veux point rapporter les détails de cette
» longue lutte. Je me tairai aussi sur Marrah, presque con-
» quise par moi, pour rappeler du moins Archas, et cette
» nouvelle expédition qui se fit d'une manière toute différente,
» mais sans plus de timidité. Quelle barque légère me porta
» tout près des murailles, à travers les flottes ennemies, le
» long des rivages de Maraclée, de Tortose, de Valénie, de
» Gibel, et me mena enfin à Laodicée ? De là, passant de
» nouveau à travers mille périls, j'arrivai à grand'peine à
» Antioche (2), et je reprochai aux chefs leurs longs retards.

(1) N'est-ce pas à ce passage que se rapporterait ces extraits de Tudebode, liv. IV, c. XX, p, 14. « Boamundus jussit celeriter ad se vocari quemdam ser-
» vientem suum, videlicet *malam coronam*, eique præcepit ut quasi præco
» commoneret Francorum maximam gentem, quatenùs fideliter præpararet
» se in Saracenorum itura terram, factumque est ita... » et de Baudri l'archevêque ; lib. II : « Boamundus officium preconandi cuidam suo injunxit
» servienti quem nescio de quâ re *malam coronam* nuncupabant, qui, va-
» dens per omnia castra, clamosâ voce perstrepabat : tempus ab optima-
» tibus indici ut irent deprædatum terram inimicorum suorum. »

Il s'agissait de préparer l'armée chrétienne à l'assaut nocturne d'Antioche convenu entre Bohémond et le traître Phirons.

Les ennemis d'Arnould lui avaient donné, je ne sais pourquoi, le sobriquet de *male couronne* (Guillaume de Tyr, liv. XI, ch. 15) ; d'un autre côté il était attaché à Robert de Normandie et non à Bohémond, mais l'on doit se rappeler que dans l'épisode de Pierre Barthélemy et de la sainte alliance, Bohémond, soutenu par Arnould, fut le premier à contester l'authenticité du fer sacré.

(2) Ces faits sont attestés par Raoul de Caen, ch. CVII : « Cùm exercitus noster

» O vous, chefs que je ramenai alors, je vous prends à
» témoins !

» Depuis cette époque jusqu'aujourd'hui, Phébus ne m'a
» jamais vu oisif ; Phébé ne m'a jamais vu engourdi par le
» sommeil ; jamais une bonne table ne m'a vu en face d'elle ;
» jamais mon esprit ne s'est abandonné au repos, car je sers
» l'intérêt public, et sans cesse je veille, je vieillis, je meurs
» pour lui ! »

Quel homme ! et quel langage ! En plein conseil il invoque le témoignage *des chefs qu'il a ramenés* : il va au-devant des invectives que ne manquera pas de lui prodiguer le violent Tancrède ; il cite une foule de services qui devaient être dans la mémoire de toute l'armée, et qui étaient bien importants, puisqu'il dédaigne de citer les traits honorables que j'ai recueillis et cités plus haut à sa louange. Tancrède, pour se défendre, ne rougit point de ramasser les cancans de corps de garde que se permettaient les ennemis de l'archidiacre, et, ne pouvant les nier, il travestit les faits qu'Arnould avait présentés comme ses titres d'honneur.

Cela se passait en 1099.

En 1112, Arnould était nommé patriarche ; mais l'inimitié de certains hommes n'était point assoupie, et pour en finir, il alla s'en expliquer devant le Saint-Siége. Ce fut son dernier triomphe. Par un bref solennel, Pascal II le maintint, en 1117, sur son siége (1), en déclarant à la face de l'univers

» nihil in obsidendo proficeret, præscripto dant mandatum Arnulfo ut Antio-
» chiam revertatur, quatenùs morantium Godefridi Robertique Flandrensis
» quietem increparet, bellumque nunciet adesse Damascenum. Arnulfus
» autem, *ut semper ipse ad reipublicæ utilitatem promptissimus*, libens,
» ultrò ; scapham ascendit ; præter navalia hostium, intrà littora Tortuosæ,
» Maracleæ, Valoniæ, Gibel, tandem Laodicium pervenit ; inde Antiochiam
» per multa pericula, paucis comitantibus, excurrit. Illic principes causam
» viæ expergisci monet, docet bellum imminere, cujus fortunam, nisi matu-
» ratum fuerit, horum terminabit absentia.

(1) Le Saint-Père ne se doutait guère que plus tard la franc-maçonnerie réclamerait Arnould comme l'un de ses adeptes. Voici, en effet, l'incroyable

qu'il le faisait surtout à cause des services incontestables que, depuis le commencement de la sainte expédition, il n'avait cessé de rendre, et de ceux qu'il rendait encore tous les jours à l'Eglise de Jérusalem. *Roma locuta est.* Devant des inimitiés si persévérantes, mais écrasées par le jugement du Saint-Père, ne faut-il pas que toutes les incertitudes s'évanouissent, et qu'Arnould de Rohes soit proclamé l'un des hommes les plus célèbres de la première croisade ?

historiette qu'on lit dans l'ouvrage intitulé : l'*Arche sainte* ou le *Guide du franc-maçon...* (2ᵉ édition, Lyon, 1834, in-18, p. 153) :

« Dix-huitième grade ou rose-croix. — Un écrivain attribue l'institution de ce grade à Godefroid de Bouillon. Voici dans quelles circonstances il aurait été créé :

« Godefroy, après la conquête de la Terre-Sainte, s'en fit déclarer roi par son armée. Il céda la principauté d'Edesse à son frère Baudouin. Tous deux crurent devoir faire consacrer leur puissance par l'autorité religieuse. Baudouin s'adressa au patriarche d'Orient, chef du rite grec, qui s'empressa de répondre à ses désirs ; Godefroy voulut avoir la sanction de l'évêque de Rome; mais celui-ci, au lieu de souscrire au vœu du conquérant, lui envoya un légat pour lui annoncer que les Lieux Saints ne pouvaient rester au pouvoir d'un laïc et qu'il en prenait possession au nom du Saint-Siége. Godefroy chassa le légat de Jérusalem et se passa de la consécration de l'évêque romain.

» Il y avait, depuis un temps *immémorial*, aux environs du temple de Jérusalem une société dont les membres portaient le titre de *Templiers*, à cause de leur position même à côté du temple. L'origine de cette société datait des Thérapeutes et des Esséniens, sectes philosophiques de la Judée, dont nous avons parlé dans le cours de cet ouvrage.

» Les fondateurs de cette société, qui avaient été initiés aux anciens mystères par les Esséniens, avaient ensuite embrassé le christianisme. Leurs successeurs communiquèrent ces mystères à Godefroy. Celui-ci, aidé des lumières d'Arnauld (*sic*), chapelain du duc de Normandie, qui visait au poste de patriarche de Jérusalem, institua un culte nouveau en rapport avec l'initiation ancienne et les mystères chrétiens. Cette institution porta ensuite le nom de Rose-Croix... » ! !

V

Je n'en dirai pas autant de Pierre l'ermite, à qui la ville d'Amiens vient d'ériger une statue, et au sujet duquel s'est élevée dernièrement une singulière discussion : les antiquaires de Picardie le proclament picard, tandis que M. le président Grandgagnage conteste le fait (1), et soutient qu'il est né à Hui, ou tout au moins dans les environs.

Un résumé des raisons alléguées de part et d'autre ne semble point déplacé dans un opuscule consacré aux souvenirs nationaux que nous offrent les Croisades.

D'Oultreman a publié sur l'ermite Pierre un ouvrage devenu fort rare, et dont je n'ai pu me procurer un exemplaire qu'avec beaucoup de difficulté. Cette monographie, véritable roman qui ne mérite aucune créance, n'est guère que la reproduction d'un travail généalogique rédigé en 1602 par Nicolas de Campis (*Deschamps*), de Maubeuge, roi d'armes de Philippe II et de Philippe III, en faveur de la famille l'Hermite. C'est le baron de Reiffenberg qui nous a fait connaître, dans *les Bulletins de la Commission royale d'histoire*, t. II, p. 249, le manuscrit de Nicolas de Campis, jadis propriété

---

(1) *Bulletin de l'Académie royale* du 5 avril 1835, p. 121, t. II. — Idem, *Chaufontaine; Wallonade*, par GGGG. Bruxelles, 1853, in-8º.

du libraire Verbeyst (1), et passé aujourd'hui dans je ne sais quelles mains.

D'Oultreman raconte avec les plus grands détails, et comme s'il s'agissait d'un personnage parfaitement connu, la naissance de Pierre l'ermite, ses aventures, et son mariage avec *Béatrice de Roussy, de noble et illustre maison de Normandie, mais qui n'étoit ni jeune ni riche.* Elle était par conséquent vieille, pauvre, et laide sans doute par-dessus le marché ; mais ces qualités négatives ne l'auraient pas empêchée d'avoir postérité, et c'est d'elle que serait sortie toute la lignée des l'Hermite possibles, l'Hermite de Picardie, l'Hermite des Pays-Bas (2), l'Hermite de Soliers (3), etc., etc. Pierre l'ermite, qui serait né à Amiens, en 1053, de Regnaut l'Hermite, originaire d'une noble et ancienne maison d'Auver-

---

(1) *La vie du vénérable Pierre l'ermite, auteur de la première croisade et conqueste de Jérusalem, père et fondateur de l'abbaye de Neuf-Moustier et de la maison des l'Hermite, — avec un brief recueil des croisades suivantes, qui contient un abrégé de l'histoire de Jérusalem jusques à la perte finale de ce royaume, par le P. Pierre d'Oultreman*, Valenciennes, 1682. Ce titre a été estropié par la plupart de ceux qui ont cité cet ouvrage, dont je ne connais que deux exemplaires en Belgique : l'un appartient à M. le chanoine Wilmet, à Namur, le second à M. Ulysse Capitaine, à Liége.

(2) Voir sur le diplôme accordé le 22 janvier 1630 aux l'Hermite des Pays-Bas, *Bulletins de l'Académie royale*, 1837, p. 474, et 1854, p. 415. Les armoiries qui s'y trouvent sont tout à la fois celles que Deschamps et d'Oultreman donnent à Pierre l'ermite, et celles que lui donne Favyn, *Théâtre d'honneur et de chevalerie*, etc., Paris, 1620, 2 vol. in-4°. Consultez également le P. Anselme, *Histoires généalogiques*, t. VIII, in-fol.

(3) *La Toscane française, contenant les éloges historiques et généalogiques*, Paris, 1661, in-4°. En tête se trouvent les armoiries de l'auteur, J. Jacques l'Hermite de Soliers, gentilhomme de la chambre du Roy, dit Tristan : ces armoiries diffèrent de celles que d'Oultreman accorde à Pierre l'ermite, mais elles sont surmontées de la croix de Jérusalem en champ d'argent. Ç'a dû être assurément pour M. Michaud un grand effort de complaisance que de faire imprimer cette note : « Plusieurs familles ont prétendu descendre de Pierre » l'Hermite, la prétention la plus raisonnable et la plus appuyée est celle de la » famille de Soliers, qui existe encore dans le Limousin. » Livre 1er, p. 54. (Edit. de Brux).

gne, aurait assisté avec Eustache de Boulogne à la bataille de Cassel, y aurait déployé une grande bravoure, et aurait été fait prisonnier avec Eustache.

Dégoûté du mariage, comme il l'avait été de l'état militaire et de l'étude des belles-lettres, Pierre se serait fait ordonner prêtre, et serait devenu le précepteur des enfants d'Eustache et de la comtesse Ida, son épouse; fait capital dont ne parle aucun historien du temps, et qui est d'une invention évidente. Ce ne fut assurément qu'au retour de son voyage à Jérusalem que Pierre, ayant reçu du patriarche grec Siméon des lettres à l'adresse du Pape et des princes chrétiens, put nouer quelques relations avec la famille des seigneurs de Boulogne.

En recourant aux écrivains contemporains, on obtient facilement la conviction qu'on ne sait presque rien sur le fameux personnage connu sous le nom de Pierre l'ermite; il sort de l'obscurité pour se faire l'instrument de la Providence et des Souverains Pontifes, auteurs réels des croisades. Il y rentre, dès que le but est atteint.

On suit assez bien ses faits et gestes durant la première croisade, mais on n'y voit aucune trace d'aventures qui puissent, même de loin, corroborer les fables acceptées avec tant de bonhomie par d'Oultreman; car l'on ne peut guère tirer des conséquences quelconques de ce fait qu'il y eut à Jérusalem un patriarche du même nom, lequel serait son petit-fils; particularité fort douteuse que nous révèle Anselme de Gembloux : *Albertus Eremita, Petri Eremitæ qui belli sacri auctor Urbano II Pontifice fuit pronepos, ex episcopo Bethlemitano Patriarcha Hierosolymitanus post Heraclium, à Celestino III P. constituitur.*

Je suis très-disposé à croire que ce prélat n'était pas plus de la famille de Pierre l'ermite que ne l'était l'archevêque de Bourges, Guillaume l'ermite (1209), qui reçut ce surnom à cause de la simplicité de ses mœurs, comme le dit formellement l'auteur anonyme de la vie mentionnée dans les *Acta*

Sanctorum, au 10 janvier ; et cependant l'éditeur de cette vie ne craint pas d'écrire en note « qu'il n'est pas impossible » que l'archevêque prémentionné et son oncle, l'archidiacre » de Soissons, ne fussent de la famille de Pierre l'ermite, qui » avait laissé en France et en Belgique, selon d'Oultreman, » des descendants légitimes. »

Butler (1) dit que le patriarche Albert, d'une famille noble d'Italie, naquit à Castro di Gualteri, dans le diocèse de Parme. Ce fut le fondateur de l'ordre des Carmes. Ces religieux étaient primitivement des ermites qui vivaient sur le Mont-Carmel, et c'est de là, sans doute, que provient l'épithète d'*Eremita*, donnée à Albert par Anselme de Gembloux.

Quels furent le nom et le lieu de naissance de cet homme singulier ?

A mon avis, c'est bien en vain que les diverses familles qui portaient le nom patronymique de *l'Hermite* se sont rattachées à celle dont il faisait partie, et sur le compte de laquelle, je ne puis assez le répéter, on ne sait absolument rien.

En disant que Pierre était *ermite de nom et d'effet*, Guillaume de Tyr ne me semble aucunement viser son nom de famille. Il s'est borné à indiquer que cette épithète n'était pas un simple sobriquet, selon l'usage du temps, témoin, entre autres, le courageux chevalier *Gauthier-sans-avoir* (2), ou *Guillaume-le-Charpentier*, mais exprimait sa profession réelle. « Inter eos, dit-il (lib. I, ch. II), qui orationis gratiâ

(1) *Vies des Pères, Martyrs, et autres principaux Saints*; traduit librement de l'anglais d'*Alban Butler*, par l'abbé Godescard. Nouvelle édition du chanoine de Ram ; Bruxelles, 1848, t. I, in-8°.

(2) Je ne sais pourquoi M. Léon Paulet l'appelle *Gauthier Saint-Sauveur*; Albert d'Aix l'appelle *Walterus cognomento Zenzavehor*; Guillaume de Tyr, *Galterus cognomento Sensaveir*; Baudry, *Walterius cognomento Sine habere*; Tudebode, *Gualterius Sine habere*; Foucher, *Gualterius Sine pecuniâ*, et Foulques d'Anjou, *Gualterius Sine avero*.

» et causâ devotionis ad loca accedebant venerabilia, sacerdos
» quidam, Petrus nomine, de regno Francorum, de episco-
» patu Ambianensi, qui re et nomine cognominabatur Here-
» mita, eodem fervore tractus, Hierosolymam pervenit. »

C'est ce que confirme l'ancienne traduction française de cet auteur : « Bien vous ai dit desus que de maintes terres venoient
» pelerins en Jherusalem. Entre les autres en i vint ung qui
» estoit del règne de France, nez de leveschie d'Amiens,
» c'est-à-dire Pierres qui avoit esté hermites el bois, porce
» l'apeloit-on Pieron l'ermite. Cist estoit petiz hom de cors et
» ansint come despite chose par semblant, mes merveilles
» estoit de grant cuer de cler angin et de bon entendement et
» parloit trop bien. » (Extrait du manuscrit n° 9492, folio 7 recto, de la Bibliothèque de Bourgogne).

L'usage des noms de famille proprement dits n'existait pas encore à cette époque, et M. Heeren, dans son *Essai sur l'influence des croisades*, le compte même parmi les résultats les plus positifs de ces merveilleuses expéditions. Les autres résultats furent le rétablissement de la paix publique en Europe, la diffusion des connaissances historiques et géographiques, le développement des arts, la division des grandes propriétés, l'affranchissement des communes, la naissance du commerce et de l'industrie, etc., etc.

« Dans tous les pays de langue salique, burgonde ou
» gothique, dit M. Ed. Fournier (*Encyclopédie du* xixe *siècle,*
» *art. Noms*), il n'y avait qu'un nom pour chaque homme, et
» pendant plusieurs siècles, ce dut être un usage général dans
» toutes les provinces situées au nord de la Loire. Mais dans
» les grandes et permanentes réunions d'hommes de tout
» rang et de toute condition, entraînés par la croisade dans
» les pays lointains, il fallait bien que chacun cherchât à
» s'individualiser et à se faire reconnaître facilement. C'est par
» les surnoms et les armoiries qu'il y fut pourvu.

» Les surnoms se tirèrent d'un fief, d'un alleu, du lieu de
» naissance : souvent on le fit dériver de quelques particula-
» rités personnelles, et surtout de l'état que l'on avait dans
» la société. »

Tel fut apparemment le cas de l'ermite Pierre, illustré par la première croisade (1) et par la fondation de Neuf-Moustier. Il serait étonnant, en effet, qu'à la différence de la généralité des personnages de la croisade, Pierre eût seul possédé un nom de famille (2), et ce qui prouve surabondamment que l'*Ermite* ne fût pas le sien, c'est que les chroniqueurs l'appellent indistinctement *Petrus Eremita*, *Petrus Sacerdos* et *Petrus Monachus* (3).

Au surplus, Guibert de Nogent dit formellement que l'*ermite* n'était pas un nom de famille : « *Petrus verò quem*

(1) D'Oultreman lui attribue aussi l'invention du chapelet ; mais c'est encore là, selon toute probabilité, un fait controuvé : les écrivains contemporains ne lui en font aucunement l'honneur. On lit même dans la Vie de sainte Gertrude, qui vivait au viie siècle, qu'elle se servait pour honorer la sainte Vierge d'un objet assez analogue au chapelet. Les Indiens, les Israélites et les mahométans eux-mêmes ont des chapelets que n'a certes pas inventés Pierre l'ermite. Il avait, dit-on, imaginé d'enfiler des grains de bois, sur lesquels les soldats croisés, qui, pour la plupart, ne savaient pas lire, pussent réciter un certain nombre de *Pater* et d'*Ave* qui variait selon la solennité. — (*Origines et raisons de la liturgie catholique*, par l'abbé Pascal ; Paris, 1844, in-8°, p. 305. — Bergier, *Dictionnaire de Théologie*, t. i, p 286, et t. iii, p. 550. — Wichmans, *Brabantia Mariana*, p. 89, lib. i, cap. vii.) C'est de là que proviennent les armoiries accordées par d'Oultreman à Pierre l'ermite : *de sinople au dixain ou pater-nostre d'or, enfilé et houppé de même et mis en chevron, accompagné de trois quinte-feuilles d'argent percées, deux en chef et l'autre en pointe.* Les L'Hermite des Pays-Bas portaient les mêmes armoiries *écartelées au second et troisième d'argent à la bande de gueules de six pièces* V Diplôme du 22 janvier 1630. — A. Favyn, *Théâtre d'honneur et de chevalerie*, donne à Pierre l'ermite *d'azur aux trois gerbes d'or.* Le P. Anselme (viii. p. 432.) lui en donne d'autres, savoir : aux 1er et 4e *d'azur à trois gerbes d'or, liées de gueules*, aux 2e et 3e *d'argent à une tête en massacre de cerf de sable.*

(2) Michaud (*Biograph. univers.*) trouve que le nom de l'ermite ne peut être qu'un nom de famille, *chose très-naturelle dans le* x^e *siècle !*

(3) V. notamment, pour ce dernier surnom, les Annales d'Hildesheim. Pertz, *Monum. german. histor.*, t. iii, p. 106.

heremitam agnominant, dit-il, en rapportant le triste épisode de Civitot, lib. I, p. 484, ap. Bongars.

Robert le Moine dit de même : « Erat in illis diebus quidam, » *qui eremita extiterat*, nomine Petrus. » Lib. I, p. 32.

Foulques d'Anjou l'appelle *heremita quidam*, *Petrus Achiriensis*.

On pourrait multiplier les preuves de ce genre ; mais je considère toute démonstration ultérieure sur ce point comme complétement superflue. Tout le monde aujourd'hui, j'en suis fâché pour les honorables familles qui se croiraient encore issues de Pierre l'ermite, doit être convaincu que le fondateur de Neuf-Moustier ne fut qu'un pauvre homme faisant des pèlerinages, soit pour son propre compte, soit pour autrui.

Ce ne fut même qu'un simple ermite, et non un moine ou un prêtre (1). Je ne vois en effet dans les écrivains des croisades aucune trace d'un acte quelconque de sa part se rapportant au saint ministère ; lorsqu'après la prise de Jérusalem, à la veille de la bataille d'Ascalon, on le laissa à Jérusalem, il ne remplaça le patriarche que pour organiser les processions et les prières publiques propres à appeler les bénédictions du ciel sur les armes des combattants.

Quant à son lieu de naissance, Albert d'Aix, son contemporain, dit qu'il était d'Amiens : « Sacerdos quidam, Petrus » nomine, quondàm eremita, ortus de civitate Amiens (2), » quæ est in occidente, de regno Francorum. » P. 283.

---

(1) M. Vion (*Pierre l'ermite et les croisades*, Amiens, 1853) s'est donné infiniment de peine pour démontrer que son héros avait été moine au couvent du Mont-Saint-Quentin, près de Péronne. Mais, à mon avis, il est bien loin d'y être parvenu, et son argumentation ne saurait détruire la dénégation du docte Mabillon.

(2) Ce mot Amiens est nécessairement, j'en conviens, le fait d'une main étrangère qui se sera avisée de traduire en français le mot primitif ; mais en

Guibert de Nogent, autre auteur contemporain, dit qu'il était d'une ville du diocèse d'Amiens : « quem (Petrum Here-
» mitam) ex urbe, nisi fallor, Ambianensi ortum, in superiore
» nescio quâ Galliarum parte, solitariam sub habitu monachico
» vitam duxisse comperimus. » (1)

Voici comment M. Du Mortier, dans une notice insérée au mois de juin 1854 dans la *Revue catholique* et ailleurs, traduit cette phrase, en changeant la ponctuation ordinaire de la plupart des éditions : « Nous apprenons que Pierre, origi-
» naire de je ne sais quelle partie de la Gaule supérieure, avait
» mené la vie de solitaire dans la ville d'Amiens, si je ne me
» trompe. »

Je doute fort que MM. les Antiquaires de Picardie acceptent cette traduction ; et même, en adoptant la ponctuation proposée par M. Du Mortier, il faudrait traduire ainsi : « Ce
» que nous savons, c'est que ce Pierre, de la ville d'Amiens,
» si je ne me trompe, et originaire de je ne sais quelle partie
» supérieure des Gaules, avait mené la vie de solitaire, sous
» l'habit religieux. »

L'auteur anonyme de la relation intitulée : *Historia de viâ Hierosolymis*, se borne à mentionner un homme nommé Pierre, qui avait été ermite dans les Gaules : « Fuit quidam
» eremi accola in Galliarum regione, Petrus nomine. »
Musœum Italic., t. I, p. 131.

---

tout cas les mots *de regno Francorum* n'ont pas été interpolés, et ces mots, décisifs contre Huy et ses environs, se retrouvent presque partout.

(1) MM. Grandgagnage et Du Mortier se font contre Amiens une arme des termes dubitatifs dont se sert Guibert, qui demeurait dans le voisinage, à Nogent, dans le Soissonnais ; mais l'on sait que l'abbé de Nogent s'est borné à mettre en beau langage la relation de Tudebode et qu'il n'entretenait guère de relations directes avec le monde, ainsi que le fait justement remarquer M. Paulin Paris. Guibert en est à regretter, en commençant son ouvrage, d'ignorer le nom si célèbre, si populaire, d'Adhémar, évêque du Puy, légat du Saint-Siége, le seul et véritable chef de la croisade ! Et l'on voudrait qu'il pût parler pertinemment de la patrie du *petit* Pierre !

« Parmi les nombreux pèlerins qui se rendaient par dévo-
» tion à Jérusalem, dit Sicardi, se trouva un prêtre français,
» nommé Pierre, ermite de profession, etc. » (1)

Nous avons vu que l'archevêque de Tyr, qui séjourna si
longtemps à Jérusalem et qui y remplit des fonctions importantes, pensait que Pierre l'ermite « estoit del règne de France,
» nez de l'eveschie d'Amiens : *sacerdos quidam, Petrus no-*
» *mine, de Francorum, de episcopatu ambianensi.* »

Jacques de Vitry n'est pas moins précis : « Pierre l'ermite,
» dit-il, étoit un pauvre homme du royaume de France,
» menant la vie de solitaire dans l'évêché d'Amiens (2). »

On lit dans la chronique dite d'Albéric de Trois-Fontaines,
l'extrait suivant de Guy de Bazoches, écrivain de la dernière
moitié du xii⁰ siècle :

« Petrus quidam sacerdos de regno Francorum et pago
» Ambianensi, verè cognominatus eremita, statura contemp-
» tibilis, sed venerabilis sanctitate, eò pervenit. »

En s'appropriant littéralement ce passage, le premier
éditeur de la *Grande Chronique belge* (3) remplaça *Ambianensi* par *Aloianensi*. Ce mot parut à Struve (4) une simple
erreur de copiste, et il rétablit le mot *Ambianensi*. M. Hardouin
n'a pas manqué de se prévaloir de cette rectification dans sa
lettre à M. Léon Paulet, insérée dans le n° 4, p. 107, du
Bulletin de la Société des antiquaires de la Picardie, 1853.

---

(1) « Venientibus itaque multis peregrinis, causâ devotionis (Hierusalem)
» venit quidam sacerdos Francigenus, nomine Petrus, officio eremita, qui
» videns sancta profanari, protinùs rediens, christianis suasit ut ad liberandum
» sanctam civitatem ab infidelibus festinarent. » *Muratori*, t. vii, p. 524.

(2) « Ecclesiæ Hierosolymitanæ afflictionem et humiliationem Dominus
» respiciens, cuidam pauperi et religioso homini, de regno Franciæ, in Ambia-
» nensi episcopatu vitam eremiticam agenti, qui et Petrus eremita dicebatur,
» inspiravit quatenùs sepulcrum Domini adiret. » P. 1064.

(3) Magnum chronicon, ed. Pistorio. Francof., 1634, in-folio. Cette chronique va jusqu'à l'année 1474.

(4) Magnum chronicon, etc. ed. Struvio ; Rer. Germ. scriptor, Ratisbon
1726, 3 vol. in-folio.

Mais voici que se présente un nouveau champion qui la rejette avec indignation :

> Oui... c'est la bonne édition :
> Voilà bien, pages neuf et seize,
> Les deux fautes d'impression,
> Qui ne sont pas dans la mauvaise.
>   (*Pons de Verdun.*)

« *Pagus Aloianensis*, dit-il, c'est Halloy, sous Braibant, » canton de Ciney. » Cet endroit, éloigné de Huy de plus de cinq lieues, appartenait, il est vrai, comme Huy, à l'ancien pays de Liége ; mais il n'y est pas resté la moindre tradition concernant le fondateur de Neuf-Moustier, et je ne saurais blâmer Struve d'avoir, à titre de correction, substitué *Ambianensi* à *Aloianensi*.

Mathieu Paris disait au XIIIᵉ siècle. « *Sacerdos quidam » Petrus nomine et heremita professione, de regno Francorum.* »

Le *Chevalier du Cygne*, poème révisé au XIVᵉ siècle, mais certainement écrit antérieurement, et peut-être par le pèlerin Richard, trouvère qui avait assisté à la première croisade, dit que Pierre était natif d'Amiens :

> 5827. Et Pieres ly hiermites qui les grenons ot blans
> Il estoit nés d'Amiens, ce nous dict ly romans.
>   (*Edit. de* M. De Reiffenberg.)

M. Paulin Paris, en répétant ce vers de *la chanson d'Antioche* (1), qui est positivement l'œuvre du même trouvère Richard :

« *Il fut nés en Ermine, si avoit sa maison*, etc. »

___

(1) La *Chanson d'Antioche*, composée au commencement du XIIᵉ siècle par le pèlerin Richard, renouvelée sous le règne de Philippe-Auguste par Graindor, de Douai, publiée pour la première fois par Paulin Paris ; 2 vol. in-8°, 1848.

ajoute cette note : « Il faudrait, et le véritable auteur avait
» certainement écrit :

« *En Aminois fut nés, et si ot sa maison*,

» c'est-à-dire il naquit et demeurait dans le diocèse d'Amiens ;
» mais un premier copiste aura mal lu, et tous les autres auront
» répété sa bévue. »

Tels sont les arguments que produit Amiens pour justifier sa paternité : ils n'équivalent certes pas à l'acte de naissance qu'exigerait aujourd'hui le Conseil Héraldique ; mais pour le XIIe siècle on peut être moins exigeant.

Voici maintenant les arguments à l'aide desquels on veut accorder à Pierre l'ermite la grande naturalisation belge.

Orderic Vital, compilateur du XIIe siècle, s'explique en ces termes : « *Petrus de Acheris, monachus doctrinâ et largitate* » *insignis, de Franciâ peregrè perrexit* (1) », et l'*Histoire d'Anjou*, fragment attribué à Foulques-le-rechin, père du troisième roi de Jérusalem, l'appelle *Petrus Achiriensis* (2). Petrus de Acheris ou Achiriensis dérive, dit un auteur peu connu (3), d'*Achers* ou *Acherstradt*, à trois lieues de Verviers et à six lieues de Liége. Il n'existe malheureusement aucun village de ce nom, même entre Aix-la-Chapelle et la frontière

---

(1) Histor. Normannorum script. antiqui, ed. Duchesnio ; Lutetiæ. Paris, 1619, in-folio. — Historiens des Gaules, t. XII, p. 664.

(2) « Deindè quidam eorum temerè præcedentes alios cùm mare transiissent, » impetum Turcorum et aliorum paganorum sustinere non potuerunt : et ex his » quadraginta millia interempti sunt ; quorum duces fuerunt heremita quidam » Petrus Achiriensis et Galterius sine Avero. (*Historiæ Andegavensis fragmentum per Fulconem, comitem Andegavensem. L. d'Achery, spicilegium*, t. X, p. 367.)

(3) *Les grandes chroniques belges*, par Collin de Plancy ; Bruxelles, 1842, in-8°. Cet ouvrage accepte sur Godefroid de Bouillon toutes les fables imaginées par le roy d'armes Deschamps : de pareilles publications ne peuvent que fausser le jugement de l'opinion publique. Il serait bien temps qu'une vie populaire de Godefroid vît le jour.

belge : à trois lieues de Verviers se trouve, il est vrai, la petite ville d'Eupen (Néau), où l'oreille française de M. Collin de Plancy aura probablement entendu prononcer le nom d'*Acherstrasse*, *rue d'Aix-la-Chapelle*. Mais il existe réellement en France un village nommé Achéry, près de Laon, et l'on trouve également dans l'arrondissement d'Abbeville la commune d'Acheux, dont la partie basse porte encore aujourd'hui le nom d'Achéry. Est-ce de là que proviennent *de Acheris, Achiriensis*? C'est aussi probable que simple et naturel.

« Orderic Vital, dit M. Du Mortier (1), désigne l'apôtre des
» croisades sous le nom de Pierre d'Acher, *Petrus de Acheris*.
» M. H. Hardouin éprouve une alarme à la vue de ce nom, et
» il reconnaît avec bonne foi qu'il s'agit ici de la localité de
» naissance de Pierre l'ermite, qui est non plus à Amiens,
» non plus à Hui, mais dans un lieu appelé *Acher*. Or, nous
» trouvons, nous, qu'*Acher* est un village sous Hamoir en
» Condroz, ancien diocèse de Liége, à cinq lieues de Hui,
» dans la direction de Bouillon ! Acher est donc le lieu de
» naissance de Pierre l'ermite, et le nécrologe, celui de Neuf-
» Moustier, trouve ici une importante confirmation, lorsqu'il
» nous dit que le pays de Liége était son pays natal.

» C'est, au reste, ce que confirme encore la chronique de
» l'abbaye de Saint-André lez-Bruges, en disant que Pierre
» était indigène de la Germanie inférieure, *hujus Germaniæ*
» *inferioris indigena*. »

Voici le revers de la médaille.

Achet, comme il s'écrit dans les actes officiels, est un hameau sis sur un ruisseau dit le *Bocq*, en wallon : il compte environ 275 habitants, et appartient à la commune de *Hamois*,

---

(1) *Pierre l'ermite, Picard ou Liégeois*, art. de M. Grandgagnage, *Bulletin de l'Institut archéologique liégeois*, 1851. — *Pierre l'ermite et M. Grandgagnage*, article de M. Du Mortier, dans la *Revue catholique de Louvain*, 1854, 4ᵉ liv., p. 292.

village qui appartient au canton de Ciney, tandis que Hamoir sur l'Ourthe est au canton de Nandrin. C'est donc de Hamois, canton de Ciney, qu'a voulu parler M. Du Mortier, et l'on voit que pour *Achet* comme pour *Hamois*, il remplace la lettre finale par un *r*, mais je n'en vois pas en vérité la raison.

La chapelle actuelle d'Achet, construite au siècle dernier, offre au-dessus de la porte l'inscription suivante :

1715. *Deo, Virgini, Divoque Johanni hanc donabat* Achet.

Dans les actes du commencement du xviie siècle, les plus anciens documents qu'ait pu se procurer M. Hauzeur, juge de paix du lieu, à qui je dois ces renseignements, Achet s'écrit constamment avec un *z* à la fin : ce magistrat a vainement recherché des documents latins qui fissent mention de cette localité.

Achet se termine également par un *z* dans l'excellente carte du pays de Liége publiée au siècle dernier par P. Maire, d'après les observations faites sur les lieux par le R. P. Nicolas Leclerc.

M. Du Mortier aura donc à prouver ultérieurement, pour rattacher l'indication d'Orderic Vital à *Achet*, que le nom de ce village se terminait au moyen âge par la lettre *r*. Jusque-là son argumentation ne sera que fort ingénieuse, mais j'aimerais tout autant la traduction du mot *Aloianensi*, d'après laquelle Halloy sous Braibant devrait être considéré comme le véritable lieu de naissance de Pierre l'ermite !

Avant de continuer l'examen des arguments de ceux qui veulent faire naître Pierre en Belgique, je dois faire remarquer que certains historiens ont placé bien loin de nous le lieu de naissance du fameux ermite.

Dodequin (1), dont la chronique s'arrête à l'année 1200,

---

(1) *Dodechini appendix ad Mariani Scoti chronicon. Rer. germ. script.* ed. Struvio, t. i, p. 663.

lui donne une origine espagnole : « *Ecce quidam inclusus,*
» *cui nomen erat Petrus, in finibus Hispaniæ constitutus,*
» *claustris egressus, totum commovit orbem.* »

Helmode de Posen, dont la chronique s'arrête à l'an 1170, avait déjà dit la même chose (1).

L'*annaliste saxon* s'exprime ainsi : « Quidam cui nomen
» Petrus erat, in finibus emersit Hispaniæ, qui, ut ferebatur,
» primùm reclusus, inde claustris exiens, prædicatione suâ
» totam commovit Provinciam (2). »

Enfin l'abbé de Stade, Albert, dans sa chronique finissant à l'année 1256, dit également que Pierre était d'origine espagnole : « *Petrus quidam genere Hispanus, professione*
» *monachus*, etc. »

Passons à la chronique du monastère de Saint-André lez-Bruges (3). On y lit, chap. I, p. 3 : « Ad quod peragendum,
» ipsum maximè animavit Petrus, sanctus heremita, hujus
» inferioris Germaniæ indigena, qui ipsorum sanctorum loco-

---

(1) *Chronica Slavorum Helmodi, presbyteri Bosoviensis et Arnoldi, abbatis Lubecensis.* C'est à tort que M. Vion dans son ouvrage intitulé : *Pierre l'ermite et les croisades*, Amiens, 1853, p. 152, donne à Helmode la qualité d'*espagnol*, récusant à ce titre son témoignage : prêtre à Busow, près du lac de Ploen, cet écrivain avait eu pour précepteur, selon Moreri, l'évêque de Lubeck, Herold.

(2) Ex chronico saxonico seu annalista saxonico. — D. Bouquet, *Historiens des Gaules*, t. XIII, p. 715. — Ce même texte se retrouve avec de légères variantes dans le manuscrit anonyme de la Bibliothèque de Gottingue, intitulé : *Alia descriptio Jerosolimitanæ profectionis*. On trouve la qualification de *moine* appliquée à Pierre l'ermite dans les ouvrages suivants : *Florentii Wigorniensis chronicorum chronicon*. (D. Bouquet, *Hist. des Gaules*, t. XIII, p. 67.) — Ekkardi, abbatis. *Libell. de sacrâ expeditione Hierosolymitanâ*, cap. I, p. 544. (Martène et Durand, *Ampl. collect.* t. V.) *Historiographia* Alberti, *abbatis Stadensis, à condito orbe usque ad auctoris aetatem, id est A. J. C. MCCLVI.* — Wittemberg., 1608, in-4°. — Voir aussi M. Vion : *Pierre l'Ermite et les croisades*, p. 188.

(3) *Chronica monasterii S. Andreæ juxtà Brugas, Benedicti ordinis*, per Arnoldum Goethals, ejusdem monasterii monachum, Gandavi, 1844, in-4°. Goethals mourut en 1505, à l'âge de 90 ans.

» rum provinciam perlustrare gestiens, miseram ipsorum
» desolationem non tàm auribus perceperat quàm tunc oculis
» inspexit. »

La principauté de Liége doit certes être placée dans la Germanie inférieure, puisqu'elle faisait partie à cette époque de la Lotharingie, vassale de l'Empire: la Picardie en était exclue. Voilà donc un témoignage qui contredit formellement celui dont se prévaut la France; mais l'auteur de cette chronique est du xve siècle, et l'on rejette comme trop moderne l'autorité de Guillaume de Tyr, écrivain du xiie!

Le grand argument de ceux qui veulent faire naître Pierre l'ermite dans la Belgique actuelle, est le prétendu acte de décès inscrit dans le nécrologe manuscrit de l'ex-abbaye de Neuf-Moustier lez-Huy, que possède aujourd'hui M. J. Grandgagnage, président de chambre à la cour d'appel de Liége. Ce document est de la teneur suivante (1):

« Julii. Anno Domini MCXV. viii Id. obiit Dominus Petrus
» pie memorie venerabilis sacerdos et Heremita qui primus
» predicator sancte crucis a Domino meruit declarari. Hic post
» acquisitionem sancte Terre, cum reversus fuit ad natale
» solum, ad petitionem quorumdam virorum nobilium et
» ignobilium fundavit ecclesiam istam in honore sancti
» sepulchri et Beati Johannis-Baptiste, in quâ elegit sibi
» sepulturam. »

DE RETOUR AU PAYS NATAL, PIERRE FONDA CETTE ÉGLISE. *De ces termes de l'acte résulte*, dit M. Grandgagnage, *une assez grande présomption que le fondateur était né aux environs de Huy, dans le pays de Liége;* mais c'est bien à tort que l'honorable magistrat rattache cette présomption à la

(1) M. Polain, archiviste de l'Etat à Liége, est d'avis que ce nécrologe est de la première partie du xiiie siècle, et n'a été composé qu'à l'occasion de la translation des restes de Pierre l'ermite, en 1242. Voir n° 8, t. xxi, des *Bulletins de l'Académie royale*; je regrette infiniment de n'avoir eu connaissance de sa dissertation que durant l'impression de cet ouvrage.

découverte du précieux manuscrit dont il est l'heureux possesseur.

Déjà l'expression avait été employée par l'ancien compilateur de la chronique de Neuf-Moustier, dite d'Albéric de Trois-Fontaines (1). Voici comment cette chronique explique, d'après Guy de Bazoches, la fondation de cet établissement religieux : « Cono de Monte-Acuto et Lambertus filius ejus,
» comes de Claromonte, Leodiensis diocœsis, cum aliis etiam
» viris nobilibus et ignobilibus inter quos et venerabilis sacer-
» dos Petrus eremita, primus hujus sanctæ peregrinationis
» prædicator et auctor, cum quibusdam burgensibus rever-
» tuntur ad natale solum (2), et cum essent in mare in magno
» periculo positi, ità ut de suâ salute omnes desperarent,
» communi assensu parique voto humili prece voverunt Deo
» et Domino nostro Jesu-Christo construere ecclesiam, si eos
» Dominus liberaret ab his imminentibus periculis. . . . .
» cumque ad Galliam Belgicam prædicti peregrini Dei deve-
» nissent, volentes voto suo satisfacere, Petrum exhortantur,
» plurima munera largientes quatenùs Deo adimpleat quod
» promiserant : qui, zelo Dei accinctus, instinctu prædicto-

---

(1) D. Bouquet, *Histor. des Gaules*, t. XIII, p. 683 La *Chronique* dite d'*Albéric de Trois-Fontaines* a été commencée et continuée en partie par des moines de l'abbaye de Neuf-Moustier. Voyez Villenfagne, *Recherches sur la principauté de Liége*, t. II, p. 533, et Petit-Radel, *Histoire littéraire de la France*, t. XVIII.

(2) Remarquons que ces termes ne s'appliquent positivement qu'à Conon de Montaigu et à Lambert de Clermont, qui pouvaient très-bien être accompagnés de diverses personnes étrangères à la principauté de Liége. Le texte n'est donc pas aussi positif que celui de l'obituaire. La chose est dite plus nettement par Gilles d'Orval : *ad partes Leodienses revertitur*, mais il faut donner à ces mots le sens général que je crois devoir attribuer à la phrase *ad natale solum reversus* du nécrologe. Les mots *reversus*, *revertitur* se rapportent au retour de Pierre en Europe, sans aucune spécification de patrie. Telle est évidemment la seule signification qu'on puisse leur donner à une première lecture. Il faut creuser la phrase pour y découvrir ce qu'y trouvent MM Grandgagnage et Du Mortier.

» rum (1) Hoium veniens, ad orientalem plagam illius oppidi...
» fundavit ecclesiam in honore sancti sepulchri Domini et B.
» Joannis-Baptistæ. »

La *Grande Chronique belge*, déjà citée, raconte à peu près comme Guy de Bazoches les circonstances merveilleuses qui se rattacheraient à la fondation de Neuf-Moustier et à la tempête qui mit en péril les jours des comtes de Montaigu et de Clermont, au retour de la terre sainte : « Cono de Monte-Acuto
» comes et Lambertus, ejus filius, comes de Claromonte, in
» Leodiensi diocœsi, cum multis viris nobilibus, dùm redirent
» ab expeditione Jerusalem cum Petro venerabili eremità et
» quibusdam burgensibus Hoyensibus, in mari in maximo
» discrimine, voverunt construere ecclesiam, si liberarentur
» à periculo, statimque secuta est tranquillitas. Per manus
» ergo dicti Petri votum impleverunt, fundantes hoc monas-
» terium (novum monasterium in suburbio Hoiensi) in hono-
» rem sepulchri Domini et sancti Johannis-Baptistæ. »

On ne peut s'empêcher de remarquer entre les textes de la Chronique de Neuf-Moustier, de la *Grande Chronique belge* et de l'obituaire de Neuf-Moustier, un grand air de parenté. Seulement, d'après l'obituaire, il faudrait répudier les circonstances miraculeuses selon lesquelles la fondation de l'abbaye aurait été la conséquence d'un vœu que Pierre et ses compagnons de voyage auraient fait au milieu d'une tempête apaisée subitement par leurs prières.

Rien de plus naturel, selon cet obituaire, œuvre de l'un des religieux du lieu, que la fondation de l'abbaye : Pierre avait reçu de l'archidiacre Arnould ou Arnulphe des reliques du Saint-Sépulcre et de saint Jean-Baptiste; de retour en Europe, il bâtit, à la demande de quelques fidèles, une

(1) Ces termes *instinctu prœdictorum* détruisent cette sentimentale hypothèse de M. Grandgagnage : « *Les prédilections de patrie ne se révèlent-elles pas dans le choix du lieu de la fondation comme de la sépulture ?* » Sans l'insistance de ses compagnons, ce n'est pas à Hui que Pierre serait allé se retirer.

église pour les y déposer, et de même qu'à Jérusalem, il en confia la garde à des chanoines de l'ordre de Saint-Augustin.

Ce qui est certain, c'est qu'il en fut le premier Prieur (1), et qu'il y reçut la sépulture. En 1242, ses restes, qui avaient été inhumés hors de l'église, furent transférés à l'intérieur ; en 1793, ils disparurent avec l'église elle-même, et c'est à tort que M. Léon Paulet (*Bulletin de la Société des antiquaires de Picardie*, 1853, p. 69) suppose qu'ils ont été transportés dans la cathédrale de Namur. On voit encore dans le jardin de la villa que la bande-noire a substitué au moustier vénéré, un caveau vide qu'on assure être celui où reposa pendant près de sept siècles le corps de l'un des promoteurs de la première croisade.

Quant à Conon de Montaigu et à Lambert de Clermont, dont il vient d'être fait mention à plusieurs reprises, ce sont évidemment deux seigneurs belges. La chronique de Neuf-Moustier, dite d'Albéric de Trois-Fontaines, le dit formellement : *ils étaient*, assure-t-elle, du *diocèse de Liége*. D'après M. Paulin Paris (*Chanson d'Antioche*, t. II, p. 344), il s'agirait au contraire d'un comte de Clermont en Beauvoisis et par conséquent d'un seigneur français.

Conon de Montaigu et son fils Lambert sont nommés par Albert d'Aix, lib. IV, p. 255, et par Guillaume de Tyr, lib. VIII, p. 758, parmi les guerriers qui entrèrent les premiers dans Jérusalem avec Godefroid de Bouillon. Conon de

---

(1) « Petrus Eremita, qui cum Godefrido duce Hierosolymam profectus
» fuerat, *dit Gilles d'Orval*, acceptis reliquiis à domino Arnulfo Hierosoly-
» mytano Patriarchà, de sepulchro scilicet Domini et de reliquiis B. Joannis
» Baptistæ cum privilegio cruce signatorum domino Otberto Leodiensium
» episcopo transmisso, ad partes Leodienses revertitur, ubi fundavit eccle-
» siam Hoii novi monasterii, in honore sancti sepulcri et B. Joannis-Baptistæ,
» in quà vir vitæ venerabilis, assumptis aliquantis viris religiosis, plantavit
» regulam sanctissimi patris Augustini. » Ex gestis Pontificum Leodiensium,
autore Ægidio Aureæ-Vallis religioso, apud script. rer. Leod., t. II, in-4°,
1612.

Montaigu est, en outre, l'un des témoins qui figurent dans les actes de vente et de donation de 1096, par lesquels Ida, comtesse de Boulogne, et ses fils gratifièrent le chapitre de Nivelles et l'abbaye d'Afflighem.

Lambert-le-pauvre est cité par Tudebode, liv. IV, ch. 23 ; et Bongars, dans sa *Liste générale des Croisés*, a bien soin de le distinguer de *Lambert, fils de Conon de Montaigu.*

Clermont est, du reste, un village du canton de Nandrin, à 12,500 mètres de Hui, et le baron de Reiffenberg, ce savant aimable, mort prématurément, nous apprend, avec d'autres détails, dans sa belle introduction au *Poëme de Godefroid de Bouillon*, p. CXIII, que le château de *Montaigu* avait donné son nom (1) à un comté érigé sur l'Ourthe, entre Marche et Laroche, et dont le chef-lieu était le village de Marcourt ou Méricourt, situé au pied du château. Conon de Montaigu mourut, dit M. de Reiffenberg, au château de Dolhain (Limbourg), le 30 avril 1105, et son fils Lambert, en 1147 ; ce dernier laissa tous ses biens à sa sœur Longarde, épouse d'un comte de Duras, de la maison de Looz.

C'est en vain que M. Grandgagnage, après avoir fait remarquer que *les historiens modernes étaient unanimes pour placer à Amiens le berceau du promoteur des croisades*, ce qui n'est pas exact (2), attribue à la découverte du nécrologe manuscrit de l'abbaye de Neuf-Moustier la possibilité de démontrer le fondement de l'opinion contraire. En effet, Molanus (3), qui inscrit au 8 juillet l'anniversaire de Pierre l'ermite, eût déjà pu élever au XVIe siècle la prétention dont M. Grandga-

(1) V. M. l'abbé Namèche, *Histoire de Belgique*, t. III, p. 345.

(2) Nous avons démontré plus haut que cette assertion manque d'exactitude, puisque certains chroniqueurs le font venir d'Espagne ; et la *Chronique de Saint-André*, de la Germanie inférieure. Nous verrons plus loin qu'Albert d'Aix semble lui donner le Berry pour patrie.

(3) *Natales sanctorum Belgii*, Lovanii, 1559, p. 157. Jean Van der Meulen était professeur de théologie à la célèbre université de Louvain.

gnage peut hardiment se reconnaître le père ; car, après avoir mentionné la fondation du monastère, et avoir dit positivement que Pierre était né dans le diocèse d'Amiens, il ajoute immédiatement les paroles ci-après, qui ne sont que la répétition du nécrologe de M. Grandgagnage : « Octavo idus julii, » anno Domini millesimo centesimo decimo quinto, obiit » dominus Petrus, venerabilis sacerdos et eremita, qui primus » prædicator sanctæ crucis in Domino meruit declarari. Hic » post acquisitionem terræ sanctæ, cum reversus fuit ad » natale solum, ad petitionem quorumdam virorum nobilium » et ignobilium fundavit ecclesiam istam, in honorem sancti » sepulcri et sancti Johannis-Baptistæ, in quâ idoneam sibi » elegit sepulturam (1). »

Ces expressions, on le voit, et celles du nécrologe que Molanus doit avoir eu sous les yeux sont identiques : Molanus ne s'avise cependant pas de déduire de ces mots, *reversus ad natale solum*, la preuve ni même la présomption que Pierre fût né à Hui ou dans ses environs.

Elles doivent suffire, dit M. Grandgagnage, *pour Pierre l'ermite comme elles ont suffi pour Charlemagne. C'est, en effet, une indication identique qui a fixé l'opinion des historiens sur la naissance de cet empereur.*

Ici encore, je le regrette vivement, je ne puis me rallier à l'opinion de l'estimable magistrat. Voici ce que dit le moine de Saint-Gall (2), à propos de l'église bâtie par Charlemagne à Aix-la-Chapelle.

« Cum strenuissimus imperator Karolus aliquam requiem

---

(1) On lit en marge : « *Ex monumentis et scriptis Novi Monasterii quæ* « *dominus Judocus. Dorius, prælatus loci, ostendit et communicavit.* » — Il s'agit évidemment ici du nécrologe que possède M. Grandgagnage. MM. les savants de Picardie auraient, du reste, mille fois tort de suspecter l'authenticité de ce manuscrit : le caractère honorable et sérieux de ce magistrat ne se prêterait pas à une fraude quelconque. M. Polain en a d'ailleurs trouvé aux archives de l'Etat, à Liége même, une copie faite au xviie siècle.

(2) *Hist. Franc., script. operâ.* Fr. Duchesne, t. II, p. 119.

» habere potuit, non otio torpere, sed divinis servitiis voluit
» insudare, adeò ut in *genitali solo* basilicam antiquis Roma-
» norum operibus præstantiorem fabricare propria dispositione
» molitus, in brevi compotem se voti sui gauderet. »

Ce que M. Guizot traduit ainsi : « Lorsque le vaillant em-
» pereur Charles put jouir de quelque repos, ce ne fut pas
» pour languir dans l'oisiveté, mais pour s'occuper avec zèle
» de tout ce qui intéressait le service de Dieu. Son ardeur à
» bâtir, d'après ses propres plans et *dans son pays natal*,
» une basilique beaucoup plus belle que les ouvrages des
» anciens Romains, fut telle, qu'il eut bientôt le plaisir de
» jouir de l'accomplissement de ses vœux. »

Certes, le texte est beaucoup plus positif en faveur de Charlemagne que ne l'est celui du nécrologe de Neuf-Moustier
en faveur de Pierre l'ermite. Ici, le retour de Pierre dans sa
patrie, qu'on ne nomme pas, et l'érection postérieure d'une
église à Hui ; là, une construction de basilique *dans son pays
natal*, à Aix-la-Chapelle. Or, la phrase du moine de Saint-
Gall n'a rien résolu jusqu'à ce jour, et une foule de localités
diverses continuent à disputer à Liége(1) la paternité du grand

---

(1) Ferd. Hénaux, *Recherches historiques sur la naissance de Charlemagne
à Liége*. Liége, 1854, 2e édit., in-8°. — On sait que le pays de Liége s'honore d'être le berceau de la race de Charlemagne. Elle y avait ses domaines,
ses manoirs, ses palais à Landen, à Jupille, à Chèvremont et à Liége même.
De là le projet d'ériger dans cette ville une statue au grand empereur.

Ce projet, dont le conseil communal de Liége s'occupe en ce moment, n'est
pas nouveau. Il en fut question, pour la première fois, il y a une trentaine
d'années. L'honneur de l'initiative revient à un homme qui a laissé d'honorables souvenirs dans l'administration et dans les lettres, M. Frédéric de
Rouveroy.

M. de Rouveroy, qui était alors bourgmestre de Liége, engagea vivement
un jeune sculpteur liégeois, qui résidait à Rome, à faire des études et des
recherches touchant notre illustre compatriote. Ce jeune artiste était M. Jéhotte. Parmi les documents que découvrit ce dernier, figure une partie de
fresque détachée d'un mur et conservée au Vatican, dans une armoire de la
bibliothèque. Elle représente, de grandeur naturelle, la tête et le buste de
Charlemagne ; cette fresque fut faite lors du séjour à Rome du libérateur de

empereur : Aix-la-Chapelle, Paris, Carlsbourg, Worms, Mayence, etc., s'attribueront encore longtemps cet insigne honneur, et pour les mettre d'accord, il serait superflu que son biographe Eginhard, qui ne savait rien lui-même de sa naissance (1), revînt sur la terre.

Pour montrer combien il faut se défier de ces demi-preuves résultant de phrases à double entente, je citerai un passage d'Albert d'Aix, qui, sans prouver grand'chose à mes yeux, ne peut guère être récusé par les partisans de l'interprétation que défendent MM. Grandgagnage, Du Mortier, etc. Albert rapporte (2) la vision qu'eut Pierre l'ermite dans l'église du Saint-Sépulcre : « Lève-toi, lui dit Jésus-Christ, et va trou-
» ver le Patriarche ; qu'il te donne un bref constatant la
» mission dont je te charge, et *retourne au plus tôt dans la*
» *patrie de tes parents*, etc., etc. »

L'ermite reçoit ses pouvoirs du Patriarche et, pour accomplir sa mission, s'empresse de retourner dans son pays. Or, où se rend-il? en Belgique ? non, mais au Puy-de-Dôme, à Clermont en Auvergne ou dans le Berry.

Léon III, dans les dernières années du huitième siècle, à l'époque où ce Souverain Pontife, pendant que le roi Charles, agenouillé devant la Confession des SS. Apôtres à Saint-Pierre, y faisait sa prière le jour de Noël, lui mit spontanément la couronne d'empereur d'Occident sur la tête, aux grands applaudissements de la multitude.

Nous croyons savoir que notre ministre à Rome a demandé au gouvernement papal l'autorisation de faire prendre un calque achevé de ce précieux débris, pour servir à l'exécution du modèle de la statue, auquel travaille activement M. Jéhotte, qui en a fait don à sa ville natale.

(1) « De cujus nativitate atque infantiâ vel etiam pueritiâ, quia neque
» scriptis usquàm aliquid declaratum est, nec quisquàm modò superesse in-
» venitur, qui horum se dicat habere notitiam, scribere ineptum judicans. »
— *Vita Caroli*, c. IV. Duchesne, t. II, p. 95. On sait qu'Eginhard, ou plutôt Einhard, secrétaire de Charlemagne, fut aussi abbé de Saint-Pierre et de Saint-Bavon, à Gand. — Cette question du lieu de naissance de Charlemagne se trouve sérieusement débattue, en ce moment, au sein de l'Académie royale de Belgique. V. *Bulletins* de 1856, t. XXIII, p. 574.

(2) *Historia Hierosolymitanæ expeditionis*, lib. I, cap. V.

« Petre, dilectissime fili christianorum, surgens visitabis
» Patriarcham nostrum, et ab eo sumes, cum sigillo sanctæ
» crucis, litteras legationis nostræ, et in terram cognationis
» tuæ iter quantocius accelerabis...

» Acceptâ hinc licentiâ, in obedientiâ legationis ad natales
» horas regressus est... Hujus viæ constantiam primus hor-
» tatus est, in *Beru* regione præfati regni (Francorum) factus
» prædicator. »

Ces phrases, rapprochées de celles que j'ai déjà citées, p. 119, ne permettraient-elles pas à la région de la France où se trouvent le Puy et Clermont de revendiquer la paternité de Pierre, comme la réclame la région de la Belgique où fut érigé le prieuré de Neuf-Moustier et qu'habite M. Grandgagnage ? Elle ne manquerait pas de se prévaloir, outre ce que ci-dessus, d'une tradition attestée par d'Oultreman, et d'après laquelle Regnaut l'Hermite, père de Pierre, descendait d'un puîné des comtes de Clermont en Auvergne, qu'une alliance avec Alix de Montaigu aurait transporté en Picardie. Il existe encore des familles du nom de l'Hermite, dit-on, dans cette partie de la France.

Relativement à la Terre-Sainte, Pierre revenait dans ses foyers, *ad natale solum*, du moment où il était parvenu à regagner la France ou la Belgique, ou même l'Occident. Cette expression ne doit pas être prise à la lettre (1) : elle n'a qu'un sens, qu'un but, et l'auteur qui la transcrivait ne songeait qu'à l'idée du retour de Pierre en Europe, après avoir échappé en Asie aux dangers de la croisade.

Revenu en Occident avec les comtes de Montaigu et de Clermont, ainsi qu'avec d'autres personnages distingués,

---

(1) Les anciens auteurs ne mettaient pas dans leurs narrations l'exactitude géographique que nous exigeons aujourd'hui. Ainsi, je vois dans le manuscrit anonyme de la chronique déjà citée d'*Albert de Stade*, qu'il place Clermont en Auvergne sur les frontières d'Espagne, *generale concilium in Hispaniæ confinio congregari fecit (Urbanus Papa)*.

Pierre dont la bourse était aussi légère qu'au départ, disons-le en son honneur, ne dut pas éprouver une bien grande répugnance à dépasser les frontières de sa patrie proprement dite, et à aller fonder un peu plus loin, à leur demande, un monastère dans la contrée qu'habitaient ses compagnons de voyage.

Mais, dit M. Grandgagnage, *une tradition locale, dont un écrivain, M. A. d'Héricourt, dans l'Encyclopédie moderne, publiée par F. Didot, a constaté l'existence, fait naître le promoteur des croisades aux environs de notre Huy, et les traditions, on le sait, ont aussi leur autorité.*

Faut-il qu'une semblable tradition soit attestée par un étranger, et ce au xix° siècle? Au lieu d'aller fureter derrière les presses de M. Firmin Didot, je préfère m'en tenir à un livre du crû, et sans chercher longtemps, je rencontre, pour combattre M. d'Héricourt, l'*Histoire de la ville de Huy*, par Laurent Mélart, continuée jusqu'à nos jours par M. Gorrissen, professeur d'histoire au collége communal de Huy (1839, in-8°). *J'y vois*, ch. vii, p. 68, *que le vénérable Pierre l'ermite est né à Amiens, dans le courant de l'année 1053!*

Mélart était né à Huy en 1578; « ce fut, dit Foppens, l'honneur de sa patrie : Pluries ibi consul (bourgmestre), vir in politicis versatissimus, magnum regionis patriæque suæ ornamentum. (*Biblioth. belg.* t. ii, p. 809.)

M. Léon Paulet, dans une lettre insérée dans le n° 2 du *Bulletin de la Société des antiquaires de Picardie* (1853), assure qu'il a parcouru le pays, et que personne ne lui a parlé de la tradition qu'atteste M. d'Héricourt. Il reconnaît, toutefois, que Pierre avait habité la vallée de Huy, *dans un petit ermitage que l'on montre encore et que l'on appelle dans le pays la Grotte de l'Ermite*; mais je ne puis m'empêcher de mettre cette grotte à côté du berceau de M. d'Héricourt. M. Grandgagnage, qui accepte si facilement le témoignage de ce dernier, repousse avec raison celui de M. L. Paulet, dans son dernier opuscule intitulé : *Pierre l'Ermite, Liégeois ou*

Picard : « *Personne ne connaît ici*, dit-il, *ni cette grotte, ni cet ermitage.* »

Gilles d'Orval (1), écrivain du XIII° siècle, et le liégeois Chapeauville, au XVI°, rapportent, sans la moindre observation ou réserve, les vers suivants composés en l'honneur de Pierre l'ermite, à propos de la translation de son corps, en 1242, par maître Godin (2) de Huy, ami intime, comme Gilles d'Orval, de Maurice, chanoine de Neuf-Moustier et auteur probable, selon M. Polain, d'une relation manuscrite de la translation précitée, relation qui repose aux archives de l'État à Liége :

« Nasceris Ambianis, Petre, mundi spretor inanis
» Ac ibi degis ita, quòd diceris hinc Heremita
» Presbyter efficeris, mare transis, flensque vereris
» Templa Dei : flentem recreat mens cœlica mentem.
» Inde crucis Christi devotus præco fuisti.
» Tecum posse ducis Godefridi trans mare ducis ;
» Te duce terra datur sacra nostris, gensque fugatur :
» Victor, Petre, redis, prior hujus et auctor es ædis. »

Le père Bouillé, mort en 1743, dit également que Pierre l'ermite était *Picard* (*Histoire de la ville et pays de Liége*, par le R. P. Théodose Bouillé, religieux carme chaussé, t. I, p. 123). La même énonciation se trouve dans l'ouvrage intitulé: *Délices du pays de Liége*, 1740, in-folio.

Le savant Molanus, qui a composé sur les Saints de la Belgique un ouvrage que l'on consulte encore, et dont nous avons déjà invoqué l'autorité, n'eût pas manqué, si la tradition de la naissance de Pierre à Huy avait existé de son temps, d'en

---

(1) Gilles d'Orval est l'une des autorités acceptées par MM. Grandgagnage et Du Mortier : c'était lui qui, mentionnant le retour de Pierre en Occident, avait dit qu'il était revenu au pays de Liége, *ad partes Leodienses revertitur*.

(2) Un autre Godin, fabricant de papier à Huy et propriétaire actuel du domaine de Neuf-Moustier, vient d'y ériger la statue de Pierre l'ermite, exécutée par M. Halleux, sculpteur liégeois. Cette figure est en granit, elle a environ 2 mètres 50 centimètres de hauteur.

faire une mention quelconque. Or, voici ce qu'il contient à la date du 15 juillet : « liberatio civitatis Jerusalem de manibus
» Turcorum, festum olim duplex, cum octavâ. Sicut enim
» Judæi annuè celebrare solent luctum eversæ Jerusalem,
» cujus testem habemus beatum Hieronymum, ita majores
» nostri memoriam ereptæ à Turcis urbis sacræ celebrârunt,
» usquè dùm vox solemnitatis versa est in planctum, eratque
» principium divini officii : *Ecce nomen Domini venit de lon-*
» *ginquo* (Isaïæ, 30). Convenienter autem tale exordium cane-
» batur, quia nomen Domini potissimum illius veniebat per
» Francos et Teutones, qui in longinquo ab Jerusalem dissiti
» sumus, quamvis nec Italos, Anglos, Scotos aliasque gentes
» ab hâc gloriâ secludamus... Fuerunt autem ejus sacri belli,
» quo nullum unquàm fuit gloriosius, primarii auctores
» Petrus eremita et Godefridus dux de Buyllon, *uterque*
» *origine Francus, sed habitatione Belga,* in regno Teutonico. »
V. *Natales Sanctorum Belgii,* p. 156 (1).

Jean de Klerk, d'Anvers, qui écrivait de 1318 à 1350, semble ne pas se douter qu'il puisse y avoir contestation sur le lieu de naissance de Pierre l'ermite.

> 275 Hier beghint die heilighe vaert
> Daer Kerstenheit bi verlost waert.
> Die de vaert eerst began
> Dat was een waert, heilich man,
> Ende hiet Peter die heremite,
> Ende was van Amiens, seit die vite,
> Ende was priester oec, te waren,
> Eens soe was hi ghevaren
> Over zee uut heilighe lant
> In pelgrimagie, daer hi vant
> Die kerstine in groter pine

---

(1) M. l'abbé Barbe fait remarquer que, d'après ce passage, Molanus n'est pas favorable à l'opinion de ceux qui font naître Godefroid de Bouillon en Belgique. Je suis loin de le nier, et je considère la chose comme fort regrettable.

> Sere doghen onder die Sarrasine,
> Ende theiligh graf onder die honde.
>> *Brabantsche yeesten*, IV cap.

L'excellente *Cronike van Brabant* répète également, d'après de Klerk : « Het was ée heilich priester ée heremijt
» gehete Peter de heremijt geboré van Amyens in Vrancrijcke.
» Dese priester reysde ten heylighen lande in pilgrimagien daer
» hi sach vele kersten in grooten ellenden ende tribulatien
» van den ongelovigen Turcken én heydene jâmerlic vòruct,
» etc., etc. »

Fisen a publié un livre curieux, intitulé : *Flores ecclesiæ Leodiensis, sive vitæ vel elogia Sanctorum et aliorum qui illustriori virtute hanc diœcesim exornârunt.* 1647, in-folio.

Au 8 juillet, l'on y trouve : « Ven. Petrus Eremita,
» conditor Novi Monasterii, gente Ambianus, fuit domo
» eremita... in Leodienses fines procul à patriâ se recepisse
» proditum est. »

Et ailleurs : « Pius ille vir patriâ erat Gallus ex Ambianis,
» captâque Hierosolymâ reversus in Belgium apud Huyum,
» oppidum ditionis Leodiensis, Mosæ ad situm substitit,
» ibique monasterium in suburbio construxit, subsidiis fretus
» munificis Cononis, comitis Montis Acuti, et Lamberti,
» comitis Clari-Montis. »

Encore un Liégeois qui n'a pas songé à revendiquer Pierre l'ermite pour compatriote !

Ainsi nous voyons que les écrivains qui assistèrent à la première croisade, sauf le pèlerin Richard, ne disent rien du lieu de naissance de Pierre l'ermite; ni Tudebode, ni Robert le Moine, ni Raoul de Caen, ni Foucher de Chartres ne nous apprennent rien à cet égard ; Guibert de Nogent et Albert d'Aix, qui furent ses contemporains, le font naître hors de l'empire germanique.

Ils le font tous naître au delà de la Lotharingie, *in regno Francorum*, s'écartant, en employant cette expression, de l'acception plus générale que recevait ce mot en Orient à l'égard des occidentaux. Ici elle ne se rapporte qu'aux grandes divisions territoriales connues d'abord sous les noms de Neustrie et d'Austrasie, ou de Lotharingie plus tard.

Leur opinion a été suivie par la plupart des chroniqueurs, et en particulier, ce qui est remarquable, par les moines de Neuf-Moustier mêmes qui composèrent la *Chronique* dite d'Albéric de Trois-Fontaines.

La *Chronique de Saint-André*, seule, dit que le célèbre ermite naquit dans la Germanie inférieure; mais c'est une composition de la fin du xve siècle. Ce n'est donc qu'une autorité bien secondaire.

Que faut-il conclure de tout ce qui précède? 1° Que la ville d'Amiens ne prouve que très-imparfaitement sa paternité, mais qu'il y a de grandes présomptions que Pierre l'ermite est né dans le diocèse d'Amiens, comme l'avaient déjà pensé les savants auteurs de l'*Art de vérifier les dates*, t. 1, p. 435, 3e édit. in-folio; 2° qu'il faut rejeter l'opinion de ceux qui voudraient le faire naître ailleurs, soit en Belgique, soit dans le Berry, soit en Espagne; 3° que la Belgique doit s'en tenir à avoir été le lieu de son décès (1): et encore M. Paulin Paris le conteste. « Il est fort douteux, dit-il, que Pierre soit
» revenu de la croisade, et se soit entendu aussitôt son
» retour avec Lambert le Pauvre, seigneur de Clermont en
» Beauvoisis, pour fonder l'abbaye de Neuf-Moustier dans le
» pays de Liége. Les abbayes des Flandres (2) ont eu trop

---

(1) C'est ce qu'a démontré M. Polain de main de maître à la séance de l'Académie royale de Belgique, du 31 juillet 1854 (t. xxi, p. 379). J'ai déjà exprimé le regret de n'avoir connu que tardivement ce travail nerveux et substantiel. M. le chevalier Marchal a publié, sur les prétendus descendants de Pierre l'ermite, une notice intéressante dans le *Bulletin de l'Académie*, t. xxi, p. 445.

(2) Placer Neuf-Moustier-lez-Huy dans les Flandres, c'est une erreur topographique un peu forte, mais Victor Hugo, dans son voyage intitulé *le Rhin*, n'y a-t-il pas placé Dinant? « On s'y arrête, dit-il, un quart d'heure, juste

» souvent le tort de rattacher leur fondation à des circons-
» tances romanesques » (*Chanson d'Antioche*, t. II, p. 353).

Je ne sais ce qui a pu porter ce savant à émettre ce doute. Serait-ce l'opinion d'André Thevet (1) qui dit en effet que Pierre l'ermite, ayant été envoyé en ambassade par les princes vers l'Empereur, trépassa à Constantinople, et que sa

assez de temps pour remarquer dans la cour des diligences un petit jardin qui seul suffirait pour vous avertir que vous êtes en Flandre... »

Voici un autre passage du même ouvrage : on y traite fort lestement ces *Flamands*, que M. Victor Hugo ne dédaigne cependant pas de vouloir convertir en citoyens français. « Le clocher du petit Givet est une simple aiguille
» d'ardoises ; quant au clocher du grand Givet, il est d'une architecture plus
» compliquée et plus savante. Voici évidemment comment l'inventeur l'a
» composé : le brave architecte a pris un bonnet carré de prêtre ou d'avocat ;
» sur ce bonnet carré, il a échafaudé un saladier renversé ; sur le fond de ce
» saladier devenu plate-forme, il a posé un sucrier, sur ce sucrier une bou-
» teille, sur la bouteille un soleil emmanché dans le goulot par le rayon infé-
» rieur vertical, et enfin, sur le soleil, un coq embroché dans le rayon vertical
» supérieur. En supposant qu'il ait mis un jour à trouver chacune de ces six
» idées, il se sera reposé le septième jour.

» Cet artiste devait être Flamand. »

Si le caustique voyageur était entré dans l'église, il eût pu lire sur le maître-autel :

VAUBAN, 1682.

Ce fut, en effet, sous Louis XIV que fut reconstruite l'église actuelle, brûlée en 1675 !

(1) *Pourtraicts et vies des hommes illustres grecs, latins et payens, recueillis de leurs tableaux, livres, médailles antiques et modernes*, par André Thevet, Augoumoysin, premier cosmographe du Roy, Paris, 1584, in-folio. Il dit dans sa préface que pour pouvoir publier son ouvrage, il fut réduit à faire venir des Flandres les meilleurs graveurs qu'il put trouver : « Si bien,
» par la grâce de Dieu, a réussy ma diligence, que je me puis vanter estre le
» premier qui ay mis en vogue, à Paris, l'imprimerie en taille douce, tout
» ainsi qu'elle estoit à Lyon, Anvers et ailleurs. »

Thevet avait voyagé en Orient, mais la relation de son voyage est des plus insignifiantes, surtout en ce qui concerne Jérusalem. Il a paru sous ce titre : *Cosmographie du Levant*. Lyon, 1554, in-8°. Il était religieux de l'ordre de Saint-François, au couvent d'Angoulême, qualité qu'il ne prend plus en 1584. En tête de la notice de Pierre l'ermite, se trouve un portrait tiré du *cabinet de la Royne, mère du Roy*. Selon le P. Lelong, *Thevet fut un insigne menteur et un écrivain fort ignorant*.

mort ne fut pas sans soupçon d'avoir été avancée par quelque poison? Il assure l'avoir ainsi appris des Grecs eux-mêmes, ajoutant que son corps vénérable fut enterré dans l'église des Saints-Martyrs à Constantinople. *Quant à moi*, dit d'Oultreman, p. 100, *je ne trouve rien à disputer en ce fait, veu que l'auctorité d'André Thevet est de fort bas alloy.*

S'il faut parler franchement, je ne vois pas que la Belgique doive regretter le parti qu'a pris la ville d'Amiens d'ériger la première une statue à Pierre l'ermite (1). Ce personnage possède assurément, à cause de sa participation à la première croisade, une grande célébrité; mais il est loin d'être un grand homme. C'était un original qui eut un éclair d'enthousiasme; ce fut un esprit sans portée et sans intelligence.

Les premiers, les seuls, les véritables auteurs des croisades furent les Souverains Pontifes, et il est remarquable qu'une foule de chroniqueurs qui s'occupent de ces merveilleuses expéditions, et qui ne manquent jamais de citer Godefroid de Bouillon comme l'un des principaux capitaines auxquels en fut dû le succès, ne prononcent seulement pas le nom de Pierre l'ermite, bien qu'ils fussent parfaitement à même de le connaître (2). Les papes en eurent la première (3) et la der-

---

(1) Les journaux rapportent que cette statue a été inaugurée le 29 juin 1854, au milieu d'une immense affluence qu'attirait le sacre de monseigneur Gerbet, appelé à l'évêché de Perpignan, et auquel assistaient, entre autres, deux prélats belges, les évêques de Liége et de Bruges.

(2) Chronicon S. Medardi Suessionensis; Chronicon Andrensis monasterii; Narratio restaurationis abbatiæ S.-Martini Tornacensis; Spicilegium, t. II, etc. Radulphi de Diceto abbreviationes chronicorum et ymmagines historiarum.— Chronicon Joannis Bromton, abbatis Jornalensis; Rer. anglic. script. ed. Rog. Twysden, Lond., 1652, in-folio. — Chronicon Anglicanum auctore Radulfo Coggeshale abbate; Martène et Durand, ampliss. collect., t. v.

(3) C'est à tort, selon nous, que MM. Hock et Gonzalez représentent

nière pensée; ils en étaient tellement pénétrés, qu'Urbain III mourut de douleur en apprenant les victoires de Saladin et la prise de Jérusalem (1).

Pierre l'ermite, Godefroid de Bouillon, les rois et les seigneurs qui prirent successivement la croix pour la conquête et la défense des Lieux Saints, ne furent que les instruments de la Providence: les Papes surent habilement s'en servir pour entamer l'islamisme et l'empêcher de déborder en Europe : ce sont les croisades qui nous ont empêchés de devenir musulmans.

En esquissant rapidement la biographie de Pierre l'ermite, je serai obligé de le traiter sévèrement : je veux cependant m'en tenir rigoureusement aux données de l'histoire, et tout en le réduisant à sa véritable valeur, surtout sous le triple rapport du courage, de l'éloquence, et du prestige qu'il exerça sur l'armée, je n'en ferai ni un méchant homme, ni un être méprisable. Je suis le premier à croire que sa plus grande faute fut de n'avoir pas su apprécier son insuffisance, et de s'être cru appelé à un rôle au-dessus de ses forces. C'est ce qu'il aura louablement reconnu lui-même à la fin, en allant achever paisiblement ses jours dans l'obscurité du cloître de Neuf-Moustier, et en s'y comportant de manière à ne plus faire parler de lui, ni en bien ni en mal.

Selon certains écrivains, Pierre n'aurait été qu'un person-

Sylvestre II, plutôt que saint Grégoire VII, comme ayant eu la première idée de ces expéditions. Sylvestre, qui succéda à Grégoire V, le 9 février 999, se borna à solliciter l'aide pécuniaire de la chrétienté en faveur des Lieux Saints. V. sa lettre XXVIII, reproduite par Duchesne, *Historiæ Francorum scriptores*, Paris, 1636, in-fol., t. II. Item, *Gerbert oder Papst Sylvester II, und sein Jahrhundert*, von d^r C.-L. Hock. Wien, 1837, in-8°, et le *Pape en tous les temps*, par le d^r Juan Gonzalez, ch. IV, p. 48, Bruxelles, 1854, in-8°.

(1) « Cumque Urbanus Papa, qui Lucio successerat, tam flebilem casum » de Terrâ Hierosolymitanâ audiisset, nimio obiit pro dolore. » J. Bromton, *chronicon ad ann. 1187.* C'est ce que mentionne tout aussi laconiquement la chronique de l'abbé de Stade : « Urbano isti venit verus nuncius dicens » captam Jerusalem, et Papa dolore obiit. »

nage ridicule, et c'est pourquoi Anne Comnène, dans l'*Alexiade*, l'aurait appelé Κυκυπετρος, petit Pierre, d'après le mot picard *Kiokio*, sobriquet qu'il avait sans doute reçu de la plèbe qu'il commandait, et que justifiaient d'ailleurs parfaitement la taille et les allures de l'ermite, qui n'avait qu'un âne pour monture habituelle.

« Cujus nimirùm color penitùs incultus erat, spiritus
» fervens, pedes nudi, *statura brevis*, facies macilenta,
» tegimen vilissima cappa ; qui non equi, non muli mulæve,
» *sed asini tantùm vehiculo*, quocumque pergebat, uteba-
» tur. » — (*Histor. de viâ Hierosolym.*) mus. ital. t. I, p. 131.
C'est ce qu'assure aussi la *Chanson d'Antioche* en différents endroits :

« Un grand asne chevauce qui bien est assentiés. »

Raoul de Caen (chap. LXXXI) dit qu'il montait un cheval semblable à un petit âne, et harnaché comme le sont les ânes.

Je n'irai pas jusqu'à en faire un conseiller d'anthropophages, comme le pèlerin Richard, lorsqu'il raconte le repas de cannibales que firent au siége d'Antioche les *Truands*, dont il était le véritable chef, ayant sous lui le roi *Tafur* ou des Tafurs, c'est-à-dire, le roi des mendiants et des gens sans aveu. Richard attribue formellement à Pierre ce conseil féroce :

« Alés, prenés ces Turcs, qui sont là mort jetés,
» Bon seront à mangier, s'ils sont cuit et salés.
» Et dict li rois Tafur : vous dites vérité. »

Cet épouvantable épisode du siége d'Antioche a été nettement indiqué par Guibert de Nogent, liv. VII, c. XX.

Je n'irai pas jusqu'à l'accuser, avec le même pèlerin Richard, d'être le véritable auteur de la découverte soi-disant miraculeuse de la lance qui aurait percé le flanc de Jésus-Christ, fourberie contre laquelle s'éleva Arnould de Rohes, et qu'on attribue généralement à Pierre Barthélemi, prêtre provençal. Le savant éditeur de la *Chanson d'Antioche* est bien près cependant de donner la préférence à Pierre l'ermite : « On » conçoit, dit-il, que les doutes survenus depuis sur l'origine » de la lance aient porté les chroniqueurs latins à désintéresser » Pierre l'Ermite dans cette affaire. »

Je m'efforcerai, en discutant la valeur réelle de ce personnage, de m'éloigner autant que possible de ceux qui ne virent en lui qu'un visionnaire et même pis que cela ; opinion justifiée jusqu'à un certain point par la mission céleste qu'il se donna à la suite d'une prétendue vision qu'il aurait eue dans l'église de la Résurrection. Il y aurait reçu en effet de Jésus-Christ lui-même l'ordre de délivrer les Lieux Saints : « O le » plus cher de mes enfants, lui aurait dit le Seigneur, lève-» toi, va trouver le Patriarche ; demande-lui des lettres de » crédit, dûment scellées, et reviens au plus tôt pour ven-» ger les outrages infligés à ce temple et délivrer les Lieux » Saints (1). »

Cette vision, bien qu'évidemment controuvée à mes yeux, a pu être l'effet de l'imagination exaltée de Pierre : elle a eu d'admirables résultats dont il faut lui tenir compte. Son seul tort fut peut-être d'avoir cru à un rôle surnaturel dans le grand drame qui allait s'ouvrir.

Ce fut une faute immense ; elle accuse peu de modestie et une grande présomption. Elle peut même être appréciée plus sévèrement, lorsqu'on la rapproche d'un autre fait surnaturel que nous révèle un manuscrit anonyme de la bibliothèque de Gottingue, intitulé : *Alia descriptio Jerosolimitanæ profec-*

---

(1) « Petre, dilectissime fili christianorum, surgens visitabis Patriarcham » nostrum, et ab eo sumes cum sigillo sanctæ crucis litteras legationis nostras, » et in terram cognationis tuæ iter quantociùs accelerabis, calumnias et injurias » populo nostro et loco sancto illatas reserabis et suscitabis corda fidelium ad » purganda loca sancta Jerusalem et ad restauranda officia sanctorum. » *Alber. Arqens*, lib. i, c. v.

tionis, où l'on trouve ce qui suit : « Primi quemdam Petrum
» sequebantur, quem *ipocritam* (1) multi dicebant, qui in
» finibus emersit Hispaniæ ; primùm reclusus, deindè claus-
» tris exiens, prædicatione sua totam commovit Provin-
» ciam (2), et non solùm pios plebeios, verùm etiam principes
» necnon episcopos, clericos, monachos, ut sequerentur
» persuasit, quamdam circumferens cartulam quam de cœlo
» asserebat lapsam, in quâ continebatur universam de cunctis
» mundi partibus christianitatem Jerosolimam armis instruc-
» tam migrare debere, indèque paganos propulsantem eam
» cum finibus suis in perpetuum possidere (3). — Les premiers
» Croisés suivirent un certain Pierre que plusieurs traitaient
» d'hypocrite ; celui-ci était parvenu à se faire suivre non-
» seulement par le peuple, mais encore par des seigneurs,
» des évêques, des prêtres et des moines. Il portait une lettre
» qu'il prétendait être tombée du ciel, et d'après laquelle toute
» l'Europe chrétienne devait se porter en armes sur Jérusalem,
» pour en chasser les païens, et en prendre à toujours pos-
» session. »

Le même fait est rapporté par l'abbé de Stade, Albert,
dans sa chronique, écrite au xiii° siècle : « Petrus quidam
» genere Hispanus, professione monachus, ingressus fines
» romani imperii, vocem prædicationis emisit in universo

---

(1) Cette même épithète se retrouve dans la célèbre chronique de l'abbé
d'Urange, Ekkard : « Primi nàmque Petrum quemdam monachum sequen-
» tes, quem tamen posteà multi hypocritam fuisse dicebant. » *Pertz.*, *Monum.
Germaniæ histor.*, t. vi, ad a. 1096. Ekkard avait été lui-même en Palestine,
en 1101, et sa chronique s'arrête à l'année 1424.

(2) Sous cette dénomination on n'entendait pas seulement la Provence proprement dite, mais en général tous ceux qui occupaient les terres en deçà de
la Loire, distinguées sous le nom de *langue d'oc*, par opposition à la *langue
d'oïl*, qui dominait au nord de ce fleuve et devint la langue française.

(3) Cette relation se trouve transcrite à la suite du manuscrit intitulé :
*Chronicon in usum Cœnobii Polidensis (Poelde en Brunswick) scriptum, ab
initio mundi usque ad annum* 1482. J'en dois la communication à l'obligeance
de M. A. Oldenhove, vice-consul de Hanovre, à Bruxelles.

» regno, adhortans populum in Hierosolymam pro liberatione
» civitatis sanctæ, quæ tenebatur à barbaris. Protulit autem
» epistolam quamdam, quam de cœlo affirmavit allatam, in
» quâ continebatur scriptum quia impleta sunt tempora natio-
» num et cætera. »

C'est à peu près la reproduction de ce passage de l'*Annaliste saxon* : « Quidam cui Petrus nomen erat, in finibus emersit
» Hispaniæ, qui, ut ferebatur, primùm reclusus, indè claus-
» tris exiens, prædicatione suâ totam commovit Provinciam,
» et non solùm viros plebeios, verùm etiam reges, duces,
» cæterasque mundi potestates, utque ad majora veniam,
» episcopos, monachos, religiososque ecclesiæ ordines, ut
» se sequerentur persuadit, etc., etc. » *Pertz, monum. Germaniæ histor.*, t. vi ad a 1096.

Quoi qu'il en soit, outre l'intérêt vif et sincère qu'il devait porter aux Lieux Saints, Urbain II se préoccupait vivement des dangers que courait la chrétienté de la part de l'islamisme. Lorsque Pierre l'ermite se présenta devant lui, avec les supplications de l'Eglise de Jérusalem, le Saint Père vit dans ce singulier personnage un auxiliaire imprévu : par un trait de génie, il ne le rebuta point ; il s'en empara au contraire, et l'encouragea dans la mission qu'il s'était donnée. On sait le reste : l'Europe s'ébranla, et se rua sur l'Orient.

Ce succès inespéré semble avoir tourné la tête au *Petit Pierre* : il eut l'idée fantasque et désastreuse de conduire lui-même, comme général d'armée, les bandes indisciplinées qui voulaient courir sus aux Sarrasins. Cette conduite a été sévèrement critiquée par saint Bernard, prédicateur éclairé de la deuxième croisade (1). Couvert de son froc, et n'ayant pour monture que l'âne avec lequel il avait parcouru l'Europe,

---

(1) Fuit in priori expeditione vir quidam Petrus nomine, cujus et vos, nisi fallor, sæpè mentionem audistis. Is sibi populum qui sibi crediderat, non solùm cum suis incedens, tantis periculis dedit ut aut nulli aut paucissimi eorum evaserint, qui non corruerint aut fame aut gladio (Epist. 322).

Pierre prit le commandement supérieur, et se vit ainsi à la tête de près de cent mille hommes (1). Long et triste serait déjà le récit des excès et des misères de cette armée, même dans sa marche à travers l'Allemagne, la Hongrie et l'empire grec : elle fut exterminée dans les plaines de Nicée, et Pierre, qui eût dû savoir mourir avec ceux dont il avait accepté le commandement, n'assista même pas à la dernière catastrophe. Il s'était retiré à Constantinople, après avoir perdu toute autorité sur ces gens qui ne voyaient en lui, au moment du départ, qu'un envoyé du ciel. Heureusement, la perte des milliers de Croisés que l'Europe avait vus partir n'arrêta point la marche des autres soldats de la foi, mais lorsque l'armée des princes, après avoir traversé militairement l'Europe et le Bosphore, arriva devant l'ennemi, elle put encore contempler dans la plaine de Nicée les ossements humains qui jonchaient partout le sol, les lambeaux des étendards, des armes déjà rouillées, les restes des autels chrétiens, et mille autres débris !

Comment expliquer l'absence de Pierre dans ce moment suprême ? Les uns l'attribuent à l'indiscipline de sa troupe qu'il ne savait plus contenir, les autres à sa *prudence* et à l'intérêt qu'il portait à ses compagnons (2).

(1) « On vit, dès le mois de janvier 1096, des nuées de ribauds, de truands
» et de va-nu-pieds passer la Meuse et le Rhin aux cris formidables de *Diex*
» *li vol ! Diex li vot !* Quel chef eut la témérité de diriger ces hordes ? Pierre
» l'ermite, celui dont l'éloquence avait éveillé les premiers vœux de croiserie,
» homme de petite apparence, de médiocre jugement, que l'imagination inté-
» ressée de nos temps modernes a transformé en preux chevalier de fait et
» d'origine. Pierre était plutôt un homme de naissance obscure et d'éducation
» grossière. Il avait le don naturel de la parole ; il n'avait pas celui de la
» sagesse. Méprisé de la chevalerie, oracle de la populace, c'est en promettant
» des triomphes miraculeux qu'il sema la Hongrie, la Servie, puis les champs
» de l'Asie Mineure des cadavres de ses misérables compagnons. » (Paulin
Paris, *Introduction à la chanson d'Antioche*, p. xiv.)

(2) « Dùm vesaniam ejus quem conglomaverat gentis compescere non vale-
» ret, dit Guibert, Constantinopolim providè recesserat, quia ipsorum effreni
» et incircumspectâ levitate involvi metuerat. » Lib. i, p. 484.

C'est aussi la version de l'archevêque Baudry, de Robert le Moine et de Tudebode. Cette raison n'est guère valable : Pierre connaissait depuis longtemps l'indiscipline et l'inconduite de ses gens ; il en avait même été victime au point de perdre en Bulgarie, par leur faute (1), le chariot sur lequel se trouvaient la caisse de l'armée et tous ses objets précieux. Guillaume de Tyr croit qu'il était retourné à Constantinople pour faciliter l'arrivée des vivres et en diminuer le prix : « Pro plebe sibi » commissa valde sollicitus, ad urbem regiam profectus erat, » ut rerum venalium, si posset, alleviaret pretium, et huma- » niorem commerciis obtineret conditionem. » (Lib. I, c. XXIII). Tel est aussi le récit d'Albert d'Aix (liv. I, c. XIX).

D'autres enfin veulent qu'il fut présent au massacre de Civitot, mais qu'il parvint à se sauver : *Il se sauva de la tuerie, trouvant bon de se conserver pour une autre occasion*, dit une naïve chronique que cite M. Hardouin.

« En reparaissant à Constantinople, il eut soin de rejeter » sur les Allemands la responsabilité des désastres dont il » était la véritable cause... On lui permit de rester au milieu » de la véritable armée, ou plutôt dans les rangs indisciplinés » de la seconde *échelle* de menue gent, assez bien avisée du » moins pour n'être partie que sous la protection des barons. » Ces *pions* ou fantassins formèrent deux corps distincts : l'un, » docile à la rude expérience de Pierre l'ermite, se mit à la » disposition des chevaliers qui pouvaient lui donner quelque » participation aux fortunes de la campagne; l'autre, composé » de gens plus indomptables, plus féroces, ne voulut rien » tenir des barons ni s'engager dans aucun lien de discipline. » Il marcha dans toute sa liberté... » (Paulin Paris, *ibid.*).

Ce n'est point là de la médisance; cette position est nettement indiquée par Guibert de Nogent : « Principibus igitur, » qui multis et magnis obsequentium ministeriis indigebant

---

(1) Voyez Guillaume de Tyr, liv. I, ch. 21 ; Albert d'Aix, liv. I, ch. 12.

» sua morose ac dispensative tractantibus, *tenue illud quidem*
» *substantia*, sed numero frequentissimum *vulgus*, Petro
» cuidam Heremitæ *cohæsit*, eique interim, dum adhuc res
» intra nos agitur ac si *magistro paruit*. » (Lib. i, c. viii.)

Le même auteur avait déjà décrit les mœurs et les exploits de cette horde, au livre septième, ch. xx.

Robert le Moine raconte qu'au siége d'Antioche, Pierre l'ermite, qui s'était joint à l'armée des princes, ne sut point résister à la famine dont les chrétiens eurent à souffrir devant cette place. Il prit honteusement la fuite, et dut être ramené au camp par Tancrède, qui lui fit jurer de n'abandonner dorénavant l'entreprise qu'après sa réussite.

Je n'ignore pas que d'Oultreman et Molanus nient positivement cette fuite, mais à tort. Voici ce que dit ce dernier à ce sujet. « Ce que lui impute Robert le Moine n'est qu'une
» calomnie que se sont permise quelques Français contre
» l'ermite allemand. — Quæ autem contra eum scribit Rober-
» tus Monachus, ea non dubito calumnia fuisse quorumdam
» Francorum contra Teutonicum sive imperii eremitam. Quod
» facile probarem, et jàm olim à Fr. Petrarca est animadver-
» sum, dùm duos libros de vitâ solitariâ in Galliis scriberet. »
Mais, je le demande, que signifie cette insinuation, puisqu'à l'époque de Robert le Moine, tout le monde était pour ainsi dire d'accord pour représenter notre fuyard comme étant du diocèse d'Amiens?

Robert le Moine était d'ailleurs très-favorable à Pierre l'ermite : *Apud illos qui terrena sapiunt, magni æstimabatur*, dit-il, *et super ipsos præsules et abbates apice religionis efferebatur*. (Lib. i, p. 32.)

Super abbates! L'éloge n'est pas mince dans la bouche du bon moine, qui avait été abbé lui-même. Voici cependant ce qu'il dit sur la fuite de notre héros (1): « Faut-il s'étonner

---

(1) « Et quid mirum si pauperum, si imbecillium animi nutabant cùm illi

» que les petits et les pauvres se découragèrent, lorsqu'on vit
» faiblir ceux qui passaient pour les colonnes de l'armée ?
» Pierre l'ermite et Guillaume-le-charpentier décampèrent
» une belle nuit, abandonnant la société des serviteurs de
» Dieu. Le brave Tancrède ayant appris cette désertion, entra
» dans une grande colère et se mit à leur poursuite : il les
» rattrapa bientôt, les arrêta et les fit honteusement revenir
» sur leurs pas. »

Les mêmes détails se retrouvent dans Guibert de Nogent ; mais, à la différence des procédés que l'on emploie envers Guillaume-le-charpentier et Pierre l'ermite, l'on voit en quelle petite estime les princes tenaient ce dernier. Ils ne daignent pour ainsi dire pas le semoncer, tandis qu'ils se montrent courroucés au suprême degré contre le premier.

Ainsi Robert le Moine n'est pas le seul à constater cette désertion : Guibert de Nogent répète la même accusation (1), et lui lance en outre cette piquante mercuriale :

« Siste gradum ! veterem recolas eremum, jejunia prisca !
» Junxeris hactenùs ossa cuti ; tenui radice ruentem.
» Tendere debueras stomachum pecuali gramine vesci.
» Quid dapis immodicæ memor es? Nil tale monasticus ordo,
» Nil tua te genitura docet, vel te tua dogmata pulsent ? »
(Lib. IV, c. VIII, p. 501.)

Guibert de Nogent reproche à Pierre la bassesse de sa nais-

» qui videbantur quasi columnæ esse deficiebant omninò : Petrus enim eremita
» et Willelmus Carpentarius nocturno elapsu in fugam versi sunt, et à sacrà
» fidelium Dei societate disjuncti sunt... quos fugæ discidium ut Tancredus
» miles fortis et integer animo cognovit, vehementer condolens, insecutus est
» illos et comprehendit et cum dedecore reverti coegit. » (Lib. IV, p. 48.)

(1) « Hos itàque piæ obsidionis, immò sanctæ passionis refugas, Tancredus,
» vir pertinacis in hoc Christi negotio constantiæ persequitur, comprehendit
» et, ut par erat, non sine plurimà eos contumeliarum illatione reduxit. Quibus
» tamen reditum sermone spondentibus, credulitatem distulit donec fide media
» uterque pepigit quòd ad exercitus communionem redirent et principum
» judicio pro militiæ desertione satagerent. » (Guibert. Abbat., lib. IV, c. IX.)

sance. Ce n'est là qu'un grief relatif. Il est beau d'être le premier de sa race, et la plupart des grands hommes remplacèrent la naissance par le génie :

« Qui sert bien son pays n'a pas besoin d'ayeux. »

Aussi n'est-ce que dans un moment de légitime indignation que Guibert reproche à Pierre l'ermite d'avoir abandonné le siége d'Antioche, parce qu'il ne pouvait s'y nourrir d'une façon délicate : « Ne te rappelles-tu plus, dit-il, la solitude » où tu as vécu, les jeûnes sévères auxquels tu étais assujetti? » la maigreur que t'imposait une nourriture insuffisante? Que » parles-tu de bonne chère? Ce ne sont assurément ni le » cloître ni ta naissance qui ont pu t'y avoir habitué? »

Envoyé en ambassade vers Kerbôga, prince de Mossoul, Pierre tint à ce prince un langage imprudent, qui provoqua la colère de ce redoutable ennemi, et qui eût pu lui valoir de terribles désagréments : il méconnut en cette occasion le caractère du diplomate qui doit à tout prix assurer le succès de sa mission. Aussi mauvais ambassadeur qu'il avait été piètre général, Pierre, qui avait pour mission d'engager Kerbôga à une prompte retraite ou à un combat singulier, au résultat duquel on eût pris, de part et d'autre, l'engagement de se soumettre, Pierre l'irrite en pure perte, avant d'avoir ouvert la bouche. Introduit avec Herluin devant le prince musulman assis sur son trône, il refuse de le saluer : « Antè » cujus faciem minimè se inclinaverunt, sed erectâ cervice » adstiterunt : quod cùm Turci viderunt, dit Robert le Moine, » ægrè tulerunt, et nisi nuntii essent, superbæ continentiæ » ignominiam vindicassent (1). »

(1) Consultez sur ce curieux épisode Robert le Moine, lib. vii, p. 62 ; Baudry, liv. iii, p. 119 ; Tudebode, liv. iv, c. xxviii ; Guillaume de Tyr, liv. vi, c. xv et xvi ; Albert d'Aix, liv. iv, c. xliv ; Foucher de Chartres, c. ii, p. 593 ; et Raoul de Caen, c lxxxi.

La position des Croisés était cependant critique, et Tudebode, comme Foucher de Chartres et Raoul de Caen, ne nous cache point la vérité sur ce point : « Exercitus noster in utrâ-
» que tremefactus, dit le premier, ignorabat quod faceret. Ex
» unâ enim parte coangustabat eos cruciabilis fames; in aliâ
» constringebat timor Turcorum. » — « Notre armée tota-
» lement démoralisée ne savait que faire : d'un côté, une
» famine horrible; d'autre part, la panique excitée par la
» présence des Turcs. »

D'après Raoul de Caen et l'auteur de la *Chanson d'Antioche*, ce ne serait point la colère des Musulmans, mais leur gaîté, que Pierre aurait excitée. Ces deux auteurs sont d'accord sur le *fiasco* de l'ambassadeur :

« Quand l'entent Corbarans, s'en a un ris jeté...
» Quand Corbarans l'entent, ne peut muer n'en rie !
(*Richard-le-pèlerin*, strophes 24 et 25.)

« En voyant son habit, son visage et tout le reste de son
» équipage, les Perses se réjouissent . . . .
» . . . .
» . . . . Tandis que Pierre adresse ces propo-
» sitions aux Perses qui l'environnent, la troupe des chefs en
» rit, la foule du peuple en rit aussi ; tous éclatent de rire
» devant ce malheureux qui parle comme un homme portant
» une longue robe. » (*Raoul de Caen*, LXXXI, traduction de
» M. Guizot).

Dans tous les cas, son ambassade n'obtint aucun succès, et il fut très-heureux de pouvoir s'esquiver sain et sauf. A son retour, le fanfaron, qui ne devait compte de sa mission qu'aux chefs de l'armée, ne s'avisa-t-il pas de pérorer devant la populace, et de raconter tous les détails de son ambassade ! Il fallut que Godefroid de Bouillon, perçant les rangs de la multitude, allât lui imposer silence, le prît à part et lui dictât ce qu'il pouvait raconter ! C'est ce que nous rapportent à peu près dans les mêmes termes Albert d'Aix et Guillaume de Tyr. (1).

Albert d'Aix fait intervenir honorablement Pierre l'ermite dans l'un des épisodes qui précédèrent la prise de Jérusalem. Ce fut lors de la célèbre procession faite au Mont des Oliviers, et pendant laquelle intervint entre les Croisés une réconciliation générale; mais il faut remarquer que Pierre ne fut pas le seul à porter la parole en cette circonstance. Il fut éloquemment secondé, tout au moins, par Arnould de Rohes, chapelain du duc de Normandie ; *clericus magnæ scientiæ et facundiæ*, dit à ce sujet Albert (2), sans ajouter un mot sur l'éloquence de Pierre. Il est même permis de supposer que la présence de ce dernier n'était requise que pour raviver le souvenir du concile de Clermont, où il avait paru à côté du

(1) « Ecce universi principes in circuitu Petri conglobantur cum cæteris
» christianis quid Corbahan respondit auscultare desiderantes... Petrus cir-
» cumfusus fidelium turbis, Corbahan bellum desiderare indicat, nihilque
» nisi in superbiâ magnâ et fiduciâ multitudinis suæ loculum fuisse asserit, et
» cætera minarum, quæ audierat, referre incipit. Sed eum procedere ulteriùs
» Dux Godefridus non patitur, sed seorsùm ductum monuit ne quicquàm de
» omnibus quæ audierat ulli indicet, ne populus præ timore et angustiâ de-
» ficiens, à bello subtraheretur: » (*Albert d'Aix*, lib. iv, c. xliv.)

« Dùmque Petrus secundùm verborum seriem, principis ad quem missus
» fuerat superbiam, minas et immoderatum fastum præsente populo universo,
» seriatim proponere decrevisset, timens vir illustris Dux Godefridus, ne si
» cuncta ex ordine populo continuis afflicto laboribus et jàm præ ærumnarum
» immanitate deficiente panderentur, plebs nimis deterreretur et timore defi-
» ceret, volentem in narratione procedere compescuit, seorsùm ducens eum à
» turbâ frequentiori et suggerens ut, emissis aliis, id solùm breviter et in
» summâ significetur, quòd bellum exigant hostes et ad id omninò se præpa-
» rent. » (*Guillaume de Tyr*, lib. vi, c. 16.)

(2) Ab episcopis et clero triduanum indicetur jejunium et sextâ feriâ processionem universi Christiani circà urbem facientes, deindè ad montem oliveti venientes... in omni devotione et humilitate constituerunt. Illic in eodem loco montis Petrus eremita et Arnulphus de Rohes, castello Flandriæ, clericus magnæ scientiæ et facundiæ, ad populum sermonem facientes, plurimam discordiam quæ inter peregrinos de diversis causis excreverat, extinxerunt. (Lib. vi, c. viii.)

Pape : il était impossible que le Petit Pierre eût perdu tout prestige (1), mais il ne faut rien exagérer et Baudry ne parle que d'un seul discours prononcé en cette occasion : « Ante-
» quàm ergò civitatem aggrederentur, Pontifices et sacerdotes
» amictu amicti sacerdotali allocuti sunt populares et aliquis
» in loco editiori sic locutus est... » (lib. IV, p. 132). S'il n'y eut qu'un prédicateur, ce fut assurément Arnould de Rohes et non Pierre l'ermite. Telle est aussi l'opinion de M. Michaud, *Histoire des croisades*, t. II, p. 100, édit. de Bruxelles.

Ce qui démontre tout à la fois le peu de confiance qu'inspirait Pierre aux Croisés, ainsi que le désir qu'ils éprouvaient cependant de le faire valoir et de lui montrer leur reconnaissance, c'est qu'à la veille de la terrible bataille d'Ascalon, dans laquelle allait se décider le sort de l'armée, on lui confia la mission d'organiser à Jérusalem des processions, d'instituer des prières publiques et de régler le service des messes célébrées pour appeler sur les combattants la miséricorde divine (2). Mais que restait-il à Jérusalem, si ce n'est des femmes, des vieillards, des enfants, et peut-être des malades ? Et qui portera à la bataille, en guise de labarum, la sainte croix qui

---

(1) Le passage suivant le démontre ; il est vrai qu'il s'agit de la population de Jérusalem, qui ne le connaissait guère : « Pauperes christiani qui in
» Hierusalem morabantur et barbaram passi fuerant servitutem, quùm vidis-
» sent virum venerabilem Petrum eremitam, hujus sanctæ peregrinationis
» initiatorem, quem quinto jàm anno elapso primùm in Hierusalem agnove-
» rant, statim profusis lacrymis ad genua procumbentes tanquàm suæ liber-
» tatis Deo auctore ministrum, magnis excipiebant plausibus, salvatorem in
« eo Dominum devotissimè collaudantes. » (*Bernard. Thesaur., de acquis. terræ sanctæ*, caput. LXXV.)

(2) Patriarcha quidem dereliquit vices suas Petro eremitæ, ut missas ordinaret, orationes constitueret et processiones componeret ad sepulchrum, ut Deus homo, qui in eo jacuit, populo suo fieret in præsidium. (*Rob. Monach.*, lib. IX, p. 77.) Ce que d'Oultreman traduit ainsi : « Godefroid se confiant en
» la prudence et prud'homie de Pierre l'ermite, le laissa pour vice-roy et
» gouverneur-général de la ville de Jérusalem. » (P. 187) !!

venait d'être retrouvée? Ce fut l'archidiacre Arnould de Rohes qui fut investi de cette charge périlleuse.

Immédiatement après la victoire, la plupart des princes croisés se dispersèrent et retournèrent dans leurs foyers : Pierre qui eût dû se fixer, lui qui n'avait ni foyer, ni famille, dans le voisinage des Saints Lieux dont il avait prêché l'affranchissement, se rembarque aussi pour l'Europe, et s'en va mourir à Neuf-Moustier, prieur du monastère fondé (1) à l'aide des largesses des seigneurs qui l'avaient ramené vers le sol natal.

Ainsi voilà l'homme qu'Amiens proclame l'apôtre de la première croisade, quittant froidement cette terre qu'il avait reçu du ciel mission de purger du contact des infidèles, après y avoir joué le triste rôle que nous savons! Capitaine, il avait survécu aux 300,000 Croisés que sa présomption orgueilleuse

(1) Nous avons vu, p. 122, que cette fondation fut le résultat d'un vœu formulé au milieu d'une tempête. Rien n'était plus commun au moyen âge que de pareils vœux. Tel fut celui auquel on rapporte l'origine d'une procession qui a encore lieu chaque année, à Furnes, le 3 du mois de mai. Le comte de Flandre, Robert, avait obtenu, en quittant la Terre-Sainte, après la prise de Jérusalem, plusieurs reliques précieuses, entre autres, un fragment de la Sainte-Croix. Arrivée dans la Manche, la flottille qui le portait se vit assaillie d'une tempête si furieuse que, perdant tout espoir de salut, les matelots parlèrent de jeter à la mer, pour l'apaiser, les reliques recueillies en Palestine; mais le comte, supposant avec raison qu'il serait plus agréable à Dieu d'en voir faire hommage à une église, fit vœu que la relique de la Sainte-Croix serait déposée dans la première église qu'il pourrait visiter en Flandre. Aussitôt la mer se calma, la flottille put voguer vers la terre, et l'église de Sainte-Walburge, à Furnes, fut la première qui se présenta au comte après son débarquement. Ce fut à elle qu'il s'empressa d'offrir la relique vénérable; le prévôt de Sainte-Walburge, Héribert, la reçut des propres mains de Robert, et peu de temps après, les chanoines y érigèrent, avec l'autorisation du Pape, la confrérie de la Sainte-Croix. Alors fut instituée la procession générale dans laquelle, chaque année, le jour de l'Invention de la Croix, on promène ce trésor provenant de la première croisade et du vœu de Robert de Flandre, celui-là même qui refusa, dit-on, la couronne de Jérusalem. — *Geschiedenis der Veurnsche processië van deszelfs oorsprong tot heden*, door H. Vandevelde, Veurne, 1855, in-8º.

avait menés à la boucherie ; la famine l'avait rendu déserteur, et il fallut la force pour le ramener sous les drapeaux ; ambassadeur des Croisés, il manqua de se faire empaler ; prédicateur heureux de la croisade, il resta en dehors de l'organisation de l'Église latine ; enfin, témoin de la victoire et de la délivrance des Lieux-Saints, il s'en éloigne stoïquement, pour courir sans doute de nouvelles aventures, mais se gardant bien de reprendre la vie érémitique, et nous le voyons mourir prieur d'un bon monastère !

C'eût été à lui d'écrire l'histoire de la guerre sainte, à partir de la vision qu'il eut dans l'église du Saint-Sépulcre jusqu'à la bataille d'Ascalon et son retour en Europe. Il le pouvait d'autant plus commodément que, grâce à la munificence et à la dévotion de ses derniers compagnons de voyage, il avait gîte excellent et *otium cum dignitate*. Qu'a-t-il écrit cependant sur ce magnifique sujet pendant les 14 ans (1) qu'il vécut dans son monastère ? On l'ignore, et je doute fort que l'on parvienne

(1) Il mourut, en 1114, n'étant âgé, selon d'Oultreman, que de 62 ans.

Nous avons dit, p. 144, qu'en 1793 les restes de Pierre l'ermite disparurent avec les ruines de Neuf-Moustier. Voici, d'après des renseignements pris à Huy même, ce qui serait arrivé à cette époque. M. Francotte, homme d'affaires du sieur Gosuin, premier acquéreur du couvent, aurait fait exhumer les restes de Pierre l'ermite et les aurait remis, à Namur, à mademoiselle Dubois, sœur du dernier abbé de Neuf-Moustier, lequel les aurait fait transporter à Rome, sans qu'on ait pu découvrir ce qu'ils sont devenus.

Quant à l'église démolie après la confiscation de l'abbaye, elle ne datait que du xviie siècle et n'avait guère de valeur architectonique. On prétend, dit l'auteur des *Délices du pays de Liége*, « qu'elle fut bâtie sur le modèle de
» l'église du Saint-Sépulcre de Jérusalem et qu'elle en était l'exacte copie,
» jusqu'aux temps qu'on y a fait plusieurs changements. On trouve à l'extré-
» mité de la nef une crypte, espèce de grotte semblable à celle qui était au
» Saint-Sépulcre et soutenue d'une colonnade très-bien travaillée. » Il est probable que tout se réduisait à l'imitation du Saint-Sépulcre proprement dit, c'est-à-dire de la grotte dans laquelle fut inhumé le Seigneur. En effet, d'après une vieille gravure de 1574, l'église de Neuf-Moustier, bâtie en forme de croix latine, n'offre aucun point de ressemblance avec l'église dite du Saint-Sépulcre, à Jérusalem. Cette gravure se trouve entre les mains de M. Vierset-Godin, architecte, à Huy.

à découvrir un jour le manuscrit de la *relation de la première croisade écrite par le prieur de Neuf-Moustier.*

Ce serait cependant pour sa statue, à Amiens comme à Hui, un bien beau piédestal !

Il m'importait fort peu que Pierre l'ermite fût né à Amiens ou dans l'Amiennois : je me suis borné à vérifier s'il était né en Belgique. La chose ne me semble aucunement établie. Les écrivains de la première croisade ne se sont pas expliqués suffisamment sur la question, et Pierre l'ermite qui, selon M. Du Mortier, n'aurait amené que des Belges avec lui, est au contraire entouré, selon Orderic Vital, d'une foule de Français. Nombre d'écrivains rapprochés de Pierre l'ermite le font naître en France : personne ne songe à contester la chose avant M. Grandgagnage ; or, sur quoi s'appuie cet estimable magistrat? Sur un manuscrit récemment découvert par lui, mais dont le contenu était parfaitement connu de nos anciens auteurs, témoin l'extrait littéral qu'en a donné Molanus, et sur une phrase de ce manuscrit comprise pendant des siècles dans un sens contraire à la thèse que le président liégeois soutient avec persévérance et courtoisie. Plus subtil que Molanus et Fisen, que M. Grandgagnage même, M. Du Mortier croit compléter sa démonstration en attribuant à un hameau des environs de Huy la paternité de Pierre l'ermite ; mais malheureusement le prétendu hameau d'*Acher* n'existe pas plus dans le canton de Cinei que n'y existe un village de *Hamoir*, sous lequel il le place, abusé sans doute par des renseignements inexacts. Reste en lice Halloy-sous-Braibant, canton de Ciney, qu'indiquerait l'ancien texte de la *Grande chronique Belge*, publié par Pistorius, et sur lequel le savant Struve aurait cru pouvoir porter une main téméraire.

L'éditeur érudit de la *Chanson d'Antioche* n'est guère admirateur de Pierre l'ermite, et il le réduit durement à sa moindre valeur. Dans une introduction que doit lire quiconque veut bien comprendre la première croisade, M. Paulin Paris, s'appuyant sur le poème du pèlerin Richard, l'un des premiers Croisés, nous indique en ces termes la véritable position de Pierre dans l'armée des princes :

« Pierre, dont on a voulu plus tard faire un gentilhomme,
» honneur d'une famille du nom de l'*Hermite*, Pierre, dis-je,
» était plus vraisemblablement un pauvre clerc du diocèse
» d'Amiens, menant vie d'ermite et faisant des pèlerinages
» pour lui et pour les autres à Saint-Jacques de Galice, au
» Saint-Sépulcre de Jérusalem. Son éloquence, sa façon de
» vivre, sa physionomie étrange, ses traits d'une laideur ex-
» pressive, tout contribuait à produire une impression vive
» sur tous les auditeurs. Mais son exaltation ne lui donnait pas
» la prudence et l'expérience nécessaires pour la conduite des
» armées. Revenu d'un premier désastre, il continua le
» voyage à la suite de Godefroid de Bouillon, mais il n'avait
» aucun crédit auprès des chefs de l'expédition. Il vivait avec
» les truands, les goujats de l'armée ! »

Voilà un portrait tracé par une plume française compétente, et sur lequel j'appelle l'attention de MM. Grandgagnage et Du Mortier, ainsi que celle de MM. les antiquaires de la Picardie. Il est de nature à calmer l'ardeur des combattants !

VI

Pour le malheur de la Palestine, Godefroid fut retiré trop tôt de ce monde (1) : Bernard-le-trésorier regrette avec raison que son règne ait été de courte durée, *car ce prince avoit volonté et pouvoir de faire grands biens au royaume, mais Dieu avoit voulu l'appeler à lui, afin que la malice du monde ne corrompît point son cœur.*

Sa mort fut le triomphe des féodaux, tandis qu'il eût fallu subordonner la force physique à la force morale.

Son successeur, ou plutôt ceux qui appelèrent Baudouin d'Edesse à Jérusalem, transportèrent définitivement en Orient le système de la féodalité, qui éparpillait l'autorité supérieure sur une foule de points du territoire. Dans ce système, le roi, il est vrai, restait suzerain; mais qu'était alors la royauté ?

Le royaume de Jérusalem avait été partagé en quatre parties (2) qui devaient relever de la couronne à la manière des grands fiefs de France, savoir : la seigneurie de Jérusalem, la principauté d'Antioche, le comté de Tripoli, et le comté d'Edesse.

---

(1) Son gouvernement, pour le malheur de ses sujets, ne dura qu'une année. Gibbon, *Décadence de l'empire romain*, c. LVIII.

(2) *Voyez l'art de vérifier les dates*, t. I, p. 436, 3ᵉ édition, in-folio

La seigneurie de Jérusalem fut laissée au roi comme la principale, d'où elle est appelée ordinairement par Albert d'Aix et Guillaume de Tyr le Royaume, *Regnum*. Commençant à un ruisseau qui est entre Giblet et Baruth, villes maritimes de Phénicie, elle finissait vers l'Egypte au désert. Elle comprenait Jérusalem, Naplouse, Acre et Tyr, avec d'autres bourgs et villages qui formaient le domaine spécial du roi, en outre trois baronnies, qui relevaient immédiatement du roi, savoir les comtés de Jaffa et d'Ascalon, et la principauté de Galilée, desquels relevaient à leur tour une foule de seigneuries inférieures.

Les propriétaires de ces trois baronnies jouissaient du droit de battre monnaie et de celui de haute justice.

La domination chrétienne et le régime féodal étaient deux faits antipathiques l'un à l'autre. Les Croisés purent se soutenir tant qu'ils eurent à combattre des forces ennemies divisées entre elles : ils succombèrent, d'une part, parce que les vices de l'organisation féodale ne firent que s'accroître ; d'autre part, parce que les Musulmans parvinrent à reconstituer leur unité politique et religieuse. Comme l'a très-bien dit M. le chevalier Marchal (*Bulletins de l'Académie*, t. xi, 1re part. p. 175), *le régime féodal importé par les Croisés fut la cause principale qui fit avorter les croisades.*

L'abus de ce système finit par arriver à un tel point qu'au siége de Ptolémaïs, en 1291, les Français, les Anglais, le patriarche de Jérusalem, les trois ordres militaires, les Vénitiens, les Génois, les Pisans, les Arméniens, etc., avaient chacun leur quartier, avec leur juridiction propre, leurs tribunaux respectifs et leurs magistrats, tous indépendants les uns des autres, tous avec le droit de souveraineté. Tous ces quartiers étaient autant de cités différentes qui n'avaient ni les mêmes coutumes, ni le même langage, ni les mêmes intérêts : à l'entrée de chaque quartier s'élevaient une forteresse et des portes avec des chaînes de fer.

La gloire de Godefroid est immense ; mais , il faut l'avouer, cette gloire est un véritable phénomène dont je ne puis mieux comparer les effets qu'à ceux du mirage. On ne peut se mettre à la suite de l'héroïque duc de Lothier, sans être exposé à faire d'heure en heure un faux pas. Dans son histoire, la fable ne cesse de se mêler à la vérité : le roman et la poésie se sont emparés de cette puissante individualité, et en ont fait un colosse dont la taille dépasse de plusieurs coudées celle de ses contemporains les plus fameux.

Véritable Atlas, Godefroid supporte avec aisance le poids des fables et des exagérations sous lequel tout autre succomberait ; et la part de la vérité, en ce qui le concerne, est si belle, si grande, et si attractive, qu'au rebours d'une foule de faits historiques que l'opinion relègue dans le domaine de la fable, les aventures romanesques dont se trouve parsemée sa biographie ont pris les proportions et la force des données historiques les plus avérées.

Ainsi, par exemple, ne lui attribue-t-on pas, à titre personnel, la rédaction des Assises de Jérusalem, voire la fondation de l'ordre du Saint-Sépulcre ? Cependant, il est évident qu'au bout d'une année de règne, qui succédait à plusieurs campagnes pénibles, il était absolument impossible de voir s'élever un monument législatif tel que celui des *Assises de Jérusalem*. Dans son *Mémoire sur l'ancien droit belgique*, couronné par l'Académie royale de Belgique, M. Britz ne craint pas *d'affirmer que Godefroid lui-même et son chancelier eurent leur part dans la rédaction de ce travail*. Déjà avant lui les savants religieux, auteurs de l'*Histoire littéraire de la France*, avaient apprécié Godefroid *comme écrivain et comme législateur*, et lui avaient attribué également, à titre personnel, la composition des Assises.

Tout porte à croire cependant que ce recueil, considéré comme un travail de codification proprement dit, élaboré et publié par Godefroid ou en son nom, n'est qu'une compilation rédigée en 1250, c'est-à-dire, après la chute du royaume, par Jean d'Ybelin, comte de Jaffa et d'Ascalon ; elle fut une seconde fois revue en 1369, sur l'ordre du roi de Chypre, Jean de Lusignan, par seize hommes choisis dans l'assemblée des Etats du royaume, puis placée au trésor de l'église de Nicosie, dans un coffre muni de quatre sceaux.

Ce fut apparemment cette dernière circonstance qui, par la suite des temps, Chypre une fois prise par les Turcs en 1489, et un seul manuscrit des Assises ayant été sauvé pour aller s'enfouir à Venise dans les archives du conseil des Dix, donna lieu à cette fable que l'autographe des *Assises* arrêtées par Godefroid avait été déposé dans l'église du Saint-Sépulcre, en une grande *huche* bien fermée.

Guillaume de Tyr qui n'oublie pas d'énumérer toutes les fondations pieuses de Godefroid et toutes ses entreprises militaires, ne dit pas un seul mot des institutions qui auraient été données par lui au royaume naissant de Jérusalem. On peut le citer au contraire comme constatant l'existence de coutumes non écrites, lorsqu'il dit de Baudouin III :
« Juris consuetudinarii plenam habebat experientiam, ità
» ut in rebus dubiis seniores regni ejus consulerent expe-
» rientiam, et consulti pectoris eruditionem mirarentur. »
(Lib. XVI, c. II.)

Il me semble que, s'il y avait eu un texte écrit, on n'aurait pas dû s'en rapporter aux souvenirs du prince. M. Von Sybel relègue aussi dans le domaine du roman la prétendue rédaction des *Assises* par Godefroid (1). En 1120, dit-il, l'assemblée de Naplouse publia différentes ordonnances judiciaires ; une partie de ces ordonnances concernait des besoins locaux, mais

---

(1) Die positive Knüpfung an Gottfried stützt sich nur auf sagenhaft uberlieferung, p. 517.

d'autres se rapportaient aux affaires générales. On y arrêta des peines contre l'adultère, le vol, le brigandage, mais l'on n'y fait pas la moindre allusion à des lois antérieures, et, en 1132, lorsque le comte de Jaffa fut accusé de haute trahison, ce fut en se basant sur le droit français, non sur les *Assises* de Godefroid, que la Cour féodale le contraignit au combat judiciaire. (Guillaume de Tyr, xiv, 15).

Quant à la fondation d'un ordre militaire, dit du Saint-Sépulcre, il n'en est fait mention dans aucun écrivain contemporain, et ce ne fut que sous le règne de Baudouin II que les ordres de Saint-Jean (1) et du Temple prirent naissance : tous les autres sont postérieurs. Pour rattacher l'ordre du Saint-Sépulcre aux fondations de Godefroid, il a fallu, comme l'ont fait M. Michaud et d'autres, le confondre avec le chapitre des chanoines réguliers du Saint-Sépulcre, et supposer que ces derniers, institués réellement par Godefroid de Bouillon pour prier auprès du saint tombeau, s'étaient, à l'exemple des Hospitaliers et des Templiers, revêtus du casque et de la cuirasse, pour combattre parmi les soldats de Jésus-Christ.

Du reste, il ne faut guère s'étonner de l'empressement que mirent les modernes à rattacher cette création au célèbre duc de Lothier : ne lui a-t-on pas attribué, par un sentiment analogue, la fondation des trois plus anciens serments de

---

(1) Ce fut sous Baudouin, frère de Godefroid, que les Hospitaliers se constituèrent en ordre religieux et militaire. Raymond du Puy fut leur premier Grand-Maître, vers 1118, mais Gérard de Martigues, premier recteur connu de l'hôpital de Saint-Jean-de-Jérusalem, était contemporain de Godefroid de Bouillon. Bosio lui fait même jouer un rôle important en faveur des Croisés, pendant le siége de la Ville Sainte, et lui attribue un miracle éclatant. Il est vrai que c'est le même Bosio qui donne le texte d'un diplôme fort suspect, concernant la donation de la seigneurie de Momboire, par Godefroid de Bouillon, à la maison des Hospitaliers de Jérusalem, cession déjà mentionnée page 44 ci-dessus. V. *Istoria della sacra Religione di San Giovanni Gierosolimitano di J. Bosio*, 2 vol. in-folio, in Roma, 1594—t. I, n. 8.

Bruxelles (1), et Puteanus ne dit-il pas formellement que *telle avait été l'opinion de tous les siècles* (2)? M. A. Wauters rejette avec raison cette tradition (3) : « Ce serait, dit-il,
» faire remonter les commencements des gildes d'archers ou
» d'arbalétriers à une époque où il existait à peine, en
» Brabant, des gildes de bourgeois. » Cette tradition prouve du moins combien était vivace à Bruxelles le souvenir des croisades dans lesquelles se distinguèrent toujours nos ancêtres. Encore aujourd'hui nos cloches ne sonnent-elles pas chaque année à toute volée (4) pour célébrer le retour d'un certain nombre de Croisés bruxellois, le 19 janvier 1101 ?

M. Félix Devigne nous apprend de son côté que la gilde de Saint-Sébastien, à Gand, avait pour armoiries celles de Jérusalem (5), et M. Wauters ajoute ce qui suit : « Dans le
» registre des escrimeurs ou gilde de Saint-Michel, à Gand,
» on lit qu'en 1099 Godefroid de Bouillon lui permit de

(1) Le serment des archers ou de Saint-Sébastien avait même adopté pour armoiries, en témoignage de cette noble origine, les armes de Jérusalem, à savoir *d'argent à la croix potencée d'or et aux quatre croisettes de même*. C'est ce qu'on nomme des *armes à enquérir*. Primitivement, en effet, les armes de Jérusalem étaient d'argent à la croix et aux croisettes potencées de gueules, en souvenir des cinq plaies du Sauveur : en plaçant métal sur métal, et en violant ainsi l'une des premières règles du blason, les chefs des Croisés voulurent, dit-on, que si quelqu'un s'avisait de dire que les nouvelles armes étaient fausses, on pût immédiatement rattacher à ce changement le triomphe des Chrétiens et la conquête de Jérusalem.

(2) Ad splendorem vero argumenti facit collegia tria prima à Godefrido Bullionio, Lotharingiæ duce... deducta videri. Hæc constans hactenùs sæculorum opinio est. Eryc. Puteani Bruxella septenaria, Bruxell., 1646, in-4°. p. 79.

(3) Notice historique sur les anciens serments ou gildes d'arbalétriers, d'archers, d'arquebusiers et d'escrimeurs de Bruxelles, par Alp. Wauters. Bruxelles, 1848, in-4°, p. 3.

(4) *Histoire de la ville de Bruxelles*, par Henne et Wauters, Bruxelles, 1845, t. i, p. 30.

(5) *Recherches historiques sur les costumes civils et militaires des gildes et des corporations de métier*, etc. Gand, 1847, in-8°, p. 29.

» prendre les armoiries de Jérusalem, en récompense des
» services qu'elle avait rendus lors de la prise de cette ville. »
Ces armoiries étaient également celles des archers de Tournai,
Anvers, Hal, etc. Nos anciennes sociétés militaires aimaient
évidemment à se placer sous le patronage du héros de la
Jérusalem délivrée, et à le faire passer pour leur fondateur.

Quelque controuvées que soient ces traditions, elles offrent un grand intérêt, et sont dignes d'être mentionnées avec respect. Elles méritent même qu'on s'y arrête avec une certaine complaisance, car elles rappellent les prouesses de nos pères, leur bravoure, leur piété, leur gloire.

VII

Plusieurs auteurs (1) prétendent que l'Ordre du Saint-Sépulcre a été fondé (2) l'an 63 de Jésus-Christ par saint Jacques, premier évêque de Jérusalem, ou par l'empereur Constantin-le-Grand, en 312; d'autres se contentent de lui donner pour fondateur Godefroid de Bouillon. *Le plus sûr*, dit l'auteur d'une publication récente (3), *serait de descendre encore*

---

(1) V. Quaresmius, t. I, p. 454-676.

(2) Le chanoine Verduc prétend que les chanoines, établis par Godefroid de Bouillon pour prier auprès du Saint-Sépulcre, remplacèrent des religieux de l'Ordre de la Sainte-Croix, appelés vulgairement Croisiers. « Cet Ordre fut » fondé, dit-il, par saint Clet, troisième pape, l'an 84 de l'ère chrétienne : » sainte Hélène fit bâtir un monastère auprès du Saint-Sépulcre et y plaça » douze religieux de cet Ordre : leur chef fut saint Quiriace. Comme, à la » prise de Jérusalem par les Croisés, ils ne voulurent pas renoncer à recon- » naître le patriarche grec de Constantinople, ils furent contraints de céder la » place aux nouveaux chanoines latins du Saint-Sépulcre. »

Ce fut une réforme de cet Ordre qu'introduisit en Belgique, à la suite d'un pèlerinage en terre sainte, le bienheureux Théodore, fils du baron de Celles, château des environs de Dinant, qui appartient aujourd'hui au comte de Liedekerke-Beaufort. Les Croisiers étaient surtout répandus en Belgique, et leur maison principale était à Huy, où Théodore de Celles mourut et fut enterré le 17 août 1236. *Vie du B. Théodore de Celles*, par le chanoine Verduc. Périgueux, 1681, in-4°.

L'Ordre des Croisiers a survécu à la tourmente révolutionnaire : réfugié d'abord en Hollande, il a fondé récemment une nouvelle maison à Diest, et s'y consacre avec succès à l'enseignement public.

(3) *Histoire des ordres de chevalerie*, publiée par Auguste Wahlen, Bruxel-

jusqu'à l'an 1496, et de considérer l'ordre comme une institution du Pape Alexandre VI, créée pour réchauffer le zèle de la foi et des pèlerinages.

Il est facile néanmoins de prouver qu'antérieurement à cette prétendue bulle de 1496, il y avait des chevaliers armés au Saint-Sépulcre.

Dans les notes que Meibomius a annexées à la chronique des comtes de Schawenburg (1), on lit que le comte Adol-

les, 1844, in-8°. C'est aussi l'opinion des auteurs du *Dictionnaire de Trévoux*, v. *Saint-Sépulcre*; ainsi que celle d'Hélyot, dans son *Histoire des ordres monastiques, religieux et militaires*, Paris, 1714.

C'est à tort qu'on représente la décoration des chevaliers du Saint-Sépulcre comme surmontée d'une couronne royale : elle se compose exclusivement (Quaresm., t. I, ch. 44, liv. 2, p. 622) de la croix de Jérusalem, à savoir d'une croix potencée de gueules, cantonnée de quatre croisettes de même, et suspendue à un large ruban noir, ou à une chaîne d'or. D'après un usage ancien, attesté par Quaresmius, t. I, ch. 33, liv. 2, p. 56, les chevaliers pourvus d'une autorisation spéciale portent, en outre, la plaque sur le sein gauche.

L'ordre de Malte a également adopté le ruban noir, mais le comte Allemand assure que c'est une innovation qui daterait de l'an 1715 seulement. *Précis historique de l'ordre royal, hospitalier et militaire du Saint-Sépulcre*, Paris, 1815.

(1) « Laudatissimus omninò Princeps fuit Adolphus Hierosolymitanus (sic
» eum appellare libet ab iteratâ in Palestinam peregrinatione)... Expiandorum
» delictorum Deique placandi gratiâ bis in Palestinam profectus est, primò
» cum Frederico Barbarossâ Imp. anno 1189, sed vix Tyrum ingressus, nun-
» cium accepit de Holsatiâ a Duce Saxoniæ Henrico Leone... totâ occupatâ.
» Hortatu igitur amicorum è vestigio ad suos rediit ; verùm religione tactus,
» quòd votum non exsolvisset, alteram suscepit peregrinationem, institutam
» ab Henrico sexto Imp. quem tamen mors intercepit ne belli sacri dux esset...
» Incidit hæc secunda peregrinatio in annum Christi 1197. *Legi in quodam*
» *M. S. Chronico incerti, sed non inerudili scriptoris, Adolphum Schawen-*
» *burgium in hâc expeditione à primoribus quibusdam ecclesiasticis equitem*
» *sive militem, ut vocabant, creatum*, eorumque hortatu avita insignia aliquâ
» accessione auxisse, in hunc modum ut urticæ foliis tres adjecerit clavos,
» quales in passione Christi usurpatos credimus, galeæ imposuerit coronam è
» spinis contextam. Atque hoc ei pietatis simulque fortitudinis ergò concessum
» fuisse, quòd præ reliquis commilitonibus terram sanctam, in quâ filius Dei
» unigenitus ab impiis Judæis nostræ salutis causâ rhamno ad ludibrium co-
» ronatus ferreisque clavis infami ligno affixus esset, ex tyrannico Saraceno-
» rum jugo in pristinam libertatem vindicare voluisset..... Insignia hæc nova

phe III alla deux fois en Palestine et qu'il reçut de ce chef le surnom de Hierosolymitain. Il partit une première fois en 1189 avec l'empereur Frédéric : il s'enrôla une deuxième fois, en 1197, sous les drapeaux de l'empereur Henri VI. Lors de cette seconde expédition, *il fut créé chevalier par des ecclésiastiques constitués en dignité : à primoribus quibusdam ecclesiasticis equitem sive militem, ut vocabant, creatum.* Meibomius n'en dit pas davantage, de sorte que nous ne pouvons guère comprendre quels étaient les ecclésiastiques qui lui conférèrent l'ordre de chevalerie : ce n'étaient plus les chanoines du Saint-Sépulcre, puisqu'ils avaient dû quitter la ville avec le patriarche ; ce n'étaient ni les Dominicains, ni les Franciscains qui n'existaient pas encore (1).

« Lorsqu'en 1187, Saladin s'empara de la cité du Christ,
» l'église de la Résurrection, rachetée à grand prix par les
» Syriens (2) maintenant si pauvres, dit la correspondance
» d'Orient, lettre 118, fut le seul sanctuaire de Jérusalem
» qui resta au culte de la croix (3). » S'agit-il ici de Syriens

» domum reversus Adolphus Schawenburgius oppida sua tàm in Holsatiâ
» quàm in comitatu Schawenburgio deinceps etiam usurpare voluit. » *Rerum Germanic*, t. III, Helmaestadii, 1688, in-folio. p. 523.

(1) Les Dominicains ont pour fondateur Dominique de Guzman, gentilhomme espagnol, canonisé en 1235. L'institut fut confirmé en 1216, sous le titre d'Ordre des Frères-Prêcheurs, par le pape Honorius III.

Les Franciscains ont été fondés par saint François d'Assise (en Ombrie), canonisé en 1228. Le pape Innocent III approuva l'Ordre en 1215, sous le titre de Frères-Mineurs : ils se fractionnent en plusieurs familles, portant chacune des dénominations distinctes.

(2) Les annales de l'abbaye d'Anchin assurent que l'église du Saint-Sépulcre fut rachetée par les Arméniens : « *Armeni christiani, magno dato censi » pretio, Sepulchrum Dominicum suâ ecclesiâ et Domini templum à Salaha-» dino redemerunt.* » Rerum Gallic. et Francis. scriptores, t. XVIII, p. 538. Paris, 1822, in-folio.

(3) Ce n'est pas précisément ce que dit Bromton, dans son intéressante chronique qui s'arrête à l'an 1198 : son récit est tout à fait dans le sens de la magnanimité que montra Saladin dans l'occupation de la ville sainte, et permet de croire que la remise de l'église du Saint-Sépulcre aux Syriens fut une

orthodoxes ou schismatiques? je l'ignore (1); mais il est évident que le comte de Schawenburg n'a pu être armé chevalier en 1197 que par des prêtres de la communion à laquelle il appartenait lui-même, c'est-à-dire par des prêtres du rit latin. Or, nous lisons dans l'itinéraire du roi Richard, par G. Vinisauf (2), et dans la chronique de Jean

nouvelle et noble concession de sa part : « Aliquantulam verò reverentiam,
» dit le chroniqueur anglais, Dominico sepulchro exhibuit, quod omni quidem
» aureo et argenteo ornatu sublato, Syros illius terræ indigenas christianos
» custodire præcepit, edictum adjiciens ne quis alienus irreverenter acce-
» deret. » Hist. anglic. script. ed. R. Twysden, Lond. 1652, in-folio.

(1) Voici cependant ce qu'on trouve à ce sujet dans la chronique de Ricobaldo, auteur du XIIIe siècle : « Rimasero nella città di Gerusalemme, poichè
» Latini furono tutti partiti, *Suriani*, Jacobiti, Greci, Armeni, Georgiani,
» Maroniti, *e altre eretiche sette di christiani,* i quali con molto oro ottennero
» la chiesa del santo sepulchro, e essi sotto annual tributo si obligarono servi
» perpetui al soldano. *Istoria imperiale di Ricobaldo* : Muratori, rer. ital.
» script. t. IX, p, 334. » Ce passage semble calqué sur cet extrait du P. Fabri, pèlerin de 1483 : « Porrò Suriani et cæterarum sectarum homines, scilicet
» Maronitæ, Jacobita, Georgiani, Armeniani, Nestoriani, Abesini, sive
» Judiani et cæteri orientales christiani schismatici et hæretici ad Saladinum
» accesserunt et juramenta ei præstantes et tributa se locari in loco Latinorum
» petierunt, quod libens fecit, ut civitas haberet habitatores. » Evagatorium Terræ Sanctæ, vol. II, p. 292. Remarquons toutefois que, dès 1482, les Maronites, au moins en partie, s'étaient ralliés à l'Eglise romaine.

(2) « Post prolixius igitur inter ipsos habitum familiariter per interpretes
» colloquium, dixit Salahadinus ut Episcopus quodcumque magis optaret,
» pateret donum et daretur ei. Ad hoc cùm Episcopus gratias ubere reddi-
» disset, petiit tempus deliberandi usquè in crastinum : igitur rogavit Epis-
» copus quatenùs ad Dominicum Sepulchrum quod visitaverat, ubi vix
» utcumque More Syrorum barbaro divina celebrabantur, permitterentur
» honestius divina celebrare duo presbyteri Latini, cum totidem diaconis
» Latinis, simul cum prædictis Syris ex oblationibus peregrinorum exhibendi,
» et similiter totidem ad idem in Bethleem, similiter in Nazareth. Erat qui-
» dem pretio magna, Deo ut creditur gratissima. Annuente rogatis Soldano,
» perquisitos Episcopus, prout impetraverat, instituit presbyteros in prædictis
» singulis locis cum diaconis obsequium præstans Deo, ubi non erat prius... »
Itinerarium Regis Anglorum Richardi et aliorum in terram Hierosolymorum auctore Gaufrido Vinisauf, lib. VI, cap. 34. — Histor. angl. scriptor. op. Th. Gale, Oxoniæ, 1691, t. II. — Ibid., chronica Walt. Hemingford, *De gestis regum angliæ*, cap. 64.

Bromton (1), qu'en 1191, Richard-cœur-de-lion, malade et pressé de regagner ses foyers, conclut avec Saladin une trêve de trois ans, à la suite de laquelle l'évêque de Salisbury se rendit en pèlerinage au Saint-Sépulcre, et obtint du terrible conquérant (2) la faveur d'y faire admettre deux prêtres et deux diacres du rit latin, pour y célébrer les divins mystères, concurremment avec les Syriens. C'est par eux indubitablement que notre brave comte fut armé chevalier.

Du Cange nous apprend en effet que les prêtres pouvaient régulièrement pratiquer cette cérémonie : « Interdùm militiæ

(1) « Populus igitur sepulchrum Domini visitare volens, in tres turmas
» dividitur: quarum primæ præfuit Andreas de Cheveigni, secundæ Robertus
» Tesum, tertiæ Hubertus, Sarisbiriensis episcopus, qui in omni expeditione
» individuus extiterat comes regis ; per quem Rex propter pericula emergentia
» à suis ire in propriâ personâ non consultus, oblationem devotionis regiæ
» illùc misit.
» Expeditâ christianorum peregrinatione, Saladinus episcopum ad sui
» colloquium invitavit : post quod Saladinus episcopo dixit, ut ab eo peteret
» quod optaret. *Qui petiit ut apud dominicum sepulcrum et in Bethleem atque*
» *Nazareth duo presbyteri latini, cum tot diaconis, divina possent celebrare :*
» *quod obtinuit.* Et tunc dictus episcopus, expleto peregrinationis officio, ad
» regem cum gaudio remeavit. » *Chronicon J. Bromton.* — Histor. anglic.
script., t. x, p. 1250.

(2) C'est à cette expédition que se rapporte un curieux épisode, cité par Vertot, dans son *Histoire des chevaliers hospitaliers de Saint-Jean de Jérusalem*, t. I, liv. II, p. 148.

En sortant à la tête de sa garnison de la ville d'Alexandrie, qu'il avait été contraint par la famine de quitter en 1167, le jeune Saladin s'avança vers Onfroy de Thoron, connétable du royaume de Jérusalem, et le pria de vouloir bien le créer chevalier de sa main. Le connétable, avec la permission du roi Amaury, lui accorda cette faveur avec toutes les marques d'estime et de considération dues à sa valeur et à la brillante défense de la place assiégée.

D'après Marin, ce serait après une bataille que l'illustre Mahométan aurait été armé chevalier, à titre de rançon, par l'un de ses prisonniers, appelé Hugues de Tabarie ou de Tibériade. Marin assure qu'il a puisé cette anecdote dans deux manuscrits écrits en vers et en prose, le premier vers 1240, le second vers 1293 ; ces deux récits se trouvent imprimés textuellement ; avec la traduction en français moderne, dans les pièces justificatives de l'*Histoire de Saladin, Sulthan d'Egypte et de Syrie*, etc., par M. Marin. La Haye, 1758, t. II, p. 331, 265, 367 et 375.

» cingulum ab episcopis et abbatibus ipsis conferebatur in
» ipsâ ecclesiâ, sacris vestibus indutis... A Lanfranco Doro-
» hernensi episcopo militiæ cingulum accepisse Henricum,
» postmodùm regem Angliæ, primum cognominatum, tra-
» dunt Ordericus, lib. VIII, Willelmus Malmesb. lib. VI et Math.
» Paris, ann. 1088, etc. » *Glossarium ad scriptores mediæ
et infimæ latinitatis*, Francof. 1681, in-8°, v° *miles*.

En 1318, un gentilhomme nommé Guill. de Baldensel (1) se rendit en Orient et visita successivement le Caire, Jérusalem et Damas. On possède la relation de son voyage; on y trouve ce qui suit : « Je fis célébrer, sur le Saint-Sépulcre
» même, la messe de la Résurrection et plusieurs de mes
» compagnons y reçurent la communion. Après la messe
» j'armai chevaliers deux gentilshommes, en leur ceignant
» l'épée, et en observant les autres formalités qui se pratiquent
» dans la réception des chevaliers. *Supra sepulchrum Christi,
» pulchram feci de resurrectione Domini missam celebrare,
» et aliqui de meis sociis corpus Christi devotè sumpserunt.
» Post missam* (2) *feci duos milites nobiles supra sepulchrum,
» gladios accingendo, et alia observando quæ in professione
» militaris ordinis* (3) *fieri consuerunt.* »

(1) *Bulletin de l'Académie royale*, t. XI, 1re part., p. 176. — T. Tobler, *Topographie de Jérusalem*, t. I, p. XXVII. Il existe à la bibliothèque de Bourgogne, à Bruxelles, un exemplaire manuscrit du voyage de Baldensel. C'est un petit vol. in-4° en parchemin, n° 8779. Cette relation se trouve imprimée dans Canisius, antiquæ lectionis, t. V, p. 95. Le nom de ce voyageur a été orthographié d'une foule de manières différentes : l'on trouve ainsi Bolunzele dans le manuscrit de Bruxelles, Baldensel dans Canisius, puis Boldensel, Boldeselle, Bouldeselle, Boldenslève et Boldensele, Bolenzele, Bolerisèle, Botzencelle, Bottenzell. Baldensel se contente de dire : « *Egressus igitur de
» Alemaniâ, terra nativitatis meæ.* » M. Tobler suppose que c'était un chevalier de Westphalie.

(2) « *Nos anciens chevaliers*, dit La Curne de Sainte Palaye, *ne se dispen-
» saient presque jamais d'entendre la messe, lorsqu'ils étaient levés, suivant
» le précepte qu'on lit dans le doctrinal manuscrit de saint Germain.* »
T. II, p. 59.

(3) Le prince de Radzivill et Jean Van Kootwyck (Cotovic) prennent en

L'histoire de l'abbaye de Saint-Bertin fut écrite par Jean d'Ypres, qui mourut en 1383. Cette célèbre chronique mentionne à deux reprises, au chapitre XL, part. 3 et 4, les chevaliers du Saint-Sépulcre parmi les ordres militaires. Elle les nomme d'abord *fratres Sancti Sepulchri*, puis *milites Sancti Sepulchri, qui cruces vestibus suis laïcalibus apponunt.* « Ce sont, dit-elle, des confrères, des chevaliers, qui » portent une croix sur leurs habits de laïcs (1). » Il ne s'agit donc pas d'une association de chevaliers vivant sous une règle commune, assujettis à des vœux spéciaux, et en particulier à la loi du célibat, comme les Templiers, les Hospitaliers et tous les membres des ordres militaires proprement dits (2).

Thomas Ebendorffer rapporte qu'en 1400 le duc Albert IV

tête de leurs intéressantes relations le titre de *Miles Hierosolymitanus* : G. de Baldensel, dans sa lettre à l'abbé Pierre, celui de *Miles in cœlesti Hierusalem* ; Canisius et Quaresmius lui donnent celui d'*Eques auratus Hierosolymitanus* : le prince de Radzivill reçoit le même titre dans une lettre que lui adresse le custode de la Terre-Sainte.

(1) L'obligation de porter constamment la croix de Jérusalem est formellement prescrite par l'art. 29 des statuts que reproduit Quaresmius, t. i, p. 645, et auxquels il accorde une haute antiquité : « Intendimus et deliberamus » quotidiè dictas quinque cruces dicti ordinis S. Sepulchri nostris vestimentis » appositas deferre. Quas dicti milites et viatores, sive eos bellum gerere » adversùs dictos Infideles et alibi adire, seu aulas regias et convocationes, » seu cœtus Principum et aliorum Christianorum populorum frequentare con- » tigerit, similiter deferre tenebuntur. »

(2) « Dices posse hujus ordinis milites uxores ducere et matrimonio copu- » lari, quod videtur derogare illorum spirituali dignitati. Respondeo hoc effici » ne sint per se et simpliciter religiosi, ut claustrales monachi, quod jam » concessimus ; sed non ideo sunt culpandi, quòd absolutè religiosi non sint, » quia matrimonium sanctum est et ex se immaculatum, imò etiam in casu » præceptum, eòque potest quis militari ordini cui non repugnat, Pontificis » auctoritate, adscribi, sicut accidit in hoc ordine et aliis similibus........ » Denique expedit hos milites matrimonio copulari, quia cùm instituti sint ad » pugnandum materialibus armis pro sanctâ Dei ecclesiâ, ne illorum familiæ » deficiant, paternæ virtutis æmulos, filios castè et sanctè ab illis procreari » convenit, qui parentum suorum vestigiis insistant pro catholicæ ecclesiæ et » fidelium utilitate. » Quaresmius, *Elucidacio Terræ Sanctæ*. Antverpiæ, 1639, in-fol., t. i, liv. 2, ch. 64, p. 672.

d'Autriche, malgré les larmes de sa mère, les conseils de ses amis, et les dangers de l'époque, voulut entreprendre le voyage de Jérusalem. Il y fut armé chevalier, puis s'embarquant pour retourner dans ses Etats, il fit déployer sur son vaisseau, au son d'une musique guerrière, un étendard autrichien de grande dimension (1) : *Ad sanctam civitatem venit, ubi accinctus gladio militari et ritè omnibus peractis, suscepto militiæ cingulo ad propria redeundi se accingit. Ingressus itaque navim, vexillum Austriæ pergrande in aere levavit et intonantibus tubis, fistulis, et tympanis, Deo duce, salvus usque ad proprias terras multâ cum gloriâ et omni tripudio remeavit.* Thomæ Ebendorfferi de Haselbach chronicon Austriacum.... script. rer. Austriacarum, ed. H. Pez, Viennæ, 1743, in-folio, t. II, p. 823.

Notre bon et vieil Hemricourt rapporte que Guillaume de Waroux fut créé chevalier au Saint-Sépulcre et se maria à son retour, ce qui démontre qu'il ne s'agissait pas d'un ordre religieux et militaire. Hemricourt, lui-même très-fier d'être chevalier de l'ordre de saint Jean de Jérusalem, ne manque jamais de préciser la qualité des chevaliers qu'il nous fait connaître. Ainsi, par exemple, il a soin de dire, p. 38 et 184, que Guillaume de Waroux et de Parfondrieu, chevalier de l'ordre de Saint-Jean, était commandeur de Chantraine, et p. 303, que Louis de Waroux était chevalier de l'ordre de Prusse (Teutonique) au bailliage des Vieux-Joncs.

La promotion de Guillaume de Waroux au Saint-Sépulcre eut lieu vraisemblablement vers le milieu du XIVe siècle (2),

---

(1) De nos jours (juin 1855), un autre prince autrichien, devenu plus tard l'époux d'une princesse belge, l'archiduc Maximilien, se rendit à Jérusalem en véritable pèlerin, édifiant par sa piété le clergé et les fidèles de Terre-Sainte. L'excellent abbé de Quevauvillers, chancelier du patriarcat, a consigné dans une lettre des plus intéressantes, adressée le 9 juillet 1855, à l'*Univers*, de Paris, tous les détails de l'arrivée et du séjour de l'archiduc en Palestine. Nous en recommandons vivement la lecture.

(2) Voici le texte d'Hemricourt : « Quant ly dis Rasses fut veues de sa dite

l'ouvrage d'Hemricourt ayant été commencé en 1353 et terminé en 1398.

A ceux qui s'étonneraient de voir dès cette époque une foule de chrétiens occidentaux se rendre en Terre-Sainte, malgré les immenses dangers d'une pareille entreprise, nous devons nous rappeler que le voyage d'outre-mer était fréquemment la conséquence soit d'une disposition testamentaire, soit d'un vœu, soit d'une pénitence religieuse. Hemricourt nous en fournit un exemple singulier. Wathy de Haneffe étant mort au royaume de Grenade en combattant les Sarrasins, laissa ses terres de Haneffe et d'Orbais à Wéry, son cousin, à condition qu'il changerait son nom *par un nouveau baptême au fleuve du Jourdain*, où il se ferait nommer Wathy, comme pour lui... Ce Wéry exécuta ce qui lui était ordonné et prit en même temps l'ordre de chevalerie, sans doute au Saint-Sépulcre (1).

Monstrelet, ch. III, p. 640, édit. Buchon, rapporte que messire Hector de Flavy, en Hainaut, dans un combat singulier contre Mallotin de Bours, combat qui eut lieu à Arras le 20 juin 1431, avait dans ses armoiries la figure d'un tombeau, parce qu'il avait été armé chevalier sur le Saint-Sépulcre. Voici ses propres expressions : « Lequel pavillon de » dessus dict messire Hector estoit armoyé moult richement

» femme, ilh soy remariat a damoiselle Angues, filh Wéry de Lavois,
» citain de Liége, dont ilh est un fois nommeis Wilhelme, quy al saint
» Sepulcre at novellement pris l'ordene de chevalerie et est marieis après ce
» al filhe mons. Engelbert de Hacourt, saingnor de Hermalles. » *Miroir des nobles de Hesbaye*, édit. de Salbray, Bruxelles, 1673, in-folio, ch. III, p. 37.

(1) « Mess. Waltirs, chevalier beaz et cortois, qui morit sains marieir en le
» royalme de Grenate, sor les Sarasins, laissat sa terre de Haneffe et Doxhen
» a Wery, son cuzain, fil de saingnor de Rochefort, sor teile condition qu'il
» cangeroit son nom par novcal baptemme en fleuve Jordan, et soy feroit
» nommeir Waltirs après ly..... lyqueis Wery fist ce que ses oncles cargiet ly
» avoit et prist l'ordenne de chevalerie... » *Miroir des nobles de Hesbaye*,
ch. IX, p. 92.

» de seize manières de blasons, c'est à savoir des costés dont
» luy et ses ancestres estoyent issus et dedans iceluy estoit
» figuré un Sépulchre, parce que iceluy messire Hector avoit
» esté faict chevalier au Saint-Sépulchre de Jérusalem. »

En 1449, nous rencontrons à Jérusalem une troupe de nobles pèlerins, Etienne de Gumpenberg, Frédéric de Wolfstel, Jean de Kameraw, accompagnés de Jean de Stiegel et Nicolas Magerer, bourgeois de Meraw. Le 8 octobre on créa quatorze chevaliers devant le Saint-Sépulcre, dit la relation de leur voyage (1), « Allda machtet man die ritter vor
» dem heiligen grab ; der waren vierzehen. »

En 1465, George Emerich de Görlitz, d'après M. T. Tobler, fut armé chevalier, et obtint du Père Gardien le chronogramme suivant, comme témoignage de sa réception (2).

eMerICUs CUstos qUI gnaVUs reXerat UrbIs
freNa, sUper ChrIstI bUsta CreatUs eqUes.

En 1470, Anselme Adorne, de Bruges, accompagné de son fils Jean, alla visiter Jérusalem, sainte Catherine, le mont Sinaï et l'Egypte; il mourut en 1482 ou 1483. La généalogie de sa famille lui donne le titre de *chevalier de Jérusalem, de Sainte-Catherine et du mont Sinaï*. Ce fut son père et son oncle, Pierre et Jacques Adorne, qui achevèrent à Bruges, vers le commencement du xv° siècle, la chapelle dite de Jérusalem, commencée, paraît-il, par leurs ancêtres. Comme ceux-ci, ils visitèrent les Lieux Saints et M. Gailliard, dans son ouvrage intitulé : *Recherches sur l'Eglise de Jérusalem, à Bruges*, 1845, in-4°, assure que Pierre Adorne y fut créé chevalier du Saint-Sépulcre (3).

---

(1) Reisbuch des heyligen Lands, Francf. S/M. 1609, in-fol. p. 442.
(2) Umstandliche beschreibung der heilgraber zu Görlitz. — Görlitz, 1829, etc.
(3) M. De la Coste, descendant des Adornes, l'assure de même dans son

Vers la même époque, nous voyons un *chevalier de Jérusalem* dans la famille des Ryckman, représentée aujourd'hui au sénat de Belgique. Il mourut, dit le baron de Stéin (1) en 1476. Combien n'en trouverait-on pas en fouillant dans les archives de la noblesse belge? Ainsi, par exemple, on trouve dans les *Mémoires littéraires de Paquot*, t. III, p. 606, que Jérôme d'Ennetières, chevalier du Saint-Sépulcre, fut anobli par Charles-Quint et mourut en 1525.

Jean Tucher, bourgeois de Nuremberg qui visita la Terre-Sainte en 1479, raconte que le 6 août de cette année, se trouvant dans l'église du Saint-Sépulcre, il y vit armer chevaliers neuf personnes. « Frère Jean de Prusse (2), dit-il,
» de l'ordre des Frères-Mineurs, arma d'abord chevalier le
» duc Balthazar de Mechelburg; celui-ci arma les huit
» autres personnes avec une épée que je portais. L'on doit
» faire cette cérémonie en secret, à cause des infidèles : c'est
» pourquoi l'on s'y prit avant que chacun ne pût entrer
» dans l'église. Les frères allèrent ensuite dire leur messe au
» Saint-Sépulcre et sur le Calvaire; on nous laissa ensuite sortir (3). »

En 1483, nous trouvons simultanément à Jérusalem le comte de Solms d'une part, accompagné de Bernard de Breydenbach, Philippe de Bickes, etc., et d'autre part, les barons Truchess de Waldpurg, avec Werli von Zimber, Henri von Stöffel, Bernard de Rechberg, etc. Le voyage des premiers a été écrit par le célèbre écrivain Bernard de Breyden-

---

charmant ouvrage intitulé : *Anselme Adorne, sire de Corthuy, pèlerin de Terre Sainte, sa vie, ses voyages et son temps*. Bruxelles. 1855, in-12, p. 28 et 224.

(1) *Annuaire de la noblesse de Belgique*. 1857, p. 181.

(2) Le frère Jean conférait encore la chevalerie seize ans plus tard ; voyez p. 176 ci-après.

(3) Verseichnutz des reyss zum heyligen land... Alles trewlich an tag geben von dem achbarn und furnemmen Johann Tuchern, burgern zu Nurnberg, etc. *Reisbuch des heyligen lands*, Francf. S/M, 1609, in-fol.

bach qu'accompagnait un artiste distingué, Erard Rewich d'Utrecht; le voyage des seconds l'a été par l'un de leurs compagnons, Félix Fabri (Schmidt), dominicain d'Ulm.

Breydenbach nous apprend sommairement que le 16 juillet la plupart des gentilshommes de sa société reçurent l'ordre de chevalerie : « Le 16 juillet à la pointe du jour la plupart des » gentilshommes nos compagnons, ceignant l'épée, et se » conformant aux cérémonies d'usage et aux formalités sacra- » mentelles, à l'insu toutefois des infidèles, qui ne le suppor- » tent que difficilement, reçurent les honneurs de la chevalerie : » après quoi les religieux célébrèrent des messes sur le Saint » Sépulcre. — In aurorâ diei crastinæ, id est xvi julii, ex » nostris coperegrinis nobilibus plerique cingulum accipientes » militarem, et consuetas ceremonias de more observationesque » peragentes, clàm ipsis paganis, quòd id non benè ferunt, » gloriam adepti sunt militarem, quibus ritè expletis fratres » sæpè dicti missas in Dominico celebravere sepulchro, etc. »

La relation de Fabri est plus complète et plus intéressante : « Le 17 juillet 1483, à la chute du jour, nous fûmes intro- » troduits, dit-il, dans l'église du Saint-Sépulcre, et nous » visitâmes les stations décrites précédemment. Vers minuit, » ceux des pèlerins qui étaient gentilshommes (1) et qui » voulaient être créés chevaliers, se rendirent devant le » Saint-Sépulcre, où ils trouvèrent le frère Jean (Hanszell) » qui les attendait et leur fit un beau discours sur les » droits, prérogatives et obligations de la chevalerie qu'ils » allaient recevoir de ses mains (2). Il pénétra ensuite dans

(1) Cette qualité était tellement requise que toute fraude sur ce point annulait la création. Le bruit s'étant répandu, parmi les voyageurs prénommés, que quelques pèlerins s'étaient fait armer sans être nobles, le frère Jean convoqua tous les nouveaux chevaliers dans le chœur de l'église, et déclara déchus de l'ordre ceux qui l'avaient indûment obtenu. *Cette exécution*, dit Fabri, *rétablit le calme parmi les pèlerins.* — Et ità res illa fuit quieta et pacificata.

(2) Frère Jean n'était pas moine et n'appartenait pas à l'ordre des frères Mineurs : il en portait toutefois la robe. C'était un vieillard de haute taille,

» la chapelle du Saint-Sépulcre, et y fit entrer, en premier
» lieu, le comte Jean de Solms, lui ceignit une épée cou-
» verte d'ornements d'or, le chaussa de deux éperons du
» même métal et le fit agenouiller devant le tombeau du
» Christ. Alors tirant la lame du fourreau, il le frappa du
» plat de l'épée entre les épaules, l'armant ainsi chevalier,
» au nom du Seigneur. Il appela alors Werli de Zimber et,
» avec sa permission, ce fut le comte de Solms qui fit la
» cérémonie. Puis vint le tour d'Henri de Stöffel, qui fut
» armé chevalier par Werli de Zimber, et de Jean Truchses
» de Waldpurg, lequel le fut par Henri de Stöffel. Ce dernier
» termina la cérémonie en créant encore chevalier Bernard
» de Rechberg. »

Nicole Le Huen, qui visita la Terre-Sainte peu d'années
après, dit, à propos de la troisième visite qu'il fit au Saint-
Sépulcre le 5 août 1487 : « Après disner retournâmes au
» Saint-Sépulchre Nostre-Seigneur, la tierce fois, perseverans

---

avec une longue barbe grise : il était allemand et gentilhomme. C'était lui qui était l'homme d'affaires du couvent et qui traitait toutes les questions d'argent. Les infidèles et le peuple le tenaient en grande vénération et c'était lui qui conférait sur le Saint-Sépulcre la qualité de chevalier. Il le pouvait en sa qualité de gentilhomme : *Porrò quivis militari honore donatus alium militem facere poterat*. C'est ce qu'on lit dans le Glossaire de Du Cange. V° *Miles*, p. 542.

Ce fut encore lui qui donna l'ordre de chevalerie, en 1495, au prince Palatin du Rhin, Alexandre, et au comte de Nassau. La relation du voyage de ces seigneurs lui donne le nom de *Hans von Preussen* : Tucher le désignait de la même manière en 1479, c'est-à-dire seize ans auparavant.

Je n'avais parlé du voyage de Fabri dans la première édition que d'après le résumé du *reisbuch des heyligen lands* : je ne connaissais pas l'édition latine qu'en a publiée à Stuttgard, en 1843, M. Hassler, en 3 volumes in-8°. On y trouve sur le frère Jean et la création des chevaliers du Saint-Sépulcre des détails fort intéressants, mais qui se bornent à confirmer ceux que j'avais fait connaître: « Nobiscum intravit spectabilis vir, dictus Johannes de Prussiâ,
» Procurator Patrum montis Syon, sæcularis quidem statu, sed regularis
» habitu et vitâ. Utitur enim proprio arbitrio habitu tertii ordinis S. Francisci,
» cui tamen regulæ voto non se adstrinxit. Hic vir est genere nobilis de pro-
» sapiâ comitum, Teutonicus de Prussiâ, etc., etc. » Vol. II, p. 2.

» en oraisons, dévotions et prières (1) : et après minuit les
» seigneurs desglise prestres firent comme devant. Davantaige
» il fut faict de nobles seigneurs tant de Frâce comme de Alle-
» magne, Flandres et Espaigne et de Normâdie aulcûs che-
» valiers. Sur le Saict-Sépulchre reçeurent l'ordre, et firent
» les serments à ce faire de raison. Les esperôs dores,
» lespée esbranlée pour la foy maintenir et por elle morir s'il
» est nécessaire..... »

Enfin, en 1495, le prince Palatin du Rhin, Alexandre, le comte de Nassau et leurs compagnons furent armés chevaliers sur le Saint-Sépulcre par le frère Jean déjà cité.

Voilà donc une foule de chevaliers du Saint-Sépulcre antérieurs à cette date de 1496 que l'auteur de l'*Histoire des ordres de chevalerie* publiée par M. A. Walhen assigne à la prétendue création de l'ordre par Alexandre VI : mais cette bulle de 1496, où la trouve-t-on ? Je l'ai en vain cherchée (2) dans la grande collection de bulles pontificales, et le docte Quaresmius, cet encyclopédique historiographe des Lieux Saints ne doit pas avoir été plus heureux que moi, car il se borne à répéter les allégations d'André Favyn, dont il traduit mot à mot, t. I, p. 634, un extrait tiré du *Théâtre d'honneur et de chevalerie*. Favyn est donc le seul qui affirme l'existence de la bulle de 1496, et encore n'en donne-t-il pas la date précise : il se borne à en mentionner l'année et le contenu. Or, ce Favyn est une autorité fort contestable, et Moréri disait déjà que ses ouvrages étaient *peu considérés de son temps, et qu'on y observe des choses singulières, dont il serait à souhaiter qu'il eût cité ses garants*. Quaresmius, au contraire, toujours prudent et véridique, rapporte minutieusement ses autorités, et voici ce qu'il se borne à dire, t. I, p. 487, en son

---

(1) N'est-ce pas là ce que les auteurs qui traitent de l'ancienne chevalerie appellent *la veillée des armes*?

(2) Hélyot paraît l'avoir également cherchée en vain. *Histoire des ordres monastiques, religieux et militaires*, t. II, p. 133.

propre nom : « Ce fut Léon X qui autorisa verbalement en
» 1516, le Père Gardien du mont de Sion à créer des cheva-
» liers du Saint-Sépulcre, à l'instar de ses prédécesseurs ;
» cela résulte d'une lettre adressée à ce Père par je ne sais quel
» cardinal, lettre que j'ai lue dans la collection des priviléges
» du mont de Sion. » Il ajoute, p. 488, qu'il en a également
trouvé la mention dans un manuscrit intitulé : *Reductorium
Hierosolymitanum F. Josephi de Brunis*, et contenant l'indication des priviléges accordés par les Papes aux Franciscains
de Terre-Sainte.

Il faut donc se borner à supposer, si l'on ne préfère rejeter
tout à fait le témoignage de Favyn, que, dès 1496, le pape
Alexandre VI avait autorisé verbalement l'usage que ratifia
Léon X en 1516, comme le ratifièrent successivement, selon
les diplômes de l'Ordre, Pie IV en 1564, Alexandre VII en
1665, Benoît XIII en 1727, Benoît XIV en 1746, et
Sa Sainteté Pie IX, en dernier lieu.

Le rédacteur de l'*Histoire des Ordres de la chevalerie*, édi-
tée par A. Wahlen, mentionne ironiquement les priviléges de
l'ordre, *qui sont fort importants : seulement on ne sait comment le Père Gardien peut en garantir la jouissance*. N'en
déplaise au spirituel éditeur de cette publication, le Père Gardien ne se trouve à ce sujet dans aucun embarras : les priviléges dont on se moque si agréablement n'étaient ni ridicules
ni illusoires à l'époque où ils étaient conférés, et il n'en est
plus question aujourd'hui. Ils étaient, disaient les anciens diplômes, l'effet de concessions pontificales, impériales et royales:
privilegia à Pontificibus, Imperatoribus et Regibus concessa.
Ils ont disparu avec l'ordre politique sous l'égide duquel ils
existaient, non-seulement pour les chevaliers du Saint-Sépulcre, mais en outre pour la Toison d'or, ainsi que pour d'autres
dignités personnelles, et m'est avis que, même dans les Etats
Pontificaux, bien mal avisé serait le chevalier qui en réclamerait aujourd'hui le bénéfice. L'Angleterre, l'Allemagne,

l'Espagne, l'Italie ont eu leurs comtes palatins qui avaient droit de créer tabellions et notaires, et ceux de ces officiers ministériels que créaient les comtes du palais impérial pouvaient instrumenter partout, même hors de l'empire (Nouveau traité de diplomatique, Paris, 1762, in-4°, chap. VII, art. 2). Les chevaliers de la Toison d'or, d'après les statuts de l'ordre, n'étaient pas justiciables des tribunaux ordinaires ; ils ne pouvaient être jugés (1) que par le conseil de Brabant, ou par leurs confrères. « Ils étaient exempts de
» payer en toutes villes et seigneuries aulcuns droicts d'assis,
» gabelle, cueillettes ou maltottes, à cause de leurs dicts
» vivres, bruvaiges et autres choses quelconques qu'ils au-
» ront et prendront pour la despense et vivre d'eux, et de
» leurs dicts hôtels et familles..... de tous droicts de tonlieux,
» péages, passages, travers, ou aultres débits et exactions
» quelconques, et semblablement de toutes tailles, aydes,
» impositions, subventions et aultres charges et contributions
» quelles qu'elles soient. » (Statuts du noble Ordre de la Toison d'or.—Cologne, 1689. in-12, p. 65). Une ancienne fondation attribue aux mêmes chevaliers « deux pots de vin et
» dix liards de pain chaque jour qu'ils seront en cour de leur
» personne. » (Baron de Reiffenberg, histoire de l'Ordre de la Toison d'or, Bruxelles, 1830, in-4°). Ces statuts n'ont jamais été révoqués ; qui songe cependant à revendiquer les priviléges qu'ils concèdent ? Et ces priviléges, *bien qu'il soit impossible d'en garantir aujourd'hui la jouissance*, empêchent-ils l'Ordre de la Toison d'or d'être encore au XIXe siècle le premier Ordre du monde ? C'est le lieu de faire remarquer que les chevaliers du Saint-Sépulcre, d'après les anciens statuts, avaient le pas sur tous les Ordres chevaleresques (2), la Toison d'or exceptée.

(1) Procès du comte d'Egmont, par M. Ch. de Bavay, procureur-général, Bruxelles, 1853, in-8°.

(2) C'est encore le rang que doit lui attribuer le monde catholique. La

Le Saint-Père n'aurait donc fait, en 1496, que régulariser un usage antique et respectable qu'il trouva établi à Jérusalem; il se borna à conférer aux Pères Gardiens du Saint-Sépulcre, Custodes de Terre-Sainte, le privilége d'armer chevaliers les gentilshommes catholiques qui leur paraîtraient dignes de cette grâce. Cette qualité de catholique est la première des conditions requises, et ne comporte aucune dispense. Je ne sais trop s'il faut croire Jacques Wormbser (1) lorsqu'il nous assure qu'en 1561 le Père Gardien, induit sans doute en erreur, conféra la dignité de chevalier du Saint-Sépulcre à ceux de ses compagnons qui avaient cessé d'être catholiques, mais je crois pouvoir opposer à son témoignage celui de deux voyageurs protestants qui affirment le contraire. BREUNING DE BUOCHENBACH visita les Lieux Saints en 1579, et assure, après avoir raconté exactement toutes les cérémonies de la réception des chevaliers, que les protestants ne pouvaient être reçus, à défaut de pouvoir prêter le serment qu'on exige encore aujourd'hui des récipiendaires. Breuning et son compagnon de voyage se gardèrent, dit-il, de se faire recevoir; toutefois en commémoration de ce voyage et des dangers qu'ils y avaient courus, ils augmentèrent leurs armoiries, à l'instar des chevaliers régulièrement reçus, et en guise de symbole, *in perpetuam rei memoriam et loco symboli*, de la croix de Jérusalem et de la roue de sainte Catherine. Il nous apprend à ce propos que les chevaliers du Saint-Sépulcre qui n'avaient pas été plus loin que Jérusalem ou Bethléem ajoutaient à leurs armoiries, à dextre la croix de Jérusalem, à sénestre une demie roue, traversée d'un glaive, en souvenir

---

décoration du Saint-Sépulcre doit être étrangère à toute idée de vanité vulgaire : elle ne doit être que le témoignage extérieur d'un dévouement sincère et complet aux intérêts de la Palestine. La croix de Jérusalem ne saurait briller sans honte sur une poitrine dont les aspirations seraient étrangères à la vénération des Lieux Saints.

(1) V. sur ce Wormbser, Quaresmius, t. I, liv. II, ch LI, p. 653.

d'une chapelle dédiée à sainte Catherine dans l'église de Bethléem, tandis que ceux qui poussaient leur voyage jusqu'aux monts Sinaï, Oreb, et de Sainte-Catherine, en Arabie, avaient droit de prendre la roue entière, en témoignage de ce périlleux pèlerinage (1). Je n'ai vu cela nulle part ailleurs : toutefois Quaresmius énonce, t. I, liv. II, ch. 62, qu'il y avait jadis *des chevaliers de sainte Catherine au mont Sinaï*, et l'on en trouve également la mention dans l'ouvrage intitulé : *Den Vaderlandtschen Herauld ofte Tractaet van Wapenen en Polityken adel, door Thomas de Rouck*, 't Amsterdam, 1645, in-folio. On y lit ce qui suit : « Les pèlerins de Jérusalem qui vont au
» monastère de Sainte-Catherine y sont armés chevaliers sur le
» tombeau dans lequel est conservé le corps de la Sainte, après
» avoir assisté à la messe et y avoir reçu la communion. Ils
» reçoivent cet honneur du Père Gardien ou du principal
» des religieux de ce monastère, qui observent les mêmes
» cérémonies et prononcent les mêmes formules que celles
» dont on use à Jérusalem pour armer les chevaliers du
» Saint-Sépulcre. Ces chevaliers portent sur le côté gauche
» de leur manteau, outre la croix de Jérusalem, le signe
» du martyre de sainte Catherine, à savoir une roue à six
» rayons (2). »

L'anglican Joliffe, dans ses lettres sur la Palestine, la Syrie et l'Égypte, écrites en 1817 et traduites par Aubert de Vitry, dit que l'Ordre du Saint-Sépulcre est fréquemment conféré à des prêtres catholiques, qui en portent la décoration sur le cœur, et que si l'on admettait à cette distinction des

---

(1) On voit dans la chapelle de Jérusalem à Bruges la pierre sépulcrale de Jean Adornes, fils de P. Anselme et rédacteur de l'itinéraire paternel ; on y remarque ses armoiries accompagnées à dextre de la croix de Jérusalem, à senestre de la roue de sainte Catherine.

(2) On peut également consulter à ce sujet André Favyn, *Théâtre d'honneur et de Chevalerie* ou *Histoire des Ordres de Chevalerie*, Paris, 1620 in-4°, t. II, p. 1665, et Honoré de Sainte-Marie, *Dissertations historiques et critiques sur la chevalerie ancienne et moderne*, Paris, 1718, in-4°, liv. I, p. 126.

ministres d'une autre communion, *on en recueillerait d'excellents résultats que tout bon esprit doit désirer.* « Ayant été
» assez heureux, ajoute-t-il, pour rendre à plusieurs catholi-
» ques quelques légers services, dont l'importance fut fort
» exagérée, les chefs de cette communion à Jérusalem en
» prirent occasion de chercher à me donner quelque témoi-
» gnage de leur satisfaction. Mais on trouva les statuts trop
» positifs sur l'obligation imposée aux candidats de professer
» la religion romaine, pour qu'il fût possible de conférer le
» rang de chevalier à un voyageur anglais. Toutefois un pro-
» testant, au xixe siècle, peut se relâcher un peu de la sévérité
» habituelle de sa croyance, lorsqu'il fixe son attention sur
» une institution à laquelle s'associent tant de souvenirs dignes
» de respect. »

Au xiiie siècle, dit Mgr Mislin (1), c'est-à-dire à l'époque où les armées chrétiennes allaient être contraintes d'abandonner les lieux qu'elles avaient conquis au prix de tant de sacrifices, Dieu suscita d'autres Croisés : Saint François d'Assise partit pour les Saints Lieux à la tête d'une armée de douze pauvres moines, et débarqua à Ptolémaïs l'année 1219 ; il venait fonder un royaume beaucoup plus durable que celui de Godefroid de Bouillon.

Les premiers frères mineurs envoyés à Jérusalem furent massacrés dans l'église même de la Résurrection par les Karismiens, en 1244, et pendant plusieurs siècles l'Ordre eut à enregistrer une foule de martyrs. Roger et Quaresmius

---

(1) *Les Saints Lieux, pèlerinage à Jérusalem*, par Mgr. Mislin, abbé mitré de Deg, en Horgrie. Bruxelles, 1852, ch. xxii.

Cet ouvrage est l'un des pèlerinages les plus complets et les plus intéressants qui aient vu le jour. Jadis précepteur de l'empereur d'Autriche, actuellement régnant, Mgr. Mislin a eu l'honneur d'accompagner S. A. R. le duc de Brabant dans son voyage en Orient, si heureusement accompli en 1855.

entrent là-dessus dans de grands et lamentables détails; j'y vois, entre autres, que le P. Hilaire, *Flamand*, allant de Nazareth à Acre, fut rencontré par des soldats qui le blessèrent cruellement. En 1653, et grâce aux capitulations obtenues par les rois de France, le sang des Franciscains ne coulait plus, mais leur situation n'en était pas moins digne de pitié. « Je ne veux pas mettre en ligne de compte, dit le
» P. Roger, les coups de bastons et de pierres, les gourmades
» et injures que nous recevons à toute heure quand nous
» allons dans la ville ou aux champs par la racaille du peuple,
» car cela nous est ordinaire comme à Paris d'estre saluez. Il
» est vrai que les mahométans qui tiennent rang et office de
» noblesse et ceux qui sont en réputation d'honnêtes gens ne
» nous disent ni font aucun mal. »

Ce fut en 1342 que le pape Clément V délégua définitivement (1) aux pères Franciscains le soin des Lieux Saints, à la suite d'une convention consentie avec le Soudan d'Egypte. Par sa bulle *Gratias agimus*, il voulut, dit Bernardino dans sa préface, qu'il y eût continuellement des frères séjournant nuit et jour dans l'église du Saint-Sépulcre, pour y célébrer les offices divins. (Trattato delle piante ed immagini della terra sancta, etc).

Leurs couvents devinrent tout à la fois des hôtelleries, des écoles et des hôpitaux : la réception des pèlerins était une fête pour eux; ils les recevaient sans distinction de culte, avec des soins touchants que décrivent la plupart des relations jusqu'au XVIIIe siècle, époque où cette réception dut être abandonnée à cause du petit nombre de voyageurs.

Avant l'arrivée du patriarche actuel, le supérieur des Franciscains était préfet des missions de Syrie, de Chypre

---

(1.) D'après Quaresmius, t. I, liv. 1er, ch. 67, p. 175, les Franciscains sont établis en Terre-Sainte et à Jérusalem, depuis l'an 1238 ou 1257. — *Histoire de Terre-Sainte*, par D. Math. Rodrig. Sobrino. Tournai, 1857, in-8°, t. II, p. 294 et passim.

et d'Egypte, gardien du Mont Sion et du Saint-Sépulcre (1), ainsi que Custode de Terre-Sainte : il ne dépendait que du Supérieur général, qui est à Rome, et officiait pontificalement. Cette dignité était toujours dévolue à un italien : celle de vice-supérieur devait être donnée à un français, mais pendant longtemps il n'y eut plus de religieux de cette nation. La Belgique n'en avait également plus fourni depuis plusieurs années, lorsqu'on y envoya le P. Lefebvre, de Charleroi, qui ne put supporter le climat, et faillit y mourir. Le nom de *flamand* était devenu tout à fait inconnu à Jérusalem, et l'on ne voyait dans Godefroid de Bouillon et son frère que des *princes français*, qualification contre laquelle la Belgique ne peut cesser de protester. *Suum cuique.*

Ce sont les Pères Récollets qui sont habituellement chargés en Belgique, en qualité de commissaires de Terre-Sainte, de recueillir les dons et aumônes destinés à l'entretien des Lieux Saints (2). Le dernier commissaire était en 1852 le Père Archange Wendrickx, du couvent de Saint-Trond ; c'est un religieux instruit et zélé, qui fait à son ordre le plus grand honneur. C'est à lui qu'on doit la résolution d'envoyer désormais deux Pères belges au couvent de Saint-Sauveur à Jérusalem, dans l'intérêt de nos nationaux qui ne parlent ni l'italien ni l'espagnol.

C'est donc exclusivement à la milice de saint François que fut si longtemps confiée la garde des Lieux Saints, dont l'Europe et la chevalerie du moyen âge n'avaient pas su assurer la conquête.

---

(1) Ce sont les religieux connus sous le nom de Mineurs observantins, Réformés, ou Récollets, qui sont exclusivement chargés du service de la Terre-Sainte. Le père Custode est toujours pris parmi les Observantins.

(2) Il serait bien à désirer que les catholiques de Belgique s'occupassent des sanctuaires de la Palestine d'une manière efficace et généreuse, pour leur assurer, par des quêtes annuelles, des ressources permanentes, à l'instar de ce qui se pratique le vendredi-saint en Autriche et en Bavière.

Ils étaient dignes de recevoir ce privilége, ces hardis Franciscains qui, depuis plus de six siècles, montent courageusement la garde autour du saint tombeau, sentinelles héroïques et vigilantes que relève seule la mort, et dont le mot d'ordre, se répète, avec une admirable fidélité, de génération en génération (1).

Les bulles pontificales concernant la création de chevaliers par le Supérieur des Franciscains de Jérusalem, furent la conséquence logique et naturelle de la bulle de 1342, mais elles n'innovèrent rien, elles ne créèrent rien. Elles constatèrent et régularisèrent un usage qui remonte au moyen âge : elles codifièrent et légalisèrent les cérémonies traditionnelles, mais précises et non arbitraires, qui présidaient à la réception des chevaliers créés au Saint-Sépulcre.

Par les extraits qui précèdent, l'on a vu que la création des chevaliers se faisait de plusieurs manières : tantôt ce sont des ecclésiastiques qui interviennent, tantôt c'est le gentilhomme allemand que *Fabri* appelle le frère Jean, tantôt nous voyons les seigneurs se donner successivement l'accolade en sa présence.

N'est-ce point là, je le demande, l'ancienne chevalerie du moyen âge, telle que nous la font si bien connaître Du Cange et La Curne de Sainte-Palaye.

(1) Capefigue rapporte que les Franciscains, voyant l'indifférence des souverains et les progrès menaçants de la puissance Ottomane, conçurent un admirable projet d'armée purement religieuse, indépendante des rois, et tout entière sous l'impulsion du Pape. Pendant que la soi-disant réforme de Luther couvrait l'Allemagne de ruines, que Charles-Quint et François Ier se combattaient à outrance, ils proposaient de mettre sur pied une armée d'environ 500,000 hommes, à fournir et à entretenir exclusivement par les divers Ordres religieux, sans en excepter les couvents de femme. Ce projet, soumis au souverain pontife en consistoire, resta malheureusement sans exécution. *François Ier et la renaissance*, t. II, ch. 6.

Des jeûnes austères, des nuits passées en prière avec un prêtre et des parrains, dans des églises ou dans des chapelles; les sacrements de la pénitence et de l'eucharistie reçus avec dévotion, des habits blancs (1) pris à l'imitation des néophytes, comme symboles de pureté ; un aveu sincère de toutes les fautes de sa vie, une attention sérieuse à des sermons où l'on expliquait les principaux articles de la foi et de la morale chrétienne : tels étaient, dit La Curne de Sainte-Palaye, t. I, p. 69, les préliminaires de la cérémonie par laquelle le novice allait être ceint de l'épée de chevalier.

Le récipiendaire se mettait à genoux devant le seigneur qui se disposait à l'armer, et qui lui demandait dans quel dessein il désirait entrer dans l'Ordre, pour bien s'assurer que ses vœux ne tendaient qu'au maintien et à l'honneur de la religion (2) et de la chevalerie; le novice faisait les réponses convenables, et le seigneur, après avoir reçu son serment, consentait à lui accorder sa demande. Aussitôt le novice était revêtu de toutes les marques extérieures de la chevalerie : on

(1) L'uniforme des chevaliers du Saint-Sépulcre fut, dès l'origine, un vêtement blanc, comme l'explique Quaresmius, t. I, liv. II, ch. 43.

Le costume actuel des chevaliers laïcs se compose, à l'instar des autres Ordres militaires, d'une tunique ou d'un habit de drap blanc, boutonné droit sur la poitrine ; aiguillettes d'or et épaulettes à grosses torsades de même ; pantalon de drap écarlate, avec un large galon d'or ; chapeau en feutre, bordé d'un galon d'or et de plumes d'autruche noires, avec la cocarde du pays auquel appartient le titulaire ; écharpe or et noir ; sabre ou épée, et éperons d'or.

(2) *Office de chevalerie est de maintenir la foy catholique*, dit l'auteur de l'ouvrage intitulé l'*Ordre de Chevalerie*.

> « Chevaliers en ce monde-cy
> » Ne peuvent vivre sans s'ucy :
> » Ils doivent le peuple défendre,
> » Et leur sang pour la foy espendre. »
> (*Poésie du* XIVe *siècle*.)

« La chevalerie est la féodalité exaltée, épurée par le sentiment chrétien. » Dans l'esprit de l'époque, on prisait si haut l'Ordre de chevalerie qu'on » l'assimilait à l'Ordre de prêtrise : le chevalier faisait le serment de défendre » la religion avec l'épée, comme le prêtre avec la parole. » De Gerlache, *De la féodalité, de la chevalerie, et des communes en Belgique*, Journal de Bruxelles, n° 12, du 13 janvier 1856.

lui donnait les éperons, le haubert ou la cotte de mailles, la cuirasse, les brassards et les gantelets ; enfin on lui ceignait l'épée, ce qui était le signe le plus essentiel de la chevalerie (1).

Alors le seigneur qui devait lui *conférer l'ordre* lui donnait l'accolade (2) : c'était ordinairement trois coups du plat de son épée nue sur l'épaule ou le cou de celui qu'il faisait chevalier (3) : il prononçait en même temps ces paroles : *Au*

(1) La tradition veut que l'épée et les éperons qui servent à la création des chevaliers du Saint-Sépulcre soient ceux de Godefroid de Bouillon ; je n'en trouve la première mention que dans la relation de Villamont (1588), puis dans celle de Stochove, de Bruges (1631). Le père Nau (1674) doute déjà du fondement de cette tradition. Fabri (1483), en rapportant les détails de la réception du comte de Solms, dit qu'on lui ceignit une *épée couverte d'ornements d'or* et qu'on le chaussa de deux éperons de même métal ; Jean Tucher (1479) assure que ce fut avec l'épée qu'il portait que le duc de Mechelburg et ses huit compagnons furent armés chevaliers par le frère Jean. Ils n'attribuent en aucune façon ces objets à Godefroid de Bouillon ; faut-il en conclure que la tradition n'existait pas encore au xve siècle ?

M. de Marcellus (*Souvenirs de l'Orient*, t. III), parle aussi des gants ou gantelets de Godefroid, mais je n'en retrouve la mention nulle part ailleurs, tandis que presque tous les voyageurs modernes attribuent à Godefroid les éperons dont se chaussent les récipiendaires, et l'épée à l'aide de laquelle on leur donne l'accolade. Faut-il reléguer cette intéressante tradition au rang des fables ? M. Salzmann, qui a photographié dans la sacristie même de l'église du Saint-Sépulcre l'épée dite de Godefroid de Bouillon, n'hésite pas à déclarer qu'elle doit positivement être celle de cet illustre capitaine, mais il rejette l'authenticité des éperons. (*Études et reproduction photographiques des monuments de la Ville Sainte*, par A. Salzmann, Paris, 1856, in-fol.) Le musée d'artillerie à Paris possède aussi une armure complète qu'on prétendait être celle de *Godefroid de Bouillon*. Elle fut apportée à Sédan en 1440, par Érard de la Marck, et les connaisseurs s'accordent à reconnaître que le fini de l'ouvrage ne permet pas de la regarder comme appartenant au xie siècle.

(2) C'est par abus qu'on appelle le baiser de paix *accolade* La *collée* était le coup d'épée que l'on donnait sur le *col* des chevaliers. Aussi le *Dictionnaire de l'Académie*, plus exact en cela que le *Dictionnaire de Trévoux*, définit-il ainsi l'accolade : « une des principales cérémonies anciennement observées
» dans la réception d'un chevalier, et qui consistait ordinairement à donner
» trois coups du plat de l'épée sur l'épaule ou sur le cou de celui qu'on armait
» chevalier, après quoi on l'embrassait. »

(3) Ce sont identiquement les mêmes cérémonies qui se pratiquent au Saint-Sépulcre pour la réception des chevaliers : on peut s'en assurer facile-

nom de Dieu, de saint Michel, et de saint Georges, je te fais chevalier, auxquelles on ajoutait quelquefois ces mots : *Sois preux, hardi et loyal.*

Ne croirait-on pas entendre le récit de la réception d'un chevalier du Saint-Sépulcre ? ce sont les mêmes cérémonies, bien légèrement modifiées. « Pendant la nuit que les pèlerins
» demeurent enfermés avec les religieux, dit Roger, s'il y a
» quelques gentilshommes ou autres personnes de mérite qui
» ayent rendu des services signalés aux Lieux Saints, et qui
» ayent dévotion d'estre chevaliers du Saint-Sépulcre, après
» s'estre confessés et communiés, ils prient le père gardien
» de leur donner l'*ordre de chevalerie.* »

Les diplômes des chevaliers du Saint-Sépulcre ne parlent point d'une fondation proprement dite : ils se bornent à constater que l'institution existe de temps immémorial ; elle remonte en effet à Charlemagne lui-même (1), en ce sens que

---

ment en feuilletant les relations de Fabri, du comte de Lowenstein, de Breuning de Buochenbach, de Villamont, de Zuallart d'Ath, de Jean Van Kootwyck, du prince de Radzivill, de Quaresmius, de Roger, de Thevenot et de Chateaubriand. Le rituel suivi à Jérusalem, aujourd'hui même, pour la réception des chevaliers, est celui que déterminait le Pontifical romain pour cette imposante cérémonie. V. Pontificale romanum Clementis primi, nunc denuo Urbani P. VIII auctoritate recognitum. Antv, 1707.

(1) La chevalerie existait déjà, selon quelques écrivains, sous Charlemagne, nous lisons en effet dans la *Vie de Louis-le-Débonnaire* composée par l'auteur qui s'intitule l'astronome impérial : « Anno sequente (794) patri Regi rex
» Ludovicus Engelnheim occurrit, indè Renesburg cum eo abiit, *ibique ense,*
» jam appellens adolescentiæ tempora, *accinctus est*, ac deindè patrem in
» Avaros exercitum ducentem usque ad Chuneburg comitatus, jussus est
» reverti et usque ad reversionem paternam cum Fastradà manere Reginà. »
Duchesne, t. II, p. 286. V. Du Cange, *V, Miles*, p. 533. Ceindre l'épée était, comme nous l'avons déjà dit, le signe le plus essentiel de la chevalerie. « Qui
» cingulum militare nondùm acceperant, dicebantur *servi, servientes* famuli,
» germanicè *Knechten, Knapen*, post acceptam dignitatem dicebantur *milites*,
» germanicè *Ritter.* » J.-H. Meibomii in H. Roslæ Herlingsbergam notæ, n. 341, p. 802. — Rer. Germ. t. III, Helmaestadii, 1683, in-folio.

La déclaration qu'un jeune homme entrait dans la classe des guerriers était chez les Germains un acte national, une cérémonie publique. Dans le château

grâce au rayonnement de la gloire de cet illustre empereur, les avenues du Saint-Sépulcre s'ouvrirent de nouveau aux pèlerins catholiques. L'histoire nous apprend que le superbe Aaroun-al-Raschid, qui méprisait tous les princes de la terre, rechercha constamment l'amitié de Charlemagne, et lui adressa même une ambassade solennelle ; le moine de Saint-Gall (de vitâ Karoli) donne une curieuse description des fêtes qui furent offertes, à Aix-la-Chapelle, à ses ambassadeurs. La tradition rapporte qu'Aaroun, non content d'accorder la permission d'honorer les Saints Lieux et d'y envoyer des présents, fit remettre en outre à Charlemagne les clefs de l'église du Saint-Sépulcre, lui cédant la souveraineté de Jérusalem et de la Terre-Sainte, et ne s'y réservant que le titre de son lieutenant (1). C'est encore une fois de l'exagération populaire, qui alla jusqu'à faire conquérir la Palestine par le grand empereur en personne, fable étrange dont les *chroniques de saint Denis* n'ont pas dédaigné d'accueillir le merveil-

---

féodal, quand le fils du seigneur parvient à l'âge d'homme, la même cérémonie s'accomplit, et ce n'est pas à son fils seul, mais encore aux jeunes vassaux élevés dans l'intérieur de sa maison que le seigneur confère cette dignité ; ils tiennent à honneur de la recevoir de la main de leur suzerain, au milieu de leurs compagnons. Voilà la chevalerie ; elle consiste essentiellement dans l'admission au rang et aux honneurs des guerriers. Le mot *miles*, qui désignait le chevalier, en est une preuve irrévocable. *Namèche, cours d'histoire nationale*, t. I, p. 188.

(1) Voici tout ce que je trouve à ce sujet dans la vie de Charlemagne par Eginhard : Cum Aaron rege Persarum, qui, exceptâ Indiâ, totum penò tenebat Orientem, talem habuit in amicitiâ concordiam, ut is gratiam ejus omnium qui in toto orbe terrarum erant regum ac principum amicitiæ præponeret, solumque illum honore ac munificentiâ sibi colendum judicâret ; ac proindè cum legati ejus, quos cum donariis ad sacratissimum Domini ac Salvatoris mundi sepulchrum, locumque resurrectionis miserat, ad eum venissent et ei domini sui voluntatem indicâssent, non solùm quæ petebantur fieri permisit, sed etiàm sacrum illum et salutarem locum, ut illius potestati adscriberetur, concessit. Et revertentibus legatis suos adjungens, inter vestes et aromata et ceteras orientalium terrarum opes, ingentia illi dona transmisit, cum ei ante paucos annos eum, quem tunc solum habebat, roganti mitteret elephantem. *Duchesne*, t. II, p. 99. *Pertz*, t. II, p. 451.

leux récit. Grâce à Charlemagne, l'accès au Saint-Sépulcre devint et resta libre : ce fut une concession importante, car l'esprit des pèlerinages vers les Saints Lieux put derechef se développer.

L'institution remonte aussi à Godefroid de Bouillon en ce sens que, grâce à la conquête de la cité sainte, on put y pratiquer les cérémonies préalables à la collation de la chevalerie, pratique qui était générale en Europe, et qui devait revêtir à Jérusalem un caractère tout particulier d'enthousiasme religieux et militaire.

L'usage de créer des chevaliers existait encore en Europe au XVI° siècle. Voici, tel que nous le raconte Symphorien Champier (1), un épisode de la fameuse bataille de Marignan :
« Or, le roy, avant de créer des chevaliers, appela messire
» Bayard, si luy dist : Bayard, mon amy, je veux que au-
» jourd'huy soye faict chevalier par vos mains, parce que le
» chevalier qui a combattu à pied et à cheval en plusieurs
» batailles, entre tous autres est tenu et réputé le plus digne
» chevalier. Or est ainsy de vous qui avez eu plusieurs batailles
» et conquestes et vertueusement combattu contre plusieurs
» nations.

» Aux paroles du Roy respond Bayard : Sire ! celui qui est
» Roy d'un si noble royaume est chevalier sur tous autres
» chevaliers. Si, dist le Roy, Bayard, despeschez vous ; il
» ne faut ici alléguer ne loix ne canons, soyent d'acier, cuivre
» ou de fer : faictes mon voloir et commandement, si vous
» volez estre du nombre de mes bons serviteurs et subjects.
» — Certes, respond Bayard, si ce n'est assez d'une fois,
» puisqu'il vous plaist, je le ferai sans nombre, pour accom-
» plir, moi indigne, vostre voloir et commandement. Alors
» preinct son épée Bayard, et dict : Sire ! autant vaille que si

---

(1) *Vie du capitaine Bayard, gentilhomme du Dauphiné.* — Item. *Vies des hommes illustres de France*, par d'Aurigny. Paris, 1769, t. IX, p. 444.

» s'estoit Roland ou Olivier, *Godefroid ou Baudouin*, son
» frère (1). Certes, vous estes le premier prince que oncques
» feis chevalier. Dieu veuille que en guerre ne preniez la
» fuite. Et puis après, par manière de jeu, cria humblement,
» l'espée en la main dextre : Tu es bien heureuse d'avoir
» aujourd'huy à un si vertueux et puissant roy donné l'ordre
» de chevalerie. Certes, ma bonne espée, vous serez moult
» bien comme relique gardée et sur toutes aultres honorée.
» — Et vous ne porteray jamais, si ce n'est contre Turcs,
» Sarrazins ou Mores. Et puis feit deux saults, et après remeit
» au fourreau son espée. »

Le *bon chevalier sans peur et sans reproche* était bien digne de baptiser, au nom de la gloire, le vainqueur de Marignan (2) : il était le dernier et le plus noble représentant de la chevalerie au xvie siècle. Plus d'une fois, lorsque la victoire eut ensuite abandonné le drapeau de la France, François Ier s'écria, dit-on, en gémissant : *Ah! chevalier Bayard, que vous me faites grand'faute!*

(1) Touchant souvenir de nos deux héros Lotharingiens! Je m'étonne qu'on ne l'ait point déjà fait remarquer. Cet épisode de l'héroïque bataille de Marignan a pour nous, grâce à ce souvenir, un véritable intérêt de famille, si je puis m'exprimer ainsi. François Ier armé chevalier au nom de Godefroid de Bouillon ! la chose mérite d'être enregistrée, et honorablement mentionnée dans un travail exclusivement consacré aux souvenirs de la patrie.

(2) La sanglante bataille de Marignano, gagnée par les Français sur les Suisses, le 13 septembre 1515, avait duré deux jours. Le roi-chevalier y fit des prodiges de valeur ; à Pavie, il fut aussi brave, mais il dut succomber sous l'étoile de notre glorieux empereur Charles-Quint. Belges, il nous est permis d'admirer François Ier, mais il ne faut pas oublier qu'il fut l'ennemi de notre pays, et que bien plus grande et plus légitime est la gloire de son illustre adversaire. Il serait digne de la Belgique régénérée de produire enfin une bonne histoire de ce géant que n'ont pu renverser de son piédestal les haines réunies des écrivains français et protestants, et dont la Belgique peut à bon droit se montrer fière, puisqu'il naquit au milieu de nous, et nous gouverna avec affection jusqu'à son abdication.

Les chevaliers du Saint-Sépulcre sont souvent désignés sous la dénomination d'*equites aurati* (1). C'est encore un souvenir du moyen âge.

« L'or était réservé, dit La Curne de Sainte-Palaye, t. 1,
» p. 287, pour les armes des chevaliers, leurs housses et les
» harnois de leurs chevaux : les écuyers devoient se contenter
» de pareils objets en argent. De là, la dénomination : *equites*
» *aurati Hierosolymitani Sancti Sepulchri.* »

La Curne de Sainte-Palaye nous apprend encore, p. 222, qu'outre le prix décerné au plus brave chevalier du jour, quelquefois au sortir d'un combat, d'un assaut ou d'une autre action, on donnait aux guerriers qui s'étaient signalés des chaînes d'or qu'ils pendaient à leur cou. C'est aussi une chaîne d'or, avec la croix de Jérusalem, qu'à la fin de la cérémonie le Père Gardien passe au cou des récipiendaires, mais ce serait erronément que l'on attribuerait ce collier à Godefroid de Bouillon, comme l'ont fait certains voyageurs, trop enclins au merveilleux.

Il me semble démontré que l'Ordre du Saint-Sépulcre n'est pas autre chose que l'ancienne chevalerie du moyen âge (2), naissant avec les paladins de la Table-Ronde, mourant,

(1) C'est ce que nous apprennent Baldensel, Radzivill et Breuning de Buochenbach, dont nous avons invoqué ci-dessus le témoignage, à propos des protestants qui auraient été armés chevaliers sur le Saint-Sépulcre, bien que le Père Gardien connût leur hétérodoxie. J'admets que la chose a eu lieu plus d'une fois, mais sans doute grâce à une fraude que se permettaient certains pèlerins peu délicats, de même que nous voyons souvent conférer l'ordre à des voyageurs qui n'ont guère de catholique que le nom, et qui prêtent cependant, sans sourciller, le serment prescrit par les statuts de l'ordre.

(2) Si on en croit les personnes savantes dans l'art héraldique, c'est des croisades qu'est venu l'usage des armoiries. Tant de croix de différentes figures qu'on voit dans les écussons de l'ancienne noblesse en sont la preuve, et les couleurs, les émaux, le vair et le contre-vair qu'on y rencontre, doivent leur origine aux pelleteries dont ces guerriers ornaient leurs cottes d'armes. *La plupart passèrent à la Terre-Sainte exprès pour y recevoir l'ordre de chevalerie.* — Vertot, Histoire des chevaliers de Saint-Jean de Jérusalem, t. IV, p. 8.

comme institution civile, au xvie siècle, mais subsistant encore aujourd'hui devant ce tombeau divin, symbole de l'éternité.

J'en trouve une première preuve dans le chapitre suivant, d'un ouvrage peu connu, composé par Antoine de la Sale, vers le milieu du xve siècle :

Comment ung escuyer se doit faire chevalier.

« L'escuyer quand il a bien voyagé et a esté en plusieurs
» faicts d'armes dont il en est sailly a honneur, et qu'il a
» bien de quoi maintenir l'estat de chevalerie....., alors doit
» requérir aulcun seigneur ou preudhomme chevalier qui le
» face chevalier au nom de Dieu, de Notre-Dame, et de
» Monseigneur St. Georges, le bon chevalier, à lui baillant
» son espée nue en baisant la croix. *En oultre bons chevaliers*
» *se font au Sainct Sepulchre de Nostre Seigneur, pour*
» *amour et honneur de lui.* Aultres se font à Saincte Cathe-
» rine, là où ils ont leurs dévotions (1). »

L'usage de créer des chevaliers, général en Europe, a dû être pratiqué de tout temps en terre sainte (2) : c'était la récompense des pèlerins qui avaient affronté les dangers du voyage, comme l'ordre de chevalerie était après une bataille la récompense des braves qui avaient survécu au carnage. Les chevaliers créés au Saint-Sépulcre ne formaient pas comme les Hospitaliers, les Templiers et autres, un Ordre conventuel,

---

(1) Cet extrait se trouve littéralement reproduit par La Curne de Sainte-Palaye, *Mémoires sur l'ancienne chevalerie*, t. I, p. 118.

(2) « *La chevalerie militaire*, dit Honoré de Sainte-Marie, *est très-diffé-*
» *rente des ordres militaires.* Pour démêler la dignité militaire et ne pas la
» confondre avec les Ordres de chevalerie, il faut faire attention à plusieurs
» choses. La première est que les chevaliers des Ordres militaires font comme
» un corps ou une société qui a un chef ou un grand-maître. . . . . .
» On ne trouve rien de tout cela dans la chevalerie militaire. Les chevaliers ne
» font point de corps ; ils sont tous détachés les uns des autres et ne sont point
» réunis sous un chef. » — Dissertation historique et critique sur la chevalerie ancienne et moderne séculière et régulière, par le R. P. H. de Sainte-Marie; Paris, 1718, in-4°, liv. I, p. 52.

moitié militaire, moitié monacal : c'étaient au contraire des chrétiens isolés qui rentraient, après leur pèlerinage, dans la vie civile, obligés par un serment libre, volontaire, et solennel, à ne pas s'en tenir, pour la splendeur et la défense des Lieux Saints, à de stériles vœux.

Confondant le lieu de la réception des chevaliers avec l'origine de l'institution elle-même, l'on s'est ensuite habitué à appeler *chevaliers du Saint-Sépulcre*, les chevaliers créés à Jérusalem (1) dans l'église de la Résurrection, puis à en parler comme de membres d'un Ordre pareil aux divers Ordres militaires constitués en associations armées et permanentes, vouées par état à la défense des Lieux Saints et à la guerre contre les infidèles. Enfin surgit cette singulière confusion entre les pèlerins, créés chevaliers de Jérusalem à l'instar des chevaliers du moyen âge, et les chanoines préposés par Godefroid de Bouillon à la garde du Saint-Sépulcre (2), chanoines d'abord séculiers, puis forcés, en 1114, par le patriarche Arnould, à vivre en communauté sous la règle de Saint-Augustin. Le chapitre du Saint-Sépulcre était devenu une corporation puissante, et les *assises de Jérusalem* nous apprennent (ch. 331) qu'il devait fournir 500 sergents d'armes à l'État, c'est-à-dire autant que le Patriarche et la cité de Jérusalem elle-même. Les victoires de Saladin forcèrent en 1187 le Patriarche à s'exiler avec ses chanoines, qui

---

(1) On trouve sur les chevaliers de Jérusalem, dits du Saint-Sépulcre, d'assez bonnes choses dans l'ouvrage d'Hélyot, que nous avons déjà cité : *Histoire des ordres monastiques, religieux, et militaires*, t. II. p. 128.

(2) Cette confusion se fait surtout remarquer dans le *Précis historique de l'ordre royal, hospitalier, et militaire du Saint-Sépulcre de Jérusalem*, par le comte Allemand, Paris, 1815. — Cet ouvrage concerne *l'archiconfrérie du Saint-Sépulcre*, qu'on avait métamorphosée en Ordre de chevalerie, et qui délivrait des diplômes et des décorations sous le patronage de Louis XVIII ; ce prince, mieux informé, s'empressa de la supprimer en 1823, à la suite d'une protestation formelle du R. P. Gardien de Terre-Sainte, publiée par le *Moniteur français* du 10 août 1822. — *Précis historique des Ordres de chevalerie*, par Jacques Bresson, Paris, 1844, in-8°.

se retirèrent comme lui à Ptolémaïs, conservant, comme de raison, la jouissance des biens qu'ils possédaient en Terre-Sainte et, vraisemblablement, dans diverses contrées de l'Occident.

A la chute de Ptolémaïs (1291) ces chanoines se retirèrent, paraît-il, à Pérouse, en Italie : en 1489, le pape Innocent VIII les supprima, et donna leurs biens à l'Ordre de Saint-Jean-de-Jérusalem, mais il semble que cette bulle ne fut pas mise immédiatement à exécution. Quaresmius donne à la bulle de suppression la date du 24 mars 1484, mais d'après Moréri, Innocent VIII ne fut élevé à la Tiare que le 29 août de ladite année ; je crois donc la date de 1489 préférable.

Le pape Pie II, le célèbre Æneas Sylvius, dont le génie fut constamment préoccupé d'une nouvelle croisade, avait institué, en 1459, un Ordre militaire qui eût dû s'établir dans l'île de Lemnos, aujourd'hui Stalimène, mais qui ne put se constituer. Il lui avait donné le nom de Notre-Dame de Bethléem, lui assignant pour liste civile les possessions des chanoines du Saint-Sépulcre, qu'il supprimait en même temps. C'est cette suppression qui fut confirmée par Innocent VIII, en 1489, en faveur des chevaliers de Rhodes.

Du moment où la Terre-Sainte était perdue pour les chrétiens, le Chapitre du Saint-Sépulcre n'avait plus de raison d'être, et le Saint-Père devait logiquement disposer de ses immenses biens en faveur d'un Ordre militaire créé pour défendre la chrétienté contre les mahométans. La nouvelle institution ébauchée par Pie II ayant échoué, rien ne fut plus facile à l'illustre défenseur de Rhodes, Pierre d'Aubusson, grand-maître de l'Ordre de Saint-Jean, que d'obtenir en 1489 des biens qui, ès mains des chanoines dits du Saint-Sépulcre, ne pouvaient plus recevoir leur destination primitive. Les bulles de Pie II (1459) et de Pie IV (1560) existent et ne disent mot d'un Ordre du Saint-Sépulcre ; elles donnent, au contraire, à celui de Saint-Lazare, qu'elles supprimaient également, le titre de *Militia*. V. Istoria della sacra religione di san Giovani Gierosolimitano, di Jacomo Bosio, t. i, liv. xi, p. 314, et liv. xiv, p. 412. — Item, Hélyot, *histoire des ordres monastiques, religieux, et militaires*, Paris, 1714.

Alléchés sans doute par les biens considérables qu'avait possédés en Europe le chapitre du Saint-Sépulcre, certains chevaliers furent tentés, paraît-il, d'en faire tourner la suppression à leur profit. Du moins l'histoire me fournit-elle deux exemples de sérieuses tentatives ayant pour but de constituer les chevaliers de Jérusalem, épars en Europe, en Ordre proprement dit.

La première eut lieu en Belgique, en 1555 : Pierre de Carate convoqua un chapitre général, à l'effet d'élire un grand-maître. Trente chevaliers répondirent à cet appel. La réunion fut fixée au 26 mars 1558, à Hoogstraeten, dans la collégiale de Sainte-Catherine. Vingt membres y arrivèrent en personne : les dix autres envoyèrent leurs procurations. Philippe II, roi d'Espagne, fut élu grand-maître et son fils aîné, Don Carlos, Prince de l'Ordre, avec droit de succession. On trouve le procès-verbal de cette assemblée dans Quaresmius, t. i, p. 635, et dans les *Annales de l'académie d'archéologie de Belgique*, t. vi, p. 176. Il paraît que les efforts de Pierre de Carate, nommé par le même chapitre commissaire général de l'Ordre, n'eurent aucun résultat.

La seconde tentative fut celle du duc de Nevers, au temps de Louis XIII, en France. Ce fut sous le magistère de l'illustre Alof de Vignacourt qu'elle eut lieu. Charles de Gonzague-Clèves, duc de Nevers, puis duc de Mantoue par succession collatérale, était l'un des princes les plus distingués de l'époque. Vers 1615, il *s'avisa*, dit Vertot, *d'établir un ordre nouveau, ou pour mieux dire de détacher de l'ordre de Saint-Jean de Jérusalem l'ancien ordre du Saint-Sépulcre*. Dom Louis Mendès de Vasconcellos, bailli d'Acre et négociateur très-habile, fut dépêché à la cour de France, en qualité d'ambassadeur extraordinaire, et ses efforts furent couronnés de succès. Le roi ordonna au duc de Nevers de renoncer à son projet, qui fut en effet abandonné : toutefois pour qu'il ne fût pas repris, le conseil décida qu'à l'avenir les chefs de l'Ordre joindraient au titre de Grand-Maître de Saint-Jean de Jérusalem, celui de Maître du Saint-Sépulcre (1). Vertot, *Histoire des chevaliers de Malte*, t. IV, p. 130. — Miège, *Histoire de Malte*, t. II, p. 200. — Moréri, t. VIII, p. 233. — Quaresmius, t. I, lib. II, cap. 44.

Quoi qu'il en soit, les historiens de l'Ordre chevaleresque, religieux, et militaire du Saint-Sépulcre, continuation de la chevalerie du moyen âge, le confondent presque continuellement avec les dignitaires du chapitre fondé réellement par Godefroid de Bouillon, et qui n'eurent jamais rien de militaire, bien que, dans son estimable histoire des croisades t. III. liv. v, M. Michaud ait cru pouvoir dire : « La religion
» avait sanctifié les périls et les violences de la guerre ; chaque
» monastère était comme une forteresse, où le bruit des
» armes se mêlait à la prière. D'humbles cénobites cherchaient
» la gloire des combats ; des chanoines institués par Gode-
» froid pour *prier auprès du Saint-Tombeau*, s'étaient

---

(1) Voici d'après le chevalier L. de Boisgelin, le titre que prenait dans les actes publics le grand-maître de l'Ordre de Saint-Jean : *Dei gratiâ domus hospitalis sancti Joannis Hierosolimitani, militaris ordinis Sancti Sepulchri dominici et ordinis sancti Antonii Viennensis* (a) *Magister humilis pauperumque Jesu-Christi custos.* — Malte ancienne et moderne, Paris, 1809, 3 vol. in-8°.

Le même auteur cite, t. I, p. 317, sous le n° 46, et indépendamment du bailli de Jérusalem, *le bailli du Saint-Sépulcre* parmi les 54 dignitaires qui composaient le chapitre général de l'Ordre.

(a) L'ordre de Saint-Antoine fut fondé 1095, pour soulager les malheureux qui se trouvaient attaqués d'une maladie gangréneuse, la sidération ou esthiomène, appelée dans ces temps-là *le feu de Saint-Antoine*. En 1768, la maison magistrale, sise à Vienne, en Dauphiné, fut réunie à l'ordre de Malte, qui acquit ainsi des biens considérables. Plusieurs des monastères de l'ordre des Antonins existaient encore au 17e siècle en France, en Allemagne et ailleurs ; mais à cette époque il n'en restait plus aux Pays-Bas qu'une seule maison, celle de Maestricht fondé au 13e siècle et supprimée en 1785. (Eglise et monastère de l'ordre de Saint-Antoine, à Maestricht, par Al. Schaepkens. Messager des sciences historiques, 1850, p. 446.)

Deux autres maisons d'Antonins avaient existé en Belgique, l'une à Barbefosses, en Hainaut (messager des sciences historiques de Belgique, 1848, p. 164.) et celle de Bailleul, en Flandre, supprimée en 1568, par Philippe II. *Fêtes populaires du Hainaut*, par Félix Bacher.

» *revêtus, à l'exemple des Hospitaliers et des Templiers,*
» *du casque et de la cuirasse (1128) et, sous le nom de che-*
» *valiers du Saint-Sépulcre, se distinguaient parmi les*
» *soldats de Jésus-Christ* (1). »

L'habitude qu'ont les écrivains français de ne citer que rarement leurs autorités m'a empêché de pouvoir découvrir ce qui a pu porter ce consciencieux écrivain à émettre l'idée d'une métamorphose que je crois radicalement démentie par les faits de l'histoire.

Pour moi il n'y a aucun doute : il y a identité entre les chevaliers créés à Jérusalem au Saint-Sépulcre et l'ancienne chevalerie. Grâce à l'esprit de vie et de conservation que représente l'autorité pontificale, les papes ont, au moment de son déclin, saisi et sauvé l'institution en la sanctifiant (2); elle s'est régularisée et perpétuée sous l'égide du pontificat romain, qui s'en réserva la grande maîtrise, tout en déléguant

---

(1) « Andreas Favinus et alii de isto sacro equestri ordine sancti Sepulchri
» salvatoris nostri agentes dicunt quod Balduinus, secundus Hierosolymorum
» rex et hujus nominis primus, sancivit ut canonici illi regulares D. Augus-
» tini *quos milites constituit* et sacræ militiæ ad scripsit, retento habitu albo
» suprà ad pectus deferrent pro militari insigni crucem in extremitatibus omni
» ex parte quadratam, cum aliis quatuor mutilis in majoris angulis debitè dis-
» positis. » Quaresmius, t. I, liv. 2, p. 560.

Le P. Anselme dit que Baudouin I convertit en 1103 les chanoines du Saint-Sépulcre en hommes d'armes, leur enjoignant de conserver leur habit blanc et de porter sur la poitrine la croix de Jérusalem, suspendue à un ruban noir. *Palais de l'honneur*, etc. Paris, 1663 in-4°.

Maimbourg assure de son côté que les premiers Hospitaliers armés furent, en 1118, ceux qui avaient la garde du Saint-Sépulcre et que le roi Baudouin I, *de chanoines* qu'ils étaient, fit *chevaliers du Saint-Sépulcre*. — *Histoire des croisades*, par L. Maimbourg, 2 vol. in-4°. — Paris, 1686.

Ce sont, on le voit, toutes assertions modernes, dérivant du récit d'André Favin, sur la valeur duquel nous pensons nous être suffisamment expliqués p. 176 ci-dessus.

(2) C'est ainsi que l'Église a sauvé la langue latine, en l'adoptant pour sa langue officielle, et les monuments des Césars, en les surmontant de la croix. C'est une remarque faite par Mgr Gaume, dans son *Catéchisme de persévérance*, IV° part., 10° leçon.

au Supérieur de l'ordre de Saint-François, à Jérusalem, le privilége de créer les chevaliers, privilége transféré par le Saint-Père actuel, Pie IX, au Patriarche de Jérusalem rétabli en 1847 sur son siége archiépiscopal (1), avec le titre de Grand-Maître de l'Ordre du Saint-Sépulcre.

(1) Le Patriarche actuel, Mgr. Valerga, est de Gênes ; il connaît à fond les langues de l'Orient ; missionnaire intrépide, il est tombé deux fois entre les mains des Turcomans qui l'ont attaqué dans le désert, dévalisé, et percé d'un coup de lance.

VIII

En résumé, il y a deux hommes en Godefroid de Bouillon. L'un, prince distingué par ses qualités morales et physiques, ainsi que par ses bonnes mœurs, plein de bravoure, d'expérience et de générosité, pieux, mais non dévot, relativement pacifique et modéré, mais ayant parfois, comme tous les guerriers du moyen âge, ses accès d'emportement et de violence ; l'autre, supérieur à la nature humaine, opérant de véritables prodiges, prédestiné au sort le plus glorieux, venant au monde avec la figure d'une épée empreinte surnaturellement sur la partie extérieure du bras droit, depuis l'épaule jusqu'au poignet.

Le récit des querelles continuelles qui s'élevèrent entre les princes croisés, depuis leur départ jusqu'à la conquête de Jérusalem, offrirait une foule d'épisodes déplorables. Plus d'une fois les chrétiens furent sur le point de s'entr'égorger, et cela devant un ennemi qui ne leur faisait point quartier. Godefroid lui-même, malgré sa modération exemplaire, ne sut pas toujours se maintenir dans de justes limites.

J'en citerai deux exemples.

Au siége d'Antioche, une tente richement ornée, qu'un prince arménien destinait à Godefroid, tomba entre les mains de Pancrace et fut envoyée par lui à Bohémond : ce fut un nouveau sujet de trouble et de discorde. Godefroid réclama avec hauteur, dit Michaud, le présent qui lui était destiné : Bohémond refusa de le restituer. De part et d'autre on en vint aux injures et aux menaces : on fut près de prendre les armes, et le sang des Croisés faillit couler pour une si misérable querelle! Le prince de Tarente finit toutefois par rendre la tente qu'il retenait à tort, et Guillaume de Tyr, qui nous a transmis ce récit, s'étonne de voir le sage Godefroid réclamer avec tant de chaleur un objet si frivole. Tout le monde partagera cet étonnement.

Après la bataille d'Ascalon, qui consolida la conquête de Jérusalem et de la Terre-Sainte, l'armée victorieuse arriva sous les murs de cette ville. Raymond de Toulouse reçut des habitants l'offre d'une capitulation qu'il accepta ; puis il leur envoya son porte-étendard, qui planta son drapeau sur les remparts, en signe de souveraineté. Ascalon était véritablement la clef du royaume : *hæc enim civitas euntibus illicò Jerusalem et redeuntibus peregrinis porta recta esse solebat* (1). C'est ce que comprit Godefroid, qui s'empressa de réclamer contre l'avidité de Raymond : les princes lui donnèrent raison. Sur quoi Raymond, entrant dans une grande colère, se retira de la ville, engageant les habitants à se défendre, et leur conseillant de ne point se rendre au duc de Lothier qui allait se trouver seul devant leurs remparts. C'est ce qui arriva, et Ascalon resta ainsi ès-mains de l'ennemi jusqu'en 1153. *V. Hist. de viâ Hierosolymis*, p. 229, *et Orderic Vital*, liv. IX, p. 719.

Peu de jours après, Raymond renouvela la même indignité devant Arsouf, ville située sur le bord de la mer, au nord

---

(1) En 1191, Saladin ne voulut consentir à une trève avec Richard-cœur-de-lion que sous la condition de démanteler la ville d'Ascalon, qui était son cauchemar, dit l'historien anglais, J. Bromton : *Obtinuit itaque* (Ricardus), *inducias sub hâc formâ, videlicet ut Aschalon civitas, quæ terror erat Saladino, dirueretur.*

de Ramla. Raymond qui marchait le premier avec sa troupe voulut l'enlever, mais on lui opposa une vive résistance, et il passa outre, après avoir averti la garnison qu'elle n'avait rien à redouter des attaques de Godefroid. Lorsque ce dernier vint assiéger la ville, il trouva les Sarrasins déterminés à se défendre, et apprit que leur résistance était le fruit des conseils de Raymond. Il ne put alors maintenir sa colère, et marcha, enseignes déployées, contre le comte de Saint-Gilles, qui vint à sa rencontre et qui se préparait au combat, lorsque les deux Robert et Tancrède se jetèrent entre les deux rivaux, et parvinrent, non sans peine, à les réconcilier. Albert d'Aix déclare que la réconciliation fut sincère des deux côtés.

La conquête de Jérusalem fut, au moyen âge, un fait d'armes capital; les imaginations en furent puissamment impressionnées : la fable et la poésie s'en emparèrent, et Godefroid de Bouillon, héros de l'épopée et du roman (1), ne fut plus offert aux regards qu'à travers un prisme trompeur. Celui que, dès le principe, la voix populaire s'obstina à décorer du titre de Roi de Jérusalem, devint le sujet d'une foule de compositions en prose et en vers.

Ce fut à des pèlerins revenus de Terre-Sainte qu'on dut la renaissance des spectacles publics en Europe. Ils mirent en action les mystères de la Religion, les miracles des Saints et les exploits des Croisés. Godefroid de Bouillon fut pendant longtemps le héros dramatique à la mode, et le roi de France, Charles V, donnant un jour une fête à l'empereur d'Allemagne et à son fils Wenceslas, roi des Romains, les régala

---

(1) « La chevalerie, a dit le baron de Gerlache, a eu son âge héroïque et » son âge de décadence. C'est à l'époque des croisades qu'elle paraît dans » tout son éclat. Godefroid de Bouillon, son successeur Baudouin d'Edesse, » le brave Tancrède, et une foule d'autres, sont les modèles de la cheva- » lerie héroïque. » *De la féodalité, de la chevalerie, et des communes en Belgique.*

d'un mystère, ayant pour sujet la prise de Jérusalem, par Godefroid (1).

L'un des romans les plus curieux qui aient eu Godefroid de Bouillon pour héros est certes l'ouvrage publié sous ce titre déjà singulier : *Labores Herculis Christiani, Godefridi Bullionii* (2). Le P. Dewaha, auteur de cette bizarre composition, suppose un amour réciproque entre Godefroid de Bouillon et sa tante, Mathilde, veuve de Godefroid-le-Bossu : or elle avait plus de trente ans à l'époque de l'assassinat de son époux, puisqu'elle mourut, dit-on, le 24 juillet 1115, âgée de 79 ans : Godefroid, né en 1060, n'en avait que 16. Les deux amants auraient fait vœu de chasteté, hypothèse tirée d'une part de la chasteté réelle de Godefroid, et d'autre part de cette circonstance que Mathilde, uniquement préoccupée de la défense du Saint-Siége et de ses propres possessions, parut se soucier fort peu, soit de Godefroid-le-Bossu, avec qui sa mère, épouse en secondes noces de Godefroid-le-Courageux l'avait fiancée par esprit de famille (3), soit

---

(1) Des Essarts, *Dictionnaire universel de police*, Paris, 1786, in-4°. t. I, V° *auteur*. — *Histoire de la ville de Paris*, par Michel Félibien, Paris, 1725, in-folio, t. II, p. 681.

(2) 1re édition, Lille, 1674 ; 2e édition, Liége, 1684, in-12.

(3) « Uxor ejus Mathildis, relicto eo, Longobardiam rediit, sæpiusque mandante marito ut rediret, non solum, non obtemperavit, verùm edixit mandanti ut ad se ille veniret... sed nec sic apud eam maritalem gratiam obtinuit, spretusque ab eâ et intactus ab Italiâ Lotharingiam rediit. » *Ex historiâ Andaginensis monasterii*. (Historiens de France, t. XIII, p. 587). La ville de Saint-Hubert, dans le Luxembourg, portait le nom d'Andain avant que n'y fussent transportées les reliques de ce Saint, premier évêque de Liége. Ce n'est pas le seul exemple d'une pareille substitution : ainsi, l'on sait que Saint-Gérard, au comté de Namur, s'appelait Brogne primitivement, Saint-Omer, au diocèse de Térouanne, Sithiu, etc.

« Vivente adhùc marito, quamdam viduitatis speciem, longissimis ab eo spatiis exclusa prætendebat cùm nec ipsa maritum in Lotharingiam extrà natale solum sequi vellet et ille ducatus, quem in Lotharingiâ administrabat, negotiis implicitus, vix post tertium vel quartum annum semel marcham italicam inviseret. » *Ex Lamberto Schafn.*

de Guelfe, duc de Bavière, qu'elle épousa en 1089 par politique (1). Le fait est qu'à la mort de Godefroid-le-Bossu, son héritier Godefroid et sa veuve eurent des démêlés ensemble, car Godefroid ayant vendu à l'évêque de Verdun, en 1095, Mouzon et Stenai, Mathilde les réclama, et l'évêque dut lui compter de ce chef une bonne somme d'argent. (*Hist. des Gaules,* t. XIII, p. 631 et 688.) Je trouve en outre à propos d'une lettre écrite à Grégoire VII par l'archevêque de Rheims, en 1077, cette note de D. Brial : *Hic* (*Godfridus*) *avunculo suo, non quidem tunc in Lotharingiæ ducatu, sed in alodiis seu latifundiis, Bullonio, Stenaio, Mozono, etc., quæ clientelari jure addicta erant Remensi Ecclesiæ,* ADVERSANTE SIBI FAMOSISSIMA ILLA TUSCIÆ COMITISSA (t. XIV, p. 611). Mathilde fit tous ses efforts, dit l'*Art de vérifier les dates,* t. III, p. 102, pour exclure le jeune prince de la succession de son oncle, mais ce fut en vain.

Croirait-on que parmi les ouvrages historiques, sérieusement désignés par l'Encyclopédie du XIXe siècle pour étudier la biographie de Godefroid de Bouillon, l'on cite le roman du P. Dewaha? Et cependant toutes les fables accueillies avec une si fâcheuse crédulité par d'Oultreman et consorts, reçoivent l'hospitalité dans cette absurde composition. Rien n'y manque : Pierre l'ermite a été le précepteur des enfants d'Eustache-aux-Grenons ; il appartient à la noble maison des *L'Hermite* de France et des Pays-Bas ; il a fait d'excellentes études en Italie et en Grèce, et s'était avantageusement fait connaître chez le

---

Dans une lettre adressée à Mathilde par Grégoire VII en janvier 1074, le Saint Père l'appelait: *Egregiæ indolis puellæ; id est virginis,* ajoute Baronius, ce que s'empresse de relever Pagius son commentateur. — *Annales ecclesiastici, auctore Cæsare Baronio, cum criticâ A. Pagii,* Lucæ, in-fol. 1745. — t. XVII, p. 384.

(1) « Secundis nuptiis juncta fuit Welphoni... sed intacta ut anteà, ut Bertholdus et Baronius fusè narrant. » Aub. Miraei notitia ecclesiarum, p. 675.

chancelier Godefroid, qui habitait Paris et qui était frère du comte de Boulogne. Pierre est ensuite allé à Jérusalem, et Godefroid l'a rencontré en Italie. C'est Godefroid qui blesse mortellement Rodolphe de Souabe à la bataille sur l'Elster; élu roi de Jérusalem, il refuse de ceindre la couronne; il l'accepte toutefois pour l'offrir, dit-il, à la plus digne, et il charge son frère Eustache d'en faire hommage à Notre-Dame de Boulogne. Cet hommage rappelle une tradition qui existe en effet dans cette ville, et que constatent les auteurs du *Voyage littéraire de deux religieux Bénédictins de la Congrégation de Saint-Maur*, Paris, 1717, in-4°, p. 179. L'on y montrait jadis, dans le trésor de l'église de Notre-Dame, nombre de reliques provenant de la piété de Godefroid, et surtout la couronne d'argent (1) qu'on avait voulu placer sur sa tête, et qu'il avait refusée. (*Histoire de Notre-Dame de Boulogne*, par Antoine Leroi, 9e édition, continuée par M. Hédouin, Boulogne et Paris, 1839, in-8°.) Les auteurs du *Voyage littéraire* précité assurent qu'il s'y trouvait une parcelle d'une épine de la couronne de Notre-Seigneur. L'on sait du reste, grâce à une charte conservée par Le Mire, que Godefroid avait envoyé d'autres reliques précieuses à l'église de Lens (*Diplom. Belg.*, cap. LXXXVI, p. 204).

La composition du P. Dewaha est ce qu'on appellerait de nos jours un roman historique, mais la lecture en est fastidieuse, car il répugne de voir Godefroid filer le parfait

---

(1) Nous lisons dans l'*inventaire du mobilier de la cathédrale par les officiers de la municipalité de Boulogne*, à la date du 14 janvier 1791, l'article suivant : « *Une couronne de vermeil* était, suivant la tradition, celle que » Godefroid de Bouillon, nommé roi de Jérusalem, a refusé de porter et qu'il » a donnée à l'abbaye de Notre-Dame, en sa qualité de comte du Boulonnais, » ladite couronne entourée de huit reliquaires et de douze pierres communes » pesant trois marcs, argent étranger, sans poinçon. » — *Du lieu de naissance de Godefroid de Bouillon*, par l'abbé E. Barbe. Boulogne-sur-mer, 1855, p. 76.

amour avec une princesse qui avait le double de son âge, pour laquelle il ne devait éprouver que des sentiments de respect, avec laquelle d'ailleurs il n'entretint jamais que des relations fort éloignées. Mathilde n'eut qu'une passion, celle de consolider le siége de Saint-Pierre, à qui elle fit des donations considérables, et qu'elle sut défendre, les armes à la main, contre l'hostilité permanente de l'empereur Henri, dont Godefroid resta toujours, au contraire, le vassal fidèle.

Le magnifique tombeau de cette femme célèbre, qu'on appelle la *grande Comtesse*, a été construit par les frères Bernini, sur l'ordre d'Urbain VIII, en 1635, dans la basilique de Saint-Pierre; c'est le premier monument qu'une femme y ait obtenu. On y remarque un superbe bas-relief qui représente l'absolution donnée à l'empereur, le 25 janvier 1077, dans le château de Canosse, acte solennel qui s'accomplit par sa médiation et en sa présence.

Les notions de l'histoire, consignées dans des manuscrits rares et difficiles à consulter, se confondirent avec les aventures merveilleuses que prêtèrent les trouvères à Godefroid de Bouillon. Guillaume-de-Tyr disait déjà au XIIᵉ siècle qu'il avait eu soin d'élaguer de son histoire tout ce qui lui avait paru fabuleux : « Præterimus denique studiosè, licet id verum
» fuisse plurimorum astruat narratio. Cygni fabulam (1) unde
» vulgò dicitur sementivam ei fuisse originem, eo quod à vero
» videatur deficere assertio. » (Liv. IX, chap. VI.)

La conquête de Jérusalem ayant été le fait capital du siècle, Godefroid en devint le plus grand homme, grâce à

---

(1) La Commission Royale d'histoire a publié récemment en trois volumes in-4º et avec des prolégomènes savants de MM. de Reiffenberg et Borgnet, le poëme intitulé : *le chevalier au cygne et Godefroid de Bouillon*, composition historique du XIVᵉ siècle, dont l'auteur est resté inconnu, et que l'on a un instant attribué à tort au trouvère Gandor de Douai, auteur de la *Chanson d'Antioche*, publiée par M. Paulin Paris, en 1848.

cette tendance qu'a le vulgaire de personnifier les événements. Il en était arrivé de même pour Charlemagne : les chansons *de gestes* qui célèbrent ce prince et ses paladins acquirent une telle popularité qu'elles passèrent d'âge en âge, dénaturées par mille additions fabuleuses. Comme le dit très-bien M. Moke, dans son *Histoire de la littérature française* (1), l'imagination de la multitude élevait si haut ces grandes figures que le monde de la réalité semblait trop petit pour elles.

C'est précisément ce qui eut lieu pour Godefroid de Bouillon, et ce n'est guère que sous bénéfice d'inventaire qu'on pourra lire la partie de l'histoire des Croisades qui le concerne, tant qu'un écrivain compétent, armé du flambeau d'une critique sévère, n'aura pas donné au public sa biographie, dégagée de toutes les erreurs, de toutes les fables, de toutes les exagérations dont fourmillent les récits de cette vie si incidentée et si intéressante pour la Belgique.

Restons dans le vrai. Les chrétiens ne durent pas à Godefroid de Bouillon le succès de la première croisade ; ils la durent surtout à un concours de circonstances favorables qu'ils ignoraient, et dont ils profitèrent à leur insu. Au moment où ils se précipitèrent sur l'Orient, tout y était en désordre. L'empire formé par les premiers successeurs de Mahomet était dissous. Les Turcs ou Turcomans, sous la conduite des enfants de Seljiouk, avaient envahi la plus belle partie des contrées soumises par les Arabes : ils menaçaient à la fois l'Egypte et Constantinople.

Ajoutons à ce tableau des divisions religieuses profondes : les Califes de Bagdad, réduits à la puissance spirituelle, et ceux du Caire se prétendaient, chacun de leur côté, seuls légitimes. Le Calife d'Egypte était appuyé par les peuples qui reconnaissaient son autorité temporelle ; celui de Bagdad triomphait partout où triomphaient les Turcs.

(1) Bruxelles, t. I, p. 54.

Au moment de l'invasion chrétienne, les Egyptiens occupaient le littoral de la Syrie et de la Palestine; ils étaient même parvenus à rentrer dans Jérusalem : ce fut sur eux qu'elle fut reconquise (1).

Les Croisés obtinrent leurs premiers succès en passant entre les deux grandes sections de l'Islamisme : ils poursuivirent leurs conquêtes, grâce au schisme religieux et aux divisions politiques de leurs ennemis. Le jour où l'unité religieuse et politique de l'Islamisme fut rétablie, ils devaient succomber, à moins que l'Europe ne fît un effort gigantesque. Or, l'enthousiasme des croisades s'éteignit peu à peu, au lieu de s'enflammer de plus belle, et l'on entendit un jour celui qui se disait l'apôtre du xvi° siècle, l'indigne Luther, oser dire dans ses fameuses propositions, si justement censurées par le Saint-Siège, *que c'était un péché de résister au Turc.* L'hérésie parvint ainsi à paralyser les tendances patriotiques et chrétiennes de Charles-Quint.

Réduit aux proportions de la nature humaine, Godefroid de Bouillon restera néanmoins l'un des héros les plus complets que puisse reproduire le pinceau de l'historien.

Grand dans l'action (2) comme dans les conseils, parfait

(1) Ekkeardi Uraugiensis chronica ad a. 1099. — Pertz, monum. German histor. t. vi.

(2) La grandeur d'âme de Godefroid se révéla dès le début de l'expédition. On se rappelle les horreurs commises en Hongrie par les bandes indisciplinées des premiers Croisés. Godefroid de Bouillon voulant rassurer le souverain de ce royaume et le traverser sans être inquiété, ce qui eût pu lui coûter cher, lui offrit son frère Baudouin comme otage pour toute la durée du passage des troupes. Baudouin se récria vivement contre cet arrangement : Godefroid se contenta de lui répondre qu'il lui laissait la conduite de l'armée et allait immédiatement retourner auprès du roi et s'offrir lui-même comme otage. « Et post pauca statim admonuit fratrem suum Baldewinum, obses fieret pro » populo, sicut decretum erat. *Qui vehementer cœpit reniti et contradicere,* » *donec Dux hæsitatione illius turbatus, constituit ut ille curam exercitûs* » *gereret, et ipse pro fratribus obses fieri non dubitaret.* Tandem Baldewi-» nus omni mentis suæ fluctuatione exclusa, concessit obses fieri et exilio » pro salute fratrum suorum transferri. » Albert. Aquens. lib. ii, cap. v. On

dans ses mœurs, à tel point que cette partie du tableau n'a pas la plus petite ombre, sincèrement religieux, et aussi pacifique de caractère qu'on peut le désirer d'un guerrier du moyen âge, les Français le chérissaient parce que, né d'un prince vassal de la France, il parlait leur langue et était en quelque sorte un des leurs ; les Allemands le chérissaient aussi, comme vassal immédiat et fidèle de l'Empire, et comme possédant également leur idiome, circonstance heureuse pour Godefroid et qui lui permit souvent d'intervenir en conciliateur.

« Peractâ vero victoriâ (apud Ascalonem), dit Otton de Fri-
» singen, lib. VII, chap. V. reversis ad proprias primoribus,
» Gotfridus ducatum eorum qui remanserant strenuissè rexit.
» Hic enim inter Francos, Romanos et Teutonicos qui quibus-
» dam amaris et invidiosis jocis rixari solent, tanquam in
» termino utriusque gentis nutritus, utriusque linguæ
» scius (1), medium se interposuit, ac ad commonendum
» multis modis informavit. »

Les Italiens devaient aussi le respecter, parce que son grand-oncle Etienne, par ses qualités personnelles, avait été

---

reconnaît dans cet épisode le caractère des deux frères ; Godefroid est patient, d'un caractère égal, toujours magnanime ; Baudouin se livre d'abord à ses premières sensations, aux plus fâcheux emportements, mais finit par écouter la voix de la raison. On peut citer néanmoins à sa louange un trait fort beau et tout à fait digne de Godefroid. Blessé grièvement dans un combat, il inspirait de graves inquiétudes à son médecin qui, craignant que des parties nobles n'eussent été atteintes à l'intérieur, crut devoir lui demander la permission d'infliger à un prisonnier musulman une blessure analogue, puis de le mettre à mort pour s'assurer par l'autopsie de la nature des lésions internes. Baudouin repoussa cette proposition impie, protestant qu'il refusait au prix de la vie de sacrifier pour sa guérison la vie de son semblable, de quelque vile condition qu'il fût. C'est ce que nous apprend Guibert de Nogent, liv. VII, ch. 13.

(1) Ces deux langues étaient l'allemand et le français, ou plutôt le wallon qui subsiste encore aujourd'hui dans la partie du Brabant à laquelle appartenait Godefroid de Bouillon. Le wallon ou langue d'oïl était l'une des deux branches issues de la langue romane qui avait remplacé le latin. *Namèche, cours d'histoire nationale*. t. I, p. 227.

élevé à la chaire de saint Pierre : ce fut lui qui réconcilia l'Eglise de Milan, soustraite à la suprématie romaine depuis 200 ans (1).

La présence de Godefroid au siége de Rome, sous les drapeaux de l'empire, était un fait naturel et déjà oublié : en suivant à la guerre, même contre le Pape, le chef de l'empire, Godefroid n'avait fait que céder à son devoir féodal, et d'après les idées du temps, nul ne pouvait lui en faire un grief : l'on n'avait pas encore inventé le système des baïonnettes intelligentes. Il ne put en éprouver lui-même aucun remords.

On ne peut d'ailleurs lui reprocher aucun des excès que commirent plus tard les soudards du connétable de Bourbon.

Godefroid était d'une belle figure (2) et d'une force extraor-

---

(1) C'est à peu près ce que dit le célèbre historien Paul-Emile sur les liens de sympathie qui rattachaient Godefroid de Bouillon aux Allemands et aux Italiens : « Is non armis tantùm, sed et consilio et religione ingens erat. Franci » eum observabant, quòd in Franciâ natus esset, patre in regiâ gratiosissimo, » patruo Pontifice Parisiorum, eodem in amplissimo magistratu. Germani » suum ducebant, quòd sub Augustorum signis meruisset et in Italiâ Gottho- » fredus militaverat auspiciis Cæsarum, secunda virtutis modestiæque ac » clementiæ fama. Itali colebant quòd magnus ejus avunculus Stephanus pri- » mùm Antistes Cassinatis templi cænobiique, deinde pontifex maximus prisca » sanctitate sedisset, octavo quidem mense sedis suæ defunctus, sed ingenti » gloria, quod ecclesiam Mediolanensem ad officium revocasset, ducentesimo » anno ex quo ab Romanâ defecisset. Proinde trilinguis ac veluti triplici patria » sacro bello cunctorum animos in se vertens, eos inter se quoque devinciebat, » alioquin solitos amaritie verborum dictorumque, ut inter dissonas moribus » oreque gentes assolet, decertare. » — *De rebus gestis Francorum*, Paris, 1544, in-folio, lib. v, lit. c, p. 92.

(2) Il est à regretter qu'on ne puisse bien déterminer, à défaut de statues ou de bas-reliefs de l'époque, le véritable type de la physionomie de Godefroid. Nous avons vu, p. 31 et 45, qu'il existe plusieurs portraits du grand capitaine. Celui qu'a publié Thevet ne mérite pas plus de confiance que celui de Pierre l'ermite. On en trouve un autre non moins suspect dans l'ouvrage intitulé : *Corn. Hazart Kerckelyke historie van de gheheele wereld, namelyck vande voorgaende ende thegenwoordighe eeuwe.* T'Antwerpen, 1682, 4 vol.

dinaire : les historiens nous le représentent comme abattant, d'un seul coup, la tête d'un chameau, en présence des Arabes étonnés, et séparant de la même manière, en deux parties, au siége d'Antioche, un cavalier ennemi : une partie, disent les historiens, tomba à terre, et l'autre, attachée à la selle, resta sur le cheval qui rentra dans la ville, redoublant ainsi la consternation des assiégés (1).

Godefroid couronnait toutes ses qualités physiques et morales par une majestueuse simplicité : pendant le siége d'Arsur, plusieurs émirs vinrent le saluer et lui offrir des figues et des raisins secs. Le prince était assis à terre sur un sac de paille (2), sans appareil et sans garde. Les émirs témoignèrent leur surprise, et demandèrent comment un tel guerrier, dont les armes avaient ébranlé l'Orient, était humblement ouché à terre, n'ayant pas même un coussin ni un tapis à soi. « La terre, répondit notre cher duc, dont nous » sommes sortis, et qui doit être notre demeure après la » mort, ne peut-elle pas nous servir de siége pendant notre » vie ? » Cette réponse, qui semblait avoir été dictée par le génie même des Orientaux, ne pouvait, dit M. Michaud, manquer de frapper vivement les émirs. Pleins d'admiration

in-fol. Godefroid y est représenté t. iv. p. 92, soutenant d'une main un écusson au chandelier à sept branches, et repoussant de l'autre une couronne de lauriers qu'un ange veut poser sur son front.

(1) Radulfi de Diceto : Immagines historiarum in Hist. Anglicanæ script. ed. Rog. Twysden. Lond. 1652, in-fol.

Il fallait pour cela un bon bras et une bonne lance assurément : Guibert de Nogent nous apprend que les Lorrains étaient renommés pour la trempe de leurs épées: *Solent enim Lotharingi cùm longitudine tum acie spatas habere mirabiles*, lib. vii, c. xi, p. 537. De là sans doute la tradition concernant l'épée de Godefroid, conservée jusqu'aujourd'hui dans l'église du Saint-Sépulcre.

(2) Ne serait-ce pas cette circonstance qui aurait produit cette tradition que rapporte Sanuto seul, et d'après laquelle, refusant par humilité la couronne d'or des rois, il n'aurait accepté qu'une couronne de paille. *Marini Sanuti, de origine urbis Venetæ*, Muratori, rerum Italic. script. t. xxii, p. 406.

pour tout ce qu'ils avaient vu et entendu, ils quittèrent Godefroid en lui demandant son amitié, et dans tout Samarie on s'étonna qu'il y eût tant de simplicité et de sagesse parmi les hommes de l'Occident.

En finissant, je dirai que, s'il n'est pas un être surnaturel, Godefroid fut réellement un grand homme et qu'il y a certes lieu d'en être fier. Il sut constamment se montrer digne du nom qu'il reçut à son baptême (1).

(1) *Godfried*, est le synonyme de *Théophile*. Les terminaisons *frid* ou *win* signifient *ami* : Adalfrid-Adalwin ; Alfrid-Alawin ; Baldfrid-Baldewin ; Siefried ; Godfried (Godefroid) ou Godwin (Godevaert), c'est *l'ami de la noblesse, l'ami de tous, l'ami des audacieux, l'ami de la victoire, l'ami de Dieu.* Schrant, *Lofrede of Godfried van Bouillon*, note 105.

Ne fut-il pas vraiment *l'ami de Dieu* le prince qui, se montrant supérieur à son siècle, mérite qu'on se demande encore pourquoi il ne fut pas élevé sur les autels et canonisé comme le fut Charlemagne, le grand empereur, dont le sang coulait dans ses veines ?

BAUDOUIN D'EDESSE

PREMIER ROI DE JÉRUSALEM.

1100-1118.

Méconnaissant la volonté de son frère et la pensée profonde d'après laquelle Jérusalem, au lieu d'être le prix de la valeur ou de l'ambition, devait rester la *ville sainte*, confiée à la dévotion et aux armes de la chrétienté européenne, Baudouin accourut à Jérusalem (1), aussitôt que son frère, après avoir

---

(1) « Cùm autem prosperitate Balduinus sic frueretur, ecce nuncius dicens
» ei, quia Godefridus, germanus ejus, apud Hierosolymam diem clauserat
» extremum, decimo quinto, kalendis Augusti : quod anno post Hierusalem
» captam secundo contigit. Cui cum promptum fuisset, quod omnis populus
» Hierosolymitanus eum expectaret, in regni principem in locum fratris defuncti
» hæredem substituendum, *dolens aliquantulùm de fratris morte et plus*
» *gaudens de hæreditate*, accepto consilio, terram suam locavit quam posse-
» debat, Balduino cuidam propinquo suo eam committens. (Foucher de Char-
» tres, p. 402).

Raoul de Caen rapporte toutefois que Godefroid, se sentant près de sa fin, aurait appelé auprès de lui le patriarche Dagobert et Arnould, ainsi que d'autres personnes, et leur aurait fait agréer son frère Baudouin pour son successeur. « Godefridus, rex optimus et timens Deum, capto mox Boamundo, ex hâc
» luce migravit... Antequam præsenti luce caruisset, dùm corporis infirmitate
» teneretur, ad se patriarcham Dagbertum atque Arnulfum, cæterosque acces-
» siri jubet. Quibus ille : ecce, inquit, viam universæ carnis ingredior. Modo
» adhùc me vivente consilium inter vos habeatur, et quis vice mei in Jerusalem
» regnare debeat prævideatur. At illi respondentes : nos, inquiunt, magis hoc
» in tuâ providentiâ ponimus, et quem nobis ad hoc ipsum elegeris ei procul
» dubio subdemus. At ille : si, inquit, in meâ dispositione statuitur, Balduinum

prématurément fermé les yeux à la lumière, eût été inhumé au pied du calvaire.

» fratrem meum ad hoc culmen suscipiendum idoneum judico. At illi Baldui-
» num audientes, *continuò unanimiter consentiunt, laudant, eique jureju-*
» *rando fidelitate firmatâ subduntur,* quoniam illum virum liberalem pecuniæ,
» studiosum militiæ, affatu humilem, magnanimitate sublimem cognoverant.»
Cap. CXLII.

M. Michaud (Bibliothèque des croisades, t. II, p. 52) semble ne savoir comment concilier ce récit avec celui de Guillaume de Tyr. Pour ma part, je ne suis aucunement embarrassé de cette contradiction. Raoul de Caen, pour être l'homme de Tancrède (ejus familiaris), n'en avait pas moins été le disciple d'Arnould de Rohes, et il était resté son admirateur. Or, l'on connaît l'immense dévouement de ce prélat à Baudouin Ier : il n'est dès lors pas étonnant que Raoul, arrivé en Palestine sept ans après l'événement, ait accueilli une tradition qui expliquait parfaitement et justifiait l'élévation de Baudouin à la dignité royale. Il est du reste fort possible, et ceci serait une nouvelle preuve de sa prudence, que Godefroid ait désigné son frère comme son successeur à la charge d'avoué du Saint-Sépulcre, mais il ne faut point aller au delà, et je ne crois même pas à cette désignation, car comment concilier le serment prêté entre les mains du moribond par le patriarche Dagobert et les autres assistants, et la protestation solennelle de ce même patriarche, qui n'hésita pas à se séparer de son clergé lors de l'inauguration du comte d'Edesse? Comment concilier la prétendue adhésion des notables avec cet aveu de Raoul de Caen lui-même que l'arrivée de Baudouin faillit être le signal d'une guerre civile? « Mittitur
» Edessam nuncius, cujus accitu Balduinus Jerosolymam veniat, germani
» sceptro successor creandus, *idque magnæ dissensionis et belli flammam*
» *suscitasset.* » Raoul est ici un orateur partial et suspect, et sous tous les rapports, c'est le récit de Guillaume de Tyr qui mérite la préférence, parce qu'il réunit toutes les conditions de probabilité et d'impartialité.

L'abbé Ekkard qui se trouvait en Palestine en 1101, c'est-à-dire à l'époque du couronnement de Baudouin, à la différence de Raoul, se borne à dire qu'à la nouvelle de la mort de son frère, le comte d'Edesse se hâta d'accourir à Jérusalem, y arriva, non sans péril, et en accepta le gouvernement à la demande générale : audito tamen obitu fratris Godefridi, Balduino juniori, cognato suo, civitatem et populum committit, ipseque cum trecentis viris Hierosolymam tendit, insidiantium sibi paganorum millia deluit, congreditur, vincit, onustusque spoliis cum triumpho Hierusalem intravit. Rogatus et collaudatus ab omnibus ut princeps esset eorum consensit; nec multò post inclinans caput suum super dominici sepulcri tumbam, ipsius se servituti perpetualiter subjunxit. Post hæc quò major paganis christianorum timor incuteretur, die Pentecostes, per legatum apostolicæ sedis, acceptâ regali benedictione coronatur. Ekkardi Uraugiensis chronica ad a. 1101, Pertz. monum. Germ. histor., t. v.

L'on sait comment l'ambitieux et violent Baudouin se sépara, dès Marasch (*Marésie*), de l'armée des princes, et fut appelé à gouverner l'importante principauté d'Edesse (1), qui s'étendait sur les deux rives de l'Euphrate et sur le revers du Taurus. Ce coup de tête ne laissa pas que d'être fort utile à la première croisade, mais les avantages que retirèrent les Croisés de la fondation de ce nouvel Etat ont trop fait oublier qu'elle fut le fruit de l'injustice et de la violence.

La principauté d'Edesse contribua, dit justement Michaud, à contenir les Turcs et les Sarrasins, et elle fut, jusqu'à la seconde croisade, un des plus redoutables boulevards de l'empire des Francs du côté de l'Euphrate.

En jetant les yeux sur la carte des colonies chrétiennes en Orient, il est facile de voir que les Musulmans d'Alep et de Damas, attaqués simultanément par les princes d'Antioche et d'Edesse au nord, en même temps que par le roi de Jérusalem au sud, eussent difficilement pu résister aux armes des Croisés. Il ne faut d'ailleurs pas perdre de vue que ceux-ci avaient eu dès le principe, et avaient encore pour alliés secrets, les nombreux chrétiens répandus en Orient. Bien que ces coreligionnaires fussent violemment comprimés par les Musulmans, il faut nécessairement qu'on en tienne compte, car il n'est pas probable qu'ils aient pu rester spectateurs indifférents de cette grande lutte entre le Coran et l'Evangile.

Ce que nous avons dit de la principauté d'Edesse s'applique également à la principauté d'Antioche, autre boulevard important des colonies chrétiennes au nord, facile à ravitailler par sa position maritime.

(1) En Europe, Baudouin de Boulogne n'avait été qu'un vaillant chevalier, toujours attaché à la fortune de Godefroid de Bouillon et mêlé à toutes ses expéditions. Un instant il fut investi de la dignité de comte de Verdun à laquelle avait renoncé son frère, mais il y renonça bientôt lui-même, moyennant finance, pour prendre la croix. — Laurent de Leodio ad a. 1096. — Pertz. monum. Germ. hist. t. x. p. 498.

Le fameux Zenguy comprit parfaitement l'importance stratégique de la ville d'Edesse(1) et ce fut contre elle qu'il dirigea tous ses efforts. Les Musulmans l'appelèrent *saint*, pour l'avoir momentanément conquise, et la chute définitive de cet Etat, en 1146, fut le signal de la décadence de la domination des Croisés.

Appelé à Jérusalem par ses partisans, l'aventureux Baudouin n'hésita point; il céda le comté d'Edesse ou de Rohais, comme on disait alors, à son parent Baudouin du Bourg, et, sans perdre de temps, il se mit en marche pour Jérusalem, à la tête d'une petite armée composée de sept cents hommes d'armes et d'autant de fantassins. La plupart des pays qu'il allait traverser étaient occupés par des Musulmans.

Au passage des défilés de Beyrouth, à l'embouchure du Lysus, la situation de Baudouin devint périlleuse, mais, par une manœuvre habile, il sut remporter sur ses ennemis trop confiants une victoire complète; les défilés furent franchis avec succès, et il se porta rapidement le long de la mer, passant devant Beyrouth, Ptolémaïs et Césarée. Le troisième jour il arriva à Jaffa; le bruit de sa victoire l'avait précédé : toute la population de Jérusalem, l'armée, et le clergé lui-même se portèrent à sa rencontre.

(1) Cette ville fut jadis capitale du petit royaume d'Osroène en Mésopotamie, appelée Edesse et Callirhoé par les Macédoniens : *Edesse* en commémoration d'Edesse de Macédoine, *Callirhoé* à cause d'une fontaine magnifique qui l'arrosait et que l'on suppose avoir été le bassin formé par les eaux de la rivière d'Ibrahim-Khalil, l'ancienne Scirtos des Grecs. On l'appelle aussi Antioche, en l'honneur d'Antiochus, roi de Syrie, et pour la distinguer des autres cités du même nom, on la désigna sous celui d'*Antiochia ad Callirhöen*. De ce dernier nom, les Arabes firent Roha, et avec l'article, Arrhoa, Orroha, Al-Roha. Ourha, Ourfa : Orfa est son nom actuel.

C'est là que se trouve aujourd'hui relégué, disgrâce véritable et imméritée, l'ancien gouverneur de Jérusalem, Kiamil-Pacha, l'ami des chrétiens, celui qui reçut si dignement le 30 mars 1855, LL. AA. RR. le Duc et la Duchesse de Brabant, lors de leur entrée dans la Ville Sainte (1).

(1) *Univers* du 24 avril 1855, n. III. — Lettre de M. l'abbé De Quevauvillers, chancelier de l'église de Jérusalem.

Seul, le patriarche Dagobert ou Daimbert, ex-archevêque de Pise, protesta par son absence : il se retira au mont Sion, abandonné de tous (1), même de son clergé.

Moins humble que son frère, Baudouin voulut se faire couronner, mais il n'osa pas encore se faire octroyer cet honneur à Jérusalem même. La cérémonie eut lieu à Bethléem, le 25 novembre 1100, à l'intervention du patriarche, qui ne crut pas devoir pousser trop loin sa résistance à l'entraînement populaire et féodal (2).

Baudouin n'était plus le croisé pieux, au cœur humble, mais un esprit ambitieux, ami du faste, voulant surpasser en magnificence les princes de l'Orient.

A Edesse, il entretenait une cour splendide, faisant porter devant lui, chaque fois qu'il se mettait en route, un bouclier d'or où était représenté un aigle, laissant croître sa barbe à l'asiatique, portant des vêtements traînants, exigeant des salutations profondes devant sa personne, et n'entrant dans les villes que précédé de deux cavaliers qui sonnaient de la trompette.

Ennemi du scandale à la vérité, il n'avait pas les mœurs pures de Godefroid, dont l'auréole, sous ce rapport, brille d'un éclat parfait.

Baudouin régna 18 ans, et son règne fut un combat perpétuel : c'est la partie véritablement épique de l'histoire du royaume de Jérusalem, que sa valeur consolida, et qu'elle sut agrandir.

Ce fut sous lui qu'Arsur, Césarée, Ptolémaïs, Tripoli, Beyrouth et Sidon furent acquis à l'empire fondé par les Croisés. Plusieurs forteresses s'élevèrent pour la défense du royaume, non-seulement en Arabie, mais dans les montagnes du Liban, dans la Galilée, et sur toutes les avenues de la ville

---

(1) Foucher de Chartres, ch. XXII. — Guillaume de Tyr, liv. x, ch. 7.
(2) V. toutefois la note p. 104 ci-dessus.

sainte. Ascalon seul resta aux mains des infidèles. C'était un pistolet perpétuellement placé sur la gorge de Jérusalem, sa voisine, et cela par la félonie de Raymond de Toulouse.

Tout ce règne fut empreint d'un grand caractère de poésie. Baudouin se livra aux expéditions les plus héroïques : aussi ses contemporains l'appelèrent-ils un autre Machabée.

Les Machabées ! grande famille, dit Poujoulat, que nulle famille de rois n'a surpassée : graves et belliqueux génies qui réalisèrent les plus beaux songes de la muse épique ! vengeurs invincibles de Jérusalem, consolateurs puissants, réparateurs hardis et rapides !

En 1118, Baudouin rassembla l'élite de ses guerriers, et résolut de tenter la conquête de l'Egypte. Déjà il foulait le sol égyptien : déjà, dit Albert d'Aix, les guerriers francs s'étaient baignés dans les eaux du Nil, et y avaient pris quantité de poissons, en les frappant de leurs lances, lorsque le roi tomba malade, et ordonna la retraite. Arrivé à El-Arisch (1), il sentit qu'il allait mourir, et l'on dut s'arrêter au milieu du désert. Autour de lui, les compagnons de ses victoires s'abandonnaient à la douleur : c'était lui qui les consolait, les engageant à ne pas perdre courage, à continuer à combattre pour l'héritage de Jésus-Christ, et ne leur demandant qu'une dernière preuve d'affection, celle de ne pas laisser son corps sur la terre infidèle.

Les chevaliers fondaient en larmes, lui répondant que la tâche imposée à leur féauté était bien rude, et bien au-dessus de leurs forces. Comment conserver et transporter un corps privé de vie, au milieu des sables du désert, à travers des pays ennemis, sous un soleil dévorant ?

---

(1) L'une des deux clefs de l'Egypte, d'après Napoléon Ier, fortifiée prudemment par lui et tristement célèbre par le massacre de sa garnison française, ainsi que par la honteuse convention du 28 janvier 1800, arrachée à la faiblesse momentanée du général Kléber par sir Sidney Smith. *Histoire du Consulat et de l'Empire*, par M. Thiers, t. II, ch. I.

Baudouin insistait : « Dès que j'aurai rendu mon dernier
» soupir, que le fer, je vous en supplie, ouvre mon cadavre;
» qu'il soit rempli de sel et d'aromates, qu'il soit roulé dans
» du cuir et des tapis; qu'il soit transporté au pied du cal-
» vaire, et déposé près de mon frère Godefroid ! »

Ses frères d'armes s'efforcèrent d'accomplir ses dernières volontés; son corps fut ouvert, frotté de sel et d'aromates; on en arracha les entrailles qu'on déposa sous un cippe qui se voit encore au lieu dit *sables de Baudouin* (1), et les Chrétiens se remirent en marche, cherchant à dissimuler aux yeux de l'ennemi et leur douleur et la mort de leur roi.

Le dimanche des rameaux, le peuple de Jérusalem, précédé du Patriarche, descendait du mont des olives, portant des branches de palmier, et chantant des cantiques pour célébrer l'entrée de Jésus dans Jérusalem. Tandis que la procession traversait la vallée de Josaphat, un cortége funèbre parut tout à coup au milieu de cette population remplie d'allégresse, qui chantait les hymnes sacrées : aussitôt un morne silence, puis de lugubres lamentations succèdent aux chants de l'Eglise, et les dépouilles mortelles de Baudouin se dirigent vers l'église du Saint-Sépulcre, au glas funèbre de cette grosse cloche du beffroi qui, depuis 18 ans, annonça si souvent l'approche des Sarrasins, appelant les Chrétiens à la garde de leurs remparts.

Ainsi qu'un vieux soldat estropié à la suite des guerres auxquelles il a seul survécu, ce terrible beffroi, d'où Saladin fit précipiter la cloche de guerre et d'alarme, cette vieille et haute tour mutilée en 1187, se dresse encore fière et superbe à la gauche du portail de l'église du Saint-Sépulcre, mais la tombe qu'y avait sollicitée avec larmes un héros expirant,

---

(1) Ses entrailles furent enterrées, dit *l'Art de vérifier les dates*. t. 1, p. 438, dans un lieu qu'on nomme encore aujourd'hui : *Hegiarat Barduil*, le sépulcre ou la pierre de Baudouin.

dernier service qu'il avait réclamé de ses frères d'armes dans les sables du désert, cette tombe a été détruite par des mains soi-disant chrétiennes, et qui osent se proclamer exclusivement orthodoxes, celles des Grecs schismatiques !

BAUDOUIN DU BOURG

DEUXIÈME ROI DE JÉRUSALEM.

1118-1131.

En face de la mort, Baudouin Ier ne songeait qu'à être enterré près de son frère, au pied du Calvaire : il désigna, toutefois, dit-on, comme son successeur, son cousin Baudouin du Bourg, qui lui avait succédé au comté d'Edesse.

Fils du comte de Rethel (1), Baudouin du Bourg était né dans les Ardennes; il était ainsi appelé, à raison d'un apanage situé dans les Etats paternels, et dont il est fait mention dans un acte de 1202, intervenu entre Hugues II et l'abbé de Saint-Remy de Reims (2). Je ne sais pourquoi on l'appelle Baudouin de Monte-Henno dans les *gestes des comtes d'Anjou* (3), mais c'est bien en vain qu'une famille belge, trop distinguée pour devoir recourir à de pareilles fables, a voulu

---

(1) Rethel, sur l'Aisne, occupe sur une montagne l'emplacement d'un fort appelé *Castrum Retectum*, d'où provinrent successivement Retest, Ratest, Ratel, Retel et Rethel. Elle fait partie du département des Ardennes, et est proche d'Attigny, résidence d'été des rois de la première et de la seconde race, où séjourna notre infortuné Charles de France, avant de faire sa dernière et malheureuse campagne contre Hugues-Capet, l'usurpateur de la couronne des Carlovingiens.

(2) *Histoire de la ville de Rethel*, par Émile Jolibois. Paris, 1849, in-8°, appendice, n. xii.

(3) *Gesta consulum Andegavensium*, auctore Monacho Benedictino Majoris Monasterii, in L. d'Achery Spicil, t. x, p. 505.

se rattacher au deuxième roi de Jérusalem, sous le prétexte que ce prince avait été apanagé, dans sa jeunesse et avant son départ pour la Terre-Sainte, de la seigneurie de *Burch* ou *Bourg*, située dans la paroisse de Saint-Rycquiers, près d'Avelghem, en la chatellenie de Furnes (1).

Il est certain que Baudouin, fils d'Hugues Ier, (2) comte de Réthel et de Mélisende de Monthléry, fut le seul de sa race à porter le surnom de Du Bourg, et cela pour se distinguer de son frère aîné Manassès, qui mourut en bas âge, ainsi que de Gervais, son frère cadet, en faveur de qui il céda, en prenant la croix, ses droits à la succession de son père. Ce dernier trépassa l'année 1118, c'est-à-dire vers l'époque où son fils fut appelé à la couronne de Jérusalem par le vœu de son cousin (3) Baudouin Ier. Ce choix ne tarda pas à être ratifié :

(1) *Dictionnaire héraldique de M. Gothaels*, t. 1er, art. Van der Burch.

(2) Guillaume de Tyr, liv. xii, ch. i, dit qu'il était l'aîné des fils de Hugues de Rethel.

(3) C'est l'expression de M. Michaud, mais les auteurs de l'*Art de vérifier les dates*, t. i, p. 439, se contentent de dire qu'il était parent de Baudouin Ier. A quel titre ? je l'ignore, car il m'a été impossible de bien définir les liens qui le rattachaient au frère de Godefroid de Bouillon. M. Wilken n'avait pas été plus heureux. Je ne sais donc pas pourquoi les uns, comme M Wilken, l'appellent son neveu, *nepos*, (d'après Wilhelmi Calculi histor. Norman. et chronic. Richard. Pictav. apud Bouquet, t. xii, p. 442 et 582); les autres cousins, qualification qui se trouve dans les *lignages deçà-mer*, ch. i, et qu'à adoptée M. Michaud. Guillaume de Tyr lui donne, à trois reprises différentes, le titre de *consanguineus*, lib. xii, ch. 1, 2 et 3. On trouve celui de *propinquus* dans l'ouvrage précité : *Gesta consulum Andegavensium*, et celui de *cognatus* dans Foucher de Chartres. Cette parenté n'est du reste pas douteuse, car elle fut pour lui le principal titre à la couronne de Jérusalem. Nous voyons dans Guillaume de Tyr qu'à la mort de Baudouin Ier, les uns voulaient appeler Eustache de Boulogne au trône, tandis que les autres ne voulaient d'un interrègne à aucun prix, *ne œstimarentur debiliores*, selon les termes de Foucher de Chartres. Le patriarche Arnoul était l'un de ceux qui travaillaient le plus en faveur de Baudouin d'Edesse, mais ce fut Joscelin de Courtenai qui semble avoir décidé l'élection en faisant valoir sa parenté avec le roi défunt : aurait-on osé alléguer sans fondement un pareil motif ? Albert d'Aix, vii, 3, le représente également comme un membre de sa famille : *vir nobilis generis sui*.

le jour de Pâques, Baudouin fut proclamé roi dans l'église de la Résurrection. L'on voit que les idées féodales avaient triomphé complétement. Godefroid se contente du titre d'avoué du Saint-Sépulcre ; Baudouin Ier veut la couronne, mais il n'ose se faire couronner en face du Calvaire, où le Christ porta sa couronne d'épines ; Baudouin II s'y fait couronner, et l'on trouve que c'est la chose la plus naturelle.

Il régna douze ans, et non sans éclat, après avoir gouverné avec sagesse le comté d'Edesse pendant le long règne de Baudouin Ier. Il n'eut, dit Michaud, ni les défauts, ni les qualités de son prédécesseur ; son règne fut illustré par des conquêtes et des victoires auxquelles il n'eut point de part : c'est ainsi que durant sa captivité, l'armée chrétienne, aidée des Vénitiens, s'empara de la ville de Tyr, après un siége de cinq mois et demi. Heureux et prévoyant dans ses entreprises, il eut le malheur d'avoir pour principal adversaire le fameux Emâd-ed-din Zenguy, fils d'un émir d'Alep, et prince de Mossoul. Deux fois prisonnier des Musulmans, il passa sept années dans les fers.

Baudouin II avait un esprit droit, une âme élevée, une douceur inaltérable : la religion présidait à toutes ses actions, et l'habitude qu'il avait prise de rester prosterné pendant ses prières lui avait endurci la peau des genoux jusqu'à la rendre calleuse. Chrétien parfait, guerrier actif et valeureux, Baudouin ne put empêcher que son règne ne fût le signal du déclin de la monarchie. La discorde ne tarda pas à amener des calamités plus grandes que celles de la guerre, qui était l'état normal du nouveau royaume. Au moment où il descendit du trône, les Etats chrétiens étaient au plus haut degré de prospérité ; sous son successeur, ils marchèrent rapidement vers la décadence.

Cette décadence eût marché plus promptement encore sans la fondation des Ordres militaires qui tinrent bon pendant plusieurs siècles, et se recrutèrent constamment parmi les familles illustres de l'Occident. Les chevaliers de Saint Jean et du

Temple, dit M. Michaud, furent comme une croisade qui se renouvelait sans cesse, et qui entretenait l'émulation dans les armées chrétiennes.

Peu de jours avant sa mort, Baudouin se fit transporter chez les chanoines du Saint-Sépulcre, et il y mourut sous l'habit religieux (1)

Avec lui s'éteignirent le dernier des parents de Godefroid de Bouillon et la dynastie Lotharingienne : ce fut d'après Jacques de Vitry (ch. xcii, p. 50) un nouveau malheur et une nouvelle source de dissensions : *Ad cumulum autem malorum regnum Hierusalem in manus alieni hominis* (2) (*Foulques d'Anjou*) *devenerat, qui non erat de semine illorum per quos salus facta est in Israël. Ob hanc causam magnæ erant discordiæ et dissensiones inter regni nostri barones.* Ainsi se vérifiait déjà la sagesse de la conduite de Godefroid de Bouillon et du conseil que lui avaient donné les prélats de ne point établir à Jérusalem une royauté laïque, parce qu'elle ne pouvait être entre les seigneurs croisés qu'une pomme de discorde et de convoitise.

Il faut croire, d'autre part, que Baudouin eut de graves motifs pour agir ainsi, et qu'il ne rencontra, parmi les princes et seigneurs qui l'entouraient, personne qui fût digne de monter sur le trône, puisqu'il envoya des hommes de confiance proposer au comte d'Anjou la main de sa fille Mélisende et la couronne de Jérusalem. C'est ce que nous révèle l'histoire déjà citée des comtes d'Anjou.

(1) Cœpit rex graviter infirmari, et coràm Patriarchâ et Baronibus, se regali exuens dignitate, genero Fulconi filiæque sceptrum regni concessit, dixitque se velle Christi amore in pauperie mori, et canonicorum regularium S. Sepulchri habitum suscepit, ubi et sepultus est. *Marin. Sanuti secreta fidelium crucis* (Gesta Dei per Francos, Hannoviæ, 1511, in-folio).

(2) C'est le même reproche qu'adresse Albert, abbé de Stade à Guy de Lusignan : « *Perdita est autem terra sancta ideò quia Regina adamavit » quendam Widonem de Limoche (sic) conducticium militem et fecit eum » regem :* undè indignatus comes de Tripoli, qui regnum tenebat, et alii prin- » cipes terræ remissiùs se egerunt. »

FOULQUES D'ANJOU

TROISIÈME ROI DE JÉRUSALEM.

1131-1144.

Mélisende, fille unique de Baudouin II, avait épousé Foulques, comte d'Anjou (1). Ce prince avait la barbe et les cheveux roux, mais contre la nature des personnes de cette couleur, dit Guillaume de Tyr, il était doux, pieux, affable et bon. Ajouter qu'il était brave et habile dans la guerre, c'est chose superflue; l'on ne se rendait pas en Terre Sainte à cette époque sans avoir un bras vigoureux et un cœur chevaleresque.

Foulques, qui régnait en Anjou depuis l'an 1106, avait paru une première fois, en 1120, en Terre Sainte, et s'y était distingué par sa libéralité. Guillaume de Tyr dit qu'il y entretint cent chevaliers pendant un an. Il y reparut en 1129 : alors veuf (2), il accepta la main de Mélisende, que lui offrait

---

(1) Foulques V, dit le Jeune, qu'on a quelquefois confondu avec Foulques-le-Noir, ou le Jérosolymitain à cause de divers voyages à Jérusalem, était fils du comte d'Anjou, Foulques dit *le Rechin*, ou *le querelleur*, à cause de son humeur mélancolique et de ses mœurs farouches. C'est de ce surnom que dérive le verbe *rechigner* qu'on écrivait jadis *rechiner*. En partant pour la Terre Sainte, il remit à son fils Godefroid le gouvernement de ses États.

(2) De son premier mariage avec Eremburge, fille du comte de Mantes, était sorti Geoffroy, V° du nóm, dit Plantagenet, mort en 1150. Celui-ci ayant épousé Mathilde, veuve de l'empereur Henri V, et fille de Henri I, roi d'Angleterre, eut pour fils Henri II, qui continua la postérité des rois d'Angleterre

Baudouin II, et fut créé à cette occasion comte de Ptolémaïs et de Tyr. Il avait plus de soixante ans quand il monta sur le trône (1) : il ne faut dès lors pas s'attendre à ces entreprises hardies, parfois téméraires, qui signalèrent le règne des deux premiers Baudouin. D'ailleurs, à l'intérieur, la discorde énervait les forces des Chrétiens, tandis qu'à l'extérieur celles des ennemis ne faisaient que s'accroître. Les Francs, trop préoccupés de la conservation des villes et provinces maritimes, par lesquelles ils se maintenaient en rapport avec l'Occident, ne songèrent pas assez à étendre leurs conquêtes vers le nord. Il eût fallu que, portant leurs armes au delà de Damas et d'Alep, clefs de la Syrie, ils empêchassent les Musulmans, atterrés par les grands coups d'épée de Godefroid et de Baudouin, de se reconnaître, et de se rallier sous des chefs habiles et heureux.

Ces chefs, les Musulmans les trouvèrent successivement dans Zenguy, dans Nour-ed-din, et dans Saladin.

Les Etats fondés par les Croisés se virent pressés, d'un côté par les Egyptiens qui, malgré leurs revers, conservaient l'empire de la mer, de l'autre côté, par les Califes de Bagdad, les princes de Damas, de Mossoul, et d'Alep, ainsi que par une foule de peuplades guerrières, parmi lesquelles on remarquait les Turcomans, originaires de la mer Caspienne.

Ce fut alors que l'on vit pour la première fois des Musulmans et des Chrétiens combattre sous le même drapeau. Le redoutable Zenguy ayant voulu s'emparer de Damas, le prince musulman qui gouvernait cette ville n'hésita point à implorer

---

et des comtes d'Anjou. Le fils de ce dernier fut le fameux Richard-cœur-de-lion, héros de la troisième croisade. La dynastie des Plantagenet remontait donc en ligne directe à Foulques de Jérusalem, bisaïeul de Richard-cœur-de-lion.

(1) D'après les auteurs de l'*Art de vérifier les dates*, t. I, p. 440, Foulques était moins âgé au moment de son mariage avec Mélisende, étant né, en 1092, du mariage de Foulques-le-Rechin et de Bertrade de Montfort, qui ne s'était fait qu'en 1089, selon Orderic Vital, ou même en 1091, selon la chronique de Tours.

le secours des Croisés ; le prix de cette alliance fut Panéas, appelé *Dan* au temps de Josué, et Césarée de Philippe sous les Romains. Cette ville avait été enlevée aux Chrétiens peu d'années auparavant, et livrée à Zenguy. Ce succès fut le dernier du règne de Foulques d'Anjou, qui mourut en novembre 1144, d'une chute de cheval, ne laissant pour lui succéder que deux enfants en bas âge.

Foulques n'eut jamais assez de force ni d'autorité pour être le chef d'un royaume environné d'ennemis redoutables : aussi s'occupa-t-il beaucoup à bâtir des forteresses, et il songea plus à défendre ses frontières qu'à les étendre ; mais en pareil cas, se réduire à la défensive, c'est se résigner à sa ruine. L'heure de la décadence du royaume de Jérusalem avait sonné, et tout ce qu'à partir de ce moment put produire l'héroïsme des Ordres militaires qui composaient principalement l'armée des rois de Jérusalem, ce fut de prolonger l'indépendance de la Sainte Cité, que le petit-fils de Zenguy, Salah-ed-din, plus connu sous le nom de Saladin, devait détruire avant la fin de ce même siècle.

MELISENDE

REINE DE JÉRUSALEM ET RÉGENTE DU ROYAUME.

1144-1152.

La veuve de Foulques prit la régence, et gouverna le royaume avec prudence et justice ; mais ces qualités ne suffisaient pas, et la ville d'Edesse ne tarda guère à succomber sous les armes du redoutable Zenguy, qui fut assassiné deux années après, le 11 septembre 1146. Cette mort permit à Josselin, comte d'Edesse, de rentrer par surprise dans sa capitale, mais les princes chrétiens de la Syrie ne le secondèrent pas, et l'un des fils de Zenguy, le terrible Nour-ed-din, ne tarda pas à paraître, avec un appareil formidable, devant les portes d'Edesse, qui fut reprise après un carnage horrible ; le vainqueur, dans sa vengeance, la fit démanteler, ne respectant ni les édifices publics, ni les églises. Cette victoire contribua à étendre sa renommée et sa puissance : les imans et les poètes lui promettaient déjà la conquête plus glorieuse de Jérusalem, tandis que les Chrétiens, terrifiés par de sinistres présages, s'imaginaient que le Ciel se déclarait contre eux.

La prise d'Edesse détermina une nouvelle croisade, à la tête de laquelle se mit le roi de France, Louis VII, pour qui elle fut une source de calamités ; croisade dans laquelle se distingua de nouveau le comte de Flandre, Thierry d'Alsace, avec ses Belges, et à la suite de laquelle le divorce de Louis VII et d'Aliénor (Eléonore) fit passer l'Aquitaine au pouvoir de l'Angleterre.

La reine Mélisende, qui, dans la situation déplorable des colonies chrétiennes, eût semblé devoir se trouver heureuse d'abandonner le pouvoir à des mains viriles, eut le tort de ne pas savoir l'abdiquer lorsque l'âge de régner sonna pour son fils aîné. Peut-être l'histoire a-t-elle été trop sévère contre elle à ce sujet. Peut-être ne s'obstinait-elle à conserver la régence qu'en vue de la légèreté et des défauts du jeune prince. Baudouin était en effet plein de bonnes qualités ; il avait un esprit vif et pénétrant, une mémoire heureuse, des manières nobles et élégantes, mais, quoique plein de respect pour l'Eglise et ses ministres, il eut, jusqu'à son mariage, des mœurs trop légères : l'amour des femmes et le jeu lui prenaient plus de temps, et lui tenaient plus au cœur, dit Michaud, qu'il ne convenait à un roi, et surtout au roi de la ville sainte. Heureusement il se corrigea avec l'âge, et l'archevêque de Tyr nous apprend qu'il parvint à supprimer presque tous ses défauts, sans perdre ses bonnes qualités.

Les choses en vinrent au point que Baudouin, arrivé à l'âge de 21 ans, impatient de régner, assiégea la tour de David, où sa mère s'était réfugiée avec ses partisans, et se fit couronner dans l'église du Saint-Sépulcre, peu de jours après les fêtes de Pâques. Qu'est-ce qu'un couronnement sous de pareils auspices ?

BAUDOUIN III

QUATRIÈME ROI DE JÉRUSALEM.

1152-1162.

Ce règne fut en quelque sorte inauguré par le téméraire projet qu'osèrent concevoir deux jeunes princes de la famille d'Ortoc : une armée qu'ils avaient rassemblée vint, du fond de la Mésopotamie, camper sur le mont des Oliviers. Il s'en fallut de peu que la cité sainte ne tombât, dès ce jour, aux mains des ennemis de la croix.

Le mauvais succès de la deuxième croisade avait ouvert les yeux aux Musulmans, et leur avait révélé le secret de la faiblesse des Chrétiens.

Baudouin eut à lutter contre le célèbre Nour-ed-din, le conquérant d'Edesse, prince distingué qui ranima le courage de l'Islamisme, et réunit les forces de l'Orient en un faisceau qu'il dirigea avec intelligence et bravoure contre les colonies chrétiennes. Baudouin entreprit d'arrêter ses progrès, et fit admirer sa valeur dans plusieurs combats ; il parvint même, en 1153, à s'emparer de l'importante position d'Ascalon, qui lui ouvrait le chemin de l'Egypte, et fermait aux Egyptiens celui de Jérusalem.

En 1155, il épousa la princesse Théodora, nièce de l'empereur grec de Constantinople, Manuel, mariage qui lui apporta des richesses dont le royaume avait grand besoin. On put espérer, un instant, que ce mariage suspendrait ou affaiblirait les dissensions des Grecs et des Latins, divisés par un schisme fatal et par une déplorable antipathie qui les empêchaient de s'entendre contre l'ennemi commun.

Vaincu le 8 juin 1157, près du lac de Tibériade, par Nour-ed-din qui venait de détruire Panéas de fond en comble, Baudouin obtint l'année suivante une revanche éclatante : aidé de son beau-frère, Thierry d'Alsace, comte de Flandre, qui pour la troisième fois descendait en Palestine, il rencontra, le 15 juillet 1158, Nour-ed-din près de l'endroit où le Jourdain sort du lac de Tibériade ; les deux princes le défirent complétement, et furent même sur le point de le faire prisonnier.

Avant cette victoire, le comte de Flandre et sa femme (1) étaient parvenus à réconcilier Baudouin avec sa mère : grâce à eux, la concorde et la confiance reparurent à Jérusalem. Thierry retourna peu de temps après aux Pays-Bas, laissant en Terre Sainte, non sans regrets, la comtesse Sybille, sa femme, qui devint abbesse du monastère de Saint-Lazare, à Samarie.

Quatre ans après, atteint d'une maladie grave à Antioche, où il s'était rendu pour en réorganiser le gouvernement, Baudouin se fit transporter à Tripoli, puis à Beyrouth, où il expira.

Ses restes mortels furent, comme ceux de Baudouin Ier, ensevelis à Jérusalem, au pied du Calvaire. Jamais roi ne fut plus regretté, et l'on vit même Nour-ed-din, respectant la douleur du peuple, suspendre pendant plusieurs jours ses attaques contre les Chrétiens.

---

(1) Fille de Foulques d'Anjou, troisième roi de Jérusalem.

AMAURY

CINQUIÈME ROI DE JÉRUSALEM.

1162-1173.

Baudouin III était mort sans postérité : la couronne revenait donc à son frère Amaury, qui n'était pas populaire. L'histoire adresse à ce dernier de nombreux reproches, mais au milieu des factions qui divisaient le royaume, il est probable que l'ambition de certains personnages puissants, qui aspiraient en secret au pouvoir, a singulièrement exagéré les griefs qu'on pouvait lui imputer.

Le fait est que son règne ne justifie pas les accusations passionnées qu'il a eues à subir. Amaury est l'un des princes les plus remarquables qu'ait comptés le royaume de Jérusalem : je pense cependant que M. le chevalier Marchal, dans son érudite notice (1) sur *les relations commerciales des flamands avec le port d'Alexandrie d'Egypte*, a été trop loin, en l'appelant le plus grand roi de Jérusalem après Baudouin.

Amaury comprit que, pressé de deux côtés par des ennemis formidables, le royaume devait périr : il conçut donc le hardi projet de conquérir l'Egypte, affaiblie en ce moment par des divisions intestines : traversant le désert, il ne revint qu'après avoir forcé les Egyptiens à acheter la paix. La possession de

---

(1) *Bulletin de l'Académie royale de Bruxelles*, 1844, t. 1, p. 152.

la Terre Sainte était en partie attachée à la conquête de l'Egypte (1) : c'est ce qu'avait compris Amaury ; c'est ce que comprit malheureusement aussi Nour-ed-din. Ce dernier y envoya une armée que le roi sut contraindre à la retraite. Au retour de cette expédition, imitant la politique de son frère, il épousa une autre nièce de l'empereur grec de Constantinople, la princesse Marie. Amaury reprit ensuite avec vigueur son projet de conquête. Son plan, il est vrai, ne fut pas approuvé, selon Guillaume de Tyr, par une foule de personnages, au nombre desquels il place le grand-maître de l'Ordre du Temple (2). L'on avait tout à craindre, disaient-ils, de Nour-ed-din, tandis qu'on n'avait rien à redouter de l'Egyptien : y envoyer des armées, c'était livrer la Syrie au fils de Zenguy, c'était sacrifier les villes chrétiennes, Jérusalem elle-même.

(1) Dès la première croisade, les chrétiens avaient voulu conquérir l'Egypte avant de faire le siége de Jérusalem, parce que c'était un acte de prudence d'anéantir la domination du Calife du Caire. Ce projet fut rejeté par le conseil des chefs de cette croisade. En 1420. Emmanuel Piloti, (manuscrit n. 15,701 de la bibliothèque de Bourgogne), auteur de l'ouvrage intitulé : *de modo, progressu et ordine in passagio christianorum per conquesta Terræ Sanctæ*, ouvrage traduit en 1441 en langue française, conseillait encore la conquête préalable de l'Egypte : *soit entendu ce que je dis, que qui veult tirer la Terre Sainte des mains des payens, fault acquester premièrement le siége de Soudan, c'est le Cayre, et avec elle on aura tout.*

(2) Ce qui prouve que ce projet n'était pas si blâmable, c'est que déjà Baudouin Ier l'avait conçu et ne fut arrêté dans son exécution que par la mort, qui le surprit à El-Arisch ; c'est que Jean de Brienne, roi titulaire de Jérusalem, mais qui régnait seulement sur quelques ports du rivage, tels que Saint-Jean d'Acre, Tyr et Sidon, le reprit en 1215 et 1216 (notice du chevalier Marchal, *bull. de l'Acad.*, t. XI, 1re partie. n. 164) ; c'est que Pierre Ier, le plus célèbre des rois de Chypre, forma le projet de conquérir l'Egypte en 1365, certain qu'après cette conquête la Palestine ne tarderait pas à tomber en son pouvoir. Il ne faut pas oublier que la Terre Sainte resta au pouvoir des Egyptiens jusqu'en 1515, époque de sa conquête par le Sultan Sélim Ier.

Enfin l'on sait la facilité avec laquelle, en 1830, Méhémet-Ali, Pacha d'Egypte, s'empara de la Syrie entière, et s'y serait maintenu, sans les canons des Chrétiens.

L'on perdait de vue que c'était dans les plaines de l'Egypte que devait se vider le duel entre Amaury et Nour-ed-din. On le vit bientôt. Le jeune Saladin, mis à la tête des troupes de Nour-ed-din en Egypte, soumit promptement la contrée entière, y abolit l'autorité des Califes Fatimites, dont la dynastie régnait depuis plus de deux siècles, et le nom du Calife de Bagdad fut seul prononcé dans les mosquées.

Dès lors les Musulmans d'Egypte et de Syrie, jusqu'alors divisés par un schisme, comme les Grecs et les Latins, n'eurent plus qu'une même religion et une même cause à défendre.

C'était toute une révolution. Saladin en profita seul, et tout en conservant certains ménagements envers Nour-ed-din, il devint le maître réel de l'Egypte.

Nour-ed-din, qui voyait passer avec dépit sa conquête ès-mains de son lieutenant, mourut sur ces entrefaites (1174), ne laissant qu'un fils en bas âge et incapable de gouverner.

Amaury n'eut pas le temps de profiter de cette crise : il mourut lui-même à Jérusalem, laissant le royaume dans une situation satisfaisante. Les villes et les diverses baronnies de la Terre Sainte devaient, pour le service de l'Etat, plus de 4000 chevaliers et près de 6000 sergents d'armes, ce qui pouvait former une armée de 12 à 15,000 hommes, non compris les Templiers, les Hospitaliers et les autres Ordres militaires dont les forces étaient considérables. Toutes les villes avaient des remparts et des tours bien gardées ; sur toutes les frontières du pays, sur toutes les avenues de Jérusalem, s'élevaient des forteresses remplies d'armes, de munitions et de soldats. Les montagnes de la Judée, les revers du Liban avaient des cavernes ou des grottes transformées en places de guerres ; les ressources pécuniaires ne manquaient pas au royaume; l'industrie et le commerce maritimes étaient florissants.

Il eût fallu un nouveau Baudouin Ier pour rétablir les affaires de la Terre Sainte; et le plus faible des Baudouin allait régner... en face de Saladin !

BAUDOUIN IV

SIXIÈME ROI DE JÉRUSALEM.

1173-1185.

Fils d'Amaury et d'Agnès, Baudouin n'avait que 13 ans à la mort de son père, auquel il ressemblait beaucoup. Guillaume de Tyr fut son précepteur, et fait un grand éloge de son élève. Ce dernier apportait les plus heureuses dispositions à l'étude de l'histoire et des lettres ; il aimait la gloire, la vérité et la justice ; mais ces bonnes qualités furent perdues pour le royaume, car il périt misérablement à l'âge de 20 ans.

Raymond, comte de Tripoli, fut choisi pour tuteur du roi pendant sa minorité. Dans les premières années de ce règne, l'on tenta une nouvelle expédition contre l'Egypte : elle fut aussi malheureuse que les premières.

Alors parut l'Attila de la Terre Sainte, le terrible Saladin (1), qui était parvenu, par les armes ou par la corruption, à soumettre toutes les villes de la Syrie mahométane, et qui s'était fait reconnaître sultan de Damas et du Caire par le Calife de

---

(1) Les succès de Saladin provoquèrent la troisième croisade.
Comme on manquait d'argent pour la sainte entreprise, on résolut dans le conseil des princes et des évêques que tous ceux qui ne prendraient pas la croix paieraient la dixième partie de leurs revenus et de la valeur de leurs meubles. La terreur qu'avaient inspirée les armes de Saladin fit donner à cet impôt le nom de *dîme saladine*. — Michaud, *Histoire des Croisades*, liv. VII, t. IV, p. 72, édit. de Bruxelles.

Bagdad lui-même. Baudouin réunit ses troupes, le rencontra et le défit dans la plaine de Rama. L'an 1182, il l'attaqua résolument près de Tibériade, et dispersa de nouveau son armée.

Mais un ennemi encore plus terrible le menaçait de près : la lèpre, hideuse maladie dont nous ne pouvons plus nous faire une idée, vint paralyser toutes ses facultés, la lèpre, qui s'ajoutant aux fatales dissensions d'un royaume condamné dans les décrets de la providence, était un signe visible de la malédiction du Ciel ! L'infortuné perdit la vue ; les extrémités de son corps tombèrent en putréfaction ; il ne pouvait plus se servir de ses pieds ni de ses mains. Dans sa détresse, il nomma régent du royaume un chevalier français, appelé *Gui de Lusignan*, qui avait épousé sa sœur Sybille (1), veuve du marquis de Montferrat-longue-épée, et était ainsi devenu comte de Jaffa et d'Ascalon.

Ce choix fut déplorable, et Baudouin dut bientôt remplacer son beau-frère par Raymond, comte de Tripoli, qui avait été son propre tuteur. Descendant du fameux comte de Saint-Gilles, Raymond était doué, comme son aïeul, d'une activité infatigable, d'une bravoure sans égale et d'un caractère indomptable. En même temps, le fils de Sybille et du marquis de Montferrat-longue-épée fut porté au Saint-Sépulcre et couronné à l'âge de 5 ans.

Tels étaient, dit Gibbon (2), les gardiens de la Sainte Cité : un lépreux, un enfant, un lâche, et un traître.

Cette tirade oratoire est peu digne de ce grave historien. Gui de Lusignan fut malheureux, mais il ne mérite pas le reproche de lâcheté. Les deux derniers Baudouin étant morts, dit un écrivain anglais, les Templiers, les Hospitaliers, les

---

(1) Ainsi appelée, dit Guillaume de Tyr, du nom de la comtesse de Flandre, femme de Thierry d'Alsace.

(2 *Histoire de la décadence et de la chute de l'empire romain*, ch. LVIII.

comtes, les barons, le clergé et le peuple choisirent pour reine la comtesse de Jaffa, mais à la condition qu'elle divorcerait d'avec Gui de Lusignan. *Tous rendaient justice à la valeur du comte* (1), *mais ils ne le trouvaient pas d'une noblesse assez illustre pour être l'époux de la fille des rois* (2).

Où il fallait s'écrier d'une commune voix : *Salus populi suprema lex esto!* l'on s'avisait de scrupules héraldiques ! Guy de Lusignan (3) n'était en effet qu'un simple chevalier, mais il était d'une famille distinguée, et les lâches ne s'avisaient point de porter leur épée en Orient. En 1189, il entreprit le siége de Ptolémaïs, et dans une rencontre avec Saladin, qui accourait au secours de la place, abandonné des siens, resté seul dans la mêlée, il ne dut son salut qu'à son courage. C'est à l'occasion de ce siége mémorable que Gauthier Vinisauf, écrivain contemporain, l'appelle *miles*

---

(1) « Rex Guido..... nunc tanquàm privatus incedit, non quia regnum » demeruerat, quo nimirum rex alius nullus inveniretur magnificentiùs mori- » geratus, sed eo solo quòd simplex erat et minùs astutus, quo debebat jure » haberi venerabilior, reputatus est contemptibilior. *Miles erat probatissimus,* » *Achonem primitùs a Sarracenis occupatam strenuissimè obsedit et diutiùs* » *oppugnavit.* » ... Gauthier Vinisauf, *Itinerarium regis Anglorum Richardi*, lib. v. cap. 37.

Ipsa (Sibylla) spretis indigenis, Widonem comitem Ascalonis, advenam scilicet, elegantis formæ, *spectatæque fortitudinis*, virum adscivit, eumque regno induens, favente Patriarchâ nec non militibus Templi, sibi in matrimonium conjunxit. Undè reliqui principes valdè permoti sunt. *Incerti sed contemporanei auctoris appendix ad librum septimum chronici Ottonis Frisingensis*, cap. 29.

(2) Petri Petroburgensis vita et gesta Henrici II. — Oxoniæ 1735, in-folio — Annales de l'abbaye d'Anchin, *Rerum gallic. et francic. script.* t. xviii, p. 538.

(3) Luzignan ou Lézignan, petite ville du Poitou, située sur la Vienne, près de Poitiers, est renommée par les contes que l'on fait au sujet de la fée Mélusine, moitié femme et moitié serpent, qui aurait bâti le château de Lusignan, réputé imprenable. Mélusine, Mélissène et Mélissande ou Mélissendis est un même nom, qui a été porté par plusieurs femmes célèbres.

probatissimus ; or, l'historien de Richard-cœur-de-lion devait être expert en bravoure.

L'on sait que ce fut pendant ce siége mémorable que moururent la reine Sybille et ses quatre enfants : Guy de Lusignan mourut lui-même, en 1194, roi de Chypre, couronne qu'il tenait de la générosité de Richard, ou qu'il avait achetée des Templiers, à qui l'île avait été engagée pour une somme de 25,000 marcs.

Quant au comte de Tripoli, il imitait les seigneurs féodaux de l'époque ; implacable dans ses ressentiments, il avait fermé impitoyablement ses portes aux habitants de Jérusalem expulsés par Saladin en 1187 : il se croisa les bras à la vue des malheurs de Lusignan. En agissant ainsi, il froisse nos idées modernes, mais il ne doit point pour cela encourir le reproche de trahison, et nous avons vu que le fameux Raymond de Saint-Gilles en usa comme lui, en 1099, sous les murs d'Ascalon et d'Arsur ; nul cependant, parmi les écrivains du temps, ne lui jette à la face l'un de ces reproches que même les écrivains ecclésiastiques prodiguaient, le cas échéant, aux lâches et aux traîtres.

Le tort de la plupart des écrivains, de ceux du xviiie siècle surtout, est de ne pas se transporter au milieu des événements qu'ils ont à décrire, mais de les juger toujours, au contraire, à leur point de vue personnel (1).

(1) « Transporter dans les siècles reculés toutes les idées du siècle où l'on vit, c'est des sources de l'erreur celle qui est la plus féconde. » Montesquieu, *Esprit des lois*, liv. xxx, ch. 15.

BAUDOUIN V

SEPTIÈME ET DERNIER ROI DE JÉRUSALEM.

1183-1186.

Couronné solennellement, le 11 novembre 1183, dans l'église du Saint-Sépulcre, où il avait été porté sur les bras d'un chevalier du Temple, afin qu'il fût aussi haut que les seigneurs présents à la cérémonie, l'enfant royal, alors âgé de cinq ans, avait reçu pour tuteur le comte de Tripoli, régent du royaume. En 1184, ce dernier obtint quelques succès sur Saladin, et le força à abandonner le siége de Karac qu'il avait entrepris à la tête de toutes les forces de la Syrie, de l'Egypte, et de la Mésopotamie. Mais Baudouin IV expira le 11 mars 1185, et son neveu ne tarda pas à le suivre dans la tombe : ce petit ange, comme s'exprime l'inscription gravée sur son tombeau, mourut au mois d'août 1186. Les luttes des partis recommencèrent aussitôt avec acharnement.

Sybille se fit reconnaître reine, et couronna elle-même, en 1186, son époux dans l'église du Saint-Sépulcre, tandis que le comte de Tripoli, dans une assemblée tenue sous ses auspices à Naplouse, proposait de placer sur le trône Honfroid de Thoron, mari d'Elisabeth, seconde fille du roi Amaury, et sœur de Sybille.

Honfroid de Thoron refusa ce périlleux honneur, et l'un des barons rassemblés à Naplouse proféra dans sa colère ces prophétiques paroles : *Lusignan ne sera pas roi pendant un an.*

Battu et fait prisonnier à la lamentable bataille de Hittin ou de Tibériade, Guy de Lusignan survécut à la prise de Jérusalem, livrée le 3 octobre 1187 au terrible Saladin : il mourut, comme Sybille, hors de la cité sainte ; l'un et l'autre furent ensevelis loin du Calvaire, qu'à la différence de leurs glorieux prédécesseurs ils avaient laissé tomber au pouvoir des infidèles !

TOMBEAUX

DE

GODEFROID DE BOUILLON

ET

DES ROIS LATINS DE JÉRUSALEM.

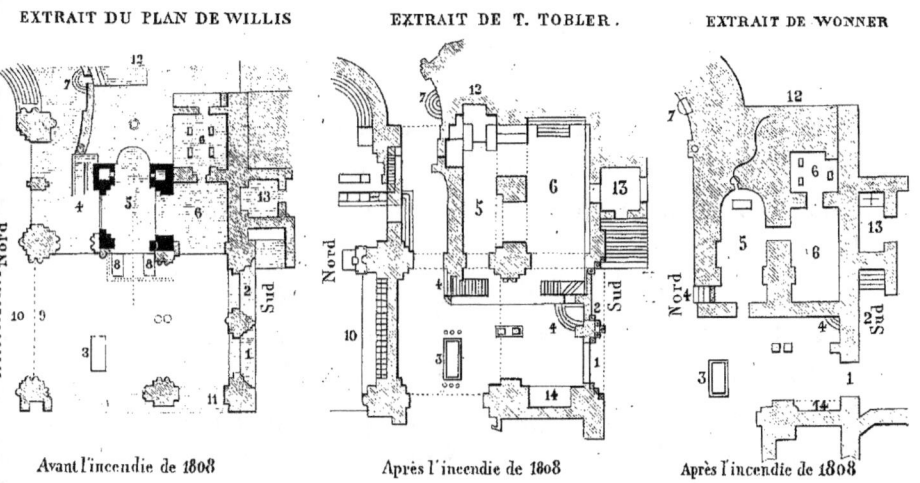

CHAPITRE PREMIER.

CHAPELLE DE GODEFROID DE BOUILLON, DITE D'ADAM.

C'était sur le sommet du Calvaire qu'on exécutait les criminels (1). C'est là que Jésus-Christ voulut être crucifié ; c'est là que, poussant un grand cri qui obscurcit le soleil et fendit le rocher (Matth. xvii, 31), IL EXPIRA.

Le Calvaire était un monticule (2) auquel on arrive aujourd'hui par un escalier de 20 marches ; « On se trouve alors, dit » Mgr Mislin (3), sur une plate-forme d'environ 46 pieds » carrés ; elle est divisée en deux parties. La chapelle méri- » dionale construite sur le lieu où notre Sauveur a été cloué » sur la croix, s'appelle *chapelle du crucifiement* ; l'autre est » celle *de la plantation de la croix*. »

(1) « Mons Calvariæ, mons petrosus et mediocriter altus erat, hebraicè » Golgotha, alias Goatha dictus, qui civitati, inter occidentem et septentrionem, » proximus erat, in quo noxii, publico judicio damnati, extremo supplicio » plectebantur, ubi quovis tempore, sicuti circà patibula videre est, passim » jacebant caluariæ ossa, viscera et sanies hominum suspensorum, decolla- » torum, vel alio mortis genere occisorum. » Adrichomius, Theatrum Terræ Sanctæ, p. 175.

(2) « A sinistrâ autem parte est monticulus Golgotha, ubi Dominus crucifixus » est. » *Itinerarium à Burdigala Hierusalem usquè*.

(3) *Mislin*, t. ii, ch. 20. D'après les anciens auteurs, l'escalier qui conduisait au sommet du Calvaire, et qui était en partie taillé dans le roc, avait à peu près la même élévation. Brocard (Rudimentum novitiorum, Lubeck, 1475, p. 179) lui donne 18 degrés, et Jacques Fauquemberg (1612) 19 marches.

En dessous se trouvent aujourd'hui l'ancienne chapelle d'Adam et le réfectoire ou le vestiaire des Grecs, ainsi qu'un petit oratoire à l'usage des Cophtes, mais n'ayant aucune communication avec l'intérieur.

Le Calvaire était primitivement en dehors de Jérusalem. C'est ce que nous a enseigné, dès notre enfance, l'Evangile qui se récite le vendredi saint : « Ils s'emparèrent de Jésus et » l'emmenèrent : et lui portant la croix, il s'en alla vers le » lieu qu'on appelle le Calvaire, Golgotha en hébreu. Ce fut » là qu'ils le crucifièrent. Pilate fit écrire et placer sur la croix » un écriteau portant ces mots : Jésus de Nazareth, roi des » Juifs. Une foule de gens lurent cet écriteau, parce que le » lieu où Jésus fut crucifié était près de la ville. *Susceperunt* » *autem Jesum et eduxerunt, et bajulans sibi crucem exivit* » *in eum qui dicitur Calvariæ locum, hebraicè autem Gol-* » *gotha* (1), *ubi crucifixerunt eum... scripsit autem et titu-*

---

(1) « Golgotham collem exiguum à formâ cranii humani dictum quam refe-» rebat notum est. » Relandus, Palestina ex monumentis veteribus illustrata. Traject. Batav. 1714, in-4°, t. II, p. 860.

« Calvaria, syriacè *Golgoltha*, et ad vocis asperitatem tollendam, *Golgotha*, » quod *cranium* significat : ità vocatur vel ob hujus collis formam, capitis » instar, vel ob calvarias eorum qui ibi cruce gladiove, extremo supplicio » affecti sunt à tempore quo fuit sub potestate Romanorum, vel uti alii putant, » quia uti cranium calva rupes erat, herbis carens, etc. » (*Dictionarium Evangelicum*, par Van de Wardt d'Onsel, ancien moine de Rolduc, doyen de la collégiale de Saint-Pierre, à Louvain : Anvers, 1847, in-8°).

C'est à tort que Jacques de Vitry et M. Tobler écrivent *Golgatha* : tel est du moins l'avis du savant abbé Beelen, professeur de langue hébraïque à l'Université de Louvain.

Pendant le moyen âge, fait observer Willis, le terme *Calvaire* s'a... ...ut à la surface entière de la colline, à savoir depuis le lieu de la planta... de la croix jusqu'à la chapelle de Sainte-Hélène ; mais le terme Golgotha était réservé à la place située immédiatement au-dessous de la partie occidentale du calvaire, laquelle fut couverte postérieurement d'une voûte destinée à former une espèce de parvis devant le trou où la sainte Croix fut plantée. « In the » middle ages, the term *Calvary* was applied to the entire surface of this hill, » extinding from the place of crucifixion to the chapel of St Helena and of the » salvation ; but the term Golgotha was limited to the spot immediately below

CHAPELLES DU CALVAIRE AU XVI SIÈCLE
D'APRÈS ZUALLART.

1º Chapelle de la plantation de la Croix.
2º Id. de la Crucifixion.
3º Id. de Godefroid de Bouillon, dite d'Adam.
4º Tombeau de Godefroid.
5º Id de Baudouin.
6º Autres tombes royales

» *lum Pilatus, et posuit super crucem. Erat autem scrip-*
» *tum :* JESUS NAZARENUS REX JUDÆORUM. Hunc ergo titulum
» multi Judæorum legerunt, *quia propè civitatem erat locus*
» *ubi crucifixus est Jesus.* » (Joan. ch. XIX, 22.)

Jérusalem avait été détruite sous Vespasien : l'an 133 de Jésus-Christ, l'empereur Adrien la rebâtit, mais il laissa hors de son enceinte tout le mont Sion... Il éleva au nord un mur qui renferma le mont Calvaire et le sépulcre du Sauveur. C'est ce qu'avait prédit le prophète Jérémie : « Ecce dies veniunt,
» dicit Dominus : et ædificabitur civitas Domini à turre
» Hananeel usque ad portam anguli. Et exibit ultrà norma
» mensuræ in conspectu ejus super collem Gareb, et circui-
» bit Goatha (1). »

L'an 326, Sainte-Hélène vint renverser les monuments païens dont l'empereur Adrien avait embelli la nouvelle ville, appelée d'après lui *Ælia capitolina* : le temple de Vénus qu'il avait érigé sur le Calvaire, la statue de Jupiter qu'il avait dressée au-dessus du rocher dans lequel avait été taillé le Saint-Sépulcre, tout cela disparut pour faire place à l'église de la Résurrection qui, souvent dévastée, toujours réparée ou reconstruite, subsiste encore aujourd'hui, et dont l'on rencontre de si fréquentes descriptions que ce serait folie d'en parler encore : notre planche I représente,

---

» the western brow of Calvary, which we are now considering, or at least
» only included in addition the upper edge of this brow, where the Cross was
» planted. » *The holy city*, by G. Williams, London, 1849, in-8°, t. II, p. 234.

(1) *Mislin*, t. II, ch. 21, rapporte les opinions de ceux qui rattachent l'étymologie de ce nom à la tradition d'après laquelle Noé aurait enseveli sur le *Calvaire* la tête d'Adam, notre premier père. Quelque respectable que soit cette tradition, par son ancienneté et par les écrivains célèbres qui l'ont admise, disons comme le P. Camille au maréchal Marmont : *non è di Fede*.

Le carme belge Geubels avait dit avant lui : « *Ik laet zoo het is; 't zyn geen poincten des geloofs.* »

Chez les anciens comme chez les modernes, l'histoire fourmille de traditions analogues qu'il appartient à la critique de mettre à l'écart.

avec précision, d'après Willis, Bornstell, et Wonner, le lieu où étaient placés les tombeaux des rois latins enterrés à Jérusalem. Le plan de Willis est conforme à celui que donnent Quaresmius et la plupart des anciens voyageurs : celui de Bornstell est, d'après M. Tobler, (*topograph. Von Jerus.*, t. ɪ, p. 268), le plus exact qui existe, et il le déclare préférable à celui qu'il avait joint à son ouvrage intitulé : *Golgatha, seine kirchen und klöster*, etc. Je crois pour ma part, d'après les explications que m'a données M. l'abbé Lebègue, qui a séjourné six semaines à Jérusalem, et en a rapporté une foule de croquis et de notes, que le plan de M. Wonner (1) est le plus conforme à l'état réel des lieux.

Le Calvaire fut partiellement enfermé dans une église qui, du temps des Croisés, fut réunie à l'église proprement dite du Saint-Sépulcre ou de la Résurrection (2), et qu'on appela église de Golgotha, *ecclesia Golgothana*. Il paraît certain qu'elle fut épargnée par le feu en 1808, et c'est là cependant que l'architecte grec a introduit le plus de changements, au grand préjudice de l'architecture et des souvenirs que rappe-

---

(1) *Journal d'un pèlerinage en Terre Sainte*, par M. l'abbé Wonner, curé de Notre-Dame. — Metz, 1853, in-12.

(2) « Alia etiam duo peculiaria templa, *passionis in Calvariæ monte*, et
» S. Crucis in loco inventionis ejusdem, ædificavit idem Imperator, ut docet
» Eusebius in oratione de laudibus Constantini, ubi, enumerans sex ecclesias
» ab Imperatore in Palestinâ ædificatas, et has recenset cum ait : *primam*
» *erectam esse in memoriam Christi passionis*, secundam dedicatam in
» memoriam sanctissimæ crucis, tertiam exædificatam in loco ubi sepultus
» est. Docet etiam idem Tyrius eodem loco antequam fideles sanctâ civitate
» potirentur, Calvariæ locum, ubi Dominus crucifixus et alterum illi proximum,
» ubi de cruce depositus fuit (Petra Unctionis) cum aliis sanctis locis ad
» orandum accommodatis, fuisse extrà circuitum templi resurrectionis; sed
» Dei misericordiâ captâ sub Godefrido Bullonio Hierosolymâ, maximis muris
» templum montis Calvariæ cum altero Resurrectionis copulare unumque am-
» plum facere, continens petram unctionis cum aliis sanctis locis, et ità fecerunt
» ut nunc videre est. » — Quaresm., lib. v, c. vɪ, p. 366, et Guil. Tyr, lib.
ɪ, c. 4. V. Doubdan qui est d'un avis contraire, ainsi que Saewulf (1102-1103), *Mémoires de la société géographique de Paris*, t. ɪv, p. 818.

lait cette partie de l'édifice. Heureusement, il n'a point touché au portail extérieur, derrière lequel se trouvait la place d'honneur assignée, au XII⁰ siècle, à la sépulture de Godefroid de Bouillon et de ses sept successeurs immédiats.

Ce portail se compose de deux portes placées l'une à côté de l'autre, pour prévenir la confusion, l'une servant à l'entrée, l'autre à la sortie. Cette précaution n'est, hélas ! plus nécessaire depuis longtemps. Aussi l'une des portes se trouve-t-elle murée aujourd'hui : elle l'est sans doute depuis que Saladin, après avoir reconquis la ville sainte, permit aux pèlerins chrétiens de venir visiter le Saint-Sépulcre, moyennant un tribut qui se percevait à l'entrée de l'église (1).

Ce portail, que maints auteurs ont reproduit d'une manière inexacte (2), donnait accès à un véritable transept, à la droite duquel se voient les chapelles du calvaire et les escaliers qui y mènent : à gauche se tiennent accroupis, sur un divan, les préposés du Pacha ; en face on rencontre la pierre de l'Onction, et au delà le grand chœur des Grecs.

Avant l'incendie de 1808, une cloison, qui s'avançait dans le transept, formait en quelque sorte le parvis de la chapelle d'Adam. Ce parvis qui avait 10 pieds de long,

---

(1) Ce tribut a été supprimé en 1831, par Ibrahim-Pacha, lorsqu'il fit occuper Jérusalem ; il adressa au Mollah et aux autres autorités de cette ville une proclamation qu'on trouve dans G. Robinson (*Voyage en Palestine et en Syrie*, Paris, 1838, 2 vol. in-8º), et dans laquelle on remarque le passage suivant : « Les couvents et églises de Jérusalem servant de demeure aux » religieux et prêtres, qui y lisent l'Evangile et y pratiquent les cérémonies de » leur culte, il est juste de les affranchir de toutes les impositions arbitraires » que l'avidité des autorités précédentes en exigeait... En conséquence, toutes » perceptions à titre de tribut, hommage ou présent coutumier pour la caisse » des Pachas et en faveur des Cadis, mutzélims et autres fonctionnaires, » commis, commissaires, etc., demeurent à l'avenir abolies et prohibées. Le » Chafar (droit de péage) exigé des chrétiens à leur entrée dans l'église de » la Résurrection, et celui établi à El-Charina (le Jourdain) sont également » supprimés. »

(2) De Bruyn, Zuallart et Bernardino, entre autres, qui substituent le plein cintre à l'ogive byzantine.

dit Surius, était entouré d'une muraille haute de 8 pieds, selon Goujon, et dans laquelle était pratiquée une porte d'entrée (1).

C'était là que se voyaient les tombeaux de Godefroid de Bouillon et de Baudouin, son frère.

« Je les cherchais, dit M. d'Estourmel (2); on m'a montré
» deux bancs de marbre à l'entrée d'une salle obscure pratiquée
» sous le Calvaire. Les pierres tumulaires auront probable-
» ment été retournées, et, de la manière dont elles sont pla-
» cées aujourd'hui, elles ne donnent même plus l'idée d'un
» tombeau. Cette pièce appartient aux Grecs et communique
» avec leur réfectoire qui se trouve ainsi, par une inconve-
» nance bien choquante, occuper le dessous d'une partie du
» calvaire ! »

En jetant les yeux sur le dessin qu'a donné ce voyageur de cette partie de l'église (pl. III), et en le comparant avec le dessin de Zuallart (pl. II), l'on voit, du premier coup d'œil, toute la différence qui existe entre le présent et le passé. Où l'on voyait, en 1586, la chapelle dite d'Adam et un enclos faisant jadis partie du local réservé aux sépultures royales, l'on ne rencontre aujourd'hui qu'une lourde maçonnerie, empiétant sur le transept, et masquant la moitié des piliers qui s'élèvent jusqu'à la voûte de l'édifice (3). Derrière cette maçonnerie

---

(1) Justement Dessoubz le lieu de Golgotha et crucifiement du Sauveur est encore une chapelle, mais non si grande ni si profonde que celle d'en haut... agrandie en longueur de quelque basse closture de mur environnant les sépulcres des nobles princes Godefroy, duc de Bouillon, et Baudouin, son frère. — Zuallart, c. x, p. 69.

(2) *Journal d'un voyage en Orient*, par le comte Joseph d'Estourmel, Paris, 1844, t. II, p. 165.

(3) Voici l'extrait d'une lettre que me fait l'honneur de m'adresser M. l'abbé de Quevauvillers, chanoine honoraire de la cathédrale d'Amiens, et chancelier de Mgr. Valerga, Patriarche de Jérusalem, le 10 février 1856 : « Je n'entre
» pas une seule fois dans la vénérable église du Saint-Sépulcre sans que mon
» regard ne soit attristé et mon cœur serré d'angoisses à la vue de ce mur
» informe, épais d'un mètre et demi, accolé contre l'extrémité occidentale du

Pl. III

CHAPELLES DU CALVAIRE
depuis l'incendie de 1808.

1° Passage obscur vers la chapelle d'Adam.
2.3 Cintres murés.
4° Petite porte à l'usage des grecs.
5 Pierre de l'onction.
6 Escalier du calvaire.

dépourvue de style et de caractère, s'étend une crypte obscure que certains voyageurs modernes désignent sous le nom de *chapelle de la crevasse*, parce qu'on y voit, au fond, la fente miraculeuse du Calvaire, et que d'autres assimilent à un passage souterrain, car elle ressemble plus en effet à une casemate qu'à un oratoire. C'est dans cette crypte que se trouvent les deux bancs que le comte d'Estourmel et d'autres voyageurs ont pris à tort pour les fragments des tombeaux de Godefroid de Bouillon et de Baudouin. Au bout de cette crypte se voit un petit réduit où M. Tobler but, en 1846, du café (1), et à droite le grand réfectoire des Grecs (2).

Un café, une antichambre, un réfectoire, voilà ce qui rem-

» Calvaire, et occupant dans une partie de sa longueur l'ancienne place
» des deux cénotaphes de Godefroid et de Baudouin, son frère! Les deux
» escaliers qui conduisent aujourd'hui sur l'esplanade ou surface des deux
» chapelles contiguës du crucifiement et de la plantation de la Croix sont
» pratiqués dans l'épaisseur de ce mur grossier, qui cache également les piliers
» du transept. »

(1) « Eine kleine thüre fuhrt nahe dem altar nordlich in eine kaffeeküche,
» wo man feuer anmacht und kocht. In die seltsamen kaffehause trank auch
» ich kaffe, den ich wie bei einen andern kaffeewirthe bezahlte. » — *T. Tobler*,
Golgatha, seine kirchen und klöster, etc., p. 293.

« Durch eine thüre an den sudwand der Adamskapelle gelangt man ins
» grosse refektorium der Griechen, das sudlich von der südmauer (façade) der
» grabkirche begrenzt ist... gegen abend ist jest das refektorium geschlossen.
» Ib. p. 297. »

Cet état de choses subsiste encore. Voici ce que m'écrivait encore M. l'abbé de Quevauvillers : « Pour mieux constater l'exactitude de votre ouvrage, j'ai
» visité avec un soin scrupuleux la chapelle d'Adam, où j'ai trouvé un moine
» grec préparant le café dans un enfoncement pratiqué dans le mur de gauche,
» café qu'il porta ensuite dans le réfectoire souterrain qui communique par une
» porte avec cette même chapelle. »

(2) Willis dit, p. 228, que ce dernier emplacement constitue leur vestiaire :
« The south chapel is nevertheless an uppen floor, raised upon a vault, and
» the apartment below it is used for a vestry, and appears to be held in no
» veneration whatever. This anomaly is alluded by Quaresmius, p. 444.

M. l'abbé Michon dit que cet emplacement *sert aujourd'hui de sacristie et de divan, et qu'au fond est un magasin*. Solution nouvelle de la question des Lieux-Saints; Paris, 1852, in-18.

place la crypte d'honneur que les Croisés avaient assignée à la sépulture des rois latins !

Aussi combien est-elle grande, unanime, et expansive, l'indignation de tous les voyageurs qui ont visité l'église du Saint-Sépulcre depuis 1810 !

« Les tombeaux de Godefroid et de Baudouin disparurent,
» dit M. Poujoulat (1), à la suite de cette catastrophe (l'incen-
» die de 1808); des témoins oculaires m'ont assuré que les
» sépulcres des deux rois avaient été épargnés par le feu, et
» que les Grecs les avaient eux-mêmes détruits, au milieu
» des désordres de l'incendie. Les tombes des deux rois étaient
» comme le palladium des religieux latins ; c'étaient là les
» titres glorieux des monastères de Terre Sainte, et les Grecs,
» ennemis des couvents latins, ont voulu se débarrasser de ces
» monuments. Maintenant deux bancs de pierre, recouverts
» d'une natte, ont remplacé les deux sépulcres; les cendres
» de Godefroid de Bouillon et de Baudouin, mêlées aux cen-
» dres et aux décombres de l'incendie, profanées et jetées au
» vent (2), ont été perdues sur la terre de Palestine, et ces

(1) *Correspondance d'Orient*, par MM. Michaud et Poujoulat, t. v, p. 210, Bruxelles, in-8°.

(2) C'est là une simple figure de rhétorique; en effet, les monuments dont parle avec une si touchante émotion M. Poujoulat ne contenaient pas les ossements des deux héros. C'étaient de véritables cénotaphes, et non des sarcophages.

Il est probable que les huit premiers rois latins de Jérusalem furent réellement enterrés au pied du Calvaire, et que des monuments en pierre furent ensuite posés au-dessus de leurs cercueils respectifs. Il serait donc possible, en faisant des fouilles sous le Calvaire, qu'on retrouvât les ossements de ces princes illustres, mais je me garderais bien de porter dans ce sol sacré une bêche téméraire, dans un simple but de curiosité archéologique.

Que leurs os reposent en paix sous cette terre, victime, depuis sept siècles, de tant de bouleversements, sans que leur mémoire ait pu s'obscurcir !

Mgr Mislin, faisant allusion à la terrible invasion des Karismiens, en 1244, s'explique avec aussi peu d'exactitude que M. Poujoulat : « Autour de la pierre
» de l'onction, on remarque les lieux où se trouvaient les tombeaux de Gode-
» froid de Bouillon et de Baudouin, son frère. Ils étaient tous deux au pied du

» deux grandes ombres, chassées du temple jadis conquis
» par leur épée, n'ont plus que votre histoire pour suprême
» refuge, pour dernier monument. »

« Je cherchais vainement, dit le comte de Forbin (1), deux
» nobles tombes dans l'église du Saint-Sépulcre : elles en
» furent enlevées par les Grecs, il y a peu d'années : leurs
» mains sacriléges osèrent mutiler et détruire les tombeaux
» de Godefroid de Bouillon et de Baudouin son frère.

» Indigné de cet outrage, oubliant que je n'avais nulle-
» ment la mission de redresser un pareil tort, je courus chez
» le Patriarche grec pour connaître la vérité, pour lui deman-
» der compte de ces monuments respectables. J'essayais de
» faire partager ma sainte colère au drogman qui m'accompa-
» gnait ; nous cherchions ensemble à recueillir une quantité
» de choses que nous devions dire à ces Grecs, et qui toutes
» me paraissaient sans réplique.

» Le patriarche était entouré d'évêques, servi respectueu-
» sement par des caloyers, et gardé par plusieurs janissaires
» à la solde des Grecs. Cette soldatesque leur fait la cour, en
» maltraitant les catholiques romains.

» Le patriarche et les archimandrites, ses diacres, se con-
» fondirent en politesses. Ils sont tous d'une finesse ignorante,
» et je comptai peu sur le succès de ma réclamation, dès que

» Calvaire ; les Grecs ont profané et fait disparaître ce que l'incendie et les
» Musulmans avaient respecté. Il était facile de prévoir que la nation qui a mis
» tout en œuvre pour empêcher les Croisés d'approcher de Jérusalem, profite-
» rait de la première occasion pour effacer de l'église du Saint-Sépulcre les
» noms les plus illustres des croisades. *D'autres barbares avaient déjà au*
» *treizième siècle, livré aux flammes les dépouilles de ces héros*, t. II, p. 204,
» ch. 21. »

M. Eugène Boré (*Question des Lieux Saints*, Paris, 1850) dit également,
avec la même hyperbole : « Les moines grecs ont violé ces tombes, *dispersé*
» *les ossements*, brisé les marbres dont les inscriptions latines attestaient,
» comme l'étoile de Bethléem, nos droits de propriété... »

(1) *Voyage dans le Levant*, en 1817 et 1818, par M. le comte de Forbin,
Paris, in-8°, 1819.

» je me fus assuré qu'aucun d'eux n'avait entendu parler des
» croisades et ne savait ce que c'était que *la Jérusalem déli-*
» *vrée* : que dire à de pareilles gens? Ils affirmèrent que ces
» tombeaux avaient été détruits par l'incendie, tandis que
» l'incendie n'attaqua pas cette portion de l'église du Saint-
» Sépulcre... » p. 118.

» Brûlée partiellement en 1808, restaurée complète-
» ment (1) en 1810, la nouvelle église, dit M. Poujoulat, ne
» diffère en rien de l'ancienne, et n'en est cependant qu'une
» grossière imitation ; la grande nef, entièrement réparée, est
» d'une fort mauvaise architecture ; rien de beau, rien d'élé-
» gant, rien de pur : à la place de ces colonnes corinthiennes
» tant admirées (2), nous trouvons de lourds piliers carrés :
» cet ancien dôme aérien qui semblait planer au sommet du
» temple, comme une couronne suspendue, a été remplacé
» par une coupole assez ordinaire (3), telle qu'on en voit
» sur les principales mosquées des villes d'Orient ; le saint
» tombeau, placé comme un catafalque ou une maisonnette
» de marbre, au milieu de l'enceinte de la nef, surchargé de
» figures d'un genre qui n'a pas de nom, montre tout ce qu'il
» y a de mesquin et de futile dans le goût des Grecs d'au-
» jourd'hui (4). »

(1) Nous avons déjà fait remarquer que le portail extérieur, contenant l'unique porte d'entrée, avait été épargné par l'architecte grec : il en a été de même de la chapelle d'Hélène dont l'atlas de Roberts fait très-bien connaître les splendeurs architectoniques.

(2) Il faut consulter à ce sujet les deux beaux dessins qu'en donne Corn. De Bruyn, dans son voyage en Asie, Delft. 1698, 2 vol. in-fol.

(3) Cette construction semble avoir été si mal dirigée qu'en 1853 la grande coupole exigeait des réparations importantes, et le Sultan ne sachant comment concilier les prétentions des Catholiques, des Grecs et des Arméniens, qui voulaient s'en charger chacun exclusivement, offrit de la réparer à ses frais. Cette réparation était l'un des points qu'eut à traiter à Constantinople l'ambassadeur français, marquis de La Valette.

(4) Je ne comprends pas pourquoi M. Poujoulat et M. de Châteaubriand, avant lui, appellent *catafalque* le petit monument qui recouvre le Saint-

Les Croisés et les premiers pèlerins ne donnèrent aucun nom à la crypte dans laquelle furent enterrés les rois latins, de 1100 à 1486.

On peut s'en assurer en recourant aux textes de Foucher de Chartres, de Guillaume de Tyr, de Jacques de Vitry, de

---

Sépulcre. Selon le dictionnaire de l'Académie française, ce mot signifie *une estrade*, une décoration qu'on élève au milieu d'une église, pour y placer un cercueil ou la représentation d'un mort, à qui l'on veut rendre les plus grands honneurs.

C'est, dit le dictionnaire de Trévoux, un échafaud ou élévation, ou une décoration d'architecture, de peinture ou de sculpture, *établi sur un bâti de charpente* pour l'appareil et pour la représentation d'un cercueil ou d'un tombeau élevé dans les pompes funèbres, *Tabulatum ad representandam tumuli pompam extructum*.

Ce mot vient de l'italien *cadafalco*, qui signifie proprement *échafaud*.

Le monument qui recouvrait le Saint-Sépulcre, et dont on peut voir le fac-simile dans une foule d'ouvrages, avait été reconstruit au XVIe siècle (1555), par le P. Boniface Stefani, Gardien du mont Sion, avec les secours pécuniaires de l'empereur Charles-Quint et de Philippe II, son fils. — Voyez sa lettre du 13 mai 1570, vers la fin de ce volume.

Ce petit monument offrait tous les caractères de l'architecture ogivale qui régnait à cette époque : c'est par erreur que De Bruyn et d'autres voyageurs lui donnent des arceaux en plein-cintre. Le monument remplacé par le P. Boniface devait appartenir exclusivement au style roman ; c'est aussi le caractère que lui donne Breydenbach, chez lequel se voit le seul dessin que je connaisse de cette intéressante construction. Il n'est pas à supposer que Reuwich, cet artiste distingué, *artificiosus pictor*, qui l'accompagnait, et qui a si bien reproduit le portail d'entrée, se soit trompé dans la reproduction de la chapelle du Saint-Sépulcre.

Le P. Fabri atteste en ces termes l'exactitude de son dessin : « Ecce, illa est dominici monumenti descriptio, prout hodiè (1483) stat ; et hæc descriptio ad oculum patet in peregrinali quod fecit magnificus et ingenuus vir Dominus Bernhardus de Breitenbach (sic), decanus metropolitanæ ecclesiæ Moguntinensis, qui fuit comes meæ secundæ peregrinationis in quo artificiali effigiatione fecit figuram dominici monumenti depingi, sicut et alia ut patebit. Receperat enim secum ingeniosum et eruditum pictorem quem pretio conduxit, qui a Venetiano portu et deinceps potiōrum civitatum et locorum habitudines et formas figuraret, quod et magistraliter et propriè fecit. Cui ergò placet eamdem picturam inspiciat et præfatam descriptionem clarè intelliget. » *Evagatorium Terræ Sanctæ*, vol. III, p. 329. — Idem, p. 353.

l'*epitome bellorum sacrorum*, de Mandeville (1321) (1), de Rodolphe de Zuchen (1336-1250) (2), de Guillebert de Lannoy (1421) (3) et de Brocard (4), qui ne donnent même pas le nom de *chapelle* à l'espace situé sous la voûte du Calvaire.

Sous la domination des Francs, on appela *Golgotha* le lieu situé immédiatement au-dessous du Calvaire : c'est ce qu'attestent les auteurs contemporains, ainsi que Saewulf (1102) et d'autres.

Adornes de Bruges (1476), parle le premier d'une *petite chapelle* placée sous le Calvaire et dans laquelle se voit la fente miraculeuse : « Sub hoc monte in parte meridionali est capel-
» lula parva, ubi adhuc videtur fissura quæ descendit in
» monte : in hâc jacet nobilissimus ille Godefridus, etc.

Les auteurs suivants parlent aussi d'une *chapelle*, sans lui donner une dénomination quelconque : Ghistelles (1482); Fabri (1483); le comte de Nassau (1496); P. De Smet (Van Steebroek; 1505); Jean de Zillebeke (1515); Jacques Le Saige (1518); Léonard Rauchwolffen (1573); Breuning (1579); Radzivill (1583); etc.

Jean Tucher (1479) fait un pas de plus : « Unter dem berg
» calvarie da man die stiegen wider herab kommet, zum
» lincken hand, da ist auch ein capellen, genannt unser
» lieben frauwen ound sanct Johannes Capell, an der statt
» Golgota... »

Cette dénomination, de la sainte Vierge et de saint Jean, semble l'une des plus anciennes. Déjà Brocard avait dit :
« Locus verò ubi stetit beata virgo cum mulieribus aliis juxtà
» crucem non fuit nec sub ipso brachio crucis ad aquilonem,

---

(1) *Reisbuch des heyligen lands*, Francf., s/m, 1609, in-folio, p. 774.

(2) *Ibid.*, p. 844.

(3) *Voyages et ambassades*; Mons, 1840, in-8°, p. 58 (publication de la société des Bibliophiles du Hainaut).

(4) *Rudimentum novitiorum*; Lubeck, 1475, p. 179.

» sicut volunt quidam, sed ante faciem filii, ferè ad oc-
» cidentem. Monstratur enim locus stacionis ejus contrà
» faciem filii pendentis à cruce, sub monte et rupe in quâ crux
» fuit fixa et veneracioni habetur à fidelibus, quem locum
» etiam pluries vidi. »

Plusieurs saints Pères, et sainte Brigitte, dans ses révélations, disent que ce fut au même lieu, et à la vue du crucifiement de son fils, que la mère de Dieu souffrit le plus cruel de tous les martyres; ce fut là qu'elle tomba, dit saint Bonaventure, à demi-morte, entre les bras de Marie Magdeleine. *Tunc mater semimortua cecidit inter brachia Magdalene.* — Lettre du P. Néret, missionnaire de la compagnie de Jésus : Mémoires du Levant, Paris, 1810, t. I, in-12.

Willis, dans son *Histoire de l'église du Saint-Sépulcre*, est du même avis : « Remembering the prominent position which
» the Virgin and St. John occupy in all mediaeval represen-
» tation of the crucifixion, in which they are always placed
» one on each side of the cross, we need not be surprised to
» find a chapel dedicated to then immediately at the foot of
» the cross. » p. 232.

Jusque dans ces derniers temps, la confusion continue à régner sur ce point, et nous voyons encore Mgr Mislin dire qu'à *côté du calvaire, mais en dehors de l'Église* est la chapelle de *Notre-Dame des Douleurs*, où l'on monte par un petit escalier qui est à droite de la grande porte d'entrée. « C'est là, dit-il, que se tenait la sainte Vierge avec saint Jean
» et les saintes femmes, pendant que l'on crucifiait Notre-
» Seigneur (1). »

Breydenbach (1483) dit qu'en descendant du Calvaire, à gauche, à l'endroit du Golgotha, l'on voyait une chapelle dédiée à la sainte Vierge et à saint Jean : « Sub monte Caluariae,

---

(1) D'après M. l'abbé de Quevauvillers, chancelier du Patriarche de Jérusalem, cette chapelle était l'entrée de l'église dite Golgotha avant sa réunion aux autres sanctuaires. V. p. 248 ci-dessus et 264 ci-après.

» descendendo ad sinistrum, est alia quædam capella in honore
» Virginis Mariæ et sancti Johannis consecrata, in loco Golgotha dicto ». . . . .

Le Huen (1487) l'appelle *la chapelle en lonneur Anane et de Monseigneur Sainct Jehan.*

Jean Tucher (1479) et Jean d'Ehrenberg (1536) lui donnent de nouveau le nom de chapelle de Notre-Dame et de saint Jean.

Zuallart s'exprime ainsi : « Justement dessoubs le lieu de
» Golgotha et crucifiement du sauveur est encore une chapelle,
» mais non si grande ne si profonde que celle d'en haut, dite
» la chapelle de saint Jehan l'évangéliste ou de l'onction, à
» raison que la pierre sur laquelle le corps mort de Jésus-
» Christ fut oint est illec voisine.

« Au costé de l'autel de laquelle chapelle se voit encore la
» dite crevasse du mont, et en icelle est tousjours une lampe
» ardente, à cause que, selon le dire et la tradition des Orien-
» taux, nostre premier père Adam y a esté ensevely, et au
» devant est une teste de mort fort grande et réputée pour
» la sienne. p. 165.

C'est aussi le nom de *chapelle de saint Jean l'évangéliste*, que lui donnent : Villamont (1588) ; Van Kootwyck (Cotovicus, 1598) (1) ; Beauveau (1605) ; Sandys (1610) (2) ; Fauquemberg (1612) (3) ; Bénard (1617) ; Vanderlinden (1633) (4) ; Doubdan (1652) (5) ; Ladoire (1719) ; Geubels, de Sinay (1772), et Rotthier (1776).

Je trouve la première dénomination de chapelle d'Adam, *sacellum Adae*, dans Castillo (1627). Je la retrouve dans Quaresmius (1630) ; Surius (1644) ; Gonzalès (1665) ; Goujon (1671) ; Nau (1674) ; De Bruyn (1681) ; Caffin, de Liége (1754) ; et J. Mariti (1760).

(1, 2 et 3) Ils omettent toutefois le titre d'*Evangéliste*.
(2, 4 et 5) Ou de l'*onction*, ajoutent-ils.

Thevenot (1655) et Myller (1726) l'appellent la *chapelle de Notre-Dame des Douleurs.*

Melchior Von Seydlitz (1556) dit qu'*elle est dédiée à la sainte Vierge.*

M. Tobler (Golgatha..., p. 295) nous apprend en outre qu'elle fut désignée sous le nom de *chapelle de Saint-Grégoire* (1) et de *Melchisedech* (2) mais je n'ai rien trouvé qui pût expliquer la première dénomination; quant à la seconde, je tâcherai de montrer plus loin ce qu'elle vaut.

Enfin le P. Bernardino (1596), dont l'ouvrage (3) est l'un des plus importants que l'on puisse consulter sur l'église du Saint-Sépulcre, ne lui donne que le nom de *chapelle de Godefroid de Bouillon.* On y lit, p. 40, ch. xxviii, la description de cette chapelle et des tombeaux qui s'y trouvaient, sous ce titre qui ne permet aucune équivoque : *Pianta particolare della capella di Gottifredo, sotto il monte Calvario.*

Quaresmius, que nous avons vu parmi les écrivains qui donnent à ce sanctuaire le nom de *chapelle d'Adam*, ne peut s'empêcher de dire, p. 484, t. II : « Nec credo sacellum
» Adæ appellari quia sit ad ejus honorem ædificatum, sed
» quia continet locum illius sepulturæ, *quâ ratione posset* (4)
» *etiam appellari Godefridi Bullonii vel regum Jerusalem*
» *sacellum.* »

---

(1) « *Appresso il luogo che si chiama Golgota si è la capella di* « *S. Ghirigoro,*
» *e nel detto luogo fu trovato il capo d'Adamo.* » Sigoli, 154.

(2) Il pellegrino nell' Asia, cioè viaggi del dottor Angelo Legrenzi, Venetia, 1705, in-12.

(3) Trattato delle piante ed immagini de sacri edifizi di terra santa, disegnate in Jerusalemme, secondo le regole della prospectiva e vera misura della lor grandezza, dal Bernardino Amico, da Gallipoli, dell' ord. dis. Francesco, dei Minori Osservant. — In Firenze, 1620, in-4°.

(4) Cette opinion est d'autant plus remarquable que Quaresmius, loin de rejeter la tradition d'Adam, l'accueille au contraire formellement : « Igitur ut
» concludamus, communem illam traditionem sustinere possumus, Adae, primi

La planche IV, ci-annexée, est extraite de l'ouvrage intitulé :
» Viaggio da Venetia al santo sepolcro ed al monte Sinaï, con
» il disegno delle città, castelli, ville, chiese, monasterii,
» isole, porti et fiumi, che sin là si ritrovano, etc., etc. — *In
Venetia*, 1598, in-12. Cet ouvrage, qui offre une représentation grossière de la chapelle de Godefroid de Bouillon, mérite d'autant plus d'attention qu'il remonte évidemment à une date bien antérieure à celle qu'en indique le titre (1).

On y voit en effet une gravure offrant le panorama de Rhodes, et, à l'entrée de son port, une galère portant à la proue, selon l'usage ancien, la bannière de l'Ordre de Saint-Jean de Jérusalem : la gravure est donc antérieure à la conquête de l'île par les Ottomans en 1522.

Une autre gravure représente un navire sans les mâts de hune, qui ne furent employés qu'après la découverte de l'Amérique, en 1492-1497, par suite des exigences de la grande navigation.

Enfin on y lit à la fin : « Dirovi come noi si partimmo da
» Beffanta, e passammo per l'Isola di Beffanta, ed in brevi
» dì si retrovammo à Nicosia ove dimora il Re di Cypro, ed
» andammo per la licentia, che niuno non può uscire del suo
» reame senza licentia............ » Or, l'on sait que le dernier roi de Chypre mourut en 1473 (2) ; ce fut donc avant cette

---

» omnium parentis, caput fuisse sepultum sub memorato loco montis Calvariæ,
» de quo superius, et ab eo sacellum denominationem mutuasse ; et hoc se-
» quendo secundam vel tertiam sententiam antè propositam, tum quia illam
» amplectuntur gravissimi patres, veteres et recentiores, tum quia pietati
» conformis, tum denique quia Scripturæ sacræ, vel alterius Ecclesiastici
» scriptoris auctoritas efficaciter illi non adversatur, ut vidimus. » T. II, lib. V,
c. 4, p. 493.

(1) Je soupçonne que c'est le même ouvrage que celui qu'indique M. T. Tobler, dans la riche nomenclature qui précède son bel ouvrage sur la topographie de Jérusalem, sous ce titre : *Viaggio da Venetia al S. Sepolcro ed al monte Sinaï*. Venet. 1518. Il en indique une 2ᵉ édition de 1605.

(2) A cette île de Chypre se rattache derechef un souvenir national : je n'en veux omettre aucun. Lorsque Richard-cœur-de-lion se fut emparé de l'île de

Pl. IV.

CHAPELLE DE GODEFROID DE BOUILLON, DITE D'ADAM

d'après un dessin du XIIIe ou XIVe siècle et une relation imprimée du XVIe siècle

époque que dut être composé, en tout cas, l'opuscule dont nous nous occupons, et qui parle de la *chapelle de Godefroid de Bouillon*.

Mais je suppose que cet imprimé, qui se distingue par la mauvaise qualité du papier, par ses caractères fatigués, et par ses gravures grossières, n'est en réalité qu'un de ces livrets ou itinéraires qu'on vendait à vil prix aux nombreux pèlerins qui partaient habituellement de Venise, comme le constatent les récits des XIIIe, XIV et XVe siècles.

La rédaction de ce livret, certainement antérieure à l'année 1473, remonte probablement au XIVe siècle (1), et c'est surtout

---

Chypre (1192) sur Isaac Comnène, il accorda la main de sa fille à Thierry de Flandre, petit-fils de Thierry d'Alsace. Se rendant aux Pays-Bas, la princesse fut enlevée par un parti d'hommes d'armes : livrée au comte de Toulouse, elle alla se réfugier dans un couvent de Marseille, et y vécut ignorée pendant six ans. Thierry de Flandre, ayant ressaisi son épée pour prendre part à la nouvelle croisade prêchée par Foulques de Neuilly, retrouva à Marseille, où il avait dû relâcher, la princesse de Chypre; elle dépouilla aussitôt ses habits de deuil, et Thierry, devenu son époux, alla réclamer son patrimoine. « Il prit » des flamens, raconte Bernard le trésorier, et alèrent devant le roi Hemeri. » Il li requist qu'il li rendict l'isle de Chypre, car il avait à fame la fille de » l'empereur qui illec fu et chon devait estre, et il cuidoit bien à l'aide du » comte de Flandre qui ses paren estoit et des flamens, qu'il r'eust l'isle de » Chypre... » Il échoua dans cette entreprise. Ce curieux épisode se trouve parfaitement raconté par M. Kervyn de Lettenhove, dans le *Bulletin de l'Académie royale*, t. XVIII, 2 p. 333.

(1) L'on pourrait même sans témérité faire dater du XIIIe siècle son acte de naissance. L'on y voit en effet que la chapelle de Godefroid de Bouillon était desservie par des Dominicains, qu'on y appelle *Jacopini*, ou Jacobins, ainsi appelés en France, parce que leur première maison, à Paris, était située rue Saint-Jacques. Or, nous lisons également dans *les assises de Jérusalem*, qu'il y avait en dehors de l'église du Saint-Sépulcre *un moustier que l'on appelle saint Jacques des Jacopins* et une chapelle qu'on appelle *Sainte-Trinité*. « Cele » chapelle si estoit moult grans, car on y espousoit toutes les fames de la cité » et là estoit li fons où on baptizoit tous les enfans de la cité. »

Ce passage des *assises* rappelle l'extrait d'un ancien manuscrit de la bibliothèque de Berne : *La citez de Jérusalem, 1187*. Selon M. T. Tobler (topograph. von Jérusalem, t. II, p. 990), cet extrait est ainsi conçu : « Après cele abeie » de nonains trueve on une abeie de moines noires con apele S. Marie le

sous ce rapport qu'il est intéressant, en ce qu'il prouve qu'à cette époque l'on appelait communément *chapelle de Godefroid de Bouillon* ce sanctuaire trop négligé. La gravure que j'ai cru devoir reproduire, pl. iv, est informe à la vérité; elle ne donne aucune idée convenable ni des lieux, ni des tombeaux eux-mêmes : au lieu de monuments funèbres, on a sous les yeux des caisses quadrangulaires, supportées sur quatre pieds sans proportion et reposant immédiatement sur le sol. Je ne reproduis cette grossière ébauche que pour démontrer qu'au xiv° siècle, et peut-être

» latine..... à main destre de cele porte del sepucre a mostier con apele
» S. Jake des Jakopins. »

Les premières bulles accordées aux Franciscains pour la garde des Lieux Saints sont de l'an 1230 ou 1257, et d'après M. Artaud de Montor, il y avait, dès 1228, un custode de Terre-Sainte, nommé Jean de Saint-Martin, qui aurait gouverné douze ans. Mais ce ne fut qu'en 1342 qu'ils obtinrent officiellement du saint-siége la garde exclusive des sanctuaires latins de la Terre Sainte. Il est très-probable que vers cette époque les Dominicains abandonnèrent les Lieux Saints, et que ce fut par cette raison que les Frères Mineurs furent définitivement préposés par le Pape à la garde des sanctuaires.

La bulle de l'an 1342 fut accordée à la demande de Robert, dit le Bon ou le Sage, roi de Naples, de Sicile, de Jérusalem, etc. Il mourut le 19 janvier 1343. Il avait épousé Sanche d'Aragon, fille de Jacques, roi de Majorque; après la mort de son époux, dont elle n'avait pas eu d'enfants, elle se retira au monastère de Sainte-Croix, qu'elle avait fondé; elle y mourut le 28 juillet 1345.

Bernardino et d'autres auteurs le désignent par le seul nom de *roi de Sicile*, s'exposant ainsi à produire une confusion, résultant de ce qu'en 1342, Pierre d'Aragon et son fils Louis furent, de fait, rois de Sicile, par suite des dissensions qui existaient entre les deux grandes familles d'Anjou et d'Aragon.

L'ordre de Saint-Dominique comptait, en 1277, trois couvents en Orient, savoir à Ptolémaïs (Achon), Nicosie, et Tripoli. *Script. ord. prædicat. ed. J. Echard, Paris, 1719*, t. i, *in-folio*. Il y eut cinq Patriarches de Jérusalem *in partibus* pris dans l'ordre de Saint-Dominique. En 1303, je ne trouve plus de couvent de Dominicains en Terre Sainte; celui de Nicosie subsiste encore, mais il y en a deux nouveaux à Famagouste et à Limisso. Le frère Brocard avait été envoyé, dit Echard, en Terre Sainte, en 1308, *propagandæ fidei causâ*, et y avait passé vingt-quatre ans; on ne s'expliquerait pas ainsi, s'il y avait encore eu à cette époque des Pères Dominicains en mission permanente.

auparavant, il y avait, sous le Calvaire, une *chapelle de Godefroid de Bouillon* (1), souvenir national que l'indifférence inexplicable de nos pères a laissé s'obscurcir ! dénomination glorieuse pour la Belgique, et que je propose de lui restituer !

———

L'on ne sait généralement pas que les auteurs sont loin d'être d'accord sur le véritable âge de l'église du Saint-Sépulcre.

Willis, dans son curieux ouvrage sur l'architecture de l'église du Saint-Sépulcre (2), est d'avis que la basilique, élevée si magnifiquement par Constantin, fut détruite par les Perses en 614 : là finit, selon lui, la première période architecturale des constructions destinées à couvrir le sépulcre du Seigneur et le Calvaire.

La seconde période, 614-1010, serait celle des travaux exécutés par Modeste, supérieur du monastère de Saint-Théodose, qui aurait nommément élevé l'église dite du Golgotha (3).

La troisième période se rapporterait aux travaux de restauration que rendit nécessaires la destruction ordonnée par

---

(1) Je retrouve cette même dénomination dans l'ouvrage suivant : *Fra Noë, del. ord. di S. Francesco, viaggio da Venetia al S. Sepolcro ed al monte Sinaï*, Lucca, 1602.

(2) The architectural history of the holy sepulchre at Jerusalem, by the rev. Robert Willis, Jacksonian professor of the university of Cambridge. Cette monographie forme le chapitre III du second volume de l'ouvrage intitulé *the Holy city, historical, topographical and antiquarian notice of Jerusalem, by Georges Williams, Fellow of the kings college, Cambridge*. 2ᵉ édition, London, 1849. 2 vol. in-8°.

(3) « Modestus..... templa Salvatoris nostri Jesu-Christi, quæ quidem » barbarico igne conflagrârunt, in sublime erigit omni prorsus digna venera- » tione, puta aedes sanctæ Calvariæ ac sanctæ resurrectionis. » Antiochi monachi epist. ad Eustachium. Magn. bibl. Patr. Paris, 1658, t. XII, p. 10.

le calife Hakem en 1010, travaux qui se seraient poursuivis sous les empereurs Romain (1034), Michel (1041), et Constantin Monomaque (1054). Les Croisés auraient mis la dernière main à cette restauration, et c'est d'eux que proviendrait le portail d'entrée. « *The porch of the right hand of the* » *entrance doors in the court* (1) *is the forme of an elegant* » *turret in two stories, surmounted by a cupola. It is in the* » *same style as the front of the church, and evidently the* » *work of te Crusaders.* »

L'argumentation de Willis est des plus intéressantes; elle s'appuie sur des textes qu'expliquent divers plans qui la rendent extrêmement spécieuse, et semble devoir entraîner la conviction. Cependant M. Barth. Du Mortier, membre de la chambre des représentants et de l'académie royale des sciences, lettres et beaux-arts de Belgique, professe une opinion tout à fait contraire. « Il est incontestable, dit-il (2), que » l'église de la nativité à Bethléem et *celle du Saint-Sépulcre* » *à Jérusalem* ont été construites par Constantin et sainte » Hélène.

» Le plan de ce monument est assez irrégulier, en ce qu'il » devait comprendre tous les Lieux Saints, voisins du Saint- » Sépulcre. Il se compose d'une vaste nef circulaire, en forme » de dôme, et terminée par un sanctuaire à abside ou hémi- » cycle........

(1) Willis, p. 229. Le premier étage de cette construction est appelé quelquefois chapelle de *Notre-Dame des Douleurs*; elle servait jadis d'entrée à la chapelle dite du crucifiement. La petite chapelle située en dehors, au rez de chaussée, et qu'on appelle parfois *de sainte Marie l'Egyptienne*, est désignée par Mgr Mislin sous le nom de Sainte-Marie-en-Golgotha.

(2) Notes sur les hémicycles de la cathédrale de Tournai, par M. B. Du Mortier, t. 2 des bulletins de la société historique et littéraire de cette ville, 1850.

C'est aussi l'opinion qu'émettait Châteaubriant, en disant : « L'architecture » de l'église est évidemment du siècle de Constantin : l'ordre corinthien y » domine partout... »

» L'Église présente à l'extérieur deux dômes pyramidaux,
» l'un situé au-dessus du Saint-Sépulcre, et supporté par
» vingt colonnes placées en ligne circulaire au rez-de-chaus-
» sée. Le second dôme, situé au centre des transepts et for-
» mant le chœur, est supporté par quatre énormes piliers
» fasciculés. Le chœur, plus long que large, se prolonge en
» un sanctuaire terminé par une apside ou hémicycle, qui
» est le chevet de l'église et l'emplacement du maître-autel.

« A la vérité, Guillaume de Tyr affirme qu'en l'an 1011, le
» calife Hakem fit abattre et raser jusqu'aux fondements
» l'église du Saint-Sépulcre construite par Constantin, et il
» ajoute qu'en 1048 elle fut reconstruite à la demande de
» Romain III, empereur d'Orient, et par les soins de son
» successeur Constantin Monomaque. Mais les historiens
» byzantins et les écrivains sur la Terre-Sainte, même les
» contemporains, ne confirment aucunement cette assertion.
» Ni Eugésippe, qui écrivit un itinéraire de la Terre Sainte
» en 1060, ni Phocas, qui visita Jérusalem en 1185, ni
» Beda, ni Épiphane Hagiopolite, ni Perdicas d'Éphèse, ni
» l'auteur anonyme de la *Description des Lieux Saints* ne
» font aucune mention de la destruction du temple du Saint-
» Sépulcre et de sa prétendue reconstruction sous Constan-
» tin Monomaque ; au contraire, tout ce que ces écrivains
» racontent de ce célèbre édifice se rapporte au temple con-
» struit par Constantin et sainte Hélène. Beda, dans son
» *Traité des Lieux Saints*, déclare expressément que l'église
» du Saint-Sépulcre, existante de son temps, était celle
» construite par Constantin. Cédrénus est le seul qui nous
» apprenne que, sous Romain II, les Turcs ruinèrent un
» temple chrétien à Jérusalem, mais sa narration ne con-
» corde nullement avec celle de Guillaume de Tyr. Le tem-
» ple que les Turcs détruisirent à Jérusalem était, d'après
» Cédrénus, celui de Notre-Seigneur. Il ajoute que l'empe-
» reur désira le restaurer, et que cette restauration fut faite,

» non par Constantin Monomaque, mais par Michel Paphla-
» gonien. On sait qu'il y avait plusieurs temples dédiés à
» Notre-Seigneur dans Jérusalem ; à Constantinople, il y avait
» quarante-neuf églises dédiées à la Vierge, et quatre au
» Sauveur. Or, Cédrénus désigne le temple ruiné par les
» Turcs sous le nom d'église du Sauveur : ναος του κυριου και
» σωτηρος ἡμῶν Ἰησοῦ Χριστοῦ. Ce n'est nullement là l'église
» du Saint-Sépulcre, désignée invariablement par tous les
» écrivains grecs sous le nom de ναος του αγου Ταφος.

» Le temple du Saint-Sépulcre était alors, comme aujour-
» d'hui, le plus célèbre de l'Orient et de la chrétienté ; c'était
» le lieu de pèlerinage des fidèles. La destruction d'un tel
» édifice n'aurait pas manqué d'être signalée par tous les
» écrivains qui ont parlé du règne de Romain ou de Cons-
» tantin Monomaque : elle servirait de texte aux justes lamen-
» tations des pèlerins et des écrivains sur les Lieux Saints.
» Or, nous ne trouvons rien de semblable. Il y a plus :
» Cédrénus a écrit compendieusement la vie de Constantin
» Monomaque, et il ne dit rien de la restauration de ce temple
» célèbre, que cet empereur aurait exécutée.

» Ni lui, ni Scylitzès, ni Glicas, ni Manassès, ni Zonaras
» qui ont traité des règnes de Romain et de Constantin Mono-
» maque, ne disent un seul mot d'une destruction qui devait
» remplir de deuil toute la chrétienté, ni d'une reconstruction
» qui, seule, pouvait illustrer un règne. Il est donc évident
» que Guillaume de Tyr a fait erreur, 1° en appliquant à l'église
» du Saint-Sépulcre, ce que Cédrénus dit de la destruction
» d'une basilique dédiée au Sauveur ; 2° en attribuant la res-
» tauration de cet édifice à Constantin Monomaque, tandis
» qu'il fut restauré par Michel Paphlagonien ; 3° en exagérant
» la destruction, même dans l'exactitude du fait énoncé (1)...

(1) Quaresmius se rapproche assez de cette dernière opinion. « Crederem,
» dit-il, lib. v, c. vi, p. 366, templum hoc, quoties fuit destructum ab infide-

« Ce qui prouve, aussi bien que les documents contempo-
» rains, l'inexactitude de l'assertion de Guillaume de Tyr,
» c'est que l'église du Saint-Sépulcre, telle qu'elle existait au
» commencement de ce siècle, correspond en tous points à la
» description qu'en font Eusèbe de Césarée et tous les au-
» teurs byzantins. »

M. le chanoine Wilmet, à son tour, combat vigoureusement l'opinion de M. Du Mortier, dans le *Journal historique
et littéraire* de Liége, t. xxii, p. 533.

Entre ces savants jouteurs, le plus prudent est de ne point
me prononcer : dût l'église du Saint-Sépulcre ne dater que
des Croisés, je n'ai guère à m'occuper que du Calvaire, dont
l'existence n'est point incertaine, et des tombeaux qui obtinrent
l'insigne honneur d'être déposés au pied de cette colline à jamais
sacrée. Or, sans nous préoccuper des opinions si divergentes
des auteurs sur l'âge des divers édifices destinés à couvrir et
à convertir en oratoires les Lieux Saints, voisins du sépulcre
de Jésus-Christ, nous voyons qu'à partir de Constantin jusqu'à
ce jour, il exista toujours une église couvrant, sinon toute la
colline du Calvaire (1), au moins la partie où fut élevée la croix
du Rédempteur, et où il expira. Cette colline qui allait en pente
vers la porte judiciaire, où le Seigneur tomba pour la 2ᵉ fois,
se terminait à pic, du côté opposé à Jérusalem : ce fut au pied
de cet escarpement que se tint la sainte Vierge pendant le
supplice de son Fils ; ce fut là qu'elle ouït ses dernières paroles;
ce fut là enfin que s'élevèrent plus tard les tombeaux de Godefroid de Bouillon et de ses successeurs, pendant l'occupation de la sainte cité par les Croisés. Ce fut spécialement cet
endroit que l'on désigna généralement sous la dénomination

» libus et à fidelibus reparatum, fuisse reparatum ad similitudinem prioris
» operâ Constantini ædificati, etsi fortè, ob inopiam et defectum, non tot
» sumptibus, tantâque magnificentiâ. »

(1) Le couvent des Grecs est situé derrière les chapelles de la plantation de
la Croix et du crucifiement : il est bâti en partie sur le Calvaire même.

de chapelle d'Adam, d'après une tradition que rappelle encore aujourd'hui la tête de mort peinte ou sculptée habituellement au pied de nos crucifix (1).

L'église de Golgotha figure dans le plan de la basilique de Constantin donné par Willis : elle en fait partie intégrante. Elle constitue un oratoire séparé dans le plan qu'il donne des constructions de la deuxième période, ainsi que dans celui qu'a donné saint Adamnan, d'après saint Arculfe (2) : enfin elle figure dans tous les plans de l'église de la Résurrection, à partir de 1099. La chapelle d'Adam fut sans doute primitivement la cavité qu'on fit dans le roc pour y placer un autel, et dont parle Arculfe, p. 505 : « Dans cette même église de
» Golgotha, l'on remarque sous l'endroit où fut plantée la
» croix, une cavité taillée dans le roc : là se trouve un autel
» sur lequel on célèbre le saint sacrifice pour les âmes de
» certains personnages qu'on veut honorer : in eâdem
» verò ecclesiâ (Golgothanâ) quædam habetur in petrâ
» excisa (3) spelunca infrà locum Dominicæ crucis, ubi super
» altare pro quorumdam honoratorum animabus sacrificium
» offertur (4). »

A cette époque, le calvaire avait conservé sa forme naturelle ; on s'était contenté de l'enfermer dans un édifice de

---

(1) Molanus, *Historia S. imaginum et picturarum*. Lib. IV, c. 9.

(2) Adamnani abbatis Hiiensis libri tres de locis sanctis, ex relatione Arculfi episcopi, Galli. — *Acta sanctorum ordinis S. Benedictini*, sec. III. pars II. Paris, 1672, in-folio. — *Adamnan* ou *Adomnan*, évêque de S. Colomb en Ecosse, florissait vers la fin du VIIe siècle.

(3) « A little consideration will shew that this chapel (of Adam) is placed
» immediately beneath the western brow of the rock, near the margin of
» which above, is the so-called foot-hole of the Cross. The chapel has an
» apse at its eastern extremity, and the apse is described by all travellers,
» ancient and modern, as being hewn out of a rock and not constructed of
» masonry. » — Willis, p. 230.

(4) Cet antique et pieux usage a fort bien pu déterminer le choix qui fut fait de cette crypte mortuaire pour la sépulture réelle des rois de Jérusalem. *Journal histor. et littér.*, t. XXII, p. 534.

forme quadrangulaire (1) : « Alia verò pergrandis (2) ecclesia,
» orientem versùs, in illo fabricata est loco qui hebraicè
» Golgotha vocabatur; cujus in superioribus grandis quædam
» ærea cum lampadibus rota in funibus pendet, infrà quam
» magna argentea crux infixa statuta est eodem in loco ubi
» quondam lignea crux, in quâ passus est humani generis
» salvator, infixa stetit. (*Adamnanus*, ch. vi, p. 505).

Plus tard, on érigea deux chapelles, celles du crucifiement (3) et de la plantation de la croix, sur le calvaire même, mais l'espace manquant, on le prolongea à l'aide de constructions voûtées, qui formèrent une grande crypte (4) qu'on réserva aux sépultures des rois latins, et qui probablement fut ensuite

---

(1) « Huic ecclesiæ quadrangulatâ fabricatæ structurâ... cohæret Basilica,
» magno cultu à rege Constantino constructa, quæ et *Martyrium* appellata. »
— Adamn., ch. viii.

(2) *Pergrandis* : cette épithète ne doit pas être prise à la lettre. Adamnan a voulu sans doute parler de l'élévation de l'édifice destiné à couvrir le mont Calvaire, plutôt que de son étendue qui, d'après son propre plan, était peu considérable, à tel point qu'on n'y introduisait pas les corps des personnes distinguées, dont on y célébrait les obsèques. « In eâdem ecclesiâ... super
» altare pro quorumdam honoratorum animabus sacrificium offertur, quorum
» corpora interim in plateâ jacentia ponentur antè januam ejusdem Golgo-
» thanæ ecclesiæ, usquequo finiantur illa pro ipsis defunctis sacrosancta
» mysteria. » *Act. sanct. ord. Bened.*, sec. iii, pars ii, p. 505.

(3) « Notandum locum istum subtùs excavatum esse, et non ob id negan-
» dum... verum locum esse crucifixionis, nam id ità accidit, tùm quia terra
» sacri montis ab Helenâ Romam apportata fuit, tùm quia alia adhibita pro
» templi structura. » En rapportant ce passage de Quaresmius, Willis ne s'en montre guère satisfait. « In fact, dit-il, this especial tradition is not mentioned
» by any of the pilgrims writers until long after the expulsion of the crusaders,
» and the probable explanation of its history is that when the Latin upon their
» return to the church, in 1257, found the Greks in possession of the hole of
» the rock and its chapel, then set up a claim in the side chapel to a spot of
» similar sanctity, in connexion with the events that took place on this locality.
» And the same may be said of the absurd tradition mentionned below, that
» places the wittnesses of the crucifixion upon the uper landing of the porch
» which was built by the crusaders. » p. 71.

(4) « Hoc Adæ sacellum est sub eâ parte cryptæ montis Calvariæ, in quâ
» Christus Dominus fuit in cruce elevatus. » *Quaresmius*, lib. v. tit. 2.

partagée en deux parties : l'une, où l'on voyait la fente miraculeuse, prit le nom de chapelle d'Adam, bien qu'on dût, à plus juste titre, l'appeler *chapelle de la Sainte-Vierge et de Saint-Jean*, dénomination qu'on lui donna aussi quelquefois, ou *chapelle de Godefroid de Bouillon*, nom que lui donnent Bernardino et d'autres. Elle avait, dit Surius, 32 pieds (de Brabant) de long sur 23 de large, non compris un parvis, qui avait 10 pieds.

L'autre partie qui semble être restée toujours vide, et dont les Grecs ont fait un réfectoire, un vestiaire, ou un magasin, était un peu plus longue et plus étroite. Une gravure, que contient la relation du Père Gonzalès, est la seule qui donne une idée exacte de ce que pouvait être cet emplacement, avant qu'on ne l'eût partagé en deux portions.

Quant à la tradition d'après laquelle notre premier père aurait été enterré en cet endroit, Zuallart dit « qu'au costé
» de l'autel se voit encore la dite crevure du mont, et en icelle
» est tousjours une lampe ardente (1), à cause que selon le
» dire et la tradition des orientaux (2) nostre premier père

---

(1) Vanderlinden dit qu'une lampe brûlait toujours devant l'endroit où la fente du rocher était la plus large. — Surius rapporte que les Grecs qui desservent la chapelle y entretiennent *treize lampes ardentes*; — *tot memorie*, dit Geubels, *staet er een doodshoofd op die plaets met een altyd brandenden lampe.*

(2) Notons en passant qu'Arculfe, pèlerin du VIIe siècle, ne parle aucunement de la tradition d'Adam, et cependant Adamnan l'appelle, et non sans raison, *Sanctorum Locorum sedulus frequentator*. Jean Phocas disait en 1185 qu'il y avait sous la croix une cavité creusée dans la pierre et qu'on y voyait la tête d'Adam avec les gouttes du sang du Sauveur tombées dessus. *Ap. Allatii p. 8. Bysantin. Venet.* 1733.

« Il nous paraît extrêmement vraisemblable, dit M. le chanoine Wilmet, que
» cette tradition si ancienne et si répandue a fait donner le nom d'Adam à cet
» oratoire dès son origine. Et sans doute, M. de Hody l'eût pensé comme
» nous s'il avait connu le témoignage remarquable d'Alexandre Agiopolite. Ce
» prêtre de Jérusalem qui florissait en 950 dit que *sous le lieu du crucifiement*
» *il y a une église qui est l'église d'Adam, et dans cette église un tombeau qui*
» *est le tombeau d'Adam.* » *Journal hist. et littér.*, t. XXII, p. 534.

» Adam y a esté ensevely, et au devant est une teste de mort
» fort grande, réputée pour la sienne, ayant donné au mont
» ce nom de Calvaire. » p. 165, ch.

L'on y montre, dit le Père Nau, l'endroit où l'on veut
« que la teste d'Adam, pour le moins, ait esté enterrée.
» C'est un trou quarré, fermé de grilles de fer, qui est dans
» le rocher du Calvaire, au lieu où il se fendit au temps de la
» passion du Sauveur. » ch. xv. p. 154.

L'on trouve dans Sæwulf un passage singulier : « Subtùs
» est locus qui Golgotha vocatur, ubi Adam à torrente domi-
» nici cruoris, super eum delapso, dicitur esse à mortuis
» ressuscitatus. » Cet écrivain aura pris au positif ce que
disent les écrivains ascétiques du *nouvel Adam*, c'est-à-dire
de l'homme régénéré par la grâce de la rédemption.

« D'autres ne se font pas scrupule, dit Mislin, ch. xv, de
» parler des traditions d'Andromède à Jaffa, de la fille d'Agé-
» nor à Tyr, de la mort d'Adonis au Nar-Ibrahim, traditions
» qui ne sont pas non plus des articles de foi ; je les ai rappor-
» tées moi-même : pourquoi ne serait-il pas permis de parler
» de la plus respectable de toutes par son antiquité, de celle
» qui concerne notre premier père Adam ?

» Ecartons d'abord ce qu'elle paraît avoir de trop in-
» croyable. Il n'est pas question d'un monument qui se
» serait conservé après cinquante siècles, à travers le déluge
» et mille autres révolutions presque aussi destructives, mais
» d'une tradition qui dit que la tête d'Adam a été enterrée sur
» le Calvaire...

» Plusieurs saints Pères ont cru que par respect pour le
» genre humain, Noé avait voulu sauver du déluge les osse-
» ments d'Adam ou tout au moins sa tête, qu'il emporta dans
» l'arche ; qu'ensuite il l'ensevelit à Jérusalem sur le Calvaire,
» qui prit de là le nom de Golgotha, c'est-à-dire, en hébreu,
» *le lieu du crâne*...

» Après avoir lu une foule de documents relatifs à cette
» tradition, je crois qu'on peut admettre avec beaucoup de
» vraisemblance qu'Adam a été enterré à Hébron, et que sa
» tête, longtemps conservée dans la famille du patriarche, a
» été ensevelie sur le calvaire. »

Nous avons fait remarquer que ce fut par la plus honorable des exceptions que les Croisés inhumèrent au pied du Calvaire, dans l'intérieur de l'église du Saint-Sépulcre, Godefroid de Bouillon et les premiers rois qu'ils s'étaient donnés. Arculfe nous apprend en effet (1) que de son temps, c'est-à-dire au VII° siècle, on célébrait bien dans l'église du Golgotha les obsèques de certaines personnes distinguées, mais que leurs corps n'y entraient pas et restaient à la porte, en attendant sur le parvis la fin des cérémonies funèbres. M. Tobler croit cependant pouvoir rapporter, d'après un écrivain (2) que je n'ai pu me procurer, qu'à part les personnes du sang royal onze martyrs se trouvaient encore enterrés dans l'Eglise, sous cinq colonnes. Il m'a été impossible de rencontrer à ce sujet aucune explication quelconque : le fait me semble donc au moins problématique.

Les siècles que l'orgueil du jour qualifie volontiers de barbares étaient admirables pour la construction et la décoration intérieure des temples consacrés au Seigneur. C'était là qu'ils étalaient toutes les magnificences de l'art : assez peu soucieux de ce que les Anglais appellent le *comfort* des habitations particulières, nos pères réservaient pour les édifices publics, et spécialement pour les palais de l'Eternel, toutes leurs ressour-

(1) V. p. 269 ci-dessus.
(2) *Sub quinque columnis ecclesiæ XI martyres sepulti sunt qui per hoc noscuntur quod eorum solemnitas celebratur id. Martii.* Fetell, 22, a. Je n'ai pu trouver nulle trace de cette commémoration.

ces : aussi leurs œuvres durèrent-elles des siècles, et frappent-elles encore nos yeux d'admiration, lorsque le marteau des démolisseurs ne s'en est pas mêlé.

L'église de la Résurrection, *la plus vénérable de la terre*, comme le dit Châteaubriand, bien que placée à une distance qui serait aujourd'hui celle de l'Amérique au moins, ne fut pas délaissée par les fidèles du moyen âge. « Les conquêtes » des Croisés, armés pour délivrer le tombeau de Jésus-Christ, » dit De Rozière (1), la rendirent plus que jamais l'objet d'un » culte particulier. Les rois, les princes, les seigneurs et les » évêques des nouveaux Etats fondés en Orient s'empressèrent » à l'envi de l'orner et de l'enrichir : les souverains et les pré- » lats de l'Europe, qui n'avaient pu la visiter, voulurent au » moins lui prouver leur respect par leurs largesses (2). »

L'église du Saint-Sépulcre fut donc ornée dans toutes ses parties avec luxe et magnificence : la chapelle de Godefroid de Bouillon, laissons ce nom à la chapelle d'Adam (3), en eut naturellement sa part. Rien de tout cela n'existe plus aujourd'hui, et M. T. Tobler, lors de sa visite en 1846, trouva que cette chapelle, telle que nous l'a faite le maçon grec de 1810,

---

(1) Cartulaire de l'église du Saint-Sépulcre, Paris 1848, in-4°. Introduction, § 1er.

(2) Mariti trouve cela très-mauvais. « J'oserai le dire (t. II, p. 212), c'est » insulter au ciel que de prodiguer dans les lieux saints le luxe et la magni- » ficence; c'est assimiler le sacré au profane. C'est légitimer aux yeux de » l'homme opulent la passion des richesses, qui lui fait détourner les yeux de » dessus l'infortune ; c'est surtout affliger le cœur du pauvre, qui ne peut se » résoudre à bénir sa misère au pied d'un autel resplendissant d'or, d'argent » ou de pierreries. » La réfutation de ce paradoxe irréligieux se trouve dans Mgr Gaume, *Catéchisme de persévérance*, IVe partie, 3e leçon, et dans Bergier, *Dictionnaire de théologie*, art. culte § 3.

(3) Parmi les divers noms donnés successivement à ce sanctuaire, se trouve, j'allais l'oublier, celui de *chapelle du Saint-Sang*, que lui attribue Jean de Wirzburg, pèlerin de 1130 : « Inferior verò pars ejusdem calvariæ » subtùs continet altare, et vocatur *ad Sanctum Sanguinem* quia eò usque » per rimam petræ sanguis domini dicitur defluxisse. » — *Pezii thesaur. anecdot. noviss.*, t. I, p. 483.

était peu remarquable, à peu près obscure et sans aucune apparence de mosaïque aux murs ou à la voûte (1).

Ceci ne doit pas nous surprendre. L'espèce de passage que les Grecs ont substitué à l'ancienne chapelle de Godefroid de Bouillon (v. pl. ı et ııı), ne saurait jouir d'une grande clarté, puisque déjà l'ancienne chapelle, ne recevant le jour que de l'intérieur de l'église, était elle-même obscure. Il en devait être autrement, lorsque tout l'espace situé sous les voûtes qui constituaient l'aire des deux chapelles placées au-dessus de celle de Godefroid de Bouillon et de la crypte voisine, était libre, ainsi qu'on peut le voir dans la gravure annexée à la relation de Gonzalès. Alors aucun obstacle ne s'opposait à ce que la lumière du soleil, provenant des fenêtres du transept, jouât librement sous ces voûtes, et arrivât même jusqu'à la fente miraculeuse que tous les voyageurs allaient plus tard contempler au fond de la chapelle d'Adam, à l'aide d'un luminaire (2).

Quaresmius nous apprend qu'en 1630 cette chapelle était d'une élégance remarquable : « Sub fornice est depicta crux
» Domini, et in medio ejus et circulo est effigies salvatoris
» cum litteris græcis Nıc-ka, et ex utraque parte angelus :
» omnia opere mosaïco elaborata, sicut et sequentia. Stratum
» est marmore dolato et opere tessellato : sub fornice, qui est
» ad orientem, est modicum altare. »

« Deze (Adamus capelle) dit Gonzalès, is met kostelycke
» marmer ende andere kleyn steentjens van alle koleuren zeer
» konstigh ghepavayt. »

Les deux chapelles du Calvaire supérieur, à savoir celles du crucifiement et de la plantation de la croix, eurent à souffrir de l'incendie de 1808. Cette catastrophe à jamais déplorable,

(1) Die kapelle ist wening ansehnlich und ziemlich dunkel, ohne sper von mosaïk oder wänden oder gewölben. Golgatha, p. 293.

(2) « Non si può veder senza lume. » Viaggio al santo sepolcro : — Venet. 1598 ; — Fra Noë, 1600.

et qui compléta la spoliation des religieux latins, fut attribuée à la malveillance des Grecs. « Le 12 octobre 1808, dit
» M. Eugène Boré, le feu est mis à dessein par les Grecs
» à la grande coupole du Saint-Sépulcre. Ils savaient que
» les ressources de la Terre Sainte étaient fort réduites en ce
» moment, qu'elle ne pourrait en entreprendre la reconstruc-
» tion, et qu'eux, en s'en chargeant, pourraient faire valoir
» à la co-propriété des prétentions qui n'avaient jamais été
» admises. »

Mgr. Mislin fait remarquer que les Grecs rejettent l'odieux de ce crime sur les Arméniens, et le P. de Géramb raconte, d'après un témoin oculaire, que le feu commença, en effet, pendant la nuit du 11 au 12 octobre, dans la chapelle des Arméniens, sur une des galeries de la rotonde. « Ce qui est
» certain, ajoute-t-il, c'est qu'avant l'incendie, les Armé-
» niens n'avaient aucun droit dans l'église du Saint-Sépulcre;
» qu'ils ne possédaient qu'une chapelle qui menaçait ruine,
» et qu'ils sollicitaient depuis longtemps l'autorisation de la
» reconstruire, autorisation que La Porte leur avait constam-
» ment refusée ; qu'ils ont beaucoup gagné à cet incendie, et
» que le feu a commencé dans leur chapelle, d'où il s'est com-
» muniqué à tout l'édifice (1). »

M. T. Tobler semble disposé à croire que l'incendie ne fut que le résultat d'une imprudence qu'il attribue aux Arméniens ; il ne peut admettre au cas présent la vérité de l'adage *is fecit cui prodest*, mais il n'en reconnaît pas moins que les Grecs profitèrent scandaleusement de la catastrophe, qu'ils ne respectèrent même pas ce que le feu avait épargné, et qu'ils agirent ainsi, afin d'avoir le nom et l'honneur d'avoir tout réédifié, ce qui, d'après la singulière jurisprudence du lieu, devait les faire considérer comme propriétaires de tout ce qu'ils avaient réparé avec l'assenti-

---

(1) Les Lieux Saints, pèlerinage à Jérusalem par Mgr Mislin, chap. XX.

ment des autorités musulmanes. Nous avons déjà vu que ces réparations furent du plus mauvais goût et d'un style sans nom : Willis fait remarquer avec infiniment de raison, en ce qui concerne l'Eglise de Golgotha, à laquelle sont principalement consacrées nos recherches, que les travaux exécutés par l'architecte grec en firent totalement disparaître l'aspect ancien et vénérable qu'offraient jadis les chapelles du Calvaire. (The Holy City, t. II, p. 227.)

Aussi l'histoire a-t-elle justement puni ce misérable maçon, exécuteur des hautes œuvres de la haine et de la malice des schismatiques : nul en Europe ne connaît son véritable nom. M. Poujoulat l'appelle *Comérano Calfa* (1), M. Tobler *Komeano Kalfa*, et ils le font venir de Constantinople; M. Boré pense qu'il était de Mételin, et croit qu'il s'appelait *Comnène*.

Selon Rodolphe de Suchem (1336) la chapelle de Godefroid de Bouillon ou d'Adam appartenait aux *Nubiens* (Nubianer), que Jean Tucher appelle *Indianer* (Indiens) ou *Abacnani* (2). Je suppose qu'ils désignent ainsi les Abyssins, qui étaient encore du temps de Deshayes l'une des *nations* qui se trouvaient dans l'église de la Résurrection, et auxquels appartenait en particulier la colonne *Impropère*.

L'auteur de l'*Epitome bellorum sacrorum* (1374) et Jean Tucher (1479) nous apprennent qu'à leur époque la chapelle de Godefroid de Bouillon appartenait aux Géorgiens. *Ceux-ci, soutenus par les Mamelucks*, dit Mgr Mislin, *s'en étaient emparés sur les catholiques*. Le savant prélat fait ici allusion au

(1) Voilà certes une étrange méprise. Le mot *kalfa* est le nom que les Turcs donnent aux Chrétiens qui s'occupent de travaux de maçonnerie et autres entreprises de ce genre. Ce n'est donc qu'un surnom, qu'ajoutent à leur nom de famille ceux qui s'occupent de pareils travaux.

(2) *Abessini* sive *Indiani*, selon le P. Fabri : *Evagatorium Terræ Sanctæ*. vol. II, p. 292 et 325, et vol. III, p. 350 et 351.

sultan d'Egypte : on se rappelle que ce fut ce dernier qui appela en Palestine les féroces Karismiens, afin d'avoir plus facilement raison des petits princes Musulmans de Syrie, qui avaient fait alliance avec les Chrétiens, et leur avaient même restitué Jérusalem, Ascalon, et d'autres lieux. (*Bibl. des Croisades*, t. IV, § LXXX, p. 443.)

Les Karismiens et l'armée Egyptienne ayant opéré leur jonction, les Francs et les princes Musulmans confédérés éprouvèrent à Gaza une sanglante défaite, par suite de laquelle le sultan se retrouva maître de la Syrie et de la Palestine.

« Les Géorgiens étaient pauvres, dit M. Poujoulat, et ils » gardèrent peu de temps cette moitié du Golgotha : vers 1517, » les Grecs devinrent, sous Sélim Ier, leurs héritiers à prix » d'argent (1). » En effet, Radzivill (1583), Zuallart, (1587), et Quaresmius (1630) nous disent que cette chapelle était desservie par les Grecs (2), qui y entretenaient des lampes ardentes, et je ne vois nulle part qu'ils en aient été dépossédés postérieurement.

M. Tobler expose différemment les vicissitudes qu'éprouva la possession de cette chapelle ; venant d'un écrivain aussi judicieux et aussi bien renseigné, cet exposé mérite d'être mis sous les yeux.

» Au XIVe siècle, dit-il, cette chapelle appartenait aux » Géorgiens (3) ; ensuite elle passa aux Cophtes jusqu'au XVIe

---

(1) Avant cette époque, dit M. Boré, p. 68, les Grecs n'avaient dans la nef de l'église de la résurrection qu'un baptistère ; leur chapelle située hors de l'église y communiquait seulement par l'escalier du Calvaire, et derrière se trouvait la tour où se tenait le caloyer, gardien de ce lieu, l'unique qu'ils possédassent.

« *Torre*, dit Bernardino, *dove sta un caloiro græco per custodire quel luogo, che altro non hanno*, p. VIII. »

(2) Bernardino, qui était, en 1596, président du Saint-Sépulcre, dit qu'à cette époque la chapelle de Godefroid de Bouillon appartenait encore aux Géorgiens.

(3) Maîtresse de la Géorgie, la Russie cherche à revendiquer les droits que

» siècle. Dans la première partie du xviie siècle, elle passa aux
» Grecs, et en 1660 ceux-ci en furent éliminés au profit des
» Latins, mais elle ne tarda pas à revenir de nouveau aux
» Grecs. »

Je considère le premier exposé comme plus simple et plus probable : comment les Cophtes se seraient-ils mis en possession de la chapelle d'Adam, eux qui, réduits aujourd'hui à un oratoire placé derrière le Saint-Sépulcre, ont toujours constitué la plus misérable portion des sectes chrétiennes qui pullulent dans l'église de la Résurrection ? Il est à remarquer que M. Eugène Boré, qui a étudié particulièrement la question des Lieux Saints et qui demeure aujourd'hui à Constantinople, au couvent des Pères Lazaristes, ne dit pas un mot (1) des Cophtes, ce qu'il n'eût pas manqué de faire, s'il les avait trouvés sur son passage, comme les Géorgiens, les Grecs, et les Arméniens.

Espérons qu'il nous sera un jour rendu, avec la chapelle de Godefroid de Bouillon, ce vénérable sanctuaire du Saint-Sépulcre, dont nos religieux latins ont été, pendant des siècles,

---

possédaient les Géorgiens à Jérusalem, et c'est sous ce prétexte qu'elle y a déjà placé un archimandrite, relevant directement du synode russe, ce qui semble avoir offusqué singulièrement les Grecs.

Qui ne se rappelle que dans le projet de *Sened* remis à la Porte, le 19 avril 1853, par l'orgueilleux Mentschikoff, se trouvait l'article suivant : « V. Les
» sujets de l'empire de Russie, tant séculiers qu'ecclésiastiques, auxquels il
» est permis, suivant les traités, de visiter la sainte ville de Jérusalem et
» autres lieux de dévotion, devant être traités et considérés à l'égal des sujets
» des nations les plus favorisées, et celles-ci, tant catholiques que protestantes,
» ayant leurs prélats et leurs établissements ecclésiastiques particuliers, la
» Sublime Porte s'engage, pour le cas où la cour impériale de Russie lui en
» fera la demande, d'assigner une localité convenable dans la ville de Jérusa-
» lem ou dans les environs, pour la construction d'une église consacrée à la
» célébration du service divin par les ecclésiastiques russes, et d'un hospice
» pour les pèlerins indigents ou malades, lesquelles fondations seront sous la
» surveillance du consulat général de Russie en Syrie et en Palestine. »

(1) *Question des Lieux Saints*, par Eugène Boré. Paris, 1850, in-8°, p. 52.

les sentinelles dévouées, qu'ils ont entretenu, qu'ils ont réparé à plusieurs reprises, et qu'ils avaient conservé non-seulement au poids de l'or, mais au prix de leur sang, puisqu'en 1637, ils comptaient déjà deux cent vingt martyrs. Nous pouvons l'espérer de l'équité du Sultan, dès qu'il sera libre d'agir d'après ses propres inspirations : nous pouvons surtout, nous Belges, l'espérer de l'intervention du sage Roi que s'est donné la Belgique en 1830, jointe à celle de notre nouveau duc de Brabant (1), ce fils de la bonne et pieuse reine Louise (2) que nous pleurons encore, et dont nous bénissons la mémoire, du duc de Brabant qui, par elle, se rattache au rameau commun d'où sortirent nos anciens ducs, et l'illustre Godefroid de Bouillon lui-même !

(1) Pèlerin de Jérusalem en 1853, le prince dut maintes fois s'y rappeler que l'un de ses ancêtres brabançons, Godefroid III, comte de Louvain, combattit en Palestine, sous le règne de Baudouin IV, pour qui son départ, dit Hérold, fut un grand sujet de découragement. Son fils, Henri Ier, fit deux fois le voyage d'outremer et prit une part distinguée aux expéditions de cette époque. — Hérold, *De bello sacro*, etc., cap. III, p. 6; Namèche, t. IV, p. 538; Van Hasselt, t. II, p. 33.

(2) Louise-Marie-Thérèse-Charlotte-Isabelle, princesse d'Orléans, fille de S. M. Louis-Philippe, roi des Français, et de Marie-Amélie des Deux-Siciles, était née à Palerme, le 3 avril 1812. Elle avait épousé, le 9 août 1832, S. M. Léopold Ier, roi des Belges, et mourut à Ostende, le 11 octobre 1850, au milieu des larmes et des gémissements de la Belgique entière. Ces nobles et simples paroles prononcées à Ostende par le Roi : *Sa mort fut sainte comme sa vie*, resteront sa plus belle oraison funèbre.

Ce fut à la reine Louise que, peu de temps avant sa mort, le Saint-Père fit hommage de la Rose d'or, bénie le dimanche du *Lœtare*. Elle l'avait bien méritée ! *Transiit bene faciendo*.

CHAPITRE II.

EMPLACEMENT DES TOMBEAUX.

Les huit princes qui gouvernèrent successivement Jérusalem jusqu'à la prise de cette ville par Saladin, en 1187, furent tous enterrés dans l'église du Saint-Sépulcre (1).

(1) Parmi tant d'églises magnifiques dont Constantin dota les villes principales de l'empire, il bâtit, à Constantinople, celle des Apôtres, qui était d'une beauté et d'une richesse extraordinaires. Eusèbe l'appelle un martyrion, et il rapporte *que l'empereur réserva ce lieu à sa sépulture, animé de l'espérance qu'étant là toujours uni au peuple fidèle, il aurait le bonheur de jouir des mérites des divins mystères et des saintes prières offertes, dans cette église, en l'honneur des Apôtres.* Cet exemple de piété, suivi par Théodose, se perpétua chez les empereurs d'Orient. Il s'étendit bientôt à l'Europe, et il s'établit si bien chez les rois francs, qu'il était passé en règle longtemps avant les croisades. Non-seulement les empereurs et les princes, mais les comtes et les seigneurs, durant le moyen âge, se firent un devoir de fonder des monastères et des cathédrales, pour y reposer, après leur mort, à côté de quelque corps saint. Telles furent les sépultures de Charlemagne, d'Othon-le-Grand, et de leurs successeurs dans l'empire. En France, les tombes royales de Saint-Denis reçurent les rois et les princes du sang, depuis Dagobert jusqu'à nos jours. Les ducs de Lorraine et de Bourgogne, ainsi que les autres souverains de l'Europe, se montrèrent également religieux à cet égard, et cette discipline, ou plutôt cette prérogative des rois, était dans toute sa force au temps de Godefroid de Bouillon. L'Eglise approuvait ce pieux sentiment; elle le favorisait par des motifs de zèle et de reconnaissance, et les Papes y joignirent des grâces et des priviléges.

Les seigneurs croisés avaient été nourris dans ces idées. Chacun d'eux, peut-être, aurait pu citer soit une abbaye, soit une chapelle, érigée en

Ils y obtinrent une place d'honneur, car ils furent inhumés au pied du mont Calvaire, au lieu dit Golgotha.

Ce lieu s'étendait depuis la porte de l'église, à droite en entrant, jusqu'à la galerie qui conduit à la chapelle de Sainte-Hélène. Il se trouvait recouvert, en partie, par la voûte formant l'aire des deux chapelles supérieures, dites de la *plantation de la Croix* et *du crucifiement*.

Godefroid y fut inhumé le premier : c'était justice.

L'abbé EKKEARD qui se rendit en Palestine en 1101 et en revint en 1102 le déclare formellement : « Incalescente post » hæc æstate, corrumpitur per Palestinam aer cadaverum » fœtore. Sunt etiam qui dicunt fontes à barbaris infestos » veneno vel cisternas occisorum sanie; undè exorta pestilen- » tia multos ex nostris, utpotè sub aere peregrino militantes » occidit, inter quos ipsum totius ecclesiæ catholicæ lacrymis » plangendum Gotefridum populo Dei, quem paternâ sollicitu- » dine curabat, materna pietate fovebat, nimis immaturè sub- » traxit... *Ante montem Calvariæ, in vestibulo Golgothanæ* » *ecclesiæ extat ejus mausoleum, lapide pario constructum.* » Il ajoute que Baudouin Ier fut enterré le dimanche des Rameaux, dans l'église du Calvaire, près de son frère : « Balduvinus rex » Hierosolimitanus in expeditione contrà Arabes positus cum » languorem, quo licet leniùs tamen diù vexabatur, ad vitalia » pervenisse sentiret, alterum Balduvinum de Rohâs pro se » regem designavit, ipseque Christo Domino pro quo multa » jam bella præliatus est, animam suam fide plenâ et confes- » sione bonâ tradidit. In dominicâ palmarum, juxtà fratrem » suum *Gotefridum, loco calvariæ, mausoleum germani*

---

tombeau de famille, où reposait quelqu'un de ses ancêtres. Le clergé de la croisade était surtout familiarisé avec ces nobles sépultures, devenues plus sacrées encore, en Occident, par la solennité de l'office des morts, nouvellement établie. Ainsi l'on ne devait attendre, aux funérailles de Godefroid, rien que de saint et de privilégié. — *Journal historique et littéraire*, t. XXII, p. 530.

» *mausoleo simillimum, cum maximo diversorum populo-*
» *rum planctu suscepit.* » Ekkeardi Uraugiensis chronica,
— Pertz, *Monum. Germaniæ histor.* t. VIII, ad a. 1100 et
1118.

L'abbé GUIBERT (1) s'exprime en ces termes dans l'ouvrage auquel il donna le titre magnifique de *Gesta Dei per Francos*. « Godefroid de Bouillon fut enterré près du lieu de
» la passion du Seigneur : il était de toute manière digne d'y
» obtenir un tombeau, pour l'avoir mis à l'abri des profana-
» tions des païens.

FOUCHER DE CHARTRES (2) ne parle pas du tombeau de Godefroid ; il confirme toutefois les paroles de l'abbé de Nogent, en disant de Baudouin : *Et sepelierunt eum in Golgotha, juxtà ducem Godefridum, suum germanum.*

RAOUL DE CAEN n'arriva en Terre Sainte qu'en 1007 ; à partir de cette date, il fut témoin oculaire des événements. Son témoignage a donc le plus grand prix. Or, il déclare formellement que Godefroid de Bouillon fut enterré devant le Calvaire : « Sepulto antè Golgotha rege præscripto... » *Gesta Tancredi*, cap. CXLIII. — *Thesaur. nov. anecdotorum*, t. III. Paris, 1717, in-f°.

---

(1) « At quoniam Godefridum regem, hujus Balduini germanum, nequaquam
» superiùs obiisse, materia ordinem præoccupante, retulimus, dignum est ut
» quo fine defecerit et ubi sepultus sit breviter explicemus....... sepelitus
» autem, in testimonium ejus quam fide vitáque meruerat redemptionis
» æternæ, circà ipsum dominicæ passionis locum ; in eo jure obtinens omni
» modo monumentum, quem eruerat, quemque defenderat a conculcatione
» ac irruptione gentilium. » Guibert, auteur de cette histoire, était né en
1035 : il devint abbé de Notre-Dame de Nogent-sous-Louis, dans le diocèse
de Laon, et dit avoir composé son histoire, ayant sous les yeux une relation
anonyme, à laquelle il reproche un style incorrect et commun. C'est celle de
Tudebode, qui fut témoin oculaire de la première croisade, et qui y perdit
ses deux frères.

(2) Foucher, natif de Chartres, partit pour la première croisade avec
Robert, duc de Normandie, et devint ensuite chapelain de Baudouin Ier, roi
de Jérusalem, qu'il ne quitta plus. Son récit est précieux.

Une relation qui remonte au règne de Foulques d'Anjou, et qui se trouve transcrite dans le manuscrit n° 9826, de la bibliothèque dite de Bourgogne, à Bruxelles, rapporte que Godefroid fut enterré au milieu d'une tristesse inexprimable, devant le mont Golgotha : « Terminum subiit quem præterire » non poterat. Sepulto autem sub incomparabili merore ante » Golgata, ubi crucifixus est Dominus noster. » Folio 138, verso.

Albert d'Aix, historien du xii° siècle (1), rapporte les détails des obsèques de Baudouin I, mort dans le désert et ramené à Jérusalem sur ses instantes et si touchantes prières. « Après » avoir procédé aux cérémonies des funérailles chrétiennes, » le Patriarche le confia à la terre, près de la sépulture de son » frère Godefroid, au lieu dit le Calvaire, dans le vestibule » même (transept) de l'église du Saint-Sépulcre. On lui érigea » un tombeau tel qu'il convient à la majesté royale, c'est-à- » dire en marbre blanc richement travaillé ; son frère Gode- » froid avait reçu le même honneur (2). »

Guillaume de Tyr, qui, après avoir fait l'éducation de Baudouin IV (dit le lépreux ou le mézel), fut chancelier du roi Amaury, est assurément l'un des témoins les plus respectables qu'on puisse citer pour déterminer avec précision le lieu de la sépulture des rois latins jusqu'à la fin du xii° siècle.

Or, voici ce qu'il dit textuellement liv. ix, c. xxiii :

---

(1) Historia Hierosolymitanæ expeditionis, edita ab Alberto canonico ac custode acquensis ecclesiæ. — Gesta Dei per Francos, sive orientalium expeditionum et regni Francorum historia, Hannoviæ, 1611, 2 vol. in-folio.

D'après un passage du vi° livre de son histoire, on voit qu'il était d'Aix-la-Chapelle, et non d'Aix en Provence.

(2) « Catholicis exequiis expletis, a domino Patriarcha terræ commendatus, » juxta fratris uterini Godefridi sepulcrum, in loco Calvariæ, *in vestibulo* » *templi dominici sepulchri*, mausoleo, sicut decet reges, in memoriam et » honorem sui nominis, magno et magnifico opere et marmore candido polito, » inter cæteros sepultos promotus est, sicut et frater ejus Godefridus eodem » mausolei honore sublimatus est, lib. xii, ch. 27. »

Au mois de juillet Godefroid devint malade et ne tarda pas à mourir...
« Eodem mense julio videlicet, idem Dominus Godefridus, regni
» Hierosolymorum egregius moderator, valida et incurabili correptus
» ægritudine ægrotare cœpit ad mortem... obiit autem decimo quinto
» Cal. Augusti, anno ab incarnatione Domini millesimo. Sepultus est
» verò in ecclesiâ Dominici Sepulchri, sub loco Calvariæ; ubi passus
» est Dominus, ubi et successoribus ejus usquè in præsentem diem
» pro sepulturâ deputatus est locus. — Il trépassa le 15 juillet de l'an
» 1100 de l'Incarnation, et fut enterré dans l'église du Saint-Sépulcre,
» sous le Calvaire, où le Seigneur avait souffert la passion. C'est là que
» jusqu'aujourd'hui sont enterrés ses successeurs. »

Puis il ajoute successivement :

Baudouin Ier, transporté à Jérusalem le dimanche des Rameaux, fut
enterré avec une pompe toute royale, sous le Calvaire, au lieu dit
Golgotha, près de son frère Godefroid. « Eâ Dominicâ quæ dicitur in
» Ramis palmarum, in urbem introductus, et juxtà fratrem, sub monte
» Calvariæ, in loco qui dicitur Golgotha, regiâ magnificentiâ sepultus
» est. » Lib. xi, c. xxxi.

Baudouin II fut enterré, parmi les rois ses prédécesseurs, sous le
Calvaire, devant le lieu dit Golgotha, à la grande douleur des siens, et
avec des funérailles royales. « Sepultus est autem inter prædecessores
» suos piæ recordationis reges, sub monte Calvariæ, antè locum qui
» dicitur Golgotha, multâ suorum curâ et solemnibus obsequiis, regiâ
» dignis magnificentiâ. » Lib. xii, c. i.

Foulques d'Anjou fut transporté à Jérusalem avec les honneurs
ordinaires, tout le clergé et le peuple venant à sa rencontre ; il fut
royalement enterré parmi les rois ses prédécesseurs dans l'église du
Saint-Sépulcre, sous le Calvaire, à droite en entrant, et près de la
porte. « Hierosolymam cum debitâ delatus honorificentiâ, occurrente
» universo clero et populo, in ecclesiâ Dominici sepulchri, sub monte
» Calvariæ, introeuntibus ad dextram, secùs portam, inter alios felicis
» memoriæ reges, ejus prædecessores... regiâ magnificentiâ sepultus
» est. » Lib. xii, c. xi.

Baudouin III fut enterré avec pompe dans l'église du Saint-Sépulcre,
devant le lieu du Calvaire, où le Seigneur fut crucifié pour notre salut,
parmi ses prédécesseurs. « Cum summâ reverentiâ et regalibus exequiis,
» occurrente ei clero et universo populo civitatis, in ecclesiâ Dominici
» sepulcri antè Calvariæ locum, ubi pro salute nostrâ crucifixus est

» Dominus, honorifice, inter suos prædecessores, sepulturæ traditus
» est. » Lib. XVIII, c. XXXIV.

Amaury fut enterré entre ses prédécesseurs, et près de son frère, sur la même ligne, devant le lieu du Calvaire. « Sepultus est autem
» inter prædecessores suos, secùs fratrem, in eâdem lineâ, antè locum
» Calvariæ. » Lib. XX, c. XXXIII.

L'histoire de Guillaume de Tyr ne va pas jusqu'à la mort de son royal élève, Baudouin IV, dit le lépreux ou le mézel, mais son continuateur, Hérold (1), dit à son tour, sans toutefois indiquer ses preuves, qu'à la mort du roi Baudouin IV, son corps fut porté au Calvaire dans le lieu destiné à la sépulture des rois : « Corpus ejus, postquàm mors ejus palàm facta
» est, per principes, mausoleo regio in calvariæ loco illatum,
» atque solemni principum pompâ funeratum est, mœrentibus
» publicè cunctis, Tyrensi archiepiscopo, pro æde sancti
» sepulchri, ipsum laudante. Lib. I, c. III. »

L'auteur de la chronique des comtes d'Anjou (2), qui s'arrête à 1137, dit également que Baudouin Ier, mort à El-Arisch, fut transporté à Jérusalem et enterré, selon ses vœux, près de son frère, au lieu dit Golgotha. « Eum in villâ quæ
» Laris dicitur defunctum et lecticâ Jerusalem allatum, regiâ
» ambitione in Golgotha, juxtà germanum suum, regem vide-
» licet Godefridum, sepelierunt. »

Cette même chronique, contemporaine de Foulques d'Anjou, rapporte que ce dernier fut enterré au Golgotha, à côté des autres rois de Jérusalem : « Ipse verò cùm ad virilem perve-
» nisset ætatem, vir bellicosus obiit, sepultusque est cum
» aliis regibus in Golgotha... »

MATHIEU D'EDESSE, auteur d'une histoire d'Arménie et

---

(1) *De bello sacro continuatæ historiæ libri* VI, commentariis rerum Syriacarum Guillielmi Tyrensis, archiepiscopi additi, Joanne Herold Hoechstettensi authore, basileæ, in-folio, 1560. — Herold était un écrivain du XVIe siècle.

(2) *Gesta consulum Andegavensium, auctore Monacho Benedictino Majoris Monasterii.* Luc. d'Achery, Spicil. Paris, 1671, in-4°, t. X, p. 506.

écrivain du XIIe siècle, périt au siége de cette ville par le fameux Zenguy, en 1144. Il raconte la maladie et la mort de Godefroid, qu'il attribue à un empoisonnement, et il ajoute que le corps du prince *fut enterré près du Calvaire.*(Michaud, *Biblioth. des Croisades*, t. III, p. 482.) Le manuscrit de cet ouvrage existe en partie à la bibliothèque de Paris.

Après l'archevêque de Tyr, qui fut témoin des convulsions du royaume de Jérusalem, arrive un autre écrivain célèbre, dont l'éloquence contribua à prolonger l'agonie du royaume. JACQUES DE VITRY (1) n'est pas un étranger pour la Belgique. Après avoir été chanoine régulier en la célèbre abbaye d'Oignies, près Charleroi, il suivit les Croisés dans le Levant où il vécut longtemps, et fut évêque de Ptolémaïs (Saint-Jean-d'Acre). Le pape Grégoire IX le créa cardinal en 1230, avec le titre d'évêque de Frascati (Tusculum). Il mourut en 1244, après avoir rempli plusieurs missions importantes. L'on conservait à l'abbaye d'Oignies, où son corps avait été transporté, d'après Thomas de Cantimpré, nombre d'objets précieux (2) qui avaient appartenu à cet illustre cardinal. Le dernier prieur de cette abbaye, convertie aujourd'hui en une florissante manufacture de glaces, en a fait présent à la congrégation des sœurs de Notre-Dame, de Namur : on les y conserve soigneusement avec d'autres objets rares que les archéologues ne manquent guère d'aller visiter.

Jacques de Vitry ne parle que de la sépulture de Bau-

---

(1) Jacobi de Vitriaco primum Acconensis, deinde Tusculani episcopi, et S. Ecclesiæ R. Cardinalis, sedisque apostolicæ in Terra Sancta, in imperio, in Francia, olim legati, libri duo, quorum prior orientalis, sive Hierosolymitanæ, alter occidentalis historiæ nomine inscribitur. Duaci, 1597, in-48.

(2) 1° une crosse en ivoire ; 2° une mitre en parchemin, couverte de miniatures ; 3° une mitre en soie sur laquelle est représenté, en or, le martyre de saint Thomas de Cantorbéry ; 4° deux bagues pastorales ; 5° une petite chapelle dont l'intérieur est d'argent ; 6° une pierre d'autel portative, contenant des reliques.

douin Ier. Le roi Baudouin, dont la mémoire sera éternellement bénie, dit-il, fut enterré sous le Calvaire, au lieu dit Golgotha, avec les honneurs dus à la dignité royale : « Prædictus rex
» Balduinus, cujus memoria in benedictione erit usquè in
» perpetuum... viam universæ carnis ingressus, sub calvariâ,
» in loco qui Golgotha dicitur, honorificè, prout regiæ com-
» petit magnificentiæ, est sepultus. » Cap. xxix, p. 60.

BERNARD LE TRÉSORIER semble avoir été au service de l'empereur Frédéric II, qui entreprit, comme l'on sait, la sixième croisade (1227). C'est assurément l'un des principaux historiens des croisades, et il mérite grande confiance (1).

Il dit, en parlant de Godefroid de Bouillon : « Il mourut le
» 10 juin (2) et fut enterré royalement dans l'église du Saint-
» Sépulcre. Le lieu de sa sépulture devint, jusqu'à ce jour,
» celui de la sépulture des rois de Jérusalem. — Defunctus
» est itaque Godefridus Lotharingiæ dux et Hierosolymitanus
» rex, x junii, anno incarnationis filii Dei, J. C. et in ecclesiâ
» sancti sepulchri, in quo Dominus noster Jesus Christus fuit
» cruci affixus, regalibus obsequiis sepelitus. Qui locus in
» sepulturam regum Hierosolymorum usquè hodie (3) depu-
» tatus. » Cap. LXXXIII, p. 729.

(1) Bernardi Thesaurarii liber de acquisitione Terræ-Sanctæ, ab anno MXCV usquè ad annum circiter MCCXXX, gallicè scriptus, tùm in latinam linguam conversus, circiter annum MCCCXX, à fratre Francisco Pipino, Bononiensi. Muratori, *Rer. ital. script.*, t. VII, p. 659. Pipin avait fait en 1320 le voyage de Jérusalem, et le texte français de Bernard semblait perdu, lorsque M. Michaud le retrouva à la bibliothèque publique de Paris, sous le n° 6744, in-fol.

(2) Ceci est une erreur : Godefroid mourut le 15 juillet.

(3) Ces mots *usquè hodiè* sont remarquables. Bernard doit avoir constaté ce qu'il disait, puisque le 18 mars 1229, il se trouvait avec l'empereur dans l'église du Saint-Sépulcre. Le moine Pipin qui a traduit la phrase de Bernard, sans y faire la moindre observation, avait fait lui-même le voyage de Jérusalem. L'on peut donc affirmer qu'au XIV° siècle les tombeaux des rois latins, enterrés à Jérusalem, n'avaient pas été changés de place, et se trouvaient encore au pied du Calvaire, à droite, en entrant dans l'église du Saint-Sépulcre.

Il dit ensuite de Baudouin Ier : « Son corps fut transporté à
» Jérusalem, et la veille de la résurrection du Seigneur,
» enterré dans l'église du Saint-Sépulcre, sous le mont
» Calvaire, au lieu dit Golgotha, et près de Godefroid, son
» prédécesseur et son frère. — Corpus ejus regio more com-
» positum, in Hierusalem delatum est, et in vigiliâ resurrec-
» tionis dominicæ, in basilicâ Sancti Sepulchri, suprà Calvariæ
» montem, loco qui Golgotha dicitur, regalibus obsequiis est
» sepultus, juxtà Godefridum ejus prædecessorem et fratrem.»
Cap. CI, p. 743.

Il dit à peu près la même chose à propos de Baudouin II :
« Il fut enterré sous le Calvaire, devant le lieu dit Golgotha,
» avec ses prédécesseurs. — Sepultus est quoque in monte
» Calvariæ, ante locum qui Golgotha dicitur, cum prædeces-
» soribus suis, prælatis et principibus ac cæteris nobilibus
» regni exequias ejus solemniter peragentibus. » Cap. CXXIV.

Il ne dit rien de la sépulture de Foulques, de Baudouin III,
et d'Amaury, mais il s'explique en ces termes sur celle de
Baudouin IV, le lépreux : « Peu de temps après, le roi
» Baudouin fut délivré des misères de la vie, et enterré sous
» la montagne du Saint-Sépulcre, où les autres rois latins de
» Jérusalem étaient ensevelis, c'est-à-dire sous le mont Cal-
» vaire. — Rex Balduinus non multò post, vitâ cum morte
» reluctante, exemtus est a rebus humanis, et sepultus in
» monte Sancti Sepulchri, ubi et alii latini reges Hierusalem
» erant appositi, scilicet in monte Calvariæ. » Cap. CXLVI.

Enfin, en racontant la mort prématurée du petit Baudouin,
neveu du roi lépreux, Bernard constate une dernière fois que
tous les rois latins avaient été, jusqu'à cette époque, enterrés
les uns près des autres, c'est-à-dire au pied du Calvaire.
« Bientôt le petit roi, placé, dit-il, sous la garde de Josse-
» lin, oncle de sa mère Sybille, devint malade et mourut.
» Comme il fallait l'enterrer avec les honneurs de la royauté,
» le comte Josselin conseilla de confier son corps aux Tem-

» pliers, qui le transporteraient à Jérusalem. C'est ce qui eut
» lieu. Les Templiers se chargèrent donc de porter le roi
» défunt à Jérusalem, où il fut enterré parmi ses prédéces-
» seurs. — Puer autem rex, quum esset Acon in custodiam
» Joncelini, matris ejus comitissæ Sibiliæ avunculi, valetu-
» dinem adversam incurrens, vitâ defungitur. Quumque
» regalibus sepeliendus esset exsequiis, comes Joncelinus...
» suggessit... ut... traderetur corpus Templariis per eos in
» Hierusalem transferendum, quod et factum est... et Tem-
» plarii regem defunctum Hierusalem portaverunt, ubi apud
» ejus prædecessores regaliter est humatum (1). » Cap. CXLVII.

Cette série de témoignages contemporains, ou d'une valeur égale, ne serait contredite, s'il fallait en croire la *Bibliothèque des Croisades*, que par un seul auteur qui vivait vers le milieu du XIIIe siècle et qui, après avoir été de l'Ordre de Saint-Benoît, passa ensuite dans celui des Frères-Mineurs et devint abbé de Stade (2). Copiant l'historien Ekkeard, il attribue la mort de Godefroid à une peste qui se serait déclarée dans la Palestine, et qui aurait été occasionnée par les exhalaisons des cadavres et la corruption des eaux. Il ajoute, dit Michaud, qu'on aurait érigé à ce monarque un tombeau en marbre de Paros, *dans le vestibule de l'église de Golgotha*, EN FACE DU CALVAIRE.

Ainsi, d'après lui, ce serait à gauche, et non à droite de l'entrée de l'église, que se trouvaient le tombeau de Godefroid de Bouillon, et par conséquent ceux de ses successeurs. Mais M. Michaud s'est trompé; et le texte d'Albert confirme tout ce que nous avons dit précédemment; voici, en effet, ses

---

(1) Ce dernier mot mérite une attention particulière : il a une valeur sur laquelle nous aurons à revenir. Le mot *humatum* démontre mieux, en effet, que les mots *sepeliendum*, *tumulatum*, etc., que les corps des rois étaient placés dans des fosses creusées en terre.

(2) Historiographia Alberti, abbatis Stadensis, à condito orbe usque ad ann. MCCLVI. Wittenbergæ, 1608, in-4°.

propres expressions : « *Antè montem* Calvariæ in vestibulo
» Golgothanæ ecclesiæ exstat mausoleum ejus lapide pario
» constructum... »

Antè montem Calvariæ doit se traduire *au devant* et non *en face* du mont Calvaire. Au surplus, le texte latin eût-il été conforme à la traduction de M. Michaud, on devrait objecter à l'abbé de Stade qu'il n'avait pas même vu les Saints Lieux, et dès lors on pourrait lui opposer avec avantage, outre les autorités antérieures, le témoignage d'anciens voyageurs qui visitèrent l'église du Saint-Sépulcre longtemps après.

La chronique de Saint-Bertin par Jean d'Ypres (de Langhe) qui mourut en 1383, dit formellement que Godefroid de Bouillon fut enterré devant le Calvaire : « *Rex autem Gode-*
» *fridus, postquàm rexerat anno solùm unico terminum*
» *subiit, quem præterire nequivit, et sepultus est antè*
» *Golgotha, ubi crucifixus est Dominus noster J. C.* » Cap. XL, pars II.

Rodolphe de Zuchen (1), qui parcourut la Terre-Sainte de 1336 à 1350, rapporte qu'il vit, dans *une chapelle sise au pied du mont Calvaire*, les tombeaux de Godefroid de Bouillon et de son frère.

« Auff dem berg calvarie ist auch ein capell... in diesem...
» sind begraben die durchluchtigen fursten Godefroid von
» Bullion, und sein bruder Baldoinus, die ersten christlichen
» konig in Jerus. Welche das gelobd land mit grosser mühe
» bekriet and inngehabt den Saracenen unseglichen schaden
» zugezügt und der christenheit viel guts gethan haben... »

JEAN DE MANDEVILLE (2) qui voyagea en Orient pendant trente-

---

(1) Reisbuch des heyligen lands, Francf., s/m., 1609. In-folio.

(2) Le docteur T. Tobler l'appelle *John Maundewille* : zwei bücher topographie von Jérusalem, XXIX. Son voyage a paru sous le nom de Jean de Montevilla dans le *Reisbuch des heyligen lands*.

V. sur ce voyageur *Divæi opera varia*, Lovanii, in-folio, 1708. — Historial account of discoveries and travels in Asia. — Edimburg, 1820, t. I. — Mémoires de la société géographique de Paris, notice de M. d'Avezac, t. IV.

trois années consécutives, et vint mourir à Liége en 1371, s'occupe du mont Calvaire à la page 19 du manuscrit que nous avons consulté, et ajoute : « Et là il y a un autel, au » pied du mont, et devant celui autel gist Godefroid de Buillon » et autre roy xrtian qui furent roy de Jhrlem. » (Biblioth. de Bourgogne, ms. n° 14787).

Nous verrons plus tard que tous les autres voyageurs confirment l'allégation du touriste anglais, jusqu'au moment où une main sacrilége vint modifier la position primitive des tombes royales ; mais constatons dès à présent que l'inhumation de Godefroid de Bouillon, au pied du Calvaire, était en Europe un fait de notoriété publique.

Je lis, en effet, dans les *Brabantsche yeesten*, ouvrage dédié au duc de Brabant, Jean III, et composé par l'anversois de Klerk, de 1318 à 1350, le curieux passage qui suit :

<pre>
1877   Godevaert hielt dat conincrike
            Een jaer wel ende kerstenlike
            Drie daghe min, ende bleef doot,
            In berouwenissen groot,
            Onbesmet van sinen live,
            In spotte, in nerenste, van allen wive
            Vromech, recht ende ghetrouwe.
            Met groten onghetelden rouwe
            Groef menne, ende met groter mesbare,
            Aen den voet van monte Calvare.
</pre>

L'auteur de l'*Excellente Cronike van Brabant*, publiée pour la première fois à Anvers en 1497, répète après de Klerk: « Als Godevaert van Billioen een jaer drie dagen min coninc » geweest hadt, so stierf hi seer sterckelic, reyn ende onbes- » met van sinen live in syn leven, dies die kerstenen seer » grooten rouwe hadden, en hi wert begraven aen den voet » des berchs van Calvarien. »

A quelle époque les tombeaux des princes qui gouvernèrent Jérusalem, de 1099 à 1187, cessèrent-ils d'occuper en entier la place d'honneur qui leur avait été assignée dans l'église de la Résurrection? C'est ce que je n'ai pu découvrir nulle part.

RADZIVILL (1) est le premier qui fasse mention (1583) de ce déplacement déplorable. Il dit, p. 55 : « Nous vîmes également
» les tombeaux du roi Baudouin et de Godefroid de Bouillon
» son frère. Il y a, en outre, six autres tombeaux absolument
» pareils aux premiers, mais dont les inscriptions ne peuvent
» être que difficilement déchiffrées (2), à cause de leur ancien-
» neté. Il n'y en a que trois dans la chapelle (d'Adam) : les
» autres en sont éloignés et placés dans l'église même. —
» Vidimus etiam sepulchra Balduini Regis et Godefridi Bullonii
» fratris ejus, qui terram sanctam è manibus infidelium recu-
» perârunt, et ipsam civitatem Hierosolymitanam trigesimo
» nono obsidionis die anno 1098 (alii tamen 1099 die quin-
» tadecima julii id factum volunt), in potestatem suam
» redegerunt. Sunt etiam et alii quinque vel sex sepulchra
» uno eodemque modo et formâ constituta, quorum inscrip-
» tiones ob vetustatem difficulter leguntur. Apparet Græcæ
» gentis hominum ea fuisse. Non habentur pro sanctuariis.
» Quoniam verò capella (*ubi tria tantum sunt monumenta,*
» cùm alia procul ab illâ sint in ecclesiâ posita) est sub ipso
» calvariæ monte constructa, fissura illa quæ inter crucem
» Christi et lævi latronis facta erat, optimè inferiùs in rupe
» apparet quàm latè diducta fuerit. »

---

(1) Jerosolymitana peregrinatio illustrissimi principis H. C. Radzivili, ducis Olicae et Niesvisii palatii Vilnensis, militis Hierosolymitani, etc., primùm à Fretero custode Varniensi, ex Polonico sermone in latinum translata. Antverpiæ, 1614, in-folio.

(2) Il y a ici exagération certaine, car une foule d'auteurs postérieurs les déchiffrèrent fort bien.

Et p. 114 : « L'entrée de l'église est au milieu : à droite
» sont les tombeaux des rois dans une chapelle appartenant
» aux Grecs. Non loin de la porte d'entrée, on voit la pierre
» sur laquelle le Christ, détaché de la croix, fut embaumé;
» un peu plus loin, entre deux colonnes, se trouvent, contre
» le sanctuaire des Grecs, deux autres tombeaux appartenant
» aux enfants et aux parents des rois de Jérusalem : leurs
» inscriptions, consommées par le temps, ne peuvent être
» déchiffrées. — Ingressus in ecclesiam est in medio, meri-
» diem versùs : ad dextram sunt sepulturæ regum Galliæ in
» capellâ Græcorum. E regione portæ est positus lapis in quo
» Christus, è cruce depositus, fuit aromatibus inunctus.
» *Paulò ulteriùs ad duas columnas* sunt duæ sepulturæ aliæ,
» propè partem sanctuarii Ruthenorum..., filiorum vel pro-
» pinquorum aliorum prædictorum regum ; epitaphia vetustate
» consumpta legi non possunt. »

A partir de cette relation, tous les pèlerins jusqu'à
Châteaubriand (1806) sont d'accord pour placer dans la
chapelle d'Adam, à droite, trois tombeaux, ceux de Godefroid
de Bouillon, de Baudouin Ier et de Melchisedech (1), en face,
d'autres tombeaux de même forme, mais dont le nombre varie
selon les auteurs. Puis ils disparaissent tous ensemble, et
l'enchaînement des faits démontre que ceux qui profitèrent de
l'incendie de 1808 furent les mêmes que ceux qui déplacèrent
vers le commencement du xvie siècle une partie des tombeaux,
pour les déposer dans un endroit où, exposés à toutes les
injures des passants, ils devaient nécessairement tomber en
ruine et disparaître.

---

(1) Quelques auteurs disent, il est vrai, que le deuxième tombeau est celui
de Baudouin-du-Bourg, qu'ils confondent à tort avec Baudouin Ier. Quant à
la tradition qui assigne le troisième tombeau à Melchisedech, et dont Breydenbach fait le premier mention (1483), nous en ferons bonne justice, en
démontrant que c'était également le tombeau de l'un de nos rois latins,
probablement celui de Baudouin-du-Bourg.

Nous avons vu que les écrivains contemporains plaçaient les tombeaux de nos rois latins au pied du Calvaire, en entrant dans l'église, à droite, et *sur une même ligne,* comme le dit Guillaume de Tyr, liv. xx, cl. 33 : nous l'avons démontré par les citations empruntées successivement à Foucher de Chartres, Guibert de Nogent, Foulques d'Anjou, Guillaume de Tyr, Jacques de Vitri, Bernard le Trésorier, et Saewulf, voyageur du xiie siècle. Citons d'autres voyageurs qui attestent que cet état de choses s'était maintenu pendant les xiiie, xive et xve siècles, et avait subsisté jusqu'à une époque très-rapprochée du changement révélé par Radzivill au xvie siècle.

L'Epitome bellorum sacrorum (1) déclare formellement, après avoir rapporté la mort de Godefroid de Bouillon, que ce prince illustre fut enterré sous le Calvaire, et que, sur son tombeau, à droite, près de la porte d'entrée, dans la chapelle des Géorgiens, l'on grava cette inscription en prose... *Sepultus est sub monte Calvariæ princeps nobilissimus et spectatissimus omnium Regum et Principum... super sepulchrum... juxtà ostium à dextris in capellâ Georgitarum* (2) *sculpta est hæc prosa...*

Baudouin Ier fut enterré, dit encore l'*Epitome,* en face du tombeau de son frère germain, sous le Calvaire : « Ex opposito

---

(1) Epitome bellorum quæ a christianis principibus pro recuperatione Terræ Sanctæ suscepta sunt, ab incerto auctore conscripta, et nunc primùm in luce prolata ex M. Cod. monasterii sancti Magni, ad pedem Pontis Ratisbonensis. *Antiquæ lectionis*, tom. vi et ultim. Noviomagis et Ingolstadii, 1604, in-4°, p. 249. — Ce recueil contient divers fragments réunis en plusieurs fois. Canisius, son éditeur, s'était déjà aperçu qu'il ne fallait pas l'attribuer à une seule plume. Je crois pouvoir aller plus loin et émettre l'opinion que la première partie, celle qui s'arrête à la page 260, fut écrite au commencement du xiiie siècle au plus tard. Ce n'était primitivement qu'une touchante exhortation à la guerre sainte : divers écrivains la complétèrent ensuite en 1374 et en 1422, en y ajoutant, outre leurs propres observations, des extraits, souvent textuels, de Jacques de Vitry et autres.

(2) Cette chapelle appartenait alors aux Géorgiens. Jean Tucher, 1479, — reisbuch des heyligen lands, Francf., s/m, 1609, in-folio.

» sepulchri sui fratris germani sub sancto monte Calvario in
» Domino est tumulatus. » Baudouin-du-Bourg, continue-t-il, mourut la treizième année de son règne, et fut enterré à une petite distance du Saint-Sépulcre, non loin du mur du grand chœur de l'église. « Tredecimo anno regni sui obiit in pace;
» modicâ distantiâ a sepulchro Christi, juxtà murum chori,
» sub lapide requiescit tumulatus. »

Ces mots *juxta murum chori* ne doivent pas faire équivoque, et n'ont aucune analogie avec la position ultérieure des cinq ou six tombeaux que nous trouverons contre le chœur, en face de l'entrée. Il ne faut pas perdre de vue que *juxtà* ne signifie pas *contre*, mais *proche, lez, auprès*; or, la chapelle d'Adam était très-rapprochée du chœur de l'église. J'en dirai autant en ce qui concerne la relation de Jean Tucher (1479):
« Balduinus von Burgund ligt auch begraben bey der mauer
» des tempel des H. Grabes, » p. 673. Il venait de dire :
« Gottfrid von Pullen (sic) ligt begraben im tempel auff den
» berg Calvarie. »

Foulques d'Anjou fut enterré, dit toujours l'*Epitome*, dans le même endroit que les rois ses prédécesseurs : « In loco
» aliorum regum piæ memoriæ tumulatus. »

Il se borne à dire de Baudouin III : la vingt-troisième année de son règne, il mourut sans enfants et fut enterré royalement *auprès de ses pairs*, c'est-à-dire, auprès des rois ses prédécesseurs. « Anno regni sui vicesimo tertio, sine
» liberis, de hoc sæculo migravit, *suis cum paribus* sanctæ
» sepulturæ honore regio commendatus. » Il ne dit rien d'Amaury, mais il est plus précis à l'égard de Baudouin IV :
« A l'instar des autres rois défunts, il fut enterré près du
» grand chœur de l'église, contre le mont Calvaire. — More
» aliorum regum defunctorum juxtà chorum sancti sepul-
» chri (1), contrà montem Calvariæ traditus sepulturæ. »

---

(1) Remarquons ici l'antithèse entre les particules *juxtà* et *contrà* : elle empêche toute équivoque dans laquelle pourrait tomber un lecteur inattentif.

Enfin il dit du dernier roi, mort en bas-âge et enterré dans l'église du Saint-Sépulcre : « Le huitième seigneur et septième » roi des Latins fut Baudouin V qui mourut la même année » que son oncle, et fut enterré auprès de lui dans un tombeau » de petite dimension. — Octavus dominus et septimus rex » Latinorum fuit quintus Baldewinus, qui eodem anno quo » avunculus suus defungitur; absque regiis actibus, quasi de » utero translatus ad tumulum, citius evolavit, et juxtà suum » avunculum (Baudouin IV) in modico sepulchro regio est » tumulatus. » Il fut donc enterré *contre* le mont Calvaire, comme l'avaient été Godefroid de Bouillon et son frère Baudouin.

M. T. Tobler, se basant sur le passage précité de l'*Epitome*, est d'avis que, dès cette époque, il y eut contre le grand chœur des Grecs, une rangée de tombes royales, entre lesquelles le tombeau du petit Baudouin : d'après lui la chapelle d'Adam ne contenait que les tombeaux de Godefroid et de Baudouin. Il base cette opinion sur la différence des locutions *in loco qui Golgotha dicitur* et *antè locum Calvariæ*, employées par Guillaume de Tyr, pour désigner la position respective des tombeaux de Godefroid de Bouillon et de Baudouin d'une part, et des autres rois d'autre part, locutions auxquelles je ne puis attacher aucune précision grammaticale (1).

Je ne saurais jamais admettre qu'on ait pu placer des tombes royales contre le mur du chœur des chanoines du Saint-Sépulcre, sur la voie publique en quelque sorte, tandis qu'on avait à sa disposition, pour cette destination pieuse, toute la crypte située sous le Calvaire, que je persiste à consi-

(1) Hérold pensait sans doute de même, car il dit que Baudouin-le-lépreux fut enterré en 1085, *in Calvariæ loco*, tandis que, selon Guillaume de Tyr, dont Hérold n'est que le continuateur, son prédécesseur aurait été enterré *ante Calvariæ locum*, ce qui démontre que dans sa pensée ces expressions avaient une seule et même signification.

dérer comme ayant été primitivement l'unique emplacement de la sépulture des rois latins de Jérusalem. (V. pl. I, n° 5 et 6 du plan de Willis.)

Le témoignage de Guillaume de Tyr est positif ; voici ce qu'il dit de Godefroid : *Sepultus est... sub loco Calvariæ ubi* ET SUCCESSORIBUS EJUS USQUE IN PRÆSENTEM DIEM PRO SEPULTURA DEPUTATUS EST LOCUS. Il fut enterré *sous le Calvaire dans l'endroit où ses successeurs reçurent ensuite successivement la sépulture.* Tous nos rois latins furent donc enterrés les uns à côté des autres, *in eâdem lineâ*, à droite en entrant, *introeuntibus ad dextram, secùs portam*. C'est ce que confirme aussi le langage de Bernard le trésorier.

L'intéressante relation de GUILLEBERT DE LANNOY (1), célèbre voyageur du xv° siècle, et ambassadeur de Philippe-le-Bon, contient le chapitre suivant :

« S'ensieuvent les pèlerinages, pardons et indulgences de
» Surye et d'Egypte, p. 48. Et veuilliez sçavoir que en quel-
» conques lieux cy-après nommez, où vous trouverez le signe
» de la croix, il y a plaine absolucion de paine et de coulpe :
» et ès aultres lieux nommez cy-après *où point n'y a le signe*
» *de la croix, il y a sept ans et sept quarantaines de par-*
» *dons* (2) ; et furent données les dictes indulgences de saint
» Sylvestre, pape, à la prière de saint Constantin, empereur,
» et de madame sainte Hélène. . . . . . . p. 50. Item où

---

(1) Voyages et ambassades de messire Guillebert de Lannoy, chevalier de la Toison d'or, 1399-1450. Mons, 1840, in-8° ; dixième publication de la société des bibliophiles du Hainaut. M. Schayes, de l'Académie royale, en prépare une nouvelle édition, d'après le manuscrit que possède M. le comte G. de Lannoy, grand-maître de la maison de S. A. R. le duc de Brabant.

V. dans les *Voyageurs belges*, t. I, p. 127, l'intéressante notice que donne le baron de Saint-Genois sur cet illustre voyageur, qui mourut le 22 avril 1462, et fut enterré à Lille, en l'église de Saint-Maurice.

(2) Déjà du temps de Radzivill ces indulgences n'existaient plus. *Non habentur pro sanctuariis*, dit-il, ep. II, p. 55.

» fut trouvé le chief de Adam. — *Item les sépulchres des*
» *roys, c'est à sçavoir de Godefroy et Bauduin.* »

L'une des premières relations imprimées des voyages à la Terre Sainte est celle de BERNARD DE BREYDENBACH, doyen de l'église de Mayence, qui visita Jérusalem et le Mont Sinaï en 1483. Cet ouvrage, dit Aug. Bernard, (*Bulletin du bibliophile belge,* 2ᵉ série, t. I, 1853), *fut admirablement accueilli par ses contemporains*, et, indépendamment de l'édition latine (1), il en parut une traduction en allemand, en français, et en flamand. Breydendach, qui voyageait en société du comte de Solms (2), était accompagné d'un peintre, Erhardt Rewich, d'Utrecht, qui dessina les gravures de la relation, et soigna l'impression du voyage. Il se rencontra à Jérusalem avec d'autres pèlerins de distinction, entre autres avec Hans Werli von Zimber, Henri von Stoffel, Hans Truchses von Waldpurg, et Bernard von Rechberg, dont le voyage fut écrit par Félix Schmidt, dominicain d'Ulm (3).

« Le 13ᵉ jour de juillet, dit Breydenbach, nous fûmes
» invités à quitter l'église de la Résurrection. En sortant, nous
» vîmes vers le midi les tombeaux des rois chrétiens, à savoir
» ceux du roi Melchisedech et du roi Baudouin, ainsi que
» celui du duc Godefroid de Bouillon, premier roi de Jéru-
» salem, qui eut sept successeurs. Ces princes furent ainsi
» enterrés honorablement, comme ils l'avaient bien mérité par
» la conquête de Jérusalem et par leurs victoires. »

---

(1) Opusculum sanctarum peregrinationum ad sepulchrum Christi, etc. In civitate Moguntinâ anno salutis 1486, in-4°.

(2) Le comte de Solms mourut à Alexandrie, après une grave et douloureuse maladie. La relation de Breydenbach se trouve, sous le nom de ce gentilhomme, dans l'ouvrage intitulé : *Reisbuch des heyligen lands*, etc. Francfort, s/m., 1609, in-folio. La famille des barons de Breydenbach existe encore dans le pays de Nassau.

(3) Reisbuch des heyligen lands, etc. Francfort, s/m., 1609, in-folio. — V. Felicis Fabri, *Evagatorium in Terræ Sanctæ, Arabiæ, et Ægypti peregrinationem*. Edidit Conrad D. Hassler, Stuttgart. 1843, in-8°.

« His omnibus peractis orto jam sole et clariùs refulgente,
» die scilicet tertiâ decimâ mensis julii, apertis templi ostiis
» per paganos qui nos intromiserant, evocabamur : exeuntes
» ergò vidimus sepulchra christianorum regum, versùs meri-
» diem in templo, videlicet regis Melchisedech et regis Wal-
» dani : item ducis Gotfridi de Bulion, primi regis Hierosoly-
» mitani, cui septem alii in eodem regno immediatè successe-
» runt, qui et ibi sepulti sunt omnes honorificè satis, quippè
» qui Jerosolymâ et Terrâ Sanctâ recuperatâ, gloriosis claruc-
» runt victoriis et triumphis..., p. 31, verso. »

Le P. Félix Fabri, d'Ulm (Schmidt), rédacteur du voyage entrepris par le comte de Rechberg, énonce déjà un doute sur la tradition relative au tombeau de Melchisedech, tradition absurde comme l'observe fort bien le docteur T. Tobler, et que nous tâcherons d'expliquer ultérieurement (1) afin de prouver qu'elle n'est qu'une nouvelle ruse des Grecs pour étouffer la mémoire importune des rois Latins.

Il y a, dit Fabri, sous le Calvaire, une chapelle dans laquelle sont enterrés Baudouin, Godefroid, et les autres princes qui, après avoir conquis le Saint-Sépulcre et la Terre Sainte, furent les premiers rois de Jérusalem (2). Les prêtres orientaux prétendent aussi que Melchisedech fut enterré dans cette chapelle, mais les Latins ne font pas grand cas de cette prétention. — « Da stehet unter dem berg Calvarie ein capell..
» in der... ligen vergraben die starcken Baldawinus und Gott-
» fridus und andere die gewunnen das h. Grab und das h.

---

(1) *Man Glaube dass Melchisedech da begraben liege, ein meinnung übrigens, die keine namhafte wertheidigen fand.* Golgatha : seine kirchen und klöster, etc.

(2) « In hâc capellâ sunt sepulti reges latini, qui virtute magnâ et maximis
» laboribus terram sanctam in manus christianorum reduxerunt et subdide-
» runt.... Sunt autem hi reges ibi sepulti scilicet : rex Gotfridus de Bullion
» primus..... rex Balduinus II et III rex Balduinus, IV Fulco, V Balduinus,
» VI Almaricus, VII Balduinus, VIII Balduinus » *Evagatorium Terræ Sanctæ*,
t. III, p. 304.

» Landt, und waren die ersten Lateinischen konig zu Jerusa-
» lem. Es sprechen auch die orientischen priester (1) dass
» Melchisedech in der capell vergraben lige, da wir lateinis-
» chen wenig von halten. *Siben konige ligen da vergraben*,
» christen, die das h. Land innhalten 88 jar and 19 tage,
» darnach ward es unter konig Gwido verloren..., p. 248. »

Le Huen, qui visita les Lieux Saints en 1487 (2), dit à son tour : « Dessoubz le lieu du Golgotha au Calvaire à sénestre

---

(1) Cette tradition appartient aux Orientaux : les églises de l'Occident ne l'admettent point : — *die sage gehört den Morgenländern ; die abenländischen kirchen nimmt sie laut nicht an.* — T. Tobler, ibidem.

(2) Des saintes pérégrinations de Jhérusalem, et des environs et des lieux prochains, tiré du latin de Bernard de Breydenbach, par frère Nicolas de Huen. Lyon, 1488, in-folio.

Cette édition, dit *van Hulthem* en tête de l'exemplaire de la bibliothèque de Bourgogne, mérite une attention particulière, parce qu'elle est la première, faite en France, qui contienne des planches gravées sur cuivre. Ou je me trompe fort, ou les planches de Le Huen sont celles que Rewich, d'Utrecht, avait gravées pour les diverses éditions du voyage de Breydenbach. L'ouvrage de Le Huen, quoiqu'il reproduise en général le texte de Breydenbach, n'en est pas une simple traduction néanmoins. Breydenbach était à Jérusalem en 1483, Le Huen en 1487 Ce dernier indique diverses circonstances étrangères à Breydenbach Cette relation intéressante et rare est dédiée « à très-haulte, » très-crestienne et très-redoubtée princesse la roine de France Marguerite... » par frère Nicole Le Hué, humble professeur en saincte théologie, religieux » à la mère de Dieu Nostre-Dâe des Carmes du Côvêt du Pôteauz de mer et » de la feue roine Charlotte, que Dieu absolue, confesseur et devot chapel- » lain, etc..... »

Cette Marguerite, *roine de France et très-redoubtée princesse*, avait alors environ huit ans. Fille unique de Maximilien d'Autriche et de Marie de Bourgogne, elle fut envoyée en France, après la mort de sa mère (1482), pour être élevée avec les enfants de Louis XI, et fiancée au Dauphin, également en bas-âge : ce dernier succéda à son père en 1483, à l'âge de treize ans, sous le nom de Charles VIII. En 1491, il renvoya Marguerite à son père, et épousa Anne, duchesse de Bretagne. La dédicace de Le Huen prouve que la princesse belge porta quelque temps le titre de reine de France. L'on sait qu'elle fut ensuite fiancée au fils unique de Ferdinand et d'Isabelle d'Espagne, lequel ne tarda pas à mourir, et qu'elle épousa enfin Philibert II, duc de Savoie, dont elle n'eut point d'enfants. Gouvernante des Pays-Bas pour l'empereur Charles-Quint, son neveu, elle a laissé en Belgique une mémoire justement

» est une chapelle en lonneur Anane et de Monseigneur saict
» Jehan : et au bout de cette chappelle basse sont ensepuelliz
» Godefroid de Billon, roy de Jérusalem, et Baudouin, son
» frère. »

La relation du voyage fait en 1495 par le prince palatin du Rhin, ALEXANDRE, et le comte de NASSAU (1) se borne à dire que, dans une chapelle située près de la pierre de l'onction, on voit les tombeaux du duc Godefroid de Bouillon et de son frère Baudouin. Il en est de même du voyage de Pierre ADORNES (1476) qui fonda à Bruges la chapelle dite de Jérusalem (2). Sous cette montagne (du Calvaire) vers le midi, dit-il, est une petite chapelle, dans laquelle fut enterré ce noble Godefroid de Bouillon, qui fit vaillamment la conquête de la Terre Sainte. A gauche de cette sépulture se trouve celle de son frère, cet autre Judas Machabée. « Sub hoc monte, in parte meridionali
» est capellula parva ubi adhùc videtur fissura quæ descendit
» ex monte. In hâc jacet sepultus nobilissimus ille Godefridus
» de Bilion qui strenuè venditis ducatibus scilicet ac comita-
» tibus ac universo ejus patrimonio, terram sanctam armis
» atque gladio expugnando conquisivit. In parte vero sinistrâ
» ejus frater, alter Judas Machabaeus, sepultus est. »

Ces deux relations ne font aucune mention des tombeaux placés hors de cette chapelle, contre le mur du grand chœur de l'Eglise : pourrait-on admettre pareil silence, si réellement des monuments quelconques s'y étaient trouvés ?

---

respectée, et sa statue décore la place principale de la ville de Malines, où elle faisait sa résidence habituelle.

L'on voit que l'ouvrage de Le Huen a pour nous un intérêt tout particulier: on y lit que parmi les nobles seigneurs qui reçurent l'Ordre du Saint-Sépulcre en sa présence, il s'en trouvait plusieurs de la Flandre. Le Huen voyageait en compagnie de l'archevêque de Cambrai, dont la juridiction s'étendait alors sur une grande partie de la Belgique actuelle.

(1) Reisbuch des heyligen lands, Francf., sjm., 1609, in-folio.

(2) Ce voyage n'a jamais été imprimé : l'extrait qui précède appartient à un manuscrit de la bibliothèque de Lille, et il est dû à l'obligeance de M. Le Glay, archiviste général du département du Nord.

On lit, il est vrai, dans la relation du voyage de Jean Tucher, de Nurenberg, en 1479 et 1480 (1) : « Im tempel gegen
» mittag warts, da ligt begraben konig Baldtman und Herzog
» Gottfried von Pullen, ound konig Melchisedech. Mehr siben
» konige darinne begraben in wolgezierten graben die das
» heilige landt innen gehabt haben, 88 jahr und 19 tage,
» nach einander... p. 663. » Godefroid de Bouillon, poursuit-il, était enterré au pied du Calvaire, *auff den bergen Calvarie*, et Baudouin II, (qu'il appelle Balduinus von Burgund) contre le mur du chœur : *bey den mawer des chors:* mais n'est-ce pas la répétition de cette phrase de l'*Epitome Bellorum Sanctorum* « *juxtà murum chori ?* »

On lit dans le voyage de Pierre Desmet, dit Van Steebroek (2) (1505 et 1506) : Là est encore une petite chapelle dans laquelle se trouvent les sépulcres de Godefroid de Bouillon et de Baudouin son frère, rois de Jérusalem. « Daer noch is een
» capelleken daer die sepultueren van Goetfroyt van Billoen
» noch steet, en van Boudewyn zyn broedt koningen van
» Jhrlm die welcke zeer schoon zyn. »

Un autre voyageur belge, Jean de Zillebeek (3) (1513) disait « qu'en oultre y a une capelle tenant au grant cœur a
» tout un lung costé au sol ; là dessoubs fut trouvé le chief de
» nostre premier père Adam, et découvre et voit-on *de là* le
» mont Calvaire jusques à terre, et en la dicte capelle ainsi
» qu'on entre sous œuvre, une tombe de biau plain marbre
» Godefroy de Billion, et aultre pareille tombe de Bauduyn son
» frère, roys de Jérusalem. »

Un honnête marchand de draps de soie de Douai, Jacques

---

(1) Reisbuch des heyligen lands, Francf., s/m, 1609, in-folio

(2) Manuscrit n. 12636 de la bibliothèque de Bourgogne. V. Saint-Genois, I, 199 ; et la *Revue de Bruxelles*, 1839, p. 104, art. de M. Schayes.

(3) Je dois cet extrait à l'obligeance de M. Rossignol, président du tribunal civil de Douai ; c'est dans la bibliothèque publique de cette ville que se trouve la relation manuscrite de ce voyage.

Lesaige (1), avait visité en 1518 la Palestine : « Tout près de
» là, dit-il, une chapelle cavée (voûtée) au piet du dit mont de
» Calvaire, dont à l'entrée, à la bonne main, est la sépulture
» Godefroy de Bouillon, et est escript sur la tombe en lettre
» latine, et devant est sépulture Baudouin le frère dudit
» Godefroy... » p. 111.

Dès 1482, et par conséquent avant le pèlerinage de Breydenbach et de ses compagnons, un Belge, Josse Van Ghistele, avait visité les Saints Lieux. « La relation si détaillée, si pleine
» d'intérêt qu'il nous a laissée, dit M. de Saint-Genois, et qui
» vaut à plus d'un titre celle de son contemporain Bernard de
» Breydenbach, parut quatre fois en langue flamande, telle
» que l'avait rédigée Ambroise Zeebout, et elle fut traduite
» en français, à Lyon, en 1564. »

Je lis dans l'édition in-4°, Gand, 1572, ch. 25, p. 93 :
« Immédiatement sous le mont Calvaire est une chapelle où
» l'on voit très-bien la fente du rocher. D'un côté se trouve
» le tombeau du chevaleresque Godefroid de Bouillon qui fit
» la conquête de la majeure partie de la Terre Promise; de
» l'autre côté est le tombeau de Baudouin, son frère, qui fut
» roi après lui. — Recht onder den bergh van Caluarien is noch
» een capelle ghenoech ghehouden der steen rotse... oock
» aen de zelve zyde so is de sepultuere van den ridderlycken
» Godefroot van Builloen, de welcke conquesteerde t' zynen
» tyd en den meesten deel van den lande van geloften, ende
» over des slyncker zyde van de voorzeyde capelle, is 't graf
» ende tombe van Boudewyn, zynen broedere, die naer hem
» coninc waer. »

Jean van Ehrenberg (2), qui partit de Venise pour la Terre-Sainte le 6 juin 1556, avec d'autres pèlerins des Pays-Bas (adlen und ethlichen Niderlandern), dit aussi que, dans une

---

(1) Voyage de Jacques Lesaige, de Douai, à Rome, Notre-Dame de Lorette, Venise, Jérusalem et autres saints lieux, en 1518. Douai, 1851, in-4°.

(2) Reisbuch des heyligen lands. Francf., s/m., 1609, in-folio.

chapelle, située sous le Calvaire, étaient enterrés Godefroid de Bouillon et son frère Baudouin. « Darnach sind wir wider
» herunter gangen, in ein capell unter den berg calvarie ligen
» zween könige begraben genannt Gottfridus ound der ander
» Bunibaldus (sic); sind zween brüder gewesen. »

Melchior von Seydlitz (1556) est beaucoup plus positif (1) :
« Près de la porte d'entrée, nous entrâmes dans une autre
» chapelle, dédiée à la sainte Vierge, et où se trouvent les
» sept tombeaux des rois latins. On remarque surtout le tom-
» beau du duc Godefroid de Bouillon et celui d'un Baudouin,
» selon son épitaphe. Quoique les autres tombeaux soient aussi
» pourvus d'épitaphes, on ne peut plus les déchiffrer. Cette
» chapelle est construite au lieu dit Golgotha. — Als wir nun
» auss gedachten capellen wider abwerts giengen, kamen wir
» zu nächts bey der porte des tempels zu einer andern capel-
» len, die in der ehren unser lieben frawen geweyhet ist,
» darinen und zu nächts darby siben gräber christlicher könige
» sind, so daselbst (nach dem Jerusalem durch die christen
» auss dem gewalt der unglaubigen wider erobert worden)
» geregieret haben. Unter welchen der erste herzog Gottfried
» von Bulion, und eines Balduinus, nach anzeigung der epi-
» taphium geheissen. Der andern, wiewol ire epitaphi auch
» vorhanden, kan man doch die schrifft nit mehr lesen oder
» erkennen. Diese capelle ist gebawet an der statt Golgatha.»

En 1561, nous voyons arriver à Jérusalem le comte de Lowenstein, avec plusieurs compagnons; dans la relation imprimée de son voyage (2), il se contente de dire qu'il a vu plusieurs tombeaux des rois latins, sans bien indiquer l'endroit où se trouvaient ces monuments. « Unter diesem hab ich vielen

---

(1) Grundtliche beschreibung der wallfahrt nach dem heiligen landt des gestrengen edlen und ehrwesten Melchior von Seydlits, Wolffen van Oppersdorf, Niclaus von Reidburg, und Moritz von Altmanshausen, etc. Reisbuch des heyligen lands. Francfort, s/m., 1609, in-folio.

(2) Reisbuch des heyligen lands. Francfort, s/m.

» könige von Jerusalem begrabniss gesehen, und dess mehren-
» theils Baldowini geheissen. »

Enfin Léonard Rauchwolffen, qui se rendit à Jérusalem en 1573, dit encore qu'il vit *dans la chapelle d'Adam* les tombeaux de Godefroid de Bouillon, de son frère, et *de plusieurs autres qui possédèrent la terre promise :* il donne les inscriptions de Godefroid, de Baudouin Ier et de Baudouin VII. En longeant le mur du chœur des Grecs, pour se rendre au Saint-Sépulcre, il ne dit mot des tombeaux qui auraient été adossés contre ce mur : ce silence vaut une affirmation.

Ici s'arrête la nomenclature des écrivains qui placent les tombeaux des rois latins contre le Calvaire, à droite, en entrant dans l'église de la Résurrection.

L'exposé qui précède démontre que c'était bien *dans la chapelle d'Adam* que se trouvaient les tombeaux de Godefroid de Bouillon et des rois ses successeurs. Or, la chapelle d'Adam, nous l'avons déjà fait remarquer, n'était autre chose, d'après le plan de l'abbé Adamnan (1), que l'ancienne chapelle ou église de Golgotha, incorporée par les Croisés dans l'ensemble des constructions qui constituent l'église actuelle de la Résurrection. C'est donc bien dans le périmètre de cette chapelle et non au delà que nous devons rechercher le véritable lieu de la sépulture de nos glorieux rois latins.

———

Nous avons déjà dit qu'à dater du voyage de Radzivill (1583), l'on ne trouve plus en général que trois tombeaux à droite en entrant, ceux de Godefroid et de Baudouin, et celui que les Grecs voulaient faire passer pour celui du roi Melchisedech. A partir de cette époque, tous les voyageurs signalent, en face de l'entrée, *contre le mur du chœur des Grecs*, des

---

(1) Ce plan se voit dans l'ouvrage intitulé : *Acta Sanctorum ordinis S. Benedicti.* T. II, p. 505.

tombeaux plus ou moins dégradés, sur l'état et même sur le nombre desquels ils varient entre eux. Ainsi Roger (1) en compte cinq ou six, et ajoute que quelques-uns *sont rompus*.

BREUNING DE BUOCHENBACH (2), voyageur protestant, qui avait visité Jérusalem en 1559, dit avoir vu dans la chapelle située sous le Calvaire plusieurs tombeaux des rois latins de Jérusalem. Le premier était celui de Godefroid de Bouillon, l'autre de Baudouin-du-Bourg, troisième roi de Jérusalem (3); il donne les inscriptions de ces deux tombeaux : *les autres*, ajoute-t-il, *n'en ont pas*.

« *Contre le mur du chœur*, poursuit-il, non loin de la
» pierre de l'onction, l'on voit encore trois autres tombeaux
» de très-beau marbre. Le premier est celui du neveu de
» Baudouin-le-lépreux, quatrième du nom, mort en bas âge. »
Après en avoir rapporté l'inscription, il assure qu'elle manquait aux deux autres tombeaux.

En 1583, nous voyons arriver à Jérusalem le prince RADZIVILL, dont nous avons déjà reproduit des extraits. Enfin en 1587, JEAN ZUALLART (4) d'Ath, visite les Lieux Saints et

(1) La Terre-Sainte ou description topographique très-particulière des Saints Lieux et de la terre de Promission, par Fr. Eugène Roger, récollet, missionnaire de Barbarie. Paris, in-4°, 1564.

(2) Orientalisch Reyz dess Edelen und besten Hanz Jacob Breuning ab et in Buochenbach. Strasbourg, 1612, in-4°. — Cette famille existe encore dans le royaume de Wurtemberg.

(3) Plusieurs voyageurs ont commis la même erreur : il en sera question plus loin.

(4) *Le très-dévôt voyage de Jérusalem*, avec les figures des lieux saints et plusieurs autres, tirées au naturel, faict et descript par Jean Zuallart, chevalier du Saint-Sépulcre de Notre-Seigneur, mayeur de la ville d'Ath, en Haynaut. Deuxième édition, Anvers, 1626, in-4°. Cette prétendue deuxième édition n'est en réalité, paraît-il, que celle qui parut à Anvers, chez A. S'Koninck, en 1608, et à laquelle on se serait contenté d'ajouter un nouveau titre. Le voyage avait eu lieu en 1586, et il en avait paru, peu de temps après, une relation en langue italienne ; celle-ci était dédiée à un prince Farnèse ; l'édition française le fut à messire Philippe de Mérode, baron de Frentzen, vicomte d'Ypres, etc., en compagnie duquel Zuallart avait accompli

publie diverses relations de son voyage, en y ajoutant des vues et des gravures justement estimées, et que se bornèrent ensuite à copier la plupart des voyageurs. Zuallart se plaint amèrement, dans sa préface, d'un plagiat commis à son préjudice par un nommé Chastel, en 1603, et des calomnies dont il aurait été l'objet :

« J'ai encore à me plaindre d'aucuns calomniateurs envieux
» qui se sont avancez de dire que mon œuvre italien serait
» esté faict par quelque religieux nostre compèlerin, et
» qu'iceluy estant trespassé, j'aurois prins ses mémoriaux et
» mis iceux en lumière sur mon nom, supprimant le sien, ce
» qu'est contraire à la vérité, car il n'y eust durant nostre
» séjour en la sainte cité et pérégrination aucun religieux ne
» autre personne de qualité pélerine saisie par la mort, n'y
» qui vivant meit la main au craion n'y à la plume pour des-
» crire et délinier nostre voyage que moy, comme ay moyen
» de le prouver par mes minutes que je réserve. » Il invoque en outre le témoignage de tous ses compagnons de voyage.

Cependant M. Tobler (*Topographie von Jérusalem*, t. I, p. XLVII), dit que ce ne serait qu'à l'aide de l'ouvrage du P. Boniface que l'on pourrait s'assurer de ce que lui doit Zuallart, quant au plan de l'église du Saint-Sépulcre. Or, cet ouvrage (1) cité par Quaresmius, t. II, p. 283, M. Tobler n'a pu le découvrir, ni à Venise, ni à Berlin, ni à Stuttgard, ni à Ulm, ni à Hambourg, ni à Einsiedeln (2). Willis et d'autres n'ont pas

---

son voyage, et qu'on retrouve en 1609 comme commissaire d'Albert et Isabelle, à Juliers, auprès de l'archiduc Léopold. C'est bien à tort que M. T. Tobler (topographie von Jérusalem, t. I, p. XLVII) suppose que Zuallart était flamand, et s'imagine que son véritable nom était Schwallart. Cette famille existe encore en Belgique.

(1) Bonifacii à Ragusio... *liber de perenni cultu Terræ Sanctæ.* Venet., 1573, in-8°.

(2) M. Tobler vient de m'écrire qu'il a découvert, à Paris, chez M. le comte de l'Escalopier, un exemplaire de l'ouvrage du P. Boniface, et qu'il ne s'y trouve ni dessins ni plans. *Note de la seconde édition*

été plus heureux ; je ne l'ai pas été davantage. Pourquoi dès lors ne pas attribuer ce plan à Zuallart, aussi bien que les gravures elles-mêmes ?

C'est le belge Zuallart qui, le premier, permet de bien comprendre la position de diverses chapelles du Calvaire : la chapelle d'Adam en était le rez-de-chaussée ; celles du crucifiement et de l'érection de la croix en formaient le premier étage. Pour y arriver, il fallait gravir un escalier qui se trouve très-bien indiqué à la gauche de la gravure de Zuallart, et que l'architecte grec a supprimé après l'incendie de 1808, pour le remplacer par un double escalier, dont la première partie occupe précisément l'ancienne place des tombeaux de Godefroid de Bouillon et de Baudouin. Nous avons cru indispensable de reproduire, pl. II, la vue qu'en a donnée Zuallart. Le profil donné par Bernardino (1) complète la description de cette partie intéressante de l'église de la Résurrection.

« Justement dessoubs le lieu de Golgotha et crucifiement
» du Sauveur, dit Zuallart, est encore une chapelle, mais
» non si grande ne si profonde que celle d'en haut, dicte la
» chapelle de saint Jean l'évangéliste ou de l'onction..., laquelle
» est agrandie en longueur de quelque basse closture ou mur,
» environnant les sépulchres des nobles princes Godefroy,
» duc de Buillon et premier roy latin de Jérusalem, et de
» Baudouyn, son frère et successeur. Celui dudit Godefroy
» en entrant est à main droicte et l'autre à gauche, quasi tous
» deux d'une même forme. » (p. 165.)

« Contre le mur du chœur de l'église sont encore des sé-
» pultures bien anciennes et haut eslevées des roys latins de
» Jérusalem, leurs roynes et enfants, successeurs dudit
» Godefroy de Buillon : desquelles les inscriptions sont fort

---

(1) Trattato delle piante ed immagini de sacri edifizii di Terra Santa, disegnate in Jerusalem... dal F. Bernardino Amico da Gallipoli, dell' ordine di S. Francesco... in Firenza, 1620, in-4°.

» effacées, réservé celle de Baudouyn septième lequel décéda
» en enfanse... » (p. 168.)

Jean Van Kootwyck, d'Utrecht, s'embarqua à Venise le 2 août 1598, et arriva à Jaffa le 27 septembre suivant. De retour dans sa patrie, il écrivit en latin la relation de son voyage (1). Elle eut à juste titre les honneurs d'une traduction flamande (2). Sa relation rappelle tout à fait celle de Zuallart.

Contre la chapelle de Saint-Jean, dit-il, immédiatement sous le rocher du Golgotha, et non loin de la pierre de l'onction, l'on voit une place entourée d'un mur : elle a environ vingt pieds en carré, et une petite porte d'entrée. L'on y trouve deux tombeaux de marbre : celui que l'on aperçoit à droite lorsqu'on y entre, c'est-à-dire vers le midi, contient les ossements de Godefroy, premier roi de Jérusalem : celui qui est à gauche, vers le nord, possède le corps de Baudouin II, troisième roi de Jérusalem... Lorsqu'on en sort, quatre autres tombes royales, adossées au mur du grand chœur, et en parties brisées, mutilées, ou raccourcies, se présentent à droite..... « Juxtà sacellum D.
» Joannis sub ipsâ rupe Golgothanâ, è regione petræ unctio-
» nis Domini, locus extat muro circumdatus, pedes circiter
» viginti per quadrum complectens, unico ostiolo accessum
» præbente : in quo duo è marmore visuntur sepulchra...
» Quod a dextris introeuntibus se offert, ad meridionale posi-
» tum latus, Gotifredi primi Hierosolymorum regis ossa con-
» tinet... alterum quod à sinistris est, ad septentrionale latus,
» Balduini ejus nominis secundi, et tertii Hierosolymorum

---

(1) Itinerarium Hierosolymitanum et Syriacum, auctore Johanne Cotovico, ultrajectino, J. U. D. et milite Hierosolymitano, Antverpiæ, 1619. in-4°.

(2) De loflycke reyse van Jerusalem ende Syrien ghedaen ende in het latyn beschreven by H^r Jan van Kootwyck, doctor, etc., ende in de Nederlandsche tale vertaelt by Adriaen van Meerbeek, scholaster tot Aelst. — Antwerpen, 1620, in-4°. V. Paquot, mémoires pour servir à l'histoire littéraire des Pays-Bas, I.

» regis corpus conditum habet... Egredientibus à dextris
» quatuor alia sese offerunt regia sepulchra, *muro chori ad-*
» *juncta*, semifracta partim et lacera, partim comminuta... »
(p. 180.)

Le baron de BEAUVAU, qui visita la Terre-Sainte au commencement du xviie siècle, en 1605, et qui vit également dans la chapelle d'Adam les tombeaux de Godefroid de Bouillon et de Baudouin, son frère, *ces deux braves champions de la foy*, semble n'avoir plus vu (1) que deux tombeaux contre le mur du chœur : « Au *sortir de ceste chapelle*
» (d'Adam) se voient deux autres sépultures de marbre blanc
» avec des petites colonnes cannelées à la corinthienne, dont
» la première est d'un des enfants de Baudouin..., l'autre est
» de la femme de Baudouin, mais l'escriture est tellement
» gastée qu'on ne la sauroit lire » (p. 30). Il est toutefois à remarquer que le plan de l'église de la Résurrection, annexé à la relation de Beauvau, indique six tombeaux contre le mur du chœur, au lieu des deux que mentionne le texte.

Répétant une vieille erreur qui se reproduit parfois encore, Beauvau, qui dédiait son ouvrage au duc régnant de Lorraine, ne manque pas d'affirmer, comme chose irréfragable et non douteuse, que Godefroid de Bouillon *était issu de l'ancienne et royale maison de Lorraine*. « Je ne puis concevoir, dit
» De Vaddere (2), pourquoi ceux de la Haute-Lorraine le

---

(1) *Relation journalière du voyage du Levant faict et descrit par haut et puissant seigneur Henry de Beauvau, baron dudict lieu et de Manonville, seigneur de Fléville, Sermoise, Domepure, etc.* Nancy, 1615, in-4°, deuxième édition, revue, augmentée et enrichye par l'autheur des pourtraicts des lieux les plus remarquables. — Ces *pourtraicts* ne sont que la contrefaçon des dessins de Zuallart, observation du reste commune à la plupart des pèlerins postérieurs à notre compatriote.

(2) *Traité de l'origine des ducs et du duché de Brabant*, t. I, p. 306. Le duché de Mosellane ou Haute-Lotharingie avait été conféré par l'empereur Henri II à Albert, comte d'Alsace, et après la mort de celui-ci, à son neveu, Gerard d'Alsace. C'est de ce prince que descend la maison de Lorraine, qui occupe aujourd'hui le trône impérial d'Autriche.

» rangent parmi leurs ducs, et prétendent avoir part à la
» gloire qu'il acquit par la conquête de la Palestine, puisqu'il
» leur était étranger, qu'il n'a possédé aucune terre dans la
» Lorraine moderne ou Mosellane, et qu'il n'y a fait aucune
» levée. »

L'on sait en effet qu'en 959 on divisa la *Lotharingie*, ainsi nommée de Lothaire, petit-fils de Louis-le-débonnaire et neveu de Charles-le-chauve, en Haute-Lotharingie, dite Mosellane ou Mosellanique, parce que la Moselle la traversait, et en Basse-Lotharingie. Celle-ci renfermait les diocèses de Cologne, Utrecht, Liége et Cambrai : la première, les diocèses de Trèves, Strasbourg, Metz, Toul et Verdun, ainsi que le Luxembourg. Chose étonnante! tandis que les écrivains contemporains donnent habituellement le seul nom de Lotharingie à la Basse-Lorraine, ce dernier nom n'a survécu (1) que pour une faible portion de la Haute-Lotharingie, qui n'était connue que sous le nom de Mosellane.

George Sandys, voyageur anglais (2), ne parle que des deux tombeaux de Godefroid et de Baudouin qu'il vit en 1600, à droite, en entrant.

Jacques Fauquemberg (3), chapelain de l'église de Saint-Pierre, à Lille, fut l'un des nombreux pèlerins que la Belgique a fournis à la Terre-Sainte, qu'il visita en 1612.

« Proche d'icelle pierre (de l'onction) vers Orient, on voit
» une chapelle de Saint-Jean l'Evangéliste ou de l'onction, à
» cause qu'icelle pierre de laquelle nous avons ci-dessus parlé
» en est proche et voisine.

---

(1) Les ducs de Brabant continuèrent jusqu'à la révolution, à prendre le titre de ducs de *Lothier*, évidemment pour rappeler l'ancienne prééminence des ducs bénéficiaires de Lotharingie.

(2) Sandys, *Voyagien*, etc. T' Amsterdam, 1653, in-4°.

(3) La relation inédite de son voyage appartient à M. Dancoisne, notaire à Hénin-Liétard, à l'obligeance duquel est dû l'extrait ci-dessus.

» Entrant en la dicte chappelle, se voient à l'entrée d'icelle
» les sépultures des très-illustres princes Godefroy, duc de
» Bouillon, premier roy latin de Jérusalem, et de Bauduin,
» son frère et successeur. Celui de Godefroy en entrant est à
» dextre, et cestuy de Bauduin à sénestre de mesme
» sorte (1). »

« Entre ceste chapelle et la susdicte pierre de l'onction,
» contre la muraille du cœur de l'Eglise, se voient encore des
» sépultures bien anciennes d'autres roys de Jérusalem et
» successeurs audit Godefroid, desquelles les inscriptions sont
» fort effacées, réservée celle de Baudouin septième, lequel
» décéda jeune... (chap. VII.) »

Bénard (2) vit en 1617 également dans la chapelle d'Adam, les tombeaux de Godefroid de Bouillon et de son frère, et il ajoute ensuite : « Sortant de ceste chapelle et devant la
» grand'porte de l'église assez près de la muraille se voient
» belles sépultures. »

Deshayes, baron de Cormenin (3), envoyé en 1621, par Louis XIII, en Palestine, dit qu'au-dessous de la chapelle de l'érection de la croix sont les sépultures de Godefroy de Bouillon et de Baudouin son frère, et qu'outre ces tombeaux on en voit quatre autres à moitié brisés, sur l'un desquels on lit encore, mais avec beaucoup de peine, une épitaphe rapportée par Cotovic (van Kootwyck).

Il est évident que Deshayes fait ainsi allusion aux tombeaux adossés au mur du chœur, et surtout à celui du jeune Baudouin VII.

---

(1) Le manuscrit donne un dessin représentant les deux chapelles d'Adam et de l'érection de la croix : cette vue est tout à fait conforme à celle de Zuallart.

(2) Le voyage de Jérusalem et autres lieux de la Terre Sainte, faict par le sieur Bénard, parisien. Paris, 1621, in-12.

(3) Voyage du Levant, fait par le commandement du roy, en l'année 1621, par le sieur D. C. Troisième édition. Paris, 1645, in-4°.

Jérôme Scheidt (1614) (1) vit sous le Calvaire les tombeaux de Godefroid, de Baudouin, et un troisième qui n'avait plus d'inscription, sans doute celui que la tradition grecque attribuait à Melchisedech : « Gleich unter dem berge Calvariæ lest » sich ansehen seind drey marmolsteinerne gräber (unter » welcher dreyen eines keine obschrift hatte). »

Sa narration est positive quant au nombre des tombeaux qu'il a vus sous le Calvaire, à droite, en entrant dans l'église : s'il ne parle pas des autres tombeaux, adossés au mur du chœur des Grecs, c'est une omission dont il ne faut guère se préoccuper, et que nous retrouvons dans la relation, plus détaillée cependant du P. de Castillo, qui partit de Grenade le 11 juillet 1626, pour arriver à Jérusalem dans le courant de 1627 (2). Lui aussi vit les tombeaux de Godefroid de Bouillon et de son frère dans la chapelle d'Adam, mais il ne dit mot, ni du prétendu tombeau de Melchisedech, dont plusieurs voyageurs continueront à attester l'existence après lui, ni des autres tombeaux placés contre le mur du grand chœur. Et ce qui démontre que ce silence n'est qu'une omission sans conséquence, c'est que la légende du plan de l'Eglise contient cette mention, au n° 39 : *Sepulchra alia regum Jerusalem.*

En 1630, le savant Quaresmius était Custode de la Terre Sainte : nous lui devons une publication des plus importantes, qui constitue une véritable encyclopédie, contenant toute l'histoire de cette intéressante contrée. C'est à lui que nous devons le fac-simile de l'inscription de Godefroid de Bouillon, et une foule d'autres notions essentielles. C'est assurément la

---

(1) *Kurtze und warhaftige beschreibung der reize von Erffurdt nach dem gewesenen gelobten lande, und der heilige stadt Jerusalem.* Erffurdt, 1627, in-4°.

(2) *Il devoto peregrino y viage de Tierra Santa compuesta por il R. P. F. Antonio de Castillo, predicador apostolico y commissario general de Jerusalem*, etc. Paris, 1664, in-4°.

publication la plus considérable qu'on possède sur la matière :
elle se compose de deux forts volumes in-folio (1).

« Outre ce qui précède, dit Quaresmius, ce qui mérite
» dans cette chapelle d'Adam une considération particulière,
» ce sont les deux mausolées de marbre de deux rois de Jéru-
» salem. Ils se trouvent à l'orient, à l'entrée de cette chapelle:
» celui qu'on voit à droite, vers le midi, est le tombeau de
» l'invincible et très-pieux Godefroid de Bouillon ; celui qui
» est à gauche, vers le nord, est celui de son frère Baudouin
» qui lui succéda. Adrichem, dans sa description de Jéru-
» salem, n° 242, mentionne ces deux tombeaux, en ajoutant
» que ce fut dans l'église du Calvaire que furent aussi enterrés
» les rois leurs successeurs. Cela est vrai, mais avec cette
» distinction que ce fut hors de la chapelle d'Adam qu'ils
» furent enterrés, à savoir dans les environs de la pierre de
» l'onction, contre le mur, et vers le nord. — Præter dicta,
» quod in illo (sacello Adæ) singulari consideratione dignum
» est, sunt duo marmorea mausolea duorum Jerosolymita-
» rum regum, quæ sunt in introitu sacelli plagæ occidentalis :
» quod in dexterâ est meridionali, est invictissimi ac piissimi
» Godefridi Bullonii... quod in lævâ et aquilonari parte est
» Balduini fratris, qui illi in regno successit... Adrichomius (2)

(1) Historica, theologica, et moralis Terræ Sanctæ elucidatio, in quâ ple-
raque ad veterem et præsentem ejusdem Terræ statum spectantia accurate
explicantur, varii errores refelluntur, veritas fideliter exactèque discutitur ac
comprobatur, auctore Fr. Francisco Quaresmio, Laudensi (de Lodi), Ordinis
Minorum theologo, olim Terræ Sanctæ præside ac commissario apostolico,
cum triplici indice et elencho concionum. Antverpiæ, ex officinâ Plantinianâ
Balth. Moreti, 1639. 2 vol. in-folio.

(2) Chrétien Adrichem, né à Delft, en 1533, mourut à Cologne le 19 juin,
1585. Il ne visita jamais la Terre-Sainte, et cependant son ouvrage, qui ne
vit le jour qu'après sa mort, est justement estimé : il a paru à Cologne, en
1613, en un volume in-folio.
Voici le passage auquel Quaresmius fait allusion : « Pari religione sex
» reliqui reges, qui post Balduinum Hierosolymis regnaverunt (inter quos
» numeratur Theodoricus sextus (?) illustrissimus Hollandiæ comes) suam

» in descriptione Jerusalem, num. 242, præmissorum me-
» minit sepulchrorum, additque ibi, (id est in ecclesiâ quæ
» montis Calvariæ appellatur) esse sepultos alios reges Jeru-
» salem, qui dictis successerunt : verum est, sed extrà
» sacellum Adæ, et non longè ex parte aquilonari, juxtà
» murum, è regione petræ unctionis Domini : ibi etenim sunt
» quatuor sepulchra ordinatè disposita, sed Græcorum odio
» fracta et demolita, et unius duntaxat quod in capite est,
» legitur epitaphium ut sequitur. » C'est celle du jeune roi
Baudouin VII.

Vers l'époque où Quaresmius était à Jérusalem, j'y retrouve deux de mes bons compatriotes, STOCHOVE, de Bruges, dont j'aurai encore à invoquer l'autorité ailleurs, et le Frère Alexien VANDERLINDEN, dont l'ouvrage, imprimé en lettres gothiques, était jadis des plus populaires (1).

Stochove se borne à dire « qu'au dessoubs du mont de Cal-
» vaire est creusée une chapelle où sont enterrez Godefroid
» de Bouillon et Baudouin son frère. »

Vanderlinden est moins concis : Sous ce mont Calvaire, dit-il, est la chapelle dite de saint Jean, qui a vingt pieds environ, en carré : elle est fermée, dans sa partie antérieure, par un mur dans lequel est pratiquée une petite porte, etc.

« Onder dezen bergh van Calvarien, staet een capelle, die ge-
» noemt wordt St. Jans cappelle... deze... is omtrent twin-
» tigh voeten in het vierkant (2) met eenen muer van voren

» in eodem loco eligentes sepulturam non minori cultu quam priores illi, suæ
» ibidem magnificentiæ signa reliquerunt, p. 175. »

(1) *Heerlycke ende gelukkige reyze naer het heyligh landt ende stadt van Jerusalem beschreven ende bereyst door broeder Jan Vanderlinden, pater van de Celle-broeders tot Antwerpen, in 't jaer ons heeren 1633.* — Antwerpen, 1634, in-4º.

(2) Les vingt pieds (de Brabant), que Vanderlinden donne à la chapelle, doivent s'entendre de la chapelle proprement dite, sans le parvis où étaient érigés les tombeaux de Godefroid et de Baudouin. Surius dit que la chapelle, avec ledit parvis, avait trente-deux pieds de long et vingt-trois de largeur. Ces données concordent assez bien avec celles de Vanderlinden.

» besloten, ende heeft een smalle deure ofte inganck, etc....
» p. 64. » C'est littéralement la description de Zuallart et de l'auteur anonyme du *Viaggio al santo Sepolcro*.

A l'entrée, ajoute-t-il, se trouvent deux tombeaux de marbre placés à droite et à gauche dans les angles. Dans celui de droite repose Godefroid de Bouillon : ce monument est entier, et son inscription, bien conservée, est facile à lire ; à gauche, vers le nord, se voit le tombeau portant l'inscription suivante (celle de Baudouin) : « In 't beginzel, zoo men inkomt, staen
» twee marbren tomben oft graven der koningen, in de hoec-
» ken aen d'een en d'ander zyde... In 't graf ofte tombe aen
» de rechte kant van den zuyden ligt begraven Godefridus de
» Bullion, den eersten christenen koning van Jerusalem,
» gansch geheel, met zyne volle opschrift, goet om lesen...
» aen d'ander zyde, naer de slincke kant, naer 't noorden,
» is de tombe oock geheel, met dit opschrift... »

Lorsqu'on sort, continue le frère Van der Linden, à droite et contre le mur du grand chœur des Grecs on rencontre encore quatre tombes royales, en partie mutilées et en partie détruites. — « Als men uyt gaet, aen de rechte handt, noc
» vier konincklycke graven aen den muer van de choor der
» grieken, eens deel half gebroken en gescheurt, en eens
» deel afgeworpen... »

Le 15 avril 1644, nous voyons partir à pied de Boetendael, couvent de Récollets, sis à Uccle, en la forêt de Soignes (1), près

(1) La forêt de Soignes, débris de l'ancienne forêt charbonnière (carbonnaria silva), qui couvrait une partie du Brabant, contenait à la fin du siècle dernier, d'après Cantillon, 16,526 arpents de terre, ou 8,263 bonniers, selon l'abbé Mann, et touchait pour ainsi dire aux portes de Bruxelles. Elle ne contient plus que 4,000 hectares environ : jadis domaine de la couronne et réservée aux chasses de la cour, elle appartient encore à l'État. On y trouvait une foule de maisons religieuses. Boetendael (val des pénitents) à Uccle était un couvent de récollets : d'autres religieux de Saint-François, des capucins, avaient été établis à Tervueren, par l'infante Isabelle. La veuve de Henri III, duc de Brabant, avait fondé pour des religieuses de Saint-Dominique, à

de Bruxelles, le P. Surius, accompagné d'un frère du même ordre, Philippe Sinceliers; ce dernier ne se doutait guère, en endossant le froc de frère-lai, que son nom serait encore cité deux siècles plus tard. Surius (1) raconte qu'il arriva à Jérusalem le 1er mai 1646, deux ans et quarante sept jours après son départ des Pays-Bas, n'ayant pour tout équipage que deux petits sacs, *ce dont le Cadi et ses officiers furent fort émerveillés.*

Le P. Surius ne manque point de parler de la chapelle d'Adam, desservie par les Grecs, ayant une antichapelle de dix pieds de longueur, et à l'entrée de laquelle il vit les tombeaux de Godefroid de Bouillon et de son frère : plus avant, vers l'autel, il vit une autre tombe de marbre, *sans escriteau*; il n'ajoute pas que c'était celle du roi Melchisedech.

« A l'opposite de la pierre d'onction, joignant la closture
» du grand chœur de l'église, il y a encore quatre belles tom-
» bes, où sont ensevelis leurs successeurs, femmes et enfants.
» Les autres ont esté peu à peu brisés et gastés des Grecs,
» pour ainsi effacer la mémoire des chrétiens romains. »

Surius eut hâte de rentrer dans la douce obscurité du cloître, et ne tarda pas à se remettre en route, sans doute à pied et avec les deux petits sacs qui constituaient son équipage. Il

---

Auderghem, le monastère de Val-Duchesse. Les prieurés de Rouge-Cloître et de Sept-Fontaines étaient occupés par des chanoines réguliers de Saint-Augustin, ainsi que celui de Groenendael (val-vert), célèbre par sa magnificence et le séjour de nos princes. Les abbayes de la Cambre et de Forest s'occupaient de l'éducation des demoiselles : la première était de l'Ordre de Saint-Benoît, la seconde de celui de Saint-Bernard.

Avant que la religion chrétienne eût pénétré dans le pays, cette forêt était consacrée au soleil, car son nom de *Sonien-bosch*, en flamand, veut dire *bois du soleil.*

(1) *Le pieux pèlerin ou voyage de Jérusalem*, par le R. P. Bernardin Surius, récollet, président du Sainct-Sepulchre et commissaire de la Terre-Saincte, ès-années *1644, 1645, 1646, 1647.* — Bruxelles, 1666, in-4°.

Cet ouvrage a été traduit en flamand et a eu plusieurs éditions : il le méritait.

regagna Bruxelles sans encombre, et n'en cache pas sa joie :
« Enfin je suis arrivé en cette ville tant renommée, le dernier
» jour de juin 1647, trois ans, deux mois, et seize jours
» après que j'en étois sorty pour faire le pèlerinage de la Terre
» Sainte, et six mois après mon départ de Jérusalem. Entrant
» dans la ville, je me suis transporté avant toutes choses en
» l'église de Sainte-Gudule, pour y honorer et adorer le très-
» saint Sacrement de miracle, et luy offrir mes roseaux (1), en
» remerciement des grâces qu'avions reçeues pendant ce long
» et dangereux voyage ; » et il termine en s'écriant : « Il n'est
» point louable d'avoir esté à Jérusalem, mais il est louable d'y
» avoir bien vescu (2). »

Le chanoine Doubdan (3) qui visita les Saints Lieux en 1652
dit, ch. v, p. 54, que « vis-à-vis et à quatre pas de cette
» pierre (de l'onction) se voient en face, contre la closture du
» chœur, trois tombeaux de marbre, avec un quatrième tout
» rompu, de quelques roys de Jérusalem, avec leurs inscrip-
» tions presque toutes effacées.

» Ces tombeaux estoient beaux et bien travaillés, mais la
» haine mortelle que les schismatiques ont contre nous, les a
» portés à les rompre, afin d'abolir la mémoire de nos roys et
» de tous les catholiques qu'ils ne peuvent supporter.

» A main droite de la mesme pierre est une chapelle dédiée
» à saint Jean l'évangéliste... en laquelle se voient à l'entrée
» deux tombeaux (ceux de Godefroid et de Baudouin).

---

(1) Les roseaux étaient des branches de palmier, bénites solennellement sur le Saint-Sépulcre, par le R. P. Gardien, le dimanche des Rameaux, et distribuées aux pèlerins qui, de retour dans leur pays, les portaient aux processions.

(2) Non Hierosolymis fuisse, sed Hierosolymis bene vixisse laudandum est. D. Hieronym. ad Paulam.

(3) Le voyage de la Terre-Sainte, contenant une véritable description des lieux les plus considérables que Notre-Seigneur a sanctifiés de sa présence, etc., par M. J. Doubdan, p. chanoine de l'église royale et collégiale de Saint-Paul, à Saint-Denis, en France, etc. Paris, in-4°, 1561.

Il ajoute, ch. IX, p. 77 : « C'est encore une des préroga-
» tives de cette église que la plupart des roys chrestiens de
» Jérusalem y ont esté couronnés et qu'elle leur a servy de
» mausolée, comme on peut voir tant par les historiens que
» par les tombeaux qui y sont encore, au pied du saint mont
» de Calvaire, les deux premiers desquels qui sont de Gode-
» froid et de Baudouin, son frère, sont encore tout entiers et
» d'un ouvrage fort simple ; les autres ont esté beaucoup
» endommagés, soit par la malice de quelques Grecs,
» ennemis mortels des Latins, comme on m'a dit, ou par
» le malheur des guerres ou du temps qui dévore toutes
» choses. »

Il ne fait aucune mention du prétendu tombeau de Melchisedech, sans doute parce qu'il se refusait à admettre cette tradition fallacieuse.

« Dans la chapelle d'Adam, dit le P. Roger (1), se trou-
» vent les sépulcres de Godefroid de Bouillon et de Baudouin.
» Tous les jours après complies, lorsque nos religieux font
» la procession (2) visitant tous les sanctuaires contenus dans
» l'enclos de la susdite grande église, un acolyte va offrir l'en-
» cens devant le chef de notre père Adam, *et pareillement*
» *aux sépulcres de Godefroy et Baudouin roys de Jérusalem.*
» Pour la sépulture de leurs successeurs, femmes et enfants,
» elles sont joignant la closture du chœur, assez proche de la
» pierre de l'onction. Il y en a cinq ou six, et quelques-unes
» sont rompues, p. 141. »

---

(1) La Terre-Sainte, ou description topographique très-particulière des Saints Lieux ou de la Terre de promission, par Fr. Eugène Roger, récollet, missionnaire de Barbarie. Paris, 1654, in-4°.

(2) Plusieurs auteurs parlent de cette procession, mais le P. Roger est le premier qui fasse mention du touchant hommage que les Pères de la Terre-Sainte rendaient chaque jour à la mémoire de notre Godefroid. Nous avons déjà vu (p. 298) que Guillebert de Lannoy indique le lieu de la sépulture des rois, c'est-à-dire de Godefroid et de Baudouin, comme honoré de son temps d'une indulgence de sept ans et sept quarantaines.

THEVENOT, voyageur français, dont je n'ai pu consulter que la traduction hollandaise (1), vit, en 1655, les deux tombeaux de Godefroid de Bouillon et de son frère dans la chapelle d'Adam, et en sortant de cette chapelle, contre le mur, quatre belles tombes de marbre blanc, dans lesquelles se trouvaient, selon lui, les enfants de Baudouin, et que la malice des Grecs avait considérablement dégradées.

Le P. Récollet GONZALÈS quitta son couvent d'Anvers le 6 juin 1664, et se rendit à Venise par Bruxelles, Saint-Trond, Tongres, Liége, Cologne, Andernach, Mayence, Donauwert, Augsbourg, Inspruck, Trente et Padoue. Le 17 août, il arrivait à Venise, où il s'embarqua le 19 du même mois pour Lorette : il visita ensuite Rome, Terracine, Gaëte, Naples et Messine, où il s'embarqua pour l'île de Chypre. Il arriva à Jaffa le 8 février 1665, resta à Jérusalem jusqu'en 1668, et revint par l'Egypte, Chypre, Rhodes, Messine, Livourne, Gênes, Marseille, Avignon, Lyon, Mâcon, Auxerre, Paris, Lille, Menin, Courtrai, Harlebeke et Gand, le tout à l'aide de la voiture de saint François, c'est-à-dire à pied, comme Surius (2).

Il reparut à Anvers le 28 novembre 1671.

Ces détails sont curieux, lorsqu'on les compare aux préparatifs des confortables pèlerinages qu'organise en ce moment la société de Saint-Vincent-de-Paul en France, et qui ne durent que deux mois. Jadis on ne manquait pas de faire son testament avant d'entreprendre un pareil voyage, et cette précaution n'était pas inutile. L'illustre Vésale, de Bruxelles, le restaurateur de l'anatomie chez les modernes, en est un exemple. Médecin de l'empereur Charles-Quint et de son fils

---

(1) Gedenkwaardige en zeer nauwkeurige reizen van den heer Thevenot, uit het fransch vertaeld door G. V. Broekhuyzen. 'T Amsterdam, 1681, in-4°.

(2) Jerusalemsche Reyse gedaen ende beschreven door F. Antonius Gonzalès, minder broeder recollect, gardiaen tot Bethleem, etc. 'T Antwerpen, 1673, 2 vol. in-4°.

Philippe II, il devint victime de la jalousie qu'en sa qualité d'étranger il suscitait à la cour, dit Archambault (*Encyclopédie* du xixe siècle). Tandis qu'il ouvrait le cadavre d'un Grand d'Espagne, la pointe du scalpel, portée sur le cœur, détermina dans cet organe quelque mouvement, dû sans doute à un reste d'irritabilité. Vésale fut condamné à mort, et il ne fallut rien moins que l'influence du roi pour obtenir une commutation : il fut convenu que Vésale ferait un voyage expiatoire à la Terre Sainte. A son retour, il fit naufrage, et périt misérablement sur les côtes de l'île de Zante. On lui érigea dans l'église de la Sainte Vierge un monument (1), avec cette inscription :

ANDREAE VESALII, BRUXELLENSIS,

TUMULUS

QUI OBIIT ANNO 1564

IDIB. OCTOB.

AETATIS VERO SUAE 58

CUM HIEROSOLYMIS REDIISSET.

(*Dict. hist. de la médecine*, Liége, 1755.)

A son retour, le P. Gonzalès publia la relation de son voyage, et j'y trouve une gravure qui s'écarte tout à fait, en ce qui concerne la description de la chapelle d'Adam, du dessin donné par Zuallart et ses imitateurs. *La basse closture*, dont parle le maire d'Ath, s'étend jusqu'à la porte d'entrée, et tout l'espace qui s'étendait entre la chapelle d'Adam et le mur de l'église, espace qui est clôturé dans Zuallart et Bernardino, par un mur très-apparent, se trouve libre et ouvert dans la gravure de Gonzalès.

L'on y voit parfaitement, outre les tombeaux de Godefroid de Bouillon, de Baudouin et de Melchisedech, la disposition

---

(1) D'après une vérification récente, prescrite par M. le vicomte Vilain XIIII, ministre des affaires étrangères, il ne reste plus de vestiges de ce monument. Ce serait encore un trophée national à rétablir.

primitive des lieux que, d'accord avec les anciens écrivains cités plus haut à l'appui de cette thèse, je considère comme ayant été réservés à la sépulture des huit premiers chefs du royaume de Jérusalem. C'est à ce titre que la gravure de Gonzalès mérite d'être examinée : la chapelle d'Adam, déjà convertie en une espèce de crypte plus ou moins obscure, au fond de laquelle on voyait la fente miraculeuse du rocher du Calvaire, a été encore rétrécie après le funeste incendie de 1808, et la chapelle vide, figurée par Gonzalès, est devenue, aux mains des Grecs, un ignoble réfectoire !

« La chapelle d'Adam, dit Gonzalès, possède un parvis
» entouré d'un mur, et à l'entrée duquel on voit, vers le
» midi, le tombeau du valeureux Godefroy de Bouillon, pre-
» mier roi de Jérusalem. En face et au nord se trouve le
» tombeau de son frère Bauduin, deuxième roi. Plus loin et
» contre l'autel, au delà du tombeau de Godefroy, l'on voit
» encore un autre tombeau en marbre, sans inscription. Les
» Grecs qui desservent cette chapelle assurent que c'est le
» tombeau de Melchisedech, premier roi de Jérusalem. Plu-
» sieurs autres rois ont été encore enterrés dans l'église, mais
» hors de la chapelle d'Adam, contre le mur du grand chœur,
» au delà de la pierre de l'onction. »

« Deze capelle heeft een voorplaets binnen de zelve mueren
» besloten, in wiens ingangh naer de zuyt-zyde het schoon
» marmere graf staet van den vromen ende grootvruchtige
» Godefridus van Bovillon, eersten koninck van Jerusalem...
» Teghen over, naer de noordt-zyde, staet het graf van zynen
» broeder Balduinus den tweeden koninck...

» Vorders, naer den autaer boven het graf van Godefridus,
» ziet men noch een ander marmeren graf zonder opschrift;
» de Griecken die deze kapelle bedienen zeggen dat het is
» 't graf van Melschisedech, den eersten koninck van Jeru-
» salem.

» Daer zyn noch meer andere koninghen van de naevol-
» ghers begraven in de kercke, maer buyten de kapelle van
» Adam, bynae recht over naer de noort-zyde, teghen den
» muer van den grooten choor, recht over den steen der
» salvinghe... » p. 427.

Lorsque le Marquis DE NOINTEL se rendit, par ordre du roi de France, à Jérusalem en 1674, il fut accompagné du P. Nau, de la compagnie de Jésus, qui écrivit la relation de ce voyage (1). On y lit, p. 457 : « A quelques pas du sépulcre
» d'Adam, on en montre un autre, attaché à la muraille, qui
» est au midy, et l'on prétend que c'est celui de Melchisedech.

» On trouve à l'entrée de la chapelle deux autres sépulcres
» de nos roys chrestiens qui n'ont rien de grand que les
» augustes cendres qu'ils renferment... »

Il ne parle d'aucun autre tombeau.

Fruit de dix-neuf années de voyage, comme il le déclare dans sa dédicace au roi d'Angleterre, Guillaume III, le voyage de CORNEILLE DE BRUYN (2) est l'une des relations les plus importantes que l'on puisse consulter sur l'église du Saint-Sépulcre. Peintre de profession, De Bruyn partit de la Haye, sa ville natale, le 1ᵉʳ octobre 1674 : il se trouvait à Jérusalem en octobre 1681.

Il dit, page 287, ch. LIV, qu'il a vu dans la chapelle dite d'Adam trois tombeaux, ceux de Godefroid de Bouillon, de Baudouin son frère, et de Melchisedech ; et hors de la chapelle, en face de la porte d'entrée, contre le mur du grand chœur, trois autres tombeaux de très-beau marbre, dont l'un lui fut désigné comme celui d'un duc de Florence, le second comme

---

(1) *Voyage nouveau de la Terre-Sainte*, enrichi de plusieurs remarques particulières qui servent à l'intelligence de la Sainte-Ecriture (sans nom d'auteur). Paris, 1774.

(2) *Reizen van Cornelis De Bruyn door de vermaerste deelen van klein Asia, Syrien en Palestina*. etc. Te Delft, 1698, 2 vol. in-folio, traduit en français sous ce titre : C. Lebrun, voyage au Levant, l'Asie mineure, Egypte, Syrie et Terre-Sainte. Paris, 1714, in-folio.

celui de son fils, le troisième étant inconnu. « Men ziet hier...
» drie graf-steeden, van de welke d'eene, gemaakt van
» schoone porfyr steen, van de Grieken gezegd werd van den
» hoogen priester Melchisedech te wezen : de twee andere
» zyn van Godefroy de Bouillon en zynen broeder Boudewyn,
» koningen van Jerusalem... uit deze kapel tredende, ziet
» men, tegen over de kerk deur, langs de muer van het
» koor heen, drie grafsteeden, alle drie van een zeer
» schoone marmer, waervan d'eene my gezegt wierd te zyn
» van een Hertog van Florencen (1), de tweede van zyn
» zoon en de derde onbekend. Maer ander zeggen dat dit
» de grafsteeden zyn van de huysvrouwe en zoonen van den
» koning Boudewyn, etc. »

Dans la liste générale des *custodes de la Terre-Sainte* que donne M. le chevalier Artaud de Montor, à la fin de son opuscule intitulé : *Considérations sur Jérusalem et le tombeau de Jésus-Christ*, Paris, 1846, in 8° (2), l'on trouve le P. PAUL DE MIGLIONICO, napolitain, président en 1687 (3). C'est sans doute le même que celui que mentionne le docteur Titus Tobler, dans son savant ouvrage intitulé : *Golgatha, seine kirchen und klöster*, mais en lui donnant le nom de PAUL DE MALONICO (4). M. Tobler, qui était à Jérusalem en 1846, y vit dans la cellule du Père Vicaire, au couvent Saint-Sauveur, une grande carte de l'église du Saint-Sépulcre, fort ancienne, et présentée par le père Malonico au roi très-chrétien : le

---

(1) C'est le seul qui ait émis cette singulière allégation.

(2) Traduit en italien, avec notes, par le P. Antonio da Rignano. Paris, 1847, in-8°.

(3) Toutes les fois que le custode venait à manquer, on choisissait un président qui gouvernait jusqu'à l'arrivée du nouveau custode.

(4) Le célèbre voyageur De Bruyn reçut, en quittant Jérusalem, sa patente de pèlerin signée par le Père Gardien, et contresignée par le frère Procureur Paul de Milonico, ch. LVI, p. 299. Le traducteur français de l'ouvrage de De Bruyn, p. 303, l'appelle Paul de Mulonico : cet *u* est une faute typographique évidente, mais elle explique celle que semble avoir commise M. Tobler.

docteur Tobler estime que ce plan, bien que regardé comme l'œuvre personnelle de Malonico ou Miglionico, n'est qu'une imitation de celui de Bernardino Amico, sur une plus grande échelle.

Quoi qu'il en soit, j'ai en possession une grande carte de la Palestine, sans date ni lieu d'impression, et entourée d'illustrations parmi lesquelles se trouve une vue des chapelles du Calvaire, qui rappelle exactement le dessin de Zuallart, sans le reproduire servilement, de sorte qu'elle a tous les caractères d'une œuvre originale. Les deux tombeaux de Godefroid de Bouillon et de Baudouin y sont également placés dans la chapelle d'Adam et ont identiquement la même forme que les quatre tombeaux adossés au chœur. Un cartouche contient la légende qui suit : « J'ay dressé le dessin de cet ouvrage sur
» l'ancien et le nouveau Testament, et sur ce qui a esté fait
» par le R. P. Paul de Miglionico, cordelier, qui a demeuré
» et parcouru ces saints lieux pendant 30 ans, avec de très-
» grands soins, et ayant observé tant pour le plan de la carte
» que pour l'histoire quantité de choses fort curieuses. J. B.
» Nolin. »

Toutes mes recherches pour découvrir, soit en Belgique, soit à l'étranger, un deuxième exemplaire de la carte du sieur Nolin, ou l'ouvrage que ce dernier semble attribuer au P. de Miglionico, sont restées infructueuses.

Le P. récollet Antonio de Venise (1) vit dans la chapelle d'Adam les deux tombeaux de Godefroid et de Baudouin et d'autres tombeaux contre le mur du chœur : « Nell' entrar in
» essa subito dentro della porta si vedono duo sepolcri o
» depositi... entrò li quali giaceno l'ossa delle due fratelli primi
» re di Gierusalemme, cioè nel primo che sta alla sinistra (2)

---

(1) P. Antonio da Venetia (minor. oss. riform.) : Guida fedele alla santa citta de Gierusalemme e descr. di tutta Terra santa. Venet., 1703.

(2) C'est précisément la position inverse que tous les auteurs donnent à ces deux tombeaux. Je dois toutefois faire remarquer que dans l'une des

» Gotifredo, et Balduino nel secondo alla destra, come dalle
» inscriptioni loro si conosse.

» Fuori della capella poi, appogiate al muro del choro di
» Greci, et a dirimpetto della porta grande per qui s'entra nel
» sacro tempio, sono altri sepolcri di Reggi et lor figli, che per
» brevita si traslascia il discorrerne. »

Myller (1) parle tout à la fois des tombeaux de Godefroy de
Bouillon, de son frère, de Melchisedech, placés sous le Calvaire, et des quatre autres tombes dans *lesquelles reposent les
fils de Baudouin*.

Le baron de Saint-Genois cite un religieux liégeois, le
P. CAFFIN, qui, bien qu'âgé de 60 ans, s'en alla en vrai
pèlerin visiter la Palestine en 1754. Il demeura près d'un an
à Jérusalem, et l'on possède de lui une lettre adressée à l'un
de ses compatriotes le 25 avril 1754. (2). A la descente du
» Calvaire, y est-il dit, on trouve la chapelle nommée la cha-
» pelle d'Adam, parce qu'on prétend qu'il y fut enterré. Cette
» chapelle est plus bas que le Calvaire de plus de vingt pieds.
» Cette chapelle est immédiatement dehors le Calvaire. On y
» voit les tombeaux de Bauduin et de Godefroid de Bouillon,
» autrefois rois. (3) »

Avec le xviiie siècle, l'ère de cette fausse philosophie qui
engendra le désordre social contre lequel on lutte depuis plus
de 50 ans, le nombre des voyageurs qui vont visiter les
Lieux Saints décroît sensiblement, et le dernier de ceux que

---

planches de Zuallart, ils ont la même position, mais ce doit être l'effet d'une
erreur de la part du graveur, car le texte dit formellement que le tombeau
de Godefroid était à droite en entrant.

(1) Frendling zu Jerusalem, oder ausführlichen reiz-beschreibung van J.
Myller, ordens der diener unser L. Frau. Wien, 1735, in-4°.

(2) Miscellanea Patriae, t. xxiii, p. 36, 14 *bis*, manuscrit de la bibliothèque
de Liége. Cet extrait est dû à l'obligeance de M. Ulysse Capitaine.

(3) C'est ce que se borne à dire LADOIRE : Voyage fait à la Terre-Sainte en
l'année 1719, contenant la description de la ville de Jérusalem, etc. Paris,
in-12, 1720.

j'ai consultés pour cette époque, Jean Mariti de Florence, ne mérite plus le nom de pèlerin : aussi se garde-il bien de le revendiquer, tout abbé qu'il est.

Il partit de Livourne, en janvier 1760 (1) : il vit les tombeaux de Godefroid, de Baudouin et de Melchisedech dans la chapelle d'Adam, et en face, avec d'autres tombes, celle de Baudouin VII. Les ouvrages de Mariti sont remarquables par le ton ironique et railleur qui ne l'abandonne guère, quand il s'agit de questions touchant au culte catholique. Son traducteur français de 1794 ne manque pas de s'extasier sur l'indépendance de sa plume : « On applaudit, s'écrie-t-il, au
» courage de l'écrivain qui, né dans un pays où le despotisme
» sacerdotal et ministériel s'unissent étroitement pour écarter
» la vérité du peuple, qui, prêtre lui-même, a pu s'élever
» au-dessus des préjugés ultramontains et ose revendiquer
» les droits des nations, démasquer le fanatisme etc. » Ce langage était bon en 1791, mais est-ce bien en 1854 que le savant auteur de la *Topographie de Jérusalem* a pu dire du prestolet italien : *Mariti sah ohne monchsbrille, und schreibt sehr frei.*

Voir *sans lunettes de moine*, est-ce saisir toutes les occasions, même les plus futiles, pour attaquer et ridiculiser les religieux de Terre-Sainte? Or, c'est ce que Mariti ne manque jamais de faire, et cela avec une partialité et un acharnement que devrait mépriser même un protestant.

A propos des conversions qu'obtenaient les Pères de la Terre-Sainte, Mariti ose écrire, lui, ministre de l'Evangile, ces étranges paroles :

« Il en est de ces conversions comme de toutes celles qui se
» font ailleurs. Déterminées par l'intérêt, la faiblesse ou l'in-

---

(1) Voyage dans l'île de Chypre, la Syrie et la Palestine, avec l'histoire générale du Levant, par M. l'abbé Mariti, traduit de l'italien. Paris, 1794, **2** vol. in-8°.

» constance, elles ne sont pas durables, ou du moins pro-
» duisent très-peu de vertu dans le nouveau converti. Ch. 29
» p. 369. »

L'abbé philosophe applaudit sans vergogne à l'expulsion totale des chrétiens de la Terre-Sainte : *Enfin arriva*, dit-il, *ces temps heureux pour la fortune des Etats de l'Europe, où les chrétiens latins se virent forcés d'abandonner la Palestine et la Syrie, en emportant avec eux les vains titres de leurs usurpations. Cette époque remonte à l'an* 1291. T. II, p. 55. Ceci rappelle tout à fait Voltaire qui, méconnaissant la légitimité des croisades, a bien osé demander de quel droit les princes d'Occident venaient prendre pour eux des provinces que les Turcs avaient arrachées aux empereurs grecs? Ce ne fut que six siècles après les premières croisades, en 1699, que les puissances chrétiennes consentirent à faire entrer les Turcs dans le domaine du droit des gens européens. La paix de Carlowitz, dit De Kock, assigna des bornes à la puissance ottomane, qui jusque là avait menacé d'engloutir toute l'Europe : ce fut cette paix qui légitima la domination turque en Europe, et qui justifie les efforts que tentent actuellement la France et l'Angleterre, pour faire respecter et maintenir l'intégrité de l'empire ottoman (1). Mais Voltaire était Turc, parce qu'il s'agissait de faire pièce à la cour de Rome : il serait Russe aujourd'hui que le Czar est l'un des plus grands antagonistes de l'Eglise.

L'idée d'insulter les Croisés était tout à fait digne de l'écrivain qui insulta Jeanne d'Arc, mais qui en cela ne faisait que parodier l'ignoble moine de Wittemberg, Luther. Ce dernier, deux siècles auparavant, avait empêché une nouvelle croisade, paralysant les généreux efforts de Charles-Quint et de la

---

(1) Par l'art. 7 du traité de paix, signé à Paris, le 30 mars 1856, la Porte a été définitivement *admise à participer aux avantages du droit public et du concert européen.* — *Histoire diplomatique de la crise orientale.* Bruxelles, 1858, in-8°, p. 55 et 103.

Papauté par cette thèse impie : « *C'est un péché de combattre* » *les Turcs, car c'est au nom de Dieu qu'ils viennent nous* » *visiter : prœliari adversus Turcos, est repugnare Deo visi-* » *tanti iniquitates nostras per illos.* » (Gretserus, apologia contra cruciatarum expedit. calumniat. t. III, p. 160. Ratisb. 1734, in-folio). « En allant visiter la chapelle d'Adam, dit » Mariti, dans son *histoire de l'état présent de Jérusalem* (1), » on trouve à main droite le tombeau de Godefroid de Bouil- » lon, à gauche, vis-à-vis, celui de Baudouin Ier, son succes- » seur ; ils sont tous deux en marbre ou de cette pierre qui en » a la ressemblance... On trouve encore dans cette chapelle » un autre tombeau sans inscription, et qu'on appelle, je ne » sais pourquoi, le *tombeau de Melchisedech.* »

MARIN GEUBELS, du pays de Waes, en Flandre, est le seul des nombreux pèlerins belges qui, passant par Rome, parle de l'hospice de Saint-Julien des Flamands ; il y logea le 10 septembre 1770 (2).

Il vit encore à leur place respective, en 1772, les tombeaux de Godefroid et de Baudouin, ainsi que les autres tombes dont il attribue l'extrême dégradation à la malice des Grecs.

---

(1) Nouvelle édition, par le R. P. Laorty-Hadji. Paris, 1833, gr. in-8°, p. 56.

(2) Jerusalemsche reize gedaen ende beschreven door pater Michaël à sanctâ Trinitate, Carmeliet discals, van de vlaemsche provincie, voor dezen Marinus Geubels, gehoortig van Sinay, lande van Waes. — Tot Dendermonde, 1780, in-12. — Voyez, sur l'intéressante fondation de Saint-Julien-des-Flamands, la notice insérée, avec plusieurs gravures, par M. Visschers, curé de Saint-André, à Anvers, dans les annales de l'Académie d'archéologie de Belgique, t. VI, p. 33. Cette fondation, qu'on attribue à saint Boniface, apôtre des Frisons, fut honorée des largesses du comte de Flandre, Robert, de l'empereur Charles-Quint, et de l'impératrice Marie-Thérèse. L'Eglise de Saint-Julien a été complètement restaurée en 1844, à l'intervention de la légation de Belgique, gérée à cette époque par le comte d'Oultremont de Végimont.

« Dan komt men aen de schoon verheven graven van de
» helden Godefridus de Bouillon en broeder Balduinus, eerste
» koningen der eerste eeuwen van Jerusalem... men ziet dat
» er noch andere grafplaetzen geweest hebben, maer de
» valsche Griecken hebben deze vernietig, om de gedachte-
» nisse der catholike koningen aen de nakomende christenen
» te doen vergeten... P. 272. »

En 1776, JEAN-ANDRÉ-JACQUES ROTHIER (1), le dernier voyageur belge que j'ai pu consulter, entreprit le voyage de Jérusalem. Il songeait à embrasser l'état ecclésiastique, mais n'ayant point fait des études théologiques régulières, il ne pouvait songer à recevoir les ordres aux Pays-Bas. Il parvint à Rome au but de ses désirs, et y célébra sa première messe le 7 avril 1776, jour de Pâques, ayant pour assistants, en qualité de diacres et de sous-diacres, deux religieux de l'abbaye de Tongerloo, qui résidaient alors à Rome. Avant de songer à se faire prêtre, il s'était adonné au dessin, ayant pour cet art un goût décidé, et il assure, à propos du plan de Jérusalem qui figure dans son ouvrage, que ce plan est non-seulement le résultat de ses propres esquisses, mais celui de la comparaison d'icelles avec le dessin d'un frère mineur nommé *Antoine d'Angioli*, qui avait résidé pendant huit ans en Terre Sainte.

On peut donc considérer les dessins de Rothier comme reproduisant aussi fidèlement que possible les divers objets qu'il a visités et décrits.

Or, l'on voit à la page 198 de sa relation le fac-simile du tombeau de Godefroid de Bouillon : c'est tout à fait, mais sur une autre échelle, le dessin qu'en donna Zuallart, le premier, et après lui une foule d'autres voyageurs.

« C'est dans la chapelle d'Adam qu'on voit, dit-il, p. 196,
» les tombeaux de Godefroid et de Baudouin, les premiers rois

---

(1) Reize naer het heylig land, gedaen in de jaeren 1776 et 1777, en beschreven door Joannes Andreas Jacobus *Rothier*, priester, proto-notaris apostolicus, etc. 'T Antwerpen, by P. J. Van Paris (sans date).

» de Jérusalem ; l'on rencontre, en outre, contre le chœur
» des Grecs, quatre autres tombeaux du même style. — In
» deze capelle, staen de tomben van Godefridus en Baldui-
» nus, de eerste christene koningen van Jerusalem. — Daer
» zyn nog vier ander graven op de zelve goesting, staende
» tegen de choor der Griecken, ook van zeer schoone harten
» steen. »

Les deux voyageurs, dont nous venons de consulter les écrits, constatent l'état d'extrême délabrement dans lequel se trouvaient en 1772 et en 1776 les tombeaux des successeurs de Baudouin Ier. Comment en eût-il pu être autrement ? Placés contre le mur du chœur, c'est-à-dire dans un vestibule, et sur le passage continuel des processions, des pèlerins, des ouvriers, et des curieux de toutes les sectes, même étrangères au culte chrétien, ces misérables tombeaux étaient destinés à une destruction inévitable : il est même surprenant qu'ils aient pu résister pendant plus de deux siècles aux chances naturelles de leur destruction, jointes aux agressions continuelles dont ils étaient l'objet de la part des Grecs schismatiques. L'abbé de Binos (1) les vit aussi en 1771, *mais dans un tel état de délabrement qu'il n'en put déchiffrer*, dit-il, *aucune inscription*. Il vit également dans la chapelle d'Adam le tombeau de Godefroid de Bouillon et de Baudouin ; il en rapporte exactement l'inscription. L'on conçoit en effet que ces deux monuments, préservés par la *basse-closture* dont parle Zuallart, et qui formait une antichapelle, selon l'expression de Surius, devaient être mieux préservés que les tombeaux relégués contre le mur du chœur ; aussi seraient-ils encore debout, si la malice de l'architecte grec, chargé de réparer, à sa manière, les désastres de l'incendie de 1808, n'avait profité de la détresse des Latins, abandonnés de tout le monde à cette

---

(1) Voyage par l'Italie en Egypte, au Mont-Liban et en Palestine. Paris, 1787, in-12. Deuxième édition, Paris, l'an VII de la république.

époque lamentable, pour détruire et faire disparaître (1) les glorieux tombeaux des deux premiers chefs de Jérusalem, voire celui de Melchisedech, nonobstant la tradition qu'avaient accréditée les Grecs eux-mêmes.

L'abbé de Binos est le dernier des voyageurs du xviii° siècle que je connais : c'est en outre le dernier qui parle des quatre tombeaux adossés au chœur des Grecs. Seetzen (2), voyageur célèbre du commencement du xix° siècle, se borne à dire, dans une lettre du 16 juin 1806, que *l'église du Saint-Sépulcre est remarquable par deux tombeaux avec des inscriptions concernant les deux premiers rois chrétiens de Jérusalem, Godefroid de Bouillon et son frère Baudouin.*

On pourrait donc supposer que, dès cette époque, les débris des quatre tombeaux, dont la présence contre le chœur des Grecs est constatée depuis le xvi° siècle, avaient été enlevés sans aucune réclamation. Non-seulement Châteaubriand, qui visita l'église du Saint-Sépulcre dans le même moment que Seetzen, ne parle plus de ces quatre tombeaux mutilés, mais j'ai cru un instant qu'il allait nous révéler un nouveau motif d'affliction, un nouveau déplacement, auquel on eût pu attribuer la facilité qu'eut l'architecte grec de faire disparaître, après l'incendie de 1808, les deux tombeaux de Godefroid de Bouillon et de Baudouin.

(1) C'est l'opinion du comte de Forbin, 1817 ; de Robinson, 1830 ; de T. Tobler, 1848 ; de Boré, 1850 ; et de Poujoulat, 1853. « *Ces monuments,* » dit l'abbé de Géramb, *appartenaient aux Latins, et cela seul leur était un* » *titre à la proscription. Mais que dis-je? ils appartenaient aux Latins?* » *non, ils étaient la propriété de l'univers catholique, et les destructeurs* » *porteront la honte de la violence et de l'outrage jusqu'à la dernière pos-* » *térité!* »

(2) Voyage sur les confins de l'Arabie et de la Palestine, par *Seetzen*, conseiller d'ambassade de Sa Majesté l'empereur de Russie. Annales des voyages, par Malte-Brun, t. vii. Paris, 1809.

Qui ne connaît l'*Itinéraire de Paris à Jérusalem*? Aucune relation française ne se fait lire avec plus d'intérêt : nul pèlerinage n'excite au même degré les sympathies des lecteurs, même les plus indifférents en matière de religion. L'on comprend donc très-bien les nombreuses éditions qu'a eues cet ouvrage dont la France s'enthousiasma au commencement de notre siècle, et qui contribua peut-être autant que le *Génie du Christianisme* à préparer les esprits au rétablissement du culte national, si heureusement entrepris et réalisé peu de temps après par le génie du premier Consul. OEuvre éminemment catholique, éblouissante de style, et circonscrite dans de justes limites, l'*Itinéraire* ne jouit cependant pas à l'étranger d'une réputation en rapport avec la vogue extraordinaire que cet ouvrage conserve chez tous les amis de la langue française, et il faut avouer que malgré le vernis d'érudition dont l'a couverte son illustre auteur, cette relation ne peut être lue qu'avec précaution.

M. Tobler (1) traite M. de Châteaubriand avec trop de sévérité, emporté à son insu par des répugnances d'Allemand et de protestant contre la France (2) ainsi que contre les catholiques, répugnances qui ne se manifestent que trop souvent par des expressions peu bienveillantes ou par des appréciations blessantes.

(1) Voyez M. T. Tobler, topographie von Jerusalem, t. I, p. 65.
(2) Pourquoi, par exemple, insulter l'empereur des Français (topographie von Jerusalem, t. I, p. 272) à propos du protectorat des Lieux Saints, que ce monarque, à l'instar de François Ier et de Louis XIV, réclamait, en faveur de la France, par l'organe du marquis de la Valette?

En agissant ainsi, Napoléon III a prouvé une fois de plus qu'il mérite les sympathies du monde catholique, et qu'il est digne de présider aux destinées de la France. L'affranchissement de la Terre Sainte serait l'un des plus beaux fleurons de sa couronne impériale, déjà rehaussée par l'éclat que lui donnent le rétablissement de l'ordre, et celui de Pie IX sur le siége pontifical, ses œuvres toutes personnelles. N'est-ce pas, du reste, un reproche bien honorable que celui de *vouloir cueillir les mêmes lauriers que Godefroid de Bouillon*?

M. de Châteaubriand a certes commis plus d'une erreur (1), admis plus d'un paradoxe, mais son *Itinéraire* n'en reste pas moins un ouvrage palpitant d'intérêt, admirable de style et de sentiment, et recommandable à plus d'un titre.

Voici ce que raconte l'illustre pèlerin au sujet de la situation des tombeaux de Godefroid de Bouillon, au moment de sa visite. Seetzen les avait encore vus en juin 1806, dans la chapelle d'Adam : ils n'y étaient plus, semble-t-il, lors de la visite de Châteaubriand au mois d'octobre. « Je ne
» sortis point de l'enceinte sacrée, dit-il, sans m'arrêter aux
» monuments de Godefroid et de Baudouin : *ils font face à la*
» *porte de l'église, et sont appuyés contre le mur du chœur.*
» Je saluai les cendres de ces rois chevaliers qui méritèrent
» de reposer près du grand sépulcre qu'ils avaient délivré !...
» Je fus très-frappé de l'aspect de ces tombeaux, en entrant
» au Saint-Sépulcre : leurs formes étrangères sur un sol
» étranger m'annoncèrent d'autres hommes, d'autres mœurs,
» d'autres pays! je me crus transporté dans un de nos vieux
» monastères ; j'étais comme l'Otaïtien, quand il reconnut en
» France un arbre de sa patrie (2) ! »

(1) Ainsi il cite l'ouvrage de *Rewich*, qui n'est qu'un artiste auquel on doit les dessins du voyage de Breydenbach et l'impression de cette intéressante relation, Fureri au lieu de Fürer ad Haimandorf; il se trompe en ornant le tombeau d'Absalon de chapiteaux doriques, tandis qu'ils appartiennent à l'ordre ionique. Il émet sur l'origine de l'architecture des opinions infiniment hasardées ; mais n'est-ce pas le cas de répéter avec Horace :

..... *ubi plura nitent... non ego paucis*
  Offendar maculis.

(2) Allusion à ces beaux vers de Delille, *sur le jardin des plantes, à Paris :*

Un jour, dans ces jardins où l'Etat à grands frais
Des quatre coins du monde en un seul lieu rassemble
Ces peuples végétaux, surpris de croître ensemble,
Qui changeant à la fois de saison et de lieu
Viennent tous à l'envi rendre hommage à Jussieu,
L'Indien parcourait leurs tribus réunies,

Châteaubriand déclare donc que ces deux tombeaux, à l'aspect desquels il éprouva une si grande émotion, se trouvaient *en face de l'entrée, contre le mur du chœur.*

Ce passage me surprit, car il était en contradiction avec ce que j'avais lu ailleurs, et les recherches auxquelles je me livrai pour bien préciser la situation réelle de deux monuments ne firent que redoubler mes perplexités. J'étais disposé à croire que M. de Châteaubriand s'était trompé, lorsque le P. Aloys Le Grelle, de la compagnie de Jésus, qui avait visité les Saints Lieux en 1840, voulut bien me fournir quelques renseignements qui confirmaient pleinement les indications du chantre des Martyrs. Voici un extrait de la lettre qu'il me fit l'honneur de m'adresser, le 16 avril 1845 : « Pendant les
» trente-deux jours que j'eus le bonheur d'habiter la ville
» sainte, je visitai fréquemment l'antique et précieux sanc-
» tuaire connu sous le nom d'église du Saint-Sépulcre....
» Comme je voulais profondément sentir, tout voir, tout
» examiner en détail, je me fis enfermer, pour trois fois vingt-
» quatre heures, avec les religieux qui ont la garde de ces
» saints lieux. Je questionnais ces bons pères ; je faisais quel-
» ques notes ; je pris exactement le plan de l'église, car tel
» autel, telle chapelle, le nombre des colonnes, des degrés,
» des pierres même, tout, en un mot, inspire de l'intérêt ou

<pre>
Quand tout à coup, parmi ces vertes colonies,
Un arbre qu'il connut dès ses plus jeunes ans
Frappe ses yeux ; soudain, avec des cris perçants,
Il s'élance, il l'embrasse, il le baigne de larmes,
Le couvre de baisers ! mille objets pleins de charmes,
Ces beaux champs, ce beau ciel, qui le virent heureux,
Ce fleuve qu'il fendait de ses bras vigoureux,
La forêt dont ses traits perçaient l'hôte sauvage,
Ces bananiers chargés et de fruits et d'ombrage,
Et le toit paternel et les bois d'alentour,
Il croit les voir encore, et son âme attendrie,
Du moins pour un instant, retrouve sa patrie.
                    Les Jardins, chant II.
</pre>

» réveille quelque souvenir dans ce temple auguste. Bien
» souvent, depuis 1840, j'ai parcouru en esprit ces mêmes
» lieux, et c'est chaque fois avec une indicible consolation que
» j'y reporte ma pensée. Aussi, ma joie a été grande en appre-
» nant que la sagesse du gouvernement belge songe à mettre
» enfin un terme à l'insouciance que les catholiques d'Europe
» ont manifestée jusqu'à ce jour pour un monument qui les
» intéresse tous. La mémoire de Godefroid, une des plus belles
» gloires de la Belgique, doit être chère surtout à ses com-
» patriotes. Soit ignorance, soit envie, on ne craint pas,
» même de nos jours, de nous disputer cet honneur; nos
» voisins du midi voudraient faire du héros belge un cheva-
» lier français (1), et j'eus bien de la peine à convaincre de

(1) « *Il est fâcheux*, dit le comte de Pardieu (a), en déplorant la destruc-
» tion des tombeaux de Godefroid et de Baudouin, *qu'on ait ainsi laissé ense-*
» *velir ces monuments de la gloire française...* Je pris avec vénération cette
» épée du héros des croisades (Godefroid), dont la gloire, restée toujours pure
» comme son cœur, *appartient à la France*. Notre France, ne la retrouve-
» t-on pas partout où il y a quelque chose de noble et de grand? partout où
» les mots de gloire, d'honneur, de bravoure sont prononcés? En quelques
» lieux que nous allions, nous retrouvons les souvenirs glorieux de notre
» patrie ! p. 2.

» Les plus glorieux souvenirs, dit le comte d'Estourmel, lient notre histoire
» à celle de la ville sainte. Au fameux siége, des chefs français commandaient
» les trois camps, et des rois français occupèrent le trône de David, t. II,
» p. 65.

» J'étais à Jérusalem, dit Châteaubriand, en racontant sa réception comme
» chevalier du Saint-Sépulcre, dans l'église du Calvaire, à douze pas du
» tombeau de Jésus-Christ, à trente du tombeau de Godefroid de Bouillon ; je
» venais de chausser l'éperon du libérateur du Saint-Sépulcre, de toucher
» cette longue et large épée de fer, qu'avait maniée une main si noble et si
» loyale. Que l'on se rappelle ces circonstances, ma vie aventureuse, mes
» courses sur la terre et sur la mer, et l'on croira sans peine que je devais
» être ému. Cette cérémonie au reste ne pouvait être tout à fait vaine ; j'étais
» français : *Godefroid de Bouillon était français ;* ces vieilles armes, en me
» touchant, m'avaient communiqué un nouvel amour pour la gloire et l'hon-
» neur de ma patrie. Je n'étais pas sans doute *sans reproche*, mais tout fran-

(a) Excursion en Orient, par le comte Ch. de Pardieu. Paris, 1851, in-octavo, p. 267.

» leur erreur quelques voyageurs que j'ai rencontrés, et qui
» tous paraissaient jaloux de conserver cette gloire à la grande
» nation. Je pardonne cependant volontiers au plus illustre de
» nos pèlerins modernes le saint enthousiasme qui lui inspira
» ces éloquentes paroles : *Je saluai*, dit-il, *les cendres de*
» *ces rois chevaliers qui méritèrent de reposer près du grand*
» *sépulcre qu'ils avaient délivré. Ces cendres sont des cendres*
» *françaises, et les seules qui soient ensevelies à l'ombre du*
» *tombeau de Jésus-Christ. Quel titre d'honneur pour ma*
» *patrie.* Ne semble-t-il pas que M. de Châteaubriand s'est
» chargé de faire l'éloge de la Belgique, en même temps qu'il
» prononce celui de notre héros? Quel honneur en effet pour
» notre nation d'avoir donné le jour à un tel homme, pourvu
» toutefois qu'elle ne soit pas ingrate à son égard, et qu'elle
» venge au plus tôt l'affront qu'on lui a fait !

» Quant à moi, je fus bien affligé de ne plus retrouver, en
» 1840, les précieux monuments dont parle avec tant de sen-
» timent le voyageur français : je parcourais et visitais en détail
» toutes les parties de cette église si irrégulière ; je demandais
» avec anxiété les pierres sépulchrales de Godefroid et de Bau-
» douin. Enfin le bon père Jacinto me conduisit à l'endroit
» que leur assigne en effet M. de Châteaubriand, savoir à la
» partie de la paroi extérieure du chœur des Grecs, qui fait face
» à la porte d'entrée principale, la seule porte qui ne soit pas
» murée de nos jours (1). D'après le récit du père franciscain,

» çais peut se dire *sans peur.* » V., au surplus, p. 15 de l'introduction et ci-après.

(1) M. Boré dit aussi, « *que derrière la pierre dite de l'onction, où fut lavé*
» *et embaumé le corps de Notre-Seigneur, reposèrent glorieusement les corps*
» *de Godefroid de Bouillon et de Baudouin, son frère, sous des pierres sépul-*
» *chrales dont* M. de Châteaubriand et beaucoup d'autres voyageurs nous ont
» conservé les inscriptions. Les Arabes, les Mamelouks d'Egypte et les Otto-
» mans avaient tour à tour, dans leurs conquêtes, épargné les cendres de ces
» autres conquérants, ennemis pour quelques-uns d'eux, pour tous très-peu
» sympathiques, et d'une religion différente ; ils avaient respecté dans leurs

» la haine à l'égard des catholiques, ou, comme on dit dans le
» pays, à l'égard des Latins, engagea les Grecs schismatiques
» à détruire ces monuments. Après le fameux incendie du 12
» octobre 1808, ceux-ci profitèrent du dénûment complet et
» de l'extrême pauvreté des religieux de Saint-François pour
» reconstruire à leurs frais l'église du Saint-Sépulcre, et sacri-
» fièrent à leur ambition et à leur intérêt tout ce qui pouvait
» contribuer à la gloire de la vraie religion, dont ils sont les
» plus rusés et les plus irréconciliables ennemis dans ce
» pays. »

Le récit de M. de Châteaubriand, qui aurait vu les deux tombeaux hors de la chapelle d'Adam, contre le mur du chœur des Grecs, se trouvait donc confirmé par l'indication donnée en 1840 par le P. Jacinto au voyageur belge Aloys Le Grelle, encore vivant (1).

Il fallait donc admettre qu'à une époque aujourd'hui impossible à préciser, les tombeaux, jadis adossés au chœur, et qui, lorsque Rothier et de Binos les virent, étaient déjà dans un état pitoyable, furent balayés de l'endroit où ils se trouvaient encore en 1776 et 1777, et remplacés par les deux tombeaux placés au-devant de la chapelle d'Adam, et qu'avait pré-

---

» cendres l'honneur de l'Occident et l'asile inviolable de la mort. Les moines
» grecs ont violé ces tombes, dispersé les ossements, brisé les marbres dont
» les inscriptions latines attestaient, comme celle de l'étoile de Bethléem, nos
» droits de propriété, et ils restent depuis lors maîtres impunis du lieu!
» L'ignorance de ce forfait que nous dénonçons au gouvernement français,
» peut seule expliquer et justifier sa patience. » *Question des Lieux Saints*, par Eugène Boré. Paris, 1850, in-8°.

(1) Dans le plan de l'église du Saint-Sépulcre, annexé à sa brochure : *Question des Lieux Saints*, Paris, 1850, E. Boré indique aussi le mur du chœur, en face de l'entrée, comme le lieu où se trouvaient les tombes profanées de Godefroid de Bouillon et de Baudouin. M. Laorty-Hadji dit également :
« Avant l'incendie dont nous venons de parler, on voyait, *en descendant de*
» *la chapelle du Calvaire pour entrer dans celle d'Adam*, deux tombes de
» deux héros les plus illustres de la chrétienté, Godefroid de Bouillon et
» Baudouin... » *La Syrie, la Palestine et la Judée*. Paris, 1853, in-8°.

servés la basse-clôture formant l'antichapelle dont parle Surius.

Cette basse-clôture aurait disparu elle-même, sans qu'aucun voyageur eût révélé au monde catholique l'insulte faite à la mémoire des rois latins de Jérusalem. Fallait-il s'en étonner ? Agitée par les convulsions de la France, l'Europe pouvait-elle encore s'inquiéter de Jérusalem, lorsque les guerriers français, après avoir conquis l'Egypte, après avoir roulé leurs canons jusque sous les murs de l'ancienne Ptolémaïs, dédaignaient la ville sainte, et ne portaient même pas leurs regards vers elle, *parce qu'elle n'entrait pas dans leur ligne d'opérations* (1).

Entre l'abbé de Binos et Seetzen, qui précéda Châteaubriand de quelques semaines, je n'ai rencontré aucun pèlerinage en Terre-Sainte : trente ans furent absorbés par la terreur et la guerre !

L'Europe, qui suait le sang par tous ses pores, cessa de surveiller les Saints Lieux, et il était rigoureusement possible que les Franciscains, pour qui d'ailleurs les monuments des rois latins ne pouvaient être que des objets d'un intérêt terrestre et secondaire, eussent supporté sans trop s'émouvoir, eux qui étaient habitués à tant d'excès, la nouvelle avanie faite par les Grecs aux tombeaux de Godefroid et de Baudouin, comme ils durent supporter, peu de temps après, les nouvelles et graves usurpations qu'amenèrent l'incendie de 1808 et, surtout, la reconstruction de l'église du Saint-Sépulcre.

Telles étaient mes réflexions, lorsque, le 19 juin 1854, je reçus la visite de M. l'abbé Lebègue, aumônier de la prison militaire d'Alost, qui revenait de Jérusalem, où il avait séjourné, récemment, près de six semaines.

---

(1) Michaud et Poujoulat, *Corresp. d'Orient*, lettre 104.

Au moment de son départ, en 1853, je l'avais prié, lorsqu'il serait sur les lieux, de vouloir bien s'assurer s'il n'existait plus au couvent de Saint-Sauveur quelque père franciscain, contemporain de l'incendie. Ce respectable témoin, M. Lebègue, l'avait trouvé dans le P. Triphon (1), chez qui l'âge n'a aucunement affaibli l'intelligence, et il venait, avec la plus parfaite obligeance, me communiquer ses notes de voyage et ses observations : en voici le résumé.

Le P. Triphon, tenant entre ses doigts vénérables notre planche II, lui a donné l'assurance la plus positive « que le » dessin du Zuallart était parfaitement exact, que la clôture » formant l'antichapelle existait encore au moment de l'in- » cendie, et que, derrière elle, les deux tombeaux Lorrains » se trouvaient intacts. » Le bon vieillard se rappelle fort bien que d'autres tombeaux existaient encore à la même époque contre le mur du chœur. M. de Châteaubriand et le P. Jacinto

---

(1) C'est de lui que parlent M. l'abbé Claes, dans sa lettre du 22 janvier 1839 (a), et Mgr Mislin, en ces termes : « J'ai retrouvé dans le couvent » de Saint-Jean, aux environs de Jérusalem, le P. Trifone Lopez, qui est en » Palestine depuis 44 ans ; il a été témoin de l'incendie, et il m'en a raconté » plusieurs circonstances. Pendant son récit, de grosses larmes se voyaient » sur le bord de ses paupières. Chap. XX. »

« La famille des R. P. Franciscains de Saint-Jean (du désert), qui n'est » d'ordinaire que de cinq religieux, en a huit dans ce moment (octobre 1848) ; » ils sont tous Espagnols. J'ai parlé ailleurs du P. Trifone Lopez ; je savais » qu'il était ici. Je demandai à voir ce vénérable vieillard, qui est depuis 40 » ans dans la Terre-Sainte ; il a vu l'ancienne église du Saint-Sépulcre, et il » a assisté à sa destruction. Il a passé par bien des phases pénibles, et il a été » exposé avec ses frères à mille vexations, auxquelles ils se sont soumis pour » conserver les Saints Lieux ; le P. Trifone lui-même a été obligé de balayer » les rues de Jérusalem. Il m'a raconté, les larmes aux yeux, comment » l'église a été brûlée, comment la chapelle du Saint-Sépulcre a été conservée » comme par miracle, puis détruite par les Grecs, pour avoir le prétexte de » la rebâtir et de s'en emparer.

» Le P. Trifone attend dans cette solitude, loin d'une patrie qu'il aime et » qu'il ne verra plus, qu'il plaise à Dieu de lui donner la palme des confes- » seurs dans une autre patrie. Chap. XXXI. »

(a) *Revue de Bruxelles*, mars 1839, p. 153.

se sont donc mépris sur l'emplacement qu'occupaient, en 1806, les tombeaux de Godefroid de Bouillon et de son frère.

Le père Triphon, dont l'intelligence et la mémoire ne laissent, d'après M. l'abbé Lebègue, rien à désirer, affirme qu'avant l'incendie, les tombeaux de Godefroid et de Baudouin, *construits en marbre jaunâtre étranger*, n'avaient jamais été déplacés, et se trouvaient toujours dans la chapelle d'Adam lors de la catastrophe à laquelle on doit leur destruction. Quant à la forme des deux tombeaux, le P. Triphon, ayant également notre planche II sous les yeux, « atteste la conformité
» du dessin de Zuallart avec les augustes monuments, mé-
» chamment détruits après l'incendie, et qu'il s'agirait de
» rétablir dans leur forme primitive. » Ce sont les propres expressions de M. l'abbé Lebègue.

Résumons ce long chapitre.

A. Godefroid de Bouillon et les sept premiers rois latins de Jérusalem reçurent, par un honneur insigne et mérité, le privilége d'être enterrés au pied du Calvaire, au lieu dit Golgotha. C'était tout l'espace qui s'étendait à droite de la porte d'entrée (1). Il n'était apparemment pas divisé, et offrait la

---

(1) M. Laorty-Hadji n'a fait qu'entrevoir la vérité, en disant : « Cette
» chapelle d'Adam était destinée autrefois à la sépulture des rois latins de
» Jérusalem. On y déposa, outre les dépouilles mortelles de Godefroid de
» Bouillon et de Baudouin Ier, celles de Baudouin II, de Baudouin III,
» d'Amaury Ier, de Baudouin IV, et de Baudouin V. » *La Syrie, la Palestine et la Judée*, etc. Paris, 1853, in-8°.

Mariti dit également, en parlant de la chapelle d'Adam : « On sait que ce
» lieu était autrefois destiné à la sépulture des rois latins de Jérusalem, et
» nous avons la certitude qu'outre Godefroid et Baudouin Ier, on y déposa
» également Baudouin II, Baudouin III. Alméric Ier (Amaury), Baudouin IV et
» Baudouin V. » *Histoire de l'état présent de Jérusalem*, p. 57.

Je ne sais vraiment pourquoi Mariti et Laorty-Hadji, après lui, excluent Foulques d'Anjou, gendre de Baudouin II.

reproduction du premier étage. Au fond l'on voyait le rocher et spécialement la fente miraculeuse qui s'était faite lorsque le Christ expira sur la croix. C'est ce que confirme Quaresmius, t. II, p. 481 : « Hoc Adæ sacellum, dit-il, est sub eâ parte » cryptæ montis Calvariæ, in quâ Christus Dominus fuit in » cruce elevatus. » C'était une belle et large crypte (1) dont j'ai déjà fait remarquer que le P. Gonzalès a donné un dessin hypothétique fort curieux. Une voûte la couvrait depuis la paroi extérieure de l'église jusqu'au corridor conduisant autour du chœur des Grecs, vers la chapelle de Sainte-Hélène. Cette voûte formait, au premier étage, et au niveau du mont Calvaire, l'aire des deux chapelles dites de la plantation de la croix et du crucifiement.

Ces huit tombeaux subsistèrent en cet endroit jusque vers le XVI° siècle, et Radzivill est le premier qui, en 1583, signale le déplacement d'une partie des tombes royales.

B. A partir du XVI°, jusqu'à la fin du XVII° siècle, on ne voit plus à droite, au rez-de-chaussée, que les tombeaux de

(1) *Crypte* : ce mot vient du grec κρύπτη, qui signifie *cave, grotte,* et plus particulièrement *voûte souterraine.*

Lorsque la religion chrétienne commença à se propager dans l'ancien monde, elle fut persécutée partout, et forcée de célébrer ses mystères dans les *latomies* ou carrières, dans les catacombes, dans les grottes des montagnes, etc. Toutes ces cavités étaient comprises par les anciens sous le nom de *cryptes;* mais quand il fut donné aux chrétiens d'exercer au grand jour les rites de leur religion, ils voulurent consacrer dans les églises et dans les basiliques un endroit spécial, qui pût rappeler aux fidèles le souvenir des lieux où, pour la première fois, la parole de Dieu avait été prêchée; ils creusèrent donc, sous leurs temples, de véritables églises souterraines qui, en souvenir des grottes et des catacombes, furent nommées également *cryptes* ou *voûtes.* (*Encyclopédie du 19° siècle*, Paris, 1842-1853.)

Il est, je pense, inutile de répéter ici que, relativement aux chapelles du crucifiement et de la plantation de la croix, placées sur le Calvaire, et où l'on se rendait par un escalier de vingt degrés environ, la chapelle d'Adam était un véritable souterrain, bien qu'elle fût de niveau avec le reste de l'église de la Résurrection, à l'exception toutefois de la chapelle de Sainte-Hélène.

Godefroid de Bouillon, de Baudouin, et de Melchisédech : ces trois monuments se trouvaient dans une chapelle désignée sous une foule de dénominations différentes, et qui s'avançait dans le transsept, à l'aide d'une clôture peu élevée dont Zuallart parle le premier. Entre cette chapelle, devenue une crypte obscure, et le mur extérieur de l'église, s'étend un espace vide, clôturé lui-même par un mur, qui est très-apparent dans la gravure de Zuallart : les Grecs n'ont pas rougi d'en faire un réfectoire ou un magasin.

Les autres tombeaux se trouvent relégués dans le passage public, contre le mur du chœur, et leur nombre varie, selon les voyageurs, de trois à six : tous sont d'accord sur leur délabrement progressif.

C. Enfin, d'après Châteaubriand, au commencement du xixe siècle, les tombeaux adossés au chœur des Grecs n'auraient plus été que des débris qu'il était devenu facile de faire disparaître : la révolution française en fournit probablement l'occasion, comme aussi celle de déblayer la chapelle d'Adam, dont la possession était enfin restée aux Grecs. En 1806, tombeaux et clôtures en auraient disparu (1). Les tombes royales de Godefroid et de Baudouin auraient remplacé les débris des mausolées déjà sacrifiés, et le prétendu tombeau de Melchisédech aurait été lui-même anéanti, sans respect pour la tradition que les Grecs avaient accréditée avec tant de succès.

D. Survient l'incendie de 1808 ; mais toute la partie de l'église où se trouvait la pierre de l'onction reste intacte. Qu'importe ! l'architecte des Grecs détruit ce que le feu a épargné ; il bouleverse tout, élève une lourde maçonnerie devant les chapelles du Calvaire, et convertit en simples maté-

---

(1) Nous avons démontré, p. 341, l'erreur du P. Jacinto et du vicomte de Châteaubriand.

riaux les tombeaux qu'avaient épargnés la conquête de Saladin en 1187, la rage des Karismiens en 1244, et l'oppression de cinq siècles !

En 1806, une partie au moins des tombes royales subsistait encore.

En 1808, elles avaient totalement disparu !

« La haine des Grecs (1) contre les religieux catholiques
» éclata par un acte sauvage. Il y avait dans une chapelle
» au-dessous du Calvaire, les tombeaux de Godefroid et de
» Baudouin ; l'incendie ne les avait pas touchés, la main
» des Grecs les brisa et jeta au vent ces cendres héroïques.
» Les tombeaux des deux rois *français* étaient là comme
» les protecteurs de nos catholiques : les libérateurs du divin
» sépulcre semblaient défendre encore les gardiens des Saints
» Lieux, au milieu de Jérusalem devenue Musulmane, et les
» Grecs trouvèrent beau de se jeter sur ces morts glorieux
» qui n'étaient plus que de la poussière. »

C'est à tort que les écrivains français s'obstinent systématiquement (2) à substituer au mot *Franc* une synonymie apparente qui bouleverse toutes les notions historiques. Latins et Francs, c'était la même chose ; M. Poujoulat l'a compris, sans reculer devant cette espèce d'usurpation : « Nous appelons français,
» dit-il, le royaume fondé au pays de Jérusalem par les armées
» chrétiennes ; que les autres nations de l'Europe qui ont pris
» part à l'immense mouvement de la croisade nous pardonnent
» ce patriotique orgueil. Le royaume établi à la fin du XIe
» siècle dans l'ancienne contrée de David et de Salomon fut un
» royaume français, parce que la France eut la gloire d'en-

---

(1) Poujoulat, *La France et la Russie à Constantinople et la question des Lieux Saints*. Paris, 1853, in-8°.
(2) V. p. 337 ci-dessus.

» traîner sur la route du saint tombeau le reste du monde
» européen, parce que c'est la France qui fournit le plus
» d'hommes et de guerriers illustres à la cause de la croix, et
» surtout parce que tous les rois de Jérusalem redevenue
» chrétienne appartenaient à notre nation. Le nom de Franc,
» qui, dans les langues de l'Orient, désigne les peuples de
» l'Europe, est un souvenir glorieux de ces époques où, pour
» les nations asiatiques, l'occident c'était la France. » (*Histoire de Jérusalem*, t. II, p. 235.)

Que d'erreurs et quelle confusion !

Les Orientaux ont conservé aux mots *Francs*, *Franchi*, la signification qu'ils avaient au moyen âge ; durant les croisades comme aujourd'hui, ils ne désignent les Occidentaux que sous le nom de *Francs* ; c'est un terme générique qui n'est pas plus synonyme de *Français*, que la *France* des Croisés ne l'est de la France de Louis XIV ou de Napoléon. C'est ce qu'a très-bien reconnu un auteur français, que nous citons précisément à cause de cette origine : « Les auteurs Arabes qui se sont
» occupés des croisades, dit M. Rainaud dans l'introduction
» du tome IV de la bibliothèque des croisades, n'appellent
» jamais les chrétiens d'Occident que du nom de Francs. La
» gloire et les conquêtes de Charlemagne avaient élevé ce nom
» au-dessus de tous les autres : il se répandit dans l'Orient et
» s'y conserve encore. Il suffira donc d'avertir qu'on entend
» par cette dénomination les Français, les Italiens, les An-
» glais, les Allemands, les Danois et les peuples chrétiens
» d'Espagne ; en un mot, toutes les nations de l'Europe s'y
» trouvent comprises, à la réserve des Musulmans d'Espagne,
» des Grecs de Constantinople, et des peuples sauvages du
» Nord, qui ne prirent jamais part aux croisades. »

M. Eugène Boré rappelle les divers firmans, hatti-sherifs, etc., concernant les religieux catholiques, et ne les désigne jamais que sous ce nom de *religieux francs* : il se garde bien, lui qui connaît si bien la question, de changer l'épithète em-

ployée par les princes Musulmans en celle des Français, et il ajoute même, p. 5 : « Le sultan Mouzaffer y défend (1023) de
» molester les religieux francs, mot historiquement très-
» remarquable ici, puisqu'il prouve que les Européens
» étaient déjà désignés par ce nom générique avant la venue
» des Croisés.

Ce nom, ils le portent encore aujourd'hui. « Ici, écrit
» d'Alexandrie M. Enault (1), tous les Européens sont des
» *francs, Franchi.* On ne nous demande pas de quel *royaume*
» nous sommes, mais de quelle *province.* Nos empires, nos
» royaumes et nos républiques d'Europe ne forment qu'un
» grand tout, qui s'appelle le Frangistan. »

On lit dans l'*Epitome bellorum sacrorum* : « Christianorum variæ sunt gentes et in varias sectas divisi : quorum primi
» sunt Franci, qui Latini veriùs appellantur. » P. 320, *apud Canisium.*

Guillaume de Tyr et Jacques de Vitry désignent habituellement les Croisés, sans distinction de nation, sous le nom de *Latini*; O. Tasso sous celui de *Franchi*; Raymond d'Agiles, auteur contemporain, nous offre cette définition précieuse :
« Omnes de Burgundiâ et Alverniâ (2) et Vasconiâ et Gothi,
» Provinciales appellabantur ; cæteri verò Francigenæ et hoc
» in exercitu : inter hostes autem Franci dicebantur. »

Enfin, un écrivain belge, parfaitement compétent, réfute ainsi les prétentions de ceux qui s'obstinent à métamorphoser les *Francs* en Français : « *Teutones, Franci, Latini*, sont
» des dénominations qu'on rencontre fréquemment dans les
» chroniques. Nous ferons remarquer ici qu'il n'y a rien de

---

(1) La Terre-Sainte, voyage des 40 pèlerins de 1853. Paris, 1854, in-12.

(2) Ce n'était pas même en France, mais en Auvergne, que s'était assemblé le célèbre concile de Clermont où s'était décidée la première croisade ; l'on sait que jusqu'à la fin du siècle dernier l'ordre de Malte se composait de huit langues ou nations : Provence, Auvergne, France, Italie, Aragon, Allemagne, Bavière et Castille. La Belgique relevait de la langue de France.

» fixe dans les dénominations qui ont les territoires pour objet;
» l'Allemagne porte le nom de *Francia Orientalis*, *Francia*
» *Australis*; la France, ceux de *Francia Occidentalis*,
» *Francia Romana*; *regnum Karoli*, le territoire entre Meuse
» et Rhin, ceux de *Belgica*, *regnum Hlotari*. Aucune déno-
» mination n'a prévalu ; il y a toujours pour les chroniqueurs
» *un empire franc* avec ses anciennes subdivisions (1). »

Dès le xiie siècle, au surplus, on protestait déjà contre cette singulière usurpation. Jean de Wirzburg, qui visita les Lieux Saints en 1130, dit qu'on avait grand tort d'attribuer la prise de Jérusalem aux seuls Français, tandis que les Allemands *et leur Godefroid* pouvaient également s'en glorifier. *Cela provient*, ajoute-t-il, *de ce que les Allemands ne tardèrent pas à regagner leurs foyers*. Après avoir ainsi critiqué la partialité des historiens et l'orgueil des Français, Jean de Wirzburg s'écrie que si ses compatriotes s'étaient trouvés en Terre Sainte en aussi grand nombre que les autres nations, les limites du nouveau royaume de Jérusalem se seraient bientôt étendues au midi jusqu'au delà du Nil, et vers l'orient au delà de Damas ! (2)

———

Je ne puis terminer ce chapitre sans faire remarquer que plusieurs voyageurs, au lieu d'attribuer exclusivement aux huit premiers princes qui gouvernèrent le royaume de Jérusalem les tombes placées dans l'église de la Résurrection, ont émis à ce sujet des opinions tout à fait divergentes et parfois étranges.

Tout le monde est d'accord sur le tombeau de Godefroid de Bouillon. Nous verrons plus loin les erreurs qui concernent le

---

(1) Borgnet, *Etude sur Charles-le-simple*, p. 112 ; *Mémoires de l'Académie*, 1844.

(2) Pezii, *Thesaur. anecdot. noviss.*, t. I, p. 483.

tombeau de Baudouin Ier, tombeau qu'aucuns prétendent être celui de Baudouin-du-Bourg. Si de nombreux voyageurs négligent de mentionner le tombeau de Melchisédech, il n'en est aucun, parmi ceux qui en parlent, qui discute cette tradition, dont nous examinerons prochainement la valeur. Enfin, tandis que plusieurs voyageurs attribuent l'un des tombeaux adossés au grand chœur soit à Baudouin IV, soit à Baudouin V, d'autres assurent que ces tombeaux étaient ceux de diverses personnes appartenant à la famille royale : selon Adrichomius, l'un de ces tombeaux était celui de Thierry VI, comte de Hollande; d'après de Bruyn (1), c'était celui d'un duc de Florence, etc.

Godefroid de Bouillon et ses sept successeurs furent seuls enterrés dans l'église de la Résurrection; le nombre des tombeaux qui y existèrent jusqu'à la fin du siècle dernier coïncidait avec le nombre de ces morts illustres; enfin, il faut tout à la fois rejeter la tradition de Melchisédech et celle de divers membres de la famille royale inhumés au pied du Calvaire.

Breydenbach (1483) est le premier qui parle du tombeau de Melchisédech : il se borne à une simple mention.

Fabri mentionne aussi le tombeau de Melchisédech, mais non sans un grain d'incrédulité. « Da stehet, dit-il, ein
» capell... in der ligen vergraben die starcken Baldawinus,
» und Gottridus, und andere die gewonnen das h. Grab und
» das h. landt, und waren die ersten Lateinischen köning zu
» Jérusalem. Es sprechen auch die orientischen priester dass
» Melchisedech in der capell vergraben lige, da *wir Lateinis-*
» *chen wenig von halten.* Siben konige ligen da vergraben. »
Sept rois ! c'est précisément le chiffre des rois latins depuis Baudouin Ier jusqu'à Baudouin V, en décomptant Godefroid, qui n'en porta ni n'en reçut le titre.

(1) Voyez p. 324 ci-dessus.

Le Huen, qui décrit l'état de la Terre Sainte en 1488, omet de mentionner le tombeau de Melchisédech, ce qui est d'autant plus remarquable que son ouvrage n'est guère qu'une reproduction de celui de Breydenbach. Il fallait donc qu'à cette époque la tradition du tombeau de Melchisédech fût bien peu de chose.

Le prince palatin du Rhin Alexandre, et le comte de Nassau (1495) la dédaignent également, ainsi que Pierre Desmedt (van Steebroeck) (1505), Jean de Zillebeek (1515), Jacques le Saige (1518), Jean d'Ehrenberg, von Seydlitz (1556), le comte de Löwenstin (1561), Léonard Rauchwolffen (1573), Breuning (1579), Zuallart (1586), Jean Van Kootwyck (1598), Beauvau (1605), Jacq. Fauquenberg (1611), Bénard, (1617), Deshayes (1621), Castillo (1627), Surius (1646), Doubdan (1652), Roger (1654), Thevenot (1655), Antonio (1703), Geubels (1774), Rothier (1776), De Binos (1777), Seetzen et Châteaubriand (1806).

Radzivill (1583) et Scheidt (1614) comptent trois tombeaux dans la chapelle d'Adam et dans le voisinage cinq ou six, tout à fait pareils : ils se bornent à dire que deux de ces tombeaux, placés dans la chapelle d'Adam, appartenaient à Godefroid et à son frère Baudouin.

Gonzalès (1665) a bien soin de ne mentionner le tombeau de Melchisédech qu'en appuyant sur ce fait, que ce nom lui est donné par les Grecs qui desservent la chapelle où il est placé. Bernardino (1596) et Nau (1674) en font de même, ainsi que Quaresmius (1630) et de Bruyn (1681).

L'on voit donc, comme le faisait remarquer le P. Fabri, dès 1483, et comme l'a judicieusement répété M. T. Tobler en 1851, que les Latins se défiaient de la tradition de Melchisédech et ne la mentionnaient qu'avec réserve. Il faut avouer toutefois qu'ils ne s'en défiaient que par instinct, et que nul d'entre eux n'allègue la fraude évidente dont les Grecs s'étaient rendus coupables en inventant cette tradition, après avoir effacé l'inscription du tombeau, pour l'attribuer impunément à un personnage historique dont le souvenir devait être vivace à Jérusalem et auquel se rapportaient déjà d'autres traditions; en effet, nous voyons que derrière la chapelle du crucifiement, il se trouvait jadis une chapelle dite d'*Abraham et de Melchisédech* (1), et que la vallée de Josaphat, ainsi nommée depuis qu'un roi de ce nom y fit élever son tombeau, est encore appelée dans l'Ecriture vallée de *Melchisédech*.

Ce dernier passe pour avoir été le fondateur de Jérusalem : elle fut ensuite la capitale des Jébuséens, ce qui lui fit donner le nom de *Jébus*. De ce dernier nom réuni à celui de *Salem*, qui signifie *vision* ou *séjour de la paix*, on aurait fait Jérusalem; mais il est à remarquer qu'on l'appelait communément *Hiérusalem*, *Hierosolyma* : cette dernière dénomination ne provient-elle pas tout simplement du mot grec *Hiéros*, et de *Salem*, la *sainte ville de Salem?* Aujourd'hui encore les Arabes l'appellent *la sainte*, *El Kods*. C'est en effet pour les Musulmans comme pour nous la ville sainte (2), puisque,

---

(1) Nous verrons plus loin qu'on a aussi donné à la chapelle de Godefroid de Bouillon le nom de *chapelle de Melchisédech*.

(2) On lit dans une *lettre d'un missionnaire d'Alep sur le Ramadan des Turcs, sur la Pâque des chrétiens*, etc. (Lettres édifiantes et curieuses, mémoires du Levant, t. II. Paris, 1810, p. 135), ce qui suit :

« Au reste, le respect des Musulmans ne se borne pas à la Mère de notre
» Dieu ; le sépulcre du Messie est un des termes de leurs pèlerinages de
» dévotion : on regarde ceux qui ont visité les sépulcres des deux prophètes
» comme des hommes d'une piété extraordinaire ; et à ce double pèlerinage
» sont attachées des marques de distinction : c'est un saint, dit-on, il a été à
» Jérusalem et à La Mecque. Un de nos marchands, qui a demeuré longtemps
» dans la cité sainte et qui avait vu plusieurs fois de ces pèlerins turcs, m'a
» raconté qu'ils allaient sur leurs genoux et se traînaient à terre depuis la
» porte jusqu'au Saint-Sépulcre ; qu'avant d'y entrer, ils ôtaient la laisse de
» leur turban : c'est chez eux une marque d'ignominie quand on le fait par
» force, et une marque de respect quand on le fait volontairement ; qu'ensuite, ils se prosternaient ; qu'ils faisaient des inclinations profondes, et
» qu'ils frappaient de leur tête le pavé. Ce spectacle, ajoutait-il, m'a toujours

selon eux, Mahomet s'est élevé vers le ciel de la fameuse roche vénérée dans la magnifique mosquée dite d'Omar, du nom de ce conquérant fameux qui, après un siége de deux ans, s'empara de Jérusalem, en 638. Cette mosquée servit d'église patriarcale sous les rois latins ; dépouillée en 1187, par Saladin, de tous les signes du christianisme, elle fut lavée d'eau de rose au dedans et au dehors, et rendue au culte de l'Islam. Jusqu'à ce jour, Dieu n'a pas permis qu'il en fût autrement.

La cité de Salem, dont Melchisédech fut pontife et roi, est-elle la même que Jérusalem ? M. Poujoulat résout cette question négativement (1). « La cité de Melchisédech, dit-il,
» appartenait d'après la Genèse au territoire de Sichem (*urbem*
» *Sichimitarum*). Jacob y planta sa tente en revenant de
» Mésopotamie ; il avait passé auparavant par Socoth sur la
» rive orientale du Jourdain : c'est après avoir quitté Salem
» que le patriarche voyageur arrive à Béthel, située à l'orient
» de Sichem. Cette simple indication des lieux doit, selon
» nous, suffire pour trancher la difficulté ; du moment que la
» Genèse place Salem, ville de Melchisédech, sur la rive
» occidentale du Jourdain, au nord de Béthel, il n'est plus

» édifié et m'a quelquefois attendri jusqu'aux larmes. Le Grand-Seigneur lui-
» même, parmi tous les titres pompeux et magnifiques qu'il prend dans les
» ordres qui émanent du trône, se fait toujours gloire de prendre celui de
» *protecteur et de conservateur de la cité sainte de Jérusalem*. C'est une con-
» solation bien sensible, pour de pauvres chrétiens captifs, de voir leurs
» orgueilleux maîtres faire tant d'honneur au Dieu qu'ils adorent. Aussi
» croient-ils fermement tous les articles de la foi, tandis que des chrétiens
» d'Europe se font quelquefois un malheureux plaisir de se tourmenter par des
» doutes éternels et affectés. »

Qui ne se rappelle qu'à différentes reprises, durant la guerre de Crimée, nombre de publicistes prêtèrent avec persistance à l'empereur des Français la pensée, si éminemment chrétienne et nationale, de prendre officiellement le titre de *Protecteur des Lieux Saints*. C'eût été, dans un temps rapproché, l'émancipation réelle de la Terre Sainte.

(1) *Histoire de Jérusalem*, t. I, chap. III. — V. *Quaresmius*, t. II, p. 579.

» permis de la confondre avec l'autre cité de Salem qui,
» tombée au pouvoir de Jébus, ajoutant à son nom celui de
» son nouveau maître, s'appelle Jébusalem ou Jérusalem :
» celle-ci était située à douze lieues de la mer, dans les mon-
» tagnes, à neuf heures à l'occident du Jourdain, à douze
» heures au sud-ouest de Béthel. »

Quoi qu'il en soit, si cette tradition n'avait pas été uniquement le fait de l'imagination des Grecs, elle leur eût semblé respectable, et le prétendu tombeau du roi Melchisédech n'eût point disparu, lorsque les tombeaux de Godefroid et de Baudouin, enlevés de la chapelle d'Adam dont ils avaient la possession, furent détruits après l'incendie de 1808.

Quant aux tombeaux placés contre le chœur à une époque non déterminée, et que nous avons soutenu s'être trouvés primitivement sous et contre le Calvaire, à droite en entrant dans l'église et sur une seule ligne, comme le dit Guillaume de Tyr, les voyageurs ont émis sur leur compte de bizarres allégations.

Ils étaient, dit Radzivill, le premier qui en parle après leur déplacement, au nombre de cinq ou de six : le texte de Zuallart n'en mentionne pas le nombre, mais il en figure *six* dans le plan général de l'église.

Quaresmius, Vanderlinden, Surius, Doubdan, Roger, Thevenot, Miglionico, Myller, Rothier, de Binos et Jean Van Kootwyck en comptent quatre ; le baron de Beauvau n'en trouve que deux.

Breuning, Scheidt et de Bruyn assurent qu'il s'en trouvait trois : tous les auteurs sont, du reste, unanimes sur la grande ressemblance de ces tombeaux entre eux (1).

---

(1) *Sunt etiam et alia quinque vel sex sepulchra, uno eodemque modo et formâ constituta.* Radzivill, p. 55, ép. II.

Il est permis de conclure de ce résumé rapide que le nombre des tombes royales placées dans l'église correspondait à celui des rois latins qui y furent successivement inhumés.

Si l'on n'avait pas réservé aux chefs du royaume l'honneur insigne d'être ensevelis au pied du Calvaire, honneur qui faisait encore palpiter la fibre poétique de Torquato Tasso, lorsqu'il s'écriait :

> Chi sia di noi, ch' esser sepulto schivi
> Ove i membri di Dio fur gia sepulti !

si l'on avait admis, dis-je, au partage de ce glorieux privilège les divers membres de la famille royale, n'est-il pas évident qu'au lieu de trouver à peu près chez tous les voyageurs un nombre égal à celui des tombeaux de rois latins, on l'eût facilement doublé?

D'ailleurs, l'histoire est muette sur cette circonstance capitale que l'un ou l'autre membre de la famille royale ait été, de 1100 à 1187, enseveli dans l'église du Saint-Sépulcre : or, peut-on admettre qu'il y ait eu pareille omission, lorsqu'on voit le soin tout particulier qu'eurent les écrivains contemporains de constater le mode de la sépulture des rois qui succédèrent à Godefroid, jusqu'à Guy de Lusignan? L'histoire au contraire nous fournit plus d'un argument pour démentir ceux qui ont voulu placer au pied du Calvaire *les épouses ou les fils* de nos rois latins.

Sans parler de la première et chevaleresque épouse de Baudouin I, Godwera, qui ne voulut jamais l'abandonner (1), et qui mourut non loin de Marra (Marésie), nous voyons que,

---

(1) *Hâc in regione Maresch (Marésie), uxor Baldewini nobilissima, quam de regno Angliæ eduxit, vitam exhalavit, sepulta catholicis obsequiis, cujus nomen erat Godwera.* Albert Aquens., (lib. III, cap. 37). Guillaume de Tyr (liv. VIII, ch. 18) l'appelle *Gutuera*, et Orderic Vital (liv. V) *Godechilde*. Elle était fille de Raoul II, seigneur de Conches, et séparée, d'après *l'art de vérifier les dates*, de Robert de Beaumont, comte de Meulent.

devenu prince d'Edesse ou de Rohais comme on disait alors, Baudouin se remaria avec la fille d'un prince d'Arménie nommé Taphnuz ou Taphroc, qui lui donna 60,000 besans en dot, et l'institua héritière de toutes les forteresses qu'il possédait. Devenu roi de Jérusalem, Baudouin l'y amena avec lui, mais à cause de son inconduite, il fut obligé de la reléguer dans un couvent (1). Elle obtint à la fin la permission d'en sortir, et se retira à Constantinople : d'autres disent qu'elle s'évada de cette retraite et retourna dans sa famille.

Pendant qu'elle vivait encore, Baudouin, poussé par l'extrême besoin d'argent où il se trouvait souvent réduit, eut l'inconcevable idée d'épouser l'opulente comtesse de Sicile, Adèle ou Adelaïde, sœur de Robert Guiscard et veuve de Roger, qu'à la suite d'une grave maladie, il se décida à répudier sur les justes représentations du clergé (2).

(1) « Sed quoniam calumniæ patere dignoscitur, quia uxori dicitur dedisse
» repudium, causa sic traditur. Mulier ipsa ex optimis terræ oriunda gentili-
» bus, post maritum, ipso jubente, Hierosolymam tendens, ad portum usque
» S. Simeonis marinâ evectione devenerat... diù ipsam retentam postmodum
» abire permittunt. Quæ cum ad virum venisset, incontinentiam ethnicam
» Rex ipse habens non sine ratione suspectam a thoro proprio prorsùs absten-
» tam, mutato habitu, posuit eam cum monachabus aliis apud beatam matrem
» Dei virginis matris Annam. » Guibert, abb. p. 558.

Ce fut, dit-on, dans l'abbaye de Sainte-Anne que fut enfermée cette femme de Baudouin Ier. « L'église de Sainte-Anne, dit Mgr Mislin, chap. xxv, dont
» il reste d'assez belles ruines, avait été jointe à une abbaye de religieuses,
» sous les rois chrétiens. L'abbaye fut convertie en collége de Faquirs par
» Saladin, et aujourd'hui on y voit encore une mosquée. Les Pères de la Terre-
» Sainte obtenaient chaque année, à prix d'argent, la permission de célébrer
» la messe dans ces ruines, le jour de sainte Anne. » Grâce à S. M. l'empereur des Français, protecteur des Saints Lieux, ce respectable sanctuaire vient d'être restitué aux Latins, et remis, le 1er novembre 1856, par le pacha de Jérusalem, au gouvernement français, qui se charge généreusement de la restauration de l'édifice.

(2) « Rex cum suis Montem-Regalem et indè Hierosolymam reversus
» (1116) comitissam Siculorum non legitimè ductam uxorem, mortis timore
» perterritus, ablateravit, ei quam pelicis amore dimiserat reconciliatus uxori

La princesse retourna, l'an 1147, en Sicile, où elle mourut peu de temps après Baudouin (Albert d'Aix, liv, XII, c. XXI, et Guillaume de Tyr, liv, II, c. XV).

La femme de Baudouin-du-bourg s'appelait *Marsilia*, selon d'autres *Morsia*, *Morphie*, *Morsise* ou *Mersie*; elle était fille de Gabriël, seigneur de Mélétine en Arménie. Il en eut quatre filles, *Mélisende* ou *Mélusine*, qui épousa Foulques, comte d'Anjou, en faveur de qui Baudouin abdiqua peu de temps avant sa mort; *Alix* ou *Alisa*, qui épousa Bohémond, prince d'Antioche, et mourut à Laodicée; *Hodierne*, qui épousa Raymond de Toulouse, comte de Tripoli, et *Ivette*, qui, après avoir été religieuse dans l'abbaye de Sainte-Anne à Jérusalem, devint abesse du monastère de Bénédictines fondé à Béthanie par la reine Mélisende.

Après la mort de Foulques, Mélisende conduisit brillamment, à titre de reine ou de régente, les affaires du royaume; elle fut enterrée dans l'église de la Sainte-Vierge, située à l'extrémité septentrionale de la vallée de Josaphat. M. Poujoulat y vit encore son tombeau. « J'ai vu, dit-il, le sépulcre de
» Mélisende, à droite en descendant les degrés du temple sou-
» terrain; on n'y trouve plus les portes de fer dont il était
» entouré, ni l'autel où chaque jour se célébrait le saint
» sacrifice pour le repos de son âme et pour tous les fidèles
» trépassés. » *Corresp. d'Orient*, Let. 105.

Foulques d'Anjou et Mélisende avaient eu quatre enfants: leur fils aîné, Baudouin III, mourut sans postérité. Ce dernier avait épousé en 1158, la princesse Théodora, nièce de l'empe-

» legitimæ adhùc viventi. » (*Secunda pars hist. Hierosolym.*, p. 611.) Cette prétendue réconciliation n'est rien moins que prouvée; je ne sais quel écrivain dit même que la princesse d'Arménie continua, à Constantinople ou en Arménie, le cours de ses galanteries, et y donna l'exemple des plus grands scandales. On ignore son nom. L'auteur inconnu du poème de Godefroid de Bouillon, publié par la Commission royale d'histoire, fait contracter mariage entre Baudouin et une princesse musulmane du nom de *Margalie* ou *Murgalie*, mais ceci appartient à l'histoire romanesque de ce prince.

reur grec Manuel, âgée pour lors de treize ans. Devenue veuve, elle se remaria avec Andronic Comnène, son proche parent. Amaury qui avait épousé, en 1157, Agnès de Courtenai, sa parente au quatrième degré, fut obligée de la renvoyer, à la mort de son frère qu'il était appelé à remplacer, le patriarche ayant refusé de le couronner sans cette concession. Agnès épousa alors Hugues d'Ibelin, et Amaury la princesse Marie, autre nièce de l'empereur Manuel; devenue veuve en 1176, celle-ci se remaria avec Balian, seigneur d'Ibelin.

Du premier lit, Amaury eut Baudouin V, qui lui succéda, et Sibylle qui épousa en premières noces Guillaume-Longue-Epée, marquis de Montferrat, et ensuite Guy de Lusignan; du deuxième lit, il eut Isabelle, qui se maria quatre fois.

Ces deux princesses, Sibylle et Isabelle, ne moururent qu'après la prise de Jérusalem par Saladin. Il semble positif que Sibylle mourut, avec ses quatre enfants, au siége de Saint-Jean-d'Acre; cependant, une tombe posée dans l'église de Namèche sur la Meuse, près de Namur, et dont la sculpture porte tous les caractères du XIIe ou du XIIIe siècle, nous apprend qu'une princesse, du sang des rois de Jérusalem, termina sa carrière dans le château de Samson, situé en face de Namèche, sur la rive droite de ce fleuve. « Quelle était
» cette princesse, dit notre excellent baron de Stassart (1)?
» C'est un problème historique que je n'entreprendrai pas
» de résoudre, du moins pour le moment. Galliot, dans
» son *histoire de Namur*, t. IV, p. 324, et l'auteur des
» *Délices du pays de Liége*, t. II, p. 96, prétendent que
» c'est Sibylle de Lusignan, sœur de Baudouin IV... L'auteur
» d'un manuscrit que j'ai dans ma bibliothèque affirme que
» cette princesse du sang des rois de Jérusalem est l'impératrice
» Marie (il lui donne par erreur le nom de Marthe), fille de

---

(1) *OEuvres diverses du baron de Stassart*. Bruxelles, 1854, in-8º, p. 287.

» Jean de Brienne, roi de Jérusalem, femme de Baudouin II,
» de Courtenay, dernier empereur latin de Constantinople, et
» qui fut expulsée de Namur en 1258, après une régence fort
» orageuse. Cette version, je l'avoue, ne me satisfait guère
» plus que l'autre. »

Voici cette épitaphe, telle qu'on peut encore la lire dans l'église paroissiale de Namèche, où la pierre sépulcrale, auparavant placée dans la chapelle du prieuré, fut transférée en 1690 :

JCI : GIST : LI : DROITE : IRETAVE : CASTELAINNE : DE : SENSON
Q : FU : DEL : LINAC : LE : LE : ....DE : IERSALEM : PONS : POR
LAME : Q : DEUS : .. .SOILE (1).

Baudouin-le-Mézel, ou le lépreux, fils d'Amaury, se garda bien de se marier ; il fit couronner roi, de son vivant, le fils unique de sa sœur Sibylle et du marquis de Montferrat : ce jeune prince mourut lui-même en bas âge.

Que signifie donc, en face du silence de l'histoire contemporaine, l'allégation d'un simple voyageur de 1586, de Zuallart qui, ne sachant que faire de ces tombeaux anonymes, émit pour la première fois, et sans citer la moindre autorité, l'avis que ces sépultures *étaient celles des rois latins, de leurs roynes*

(1) Cette inscription présente une lacune d'autant plus regrettable, dit M. Henri Crépin, qu'elle se trouve dans l'endroit le plus important. Les fragments des lettres qui suivent le second *le* sont insuffisants pour hasarder une opinion sur la composition du mot dont ils font partie. Galliot reproduit cette inscription d'une manière inexacte et comble cette lacune par le mot *roi ;* mais comme cette version n'est appuyée sur aucun document contemporain, et que ce lignage d'une châtelaine de Samson avec ce roi de Jérusalem est à peu près inconnu, nous laisserons la question dans l'état d'incertitude où elle est, en attendant qu'une découverte vienne nous apprendre quelle affinité existait, vers la fin du xiie siècle, entre les châtelains de Samson et les rois de Jérusalem, et nous dirons comme Croonendael : « Je laisse deviner
» aux lecteurs qui fut ceste dame et en quelle année elle mourust. » *Notes d'un touriste*, p. 5.

et de leurs enfants? Opinion que se bornèrent à répéter successivement Surius et Roger, Beauvau, qui assure que l'un de ces tombeaux est celui *de l'un des enfants de Baudouin*, l'autre, *celui de la femme de Baudouin ;* Thevenot, qui y place les *enfants de Baudouin ;* De Bruyn, qui pense que l'un de ces tombeaux pourrait bien être celui *de la femme ou des fils du roi Baudouin*, et le père Antonio qui dit que ce sont les tombeaux *des rois ou de leurs fils ?*

Que signifient surtout ces vagues assertions d'Adrichomius et de De Bruyn, qui placent parmi les sépultures royales celles d'un comte de Hollande, d'un duc de Florence et de son fils?

L'on voit donc que la malice de ceux qui avaient effacé les inscriptions des tombeaux avait obtenu un plein succès. Au milieu des misères qui accablaient constamment les religieux, gardiens des Lieux Saints, et ne leur permettaient guère de s'occuper que d'œuvres de religion et de charité, la tradition concernant les tombeaux des rois latins n'avait pas tardé à se perdre, et à être remplacée par de véritables contes, indignes de toute créance comme de toute attention.

Si la tradition était déjà perdue lors du voyage de Zuallart en 1586, faut-il s'étonner des erreurs commises par d'autres voyageurs, moins anciens ou moins compétents? Ainsi, le voyageur anglais Joliffe (1) rapporte ce qui suit :

« Une inscription en l'honneur de Godefroid et de son frère
» est attachée au mur près de l'escalier (de la chapelle d'Hélène)
» mais en faisant réparer le dommage qu'a souffert l'église, il
» y a 8 ou 10 ans, l'incendie est du 8 octobre 1807 (2), les

(1) *Lettres sur la Palestine, la Syrie et l'Egypte, ou voyage en Galilée et en Judée*, fait dans l'année 1817, par T. R. J. — Traduit de l'anglais, par Aubert de Vitry. Paris, 1820, in-8°.

(2) Cette date est erronée ; c'est bien en 1808 qu'a eu lieu l'incendie de l'église du Saint-Sépulcre. Voir *Journal de l'empire*, nos du 21 mars et 11 mai 1809.

» chrétiens grecs, à qui appartient cette partie de l'édifice,
» soit négligence, soit caprice, ont laissé recouvrir cette
» inscription d'une couche en plâtre. »

M. Joliffe doit avoir été dupe de je ne sais quelle historiette, car il est le seul voyageur contemporain qui parle de cette inscription ; mais ce qui m'a paru bizarre, c'est qu'un siècle auparavant, MYLLER, qui se trouvait à Jérusalem en 1726, après avoir rapporté textuellement l'épitaphe de Godefroid de Bouillon, dont il place le tombeau dans la chapelle d'Adam, ajoute immédiatement : « In den maueran diesem ort ist noch
» ein anderen marmel stein worauf folgende vers und lob-
» sprüche eingehauen :

« FRANCORUM GENTIS, SION LOCA, etc. »

C'est l'inscription que nous rapporterons plus loin.

L'abbé DE GÉRAMB semble se méprendre sur la forme des tombeaux, quand il dit : « Je désirais vivement de voir les
» tombeaux des deux grands héros chrétiens, celui de Gode-
» froy, la terreur des Musulmans... et celui de Baudouin, son
» frère... Je demandai qu'on m'y conduisît : mais ils avaient
» disparu ; il n'en restait plus le moindre vestige. Les Grecs
» qui ont rebâti l'église, non-seulement n'avaient pas pris
» soin de ces monuments précieux respectés par les flammes,
» *mais ils avaient fait couvrir de plâtre* les inscriptions sui-
» vantes que le pèlerin ne regardait et ne lisait jamais qu'avec
» respect... »

M. de Géramb a sans doute cru, comme le comte d'Estourmel lui-même, que les monuments de Godefroid et de Baudouin consistaient dans de simples pierres tumulaires, sur lesquelles se trouvaient gravées des inscriptions. Cette erreur est étrange.

M. Eugène Boré semble aussi la partager : « *Derrière la*
» *pierre de l'onction*, dit-il, reposaient glorieusement les

» corps de Godefroy de Bouillon et de Baudouin son frère,
» *sous des pierres sépulcrales*, dont M. de Châteaubriand
» et beaucoup d'autres voyageurs nous ont conservé les ins-
» criptions. »

———

Il me reste à examiner si ces monuments glorieux, érigés en l'honneur des premiers rois de Jérusalem, étaient de véritables tombeaux, des sarcophages, ou simplement des cénotaphes. Je n'hésite pas à me prononcer pour cette dernière opinion.

Je sais bien que Jean Van Kootwyck dit que le monument érigé en l'honneur de Godefroid contenait ses ossements : « Quod à dextris introeuntibus se offert, ad meridionale » positum latus... Godefredi, Hierosolymorum regis ossa » continet. » Mais Quaresmius, que l'on retrouve dans toutes les questions qui se rapportent à la Terre Sainte, émet un avis différent, et tout en redressant l'erreur de Van Kootwyck, il tombe lui-même dans un singulier paradoxe :

« J'ignore, dit-il, t. II, p. 481, si les corps des rois, jadis
» placés dans les monuments, s'y trouvent encore, ou n'ont
» pas été transportés par leurs descendants dans leur pays
» natal, lors de l'expulsion définitive des chrétiens de la
» Terre Sainte. La première hypothèse me semble la plus
» probable : plusieurs pensent cependant que ces corps furent
» transportés en pays chrétien.—An in præsentia sint corpora
» regum, olim in dictis sepulchris tumulata, an potiùs ab
» illorum posteris ad proprias patrum regiones translata,
» quando ultimo fuerunt christiani è Terrâ Sanctâ ejecti, me
» latet ; illud magis probabile, quoniam in Terrâ Sanctâ
» sepeliri omnes plurimi faciunt, etsi aliqui opinentur fuisse
» ad partes christianorum translata. » Quaresmius ne cite aucune autorité à l'appui de cette dernière circonstance ; et est-il probable que, soit à la mort de chaque roi, soit lors de

la catastrophe de 1187, les Croisés aient seulement pu songer à transporter en Europe les restes des souverains de Jérusalem?

Le P. Goujon (1671) dit également : « De savoir mainte-
» nant si leurs corps y sont, ou si dans les derniers malheurs
» de nos pauvres chrétiens, chassés honteusement de la
» sainte cité, on eut le loisir de transporter leurs cendres dans
» le sépulcre de leurs pères, c'est ce que je n'ay pu apprendre
» et que je désirais sçavoir... » (P. 162).

La partie supérieure des monuments, qui avait la forme d'un cercueil et qui eût dû contenir les cadavres, était d'une seule pierre (1), et ils eussent dû être creux pour constituer de véritables sarcophages. Il est bien plus probable que les corps des rois défunts étaient réellement *enterrés*, c'est-à-dire placés dans des fosses creusées en terre, et au-dessus desquelles on plaça ensuite des monuments. Albert d'Aix, contemporain de la première croisade, le dit formellement, quant à Baudouin Ier. « A domino Patriarchâ terræ commendatus
» juxtà fratris uterini sepulchrum... mausoleo sicut decet
» reges in memoriam et honorem sui nominis, magno et ma-
» gnifico opere et marmore candido polito... promotus est,
» sicut et frater ejus Godefridus eodem mausolei honore
» sublimatus est. » (Lib. XII, ch. 27.)

Bernard-le-Trésorier, écrivain du XIIIe siècle, s'exprime de même à propos de Baudouin V : « Les Templiers porterent
» le cors li roi en Jérusalem... quand le roi fu *enterrés*,
» la comtesse de Jaffe vint au patriarche et au maistre du
» temple et à celui de l'ospital, et lor pria qu'ils la conseillas-
sent (2). (Martène et Durand, t. V, p. 592).

---

(1) A l'entrée de cette première chapelle (d'Adam) sont à droite et à gauche les sépulcres des deux frères Godefroy de Bouillon et Baudouin... *d'une seule pierre en dos d'âne*, sur laquelle est gravée cette épitaphe... (*Histoire du voyage de la Terre Sainte*, par le R. P. Jacques Goujon, religieux de l'obser. de Saint-François. Lyon, 1671, in-4°.)

(2) Cap. CXLVII, traduction latine de Pipin. « Templarii regem defunctum

Le même auteur qu'on désignait jadis *comme le continuateur anonyme de Guillaume de Tyr* et que M. Michaud (1) a reconnu être en réalité Bernard-le-Trésorier, raconte les cérémonies du couronnement du jeune Baudouin. Son oncle le fit porter par un chevalier du Temple, « porce qu'il estoit petit
» et qu'il ne voloit mie qu'il fust plus bas d'eus... Ne demora
» guaires, ajoute-t-il, puisque le jeune roi ot porté corone
» que le viceroi mezel fu mort. Devant ce qu'il fust mort,
» manda-t-il tous ses barons qu'ils venissent à lui en Jérusalem
» et ils i vindrent. A ce point qu'ils vindrent, trespassa li roi
» méfians de cest siècle et furent tuit à sa mort li barons de la
» terre. Lendemain l'enfouïrent u mostier du sépulcre, là où
» les autres rois ont esté enfouis, puis le tans au roi Godefroid
» de Builon. Il estoient enfouis entre monte Cauvaire là où
» Jésus-Christ fu mis en croix et le sépulcre où il fu cochié,
» et tot est dedans le mostier du sépulcre, monte Cauvaire, et
» Golgothas. »

Il est difficile, me semble-t-il, de s'expliquer plus catégoriquement. Le petit Baudouin *fut enfoui*, comme son oncle, comme tous les autres rois depuis Godefroid de Bouillon : voilà ce que nous atteste positivement Bernard-le-Trésorier, et l'on pourrait apparemment s'en assurer par des fouilles faites avec prudence au pied du Calvaire, au lieu que nous assignons pour la sépulture réelle de Godefroid de Bouillon et ses successeurs, fouilles que nous sommes du reste loin de conseiller et qui seraient même à nos yeux d'une nature sacrilége.

Après cela, l'on ne peut guère voir qu'une figure de rhétorique dans la fameuse phrase par laquelle le Patriarche de Jérusalem et les autres prélats de la Terre Sainte, dénonçant à l'Europe d'une voix lamentable les brigandages des Karismiens

---

» Hierusalem portaverunt, *ubi apud ejus prædecessores regaliter est inhu-*
» *matus.* »

(1) M. Michaud en a retrouvé le manuscrit à la bibliothèque nationale, sous le n° 6744, in-folio.

en 1244, s'écriaient que ces barbares avaient violé les tombeaux des rois, et dispersé leurs ossements ! « Et violatis
» sepulcris felicium regum, in eâdem ecclesiâ collocatis,
» eorum ossa in christianorum injuriam disperserunt. »

Les Karismiens étaient une horde farouche et barbare, chassée de sa patrie par les Tartares, et contrainte de se répandre dans l'Asie-Mineure et la Syrie : dans leur désespoir, ils ne se montraient que le fer et la torche à la main. On doit consulter à ce sujet Mathieu de Westminster (Flores histor., Francf., 1604, in-folio), la chronique de Guillaume de Nangis; et Michaud, biblioth. des Croisades, t. IV, § LXXX.

Voici, du reste, un extrait de la lettre du patriarche de Jérusalem.

« Reverendis in Christo patribus et amicis universis, archiepiscopis,
» episcopis, abbatibus, et aliis ecclesiarum prælatis in regno Franciæ
» et Angliæ constitutis, ad quos præsentes litteræ pervenerint : Rober-
» tus, Dei gratiâ sanctæ Hierosolymitanæ ecclesiæ patriarcha, aposto-
» licæ sedis legatus; Henricus, archiepiscopus Nazarenus; I. Cæsa-
» riensis electus; R. episcopus Aconensis, et Sydonensis episcopus,
» frater Guillielmus de Roka Forti, vice-magister domûs militiæ Tem-
» pli et conventûs ejusdem domûs ; H. prior Dominici Sepulcri, abbas
» sancti Samuelis, Præmonstratensis ordinis ; B. Montis Oliveti; J.
» Templi Dominici; P. Montis Thabor et R. Montis Syon abbates,
» salutem et prosperos ad vota successus!
» Egressa de finibus Orientis crudelitas bestialis in Hierosolymita-
» nam provinciam est conversa : quæ etsi diversis temporibus à cir-
» cumstantibus Saracenis multipliciter vexaretur, his tamen diebus,
» sopitis vicinis hostibus, in statu pacifico respirabat utrumque. Exci-
» taverant autem in ejus excidium peccata populi christiani gentem
» incognitam et ultorem gladium à longinquo..... Tartari universalem
» Persidem destruentes, in nequiores se spiritus prælium converte-
» rant venantes crudelissimos Chorosminos, quos quasi dracones de
» cavernis eductos de propriis partibus expulerant. Soldanus Babylo-
» niæ, Christi fidei persecutor, eisdem Chorosminis hospitium in terrâ
» propriâ denegans, obtulit alienum, eosdem incredulos ad hospitan-
» dam vel inhabitandam terram promissionis advocans et invitans...

» Dicti Chorosmini civitatem Hierusalem propugnaculis penitùs
» immunitam sæpius invadebant. At christiani, qui erant in illâ, præ-
» dictorum sævitiam metuentes, ad veniendum in terram christia-
» norum ultrà sex millia hominum congregati, paucis in civitate relic-
» tis, confisi de treugis quas cum soldano de Craco et rusticis Saracenis
» de montanis habebant, iter cùm omnibus familiis et rebus suis per
» ipsa montana ceperunt. Egressi verò rustici partim illos gladio crude-
» liter occiderunt, partim miserabiliter captivârunt. exponentes venales
» Christianos, utriusque sexûs, et etiam moniales aliis Saracenis. Ex
» quibus cum aliqui evadentes in Ramensem planitiem descendissent,
» Chorosmini irruentes in illos, trucidârunt eosdem ità quòd ex tanto
» populo vix evaserunt trecenti, semivivi relicti. Tandem prænominati
» perfidissimi Israelitanam civitatem intrantes, quasi populo destitutam,
» christianos qui ibi remanserant, seque infrà ecclesiam Sepulcri
» Dominici receptârunt, antè ipsum sepulchrum evisceraverunt uni-
» versos. Et decapitantes sacerdotes, qui in altaribus celebrabant,
» dicebant ad invicem : *hic effundamus sanguinem populi christiani*
» *ubi vinum libaverunt ad honorem Dei sui, quem hic dicunt fuisse*
» *suspensum.* Insuper cum dolore dicimus et cum suspiriis intimamus
» quòd in sepulchrum resurrectionis dominicæ manus sacrilegas exten-
» dentes, illud multipliciter deturparunt. Tabulatum marmoreum, quod
» circùm circà erat positum, funditùs evertentes, et montem Calvariæ
» ubi Christus extitit crucifixus, et totam ecclesiam, ultrà quàm dici
» valeat in omni turpitudine, quantùm in se fuerat, fœdaverunt. Co-
» lumnas verò sculptas quæ ante sepulchrum Domini erant ad decorem
» positæ, sustulerunt; eas in christianorum contumeliam ad sepulchrum
» sceleratissimi Mahometi in signum victoriæ transmittentes. *Et viola-*
» *tis sepulcris felicium regum, in eâdem ecclesiâ collocatis, eorum*
» *ossa, in christianorum injuriam, disperserunt :* montemque Sion
» reverendissimum sinè reverentiâ profanantes, templum Domini,
» ecclesiam vallis *Josaphat*, ubi beatæ Virginis est sepulchrum,
» ecclesiam Bethleem et locum nativitatis Domini, indignis relatu
» enormitatibus polluerunt, omnium Saracenorum nequitiam exceden-
» tes, qui licet terram Christianorum sæpius occupassent, Loca Sancta
» utcumque veneranter conservabant (1).

(1) *Mathieu Paris, monach. albanensis, angli, historia major,* ed. Wats. Lond., 1684, in-folio.

Ce n'est pas aux Karismiens, mais aux Grecs schismatiques qu'il faut attribuer la destruction des tombes royales de l'église de la Résurrection. Si les Karismiens y avaient touché, il n'en serait rien resté, tandis qu'une foule de voyageurs les virent en bon état après cette époque. La phrase citée ci-dessus n'est purement et simplement qu'une hyperbole qu'expliquent et justifient les circonstances, ou bien il faut se contenter e la supposition que les Karismiens, fouillant en terre, auraient remué les ossements des rois latins, après avoir brisé leurs cercueils, pour en arracher les objets précieux qu'on place souvent à côté des corps des souverains.

M. de Villenfagne a cependant émis, dans ses recherches sur l'histoire de la ci-devant principauté de Liége, t. II, p. 545, l'opinion que le tombeau de Godefroid avait dû disparaître durant cette épouvantable invasion. Après s'être demandé si le tombeau, dont nous parle le P. Barth. Deschamps, avait été construit peu de temps après la mort de ce roi célèbre, et s'il renfermait encore ses cendres, il se décide pour la négative, par la raison, dit-il, que les Karismiens rompirent les tombeaux de Godefroid de Bouillon et de Baudouin. Mais n'a-t-on pas vu l'annaliste de Trèves, comme l'observe judicieusement M. Du Mortier, dans son intéressante notice sur les hémicycles de la cathédrale de Tournai, écrire que les Normands avaient rasé cette ville jusqu'au sol, *territorium urbis circumque ad solum demoliti sunt* (Spicileg. t. II), tandis que les monuments romains, les basiliques, les palais sont encore debout pour protester contre ces exagérations.

M. de Villenfagne estime donc que, postérieurement à 1244, l'on reconstruisit le tombeau de Godefroid de Bouillon, et par conséquent ceux de ses sept successeurs : mais pareille opinion ne saurait se soutenir. Où est l'indice d'une pareille reconstruction? quand a-t-elle eu lieu? Par qui a-t-elle été entreprise?

Pour quiconque connaît l'état de ce royaume, depuis la prise de Jérusalem par Saladin jusqu'à l'expulsion définitive des Croisés en 1291, il est indubitable que si les tombeaux des rois latins eussent péri, soit dans la catastrophe de 1187, soit dans celle de 1244, nul, parmi les Chrétiens, n'eût songé à les relever, ou n'en eût obtenu la permission. Ces tombeaux vénérables doivent donc avoir subsisté jusqu'au xix® siècle, tels qu'ils avaient été érigés successivement, pendant que la cité sainte se trouvait au pouvoir des Croisés. Dans mes longues et minutieuses recherches, je n'ai rien trouvé qui pût affaiblir ma conviction à cet égard.

Le crime de ceux qui profitèrent de l'incendie de 1808, pour anéantir des monuments qu'avaient respectés les musulmans, les barbares de toute condition, et six siècles d'indifférence et d'oubli, n'en est que plus odieux.

Faut-il s'étonner maintenant que des voyageurs modernes se soient parfois demandé *où était le tombeau de Godefroid de Bouillon?*

« Godefroid, dit Michaud, fut enseveli au pied du Calvaire;
» son tombeau et celui de son frère Baudouin furent pendant
» plusieurs siècles un des ornements du temple saint... Lors-
» qu'en 1830, je demandai à voir les deux tombeaux, on ne
» put me montrer que l'épaisse maçonnerie dont ils étaient
» recouverts, et qui les dérobait à la vue. »

« Leur architecte (celui des Grecs), dit le comte de Marcel-
» lus, se fit alors une maligne joie de détruire les tombeaux de
» Godefroid, de Baudouin, et des rois de Jérusalem, conser-
» vés sous une voûte latérale du temple : il en dispersa les
» débris, et les fit entrer dans la construction de la nouvelle
» coupole. »

« Des mains jalouses, dit M. Poujoulat, brisèrent les tom-
» bes des rois libérateurs ; deux bancs de pierres, recouverts
» de nattes, ont remplacé les deux sépulcres. »

« Les tombeaux de Godefroid de Bouillon et de Baudouin,
» dit M. de Pardieu (1), étaient au bas de l'escalier du Calvaire.
» Après l'incendie de 1808, les Grecs, en reconstruisant
» cette partie du temple, noyèrent, en partie, ces deux tom-
» beaux dans la maçonnerie, par haine pour le souvenir des
» rois latins. *Ils sont maintenant dans un passage obscur, où
» ils servent de bancs pour s'asseoir.* Il est fâcheux qu'on ait
» ainsi laissé ensevelir ces monuments de la gloire française. »

Le comte d'Estourmel avait dit avant lui : « Les tombes de
» Godefroy et de Baudouin, par le plus insigne honneur,
» avaient été érigées à quelques pas de celle du Christ. Je les
» cherchais; on *m'a montré deux bancs de marbre à l'entrée
» d'une salle obscure pratiquée sous le Calvaire*. Les pierres
» tumulaires auront été probablement retournées, et de la
» manière dont elles sont placées aujourd'hui, elles ne donnent
» même plus l'idée d'un tombeau » (P. 65, t. II.)

Cette opinion, quelque hasardée qu'elle soit, et que le
comte d'Estourmel ne s'est pas même donné la peine de vérifier, s'est accréditée dans les derniers temps, et les deux
ignobles bancs placés dans ce qu'un voyageur appelait *la chapelle de la Crevasse*, passe encore aux yeux de maintes personnes (2) comme étant les débris des glorieux tombeaux de
Godefroid de Bouillon et de Baudouin d'Edesse.

Il ne leur fallait que ce dernier outrage.

---

(1) *Excursion en Orient*, par le comte Ch. de Pardieu. Paris, 1851,
in-8°, p. 267.

(2) M. T. Tobler, ce voyageur si érudit et si judicieux, ne semble pas
repousser cette métamorphose : « Jetst sieht man, nicht mehr frei von
» Golgatha, sondern in der vorkapelle der Adams kapelle, zwei mauerbanke
» die eine südlich an der wand, welche, obschon zu niedrig das grabmal
» Gottfrieds, und die andere nordlich gegenüber, welche das monument
» Balduinus sein soll, beide nackt, ohne alle inscrifften. » *Golgatha, seine
kirchen*, etc., p. 239.

CHAPITRE III.

FORMES, MATÉRIAUX, ET DIMENSIONS DES TOMBEAUX.

Selon Willis (1), c'est Zuallart qui a donné le meilleur dessin des deux monuments consacrés à Godefroid de Bouillon et à Baudouin : c'est du moins le dessin de notre estimable compatriote que tous les voyageurs subséquents ont copié ou reproduit. Le dessin du R. P. De Miglionico (2) diffère de celui de Zuallart ; je le crois moins exact, et je puis me dispenser de le faire connaître au lecteur. Il n'existe que deux autres dessins de ces tombeaux célèbres : l'un se trouve dans le *Viaggio al S. Sepolcro ed al monte Sinaï* (v. pl. IV), déjà cité. Ce dessin, tout à fait informe, n'est

---

(1) « The best representation of the two monuments of Godefrey and » Balduin is given by Zuallardo. » P. 103. C'est ce que m'a confirmé M. l'abbé Lebègue à son récent retour de Jérusalem : ayant soumis le dessin de Zuallart (v. pl. II) au père Triphon, le dernier des Franciscains de Jérusalem qui ait vu les tombeaux avant 1808, il en a reçu l'assurance verbale que ce dessin était le seul exact, *avec cette réserve que les colonnes du tombeau de Godefroid n'étaient pas cannelées, mais semblables à celles du tombeau de Baudouin Ier*.

(2) J'ai déjà fait remarquer, p. 326, que je parle du *P. Miglionico*, qui fut président du Mont de Sion en 1688, d'après la carte illustrée de Nolin. C'est conformément au dessin de Miglionico que M. le Ministre de l'Intérieur a fait exécuter, en 1849, le petit modèle déposé par son ordre au musée des armures et antiquités.

qu'une grossière gravure sur bois qui ne peut donner aucune idée sérieuse des deux tombeaux, pas plus que les gravures rapportées par les pèlerins de Hal ou de Montaigu ne peuvent donner une idée des belles églises où se trouvent les madones célèbres qui y attirent depuis plusieurs siècles l'affluence des fidèles belges. L'autre dessin, donné par *Bernardino* dans son recueil des plan et vues de Jérusalem, et reproduit par d'autres auteurs, se rapproche plus de Miglionico que de Zuallart. Il est toutefois fait avec si peu de soin, qu'il semble n'avoir aucune prétention à un *fac-simile* proprement dit, et n'avoir eu pour but que le désir de l'artiste de bien déterminer la position des deux tombeaux.

« Retourneray, dit Zuallart, à ma première narration de
» ceste dite chapelle (de saint Jehan l'évangéliste ou de
» l'Onction), laquelle est aggrandie en longueur de quelque
» basse closture de mur, environnant les sépulchres des
» nobles princes Godefroid de Buillon et premier roy latin de
» Jérusalem, et de Baudouyn, son frère et successeur. Celuy
» dudit Godefroy, en entrant, est à main droite et l'autre à
» gauche (1), quasi tous deux d'une mesme forme, à sçavoir
» comme une tombe ou cercueil, eslevez sur quatre petits
» piliers, ayant leurs inscriptions, de l'un des côtés de la
» tombe principale, en langue latine et lettre antique lombarde
» ou romaine bastarde... » P. 165.

Le P. Bernardino est plus explicite, et il donne les dimensions précises, non-seulement des tombeaux, mais encore de

---

(1) Les auteurs leur donnent en général la même position : je ne connais que le P. Antonio qui s'écarte de cette donnée, en plaçant à gauche le tombeau de Godefroid de Bouillon : « Nell' entrar in essa subitò dentro della
» porta si vedono due sepolcri o depositi, uno per parte, a guisa di casse, col
» coperchio però a schiena di pesce, sollevati da terra, con le loro colonette;
» entrò li quali giaceno l'ossa delle due fratelli, primi Re di Gierusalemme,
» cioè nel primo, *che sta alla sinistra*, Gotifredo, e Balduino *nel secondo alla*
» *destra*, come dalle iscritioni loro si conosce. »

toute la chapelle où ils se trouvaient (1). « Le dessin qui suit,
» dit-il, est le plan particulier de la chapelle de Godefroid,
» sous le mont Calvaire : c'est là que reposent ces grands
» champions de la foi chrétienne, Godefroid et Baudouin, de
» la très-noble maison de Bouillon, et premiers rois de Jéru-
» salem.

» Le n° 12 indique les tombeaux de Godefroid et de
» Baudouin. Le socle et la partie qui repose sur les pilastres
» ont chacun 11 palmes et 9 pouces (2 mètres 38 centimètres)
» de longueur. Entre les deux monuments, il y a une distance
» de 13 palmes (2 mètres 60 centimètres).

» Le n° 13 est une belle caisse de marbre blanc que les
» Grecs prétendent être le tombeau du grand-prêtre Melchi-
» sédech, premier roi et fondateur de Jérusalem.

» Les socles des tombeaux ont un palme et 3 pouces de
» hauteur (26 centimètres) et sont d'une seule pièce de très-
» beau marbre.

» Les quatre piliers sont également en marbre, hauts de
» trois palmes (60 centimètres) : au-dessus repose un triangle
» de porphyre parfaitement poli, ayant cinq palmes (1 mètre)
» de largeur sur 11 palmes, 9 pouces (2 mètres 38 centimè-
» tres, comme on l'a déjà indiqué (2). »

(1) En rapportant au système métrique les mesures indiquées par Bernardino, l'on trouve que le palme fait vingt centimètres et le pouce deux centimètres.

(2) « Il seguente disegno è la pianta particolare della capella di Gotti-
» fredo, sotto il monte Caluario, dove stanno quelli gran campioni della
» christiana fede, Gottifredo e Baldovino, della nobilissima casa di Buglion,
» i primi Re christiani di Gierusalemme. I luoghi notati col numero 12 son le
» loro sepolture son palmi undici e nove oncie, e cinque per angoli l'una,
» cosi il zoccolo, come anco ogni faccia del porfido, che posa soprà i pilastri ;
» e tra l'uno e l'altro sepolcro son palmi tredici di distanza.

» Il numero 13 è una bella cassa di marmo bianco, quale dicono i Greci
» che è il sepolcro del gran sacerdote Melchisedec, primo Re, e fundator di
» Gierusalemme.

» Questo disegno rappresenta l'alzata della passata pianta : i zoccoli dei

Dans sa biographie de Godefroid de Bouillon, A. Theret, qui avait visité l'église du Saint-Sépulcre, raconte que « *son tombeau estoit de six pieds et demy, quatre en longueur, et celui de Baudouin de six pieds trois bons poulces.* »

« *Sur celuy de nostre Godefroy, contre une grosse pierre eslevée, faicte en dos d'asne, sont escrits ces mots, en lettres antiques, etc.* »

Van Kootwyck rapporte qu'il a vu dans la chapelle de Saint-Jean deux tombeaux de marbre, élevés sur quatre petites colonnes, également de marbre, la partie supérieure d'iceux offrant la forme d'un triangle : « In quo (sacello St-Joannis) » duo è marmore visuntur sepulchra, quaternis columellis » marmoreis imposita, formâ triangulari superiùs acuminatâ. » P. 188.

« Ces sépulcres, dit Castela, sont eslevés sur quatre piliers » fort bas.

» C'est dans la chapelle de Saint-Jean l'évangéliste, dit le » baron de Beauvau, que *se voyent les sépultures des deux* » *braves champions de la foy...* soutenus chacun de six (1) » piliers de marbre. La première est à main droite, faicte en » forme de bière, longue de douze pans (pieds) et haulte de » sept, en comprenant les piliers qui la soutiennent, laquelle » est de Godefroid de Bouillon... L'autre, qui est du roy » Baudouin, son frère, est à main gauche, longue de treize » pans et haulte de sept... Au sortir de ceste chapelle, se » voient deux (2) aultres sépultures de marbre blanc avec des

---

» sepolcri di Gottifredo et Balduino sono alti un palmo et tre oncie l'uno ; » son d'un pezzo di bellissimo marmo. Li quattro pilastri sono purè di marmo, » tutti corniciati con due oncie di cornice per banda negl' angoli, e sono alti » tre palmi, e soprà si posa un triangolo di finissimo porfido, grande palmi » cinque di larghezza, e undici e nove oncie di lunghezza per faccia, come » ho accennato. »

(1) Le dessin qu'il donne des tombeaux, et qui ne s'écarte guère de celui de Zuallart, ne leur donne que quatre piliers ou colonnettes.

(2) Son plan de l'église indique *six* tombeaux contre le mur du chœur.

» petites colonnes cannelées à la corinthienne, dont la pre-
» mière est d'un des enfants de Baudouin... »

Voici les paroles de Jacques Fauquemberg, qui vit les tombeaux en 1612 : « Celuy de Godefroy est à dextre en
» entrant, cestuy de Baudouin à sénestre, de même sorte,
» façon et grandeur à l'un l'autre, sçavoir comme une tombe
» ou cercueil, soutenu sur quatre piliers, ayant leurs inscrip-
» tions comme s'en suit... » P. 50.

« En entrant, vous voyez, dit Bénard, le sépulchre
» du vaillant Godefroy de Bouillon, tout faict de marbre
» blanc, eslevé en dos d'asne et porté sur quatre petites co-
» lonnes de marbre, hautes environ de deux pieds, et celuy
» de son frère Baudouin, second roy de Hiérusalem, aussi
» faict de marbre, et de mesme façon et hauteur, esloignez
» l'un de l'autre de quatre pas, ayant un chacun tombeau son
» épitaphe... P. 221.

» Sortant de ceste chapelle et devant la grande porte de
» l'église assez près de la muraille se voient belles sépultures
» de marbre blanc que l'on tient estre d'aucuns roys de Hié-
» rusalem, mais il n'y a aucune épitaphe... » P. 222.

« Au-dessous de cette chapelle, celle de la plantation de
» la croix, sont, dit Deshayes, les sépultures de Godefroy
» de Bouillon et de Baudouin son frère... Outre ces deux tom-
» beaux, ajoute-t-il en note sans préciser leur emplacement,
» on en voit quatre autres à moitié brisés... »

Scheidt se borne à dire que les trois tombeaux placés dans la chapelle d'Adam étaient de marbre : Castillo, au contraire, assure qu'ils étaient du plus beau porphyre : « Son unos
» sepulcros de porfido hermosissimo, sustentados sobre qua-
» tro columnas cada uno. » P. 330.

Quaresmius, dont l'ouvrage immense, véritable encyclopédie topographique de la Terre Sainte, ne saurait être trop souvent consulté, ne donne pas le dessin des monuments consacrés à la mémoire des rois latins, bien qu'il nous ait

conservé le fac-similé de leurs inscriptions. Voici tout ce qu'il en dit : « Ce qu'il faut surtout remarquer dans la chapelle
» d'Adam, ce sont les deux mausolées de marbre de deux rois
» de Jérusalem, qui s'y trouvent à l'entrée, dans sa partie oc-
» cidentale : celui qui est à droite et au sud est le tombeau de
» l'invincible et très-pieux Godefroid de Bouillon, premier
» roi de Jérusalem, après la conquête de cette ville, reprise
» par les Chrétiens sous sa conduite ; celui qui se trouve à
» gauche, au nord, est celui de son frère Baudouin, qui lui
» succéda sur le trône et fut le premier roi de ce nom (1). »

Vanderlinden s'explique mieux sur la forme des tombeaux :
« A l'entrée se trouvent deux tombeaux de marbre : ce
» sont les tombeaux des rois. Ils sont placés à droite et à
» gauche dans les coins, et sont aigus comme des cercueils.
» Chacun d'eux est posé sur quatre petits piliers de marbre
» placés aux extrémités.

» Le tombeau de droite, vers le sud, est celui de Godefroid
» de Bouillon, le premier roi de Jérusalem. Il est en bon état
» de conservation, ainsi que son inscription qu'il est fort facile
» de lire..... De l'autre côté, c'est-à-dire à gauche, vers le
» nord, est un tombeau également bien conservé, sur lequel
» on lit cette inscription :

« REX BALDUINUS, ETC. (2) »

(1) « Præter dicta, quod in illo (sacello Adæ) singulari consideratione di-
» gnum est, sunt duo marmorea mausolea duorum Jerosolymitarum regum,
» quæ sunt in introitu sacelli plagæ occidentalis : quod in dexterà et meridio-
» nali est invictissimi ac piissimi Godefridi Bullonii, primi regis Jerusalem,
» post illius ultimam ab infidelibus per christianos sub illius auspiciis recupe-
» rationem : quod in lævâ et aquilonari parte, est Balduini fratris, qui illi in
» regno successit et fuit I hujus nominis rex. » P. 481, t. II.

(2) « In 't beginsel, soo men inkomt, staen twee marbere tomben oft graven
» der koningen, in de hoecken aen d'een en d'ander zyde, gaende spits om-
» hoog als daken oft geribde doodt kisten, elck staende op vier marbre
» pilaerkens op elcken hoeck aen.

» In 't graf ofte tombe aen de rechte kant van den zuyden, leyt begraven

Surius rapporte « qu'à l'entrée de l'antichapelle, sous le
» Calvaire, se voit le sépulcre du magnanime prince Godefroy
» de Bouillon, duc de Lorraine, taillé d'un marbre blanc,
» ayant huit pieds de longueur, quatre pieds et quatre doigts
» de hauteur, en forme triangulaire, supporté de quatre
» colonnes... Du costé du septentrion en la mesme chapelle,
» est le sépulcre de son frère Baudouin II, roy de Jérusalem,
» fort semblable au susdict... » Ch. 82.

En 1652, Doubdan vit, « en face de l'entrée de l'église,
» contre le chœur, trois tombeaux de marbre, avec un qua-
» trième tout rompu, de quelques roys de Jérusalem... Ces
» tombeaux estoient, beaux et bien travaillés, mais la haine
» mortelle que les schismatiques ont contre nous les a portés
» à les rompre...

» A main droite de la mesme pierre (celle de l'onction) est
» une chapelle dédiée à saint Jean l'évangéliste... en laquelle
» se voyent à l'entrée deux tombeaux de pierre de liais (1),
» selon la forme des représentations que nous mettons en nos
» églises, quand on fait le service des morts... » P. 51.

» Godefridus de Bullion, den eersten christenen koninck in Jerusalem ; staet
» gansch geheel met zyne volle opschrift goet om lesen... Aen d'ander zyde
» naer de slincke kant, naer 't noorden, is de tombe oock geheel, met dit
» opschrift : *Rex Balduinus*..... » P. 64.

(1) Le *liais* est un calcaire grossier plus ou moins dur, souvent mélangé de silice. Il est très-abondant dans les environs de Paris et dans le midi de la France : Paris, Marseille, Nîmes, Montpellier, Bordeaux en sont bâtis. On le trouve aussi, mais moins abondant, aux environs de Bruxelles, où il est employé comme pierre de petit échantillon. (*Cours de construction*, par le colonel Demanet. Bruxelles, 1847.) Par économie, on se sert souvent de *liais* en place de marbre, dit Durand, dans ses leçons d'architecture. La tombe de Frédégonde à Saint-Denis se compose d'une table en pierre de *liais*. (*Monographie de l'église royale de Saint-Denis, etc.*, par le baron de Guilhermy. Paris, 1848, in-8°.) La pierre de *liais* était souvent employée au moyen âge pour les monuments funéraires, et il est probable que c'est elle qu'on employa à Jérusalem, pour les tombeaux des rois latins successivement enterrés dans l'église de la Résurrection.

Roger, qui se trouvait à Jérusalem en 1653, à peu près en même temps que son compatriote Doubdan, dit comme lui que « dans cette mesme chapelle est le sépulcre du très-
» généreux prince Godefroid de Bouillon, duc de Lorraine,
» qui, en l'an 1099, avec l'ayde des princes chrestiens,
» conquit la Terre Sainte et fut couronné roy de Jérusalem.
» Sa sépulture est de pierre de liez, ayant plus de six pieds
» de longueur, en forme triangulaire, comme le dessus d'un
» cercueil à l'antique (1), supporté de quatre colonnes d'un
» pied et demy de hauteur... » P. 141. Le P. Roger dit en outre que le tombeau de Baudouin était près de celui de son frère, et qu'il y avait contre le chœur cinq ou six autres sépultures, dont quelques-unes étaient rompues.

Thevenot, dont je n'ai pu consulter le texte que dans la traduction hollandaise de Broekhuisen, dit que le tombeau de Godefroid se trouvait à droite en entrant dans la chapelle d'Adam, à laquelle il donne le nom de *chapelle de Notre-Dame-des-Douleurs*, qu'il était en dos d'âne, reposait sur quatre piliers de pierre, et portait une inscription gravée dans le marbre. Il ajoute que celui de Baudouin, placé à gauche, était de la même façon, et, en entier, de marbre blanc, qu'il reposait également sur quatre petits piliers de pierre, et qu'on voyait, en outre, contre le mur du chœur, quatre beaux tombeaux de marbre blanc.

Voici ce que dit Gonzalès, en parlant de la chapelle d'Adam :
« Cette chapelle a un parvis clos de murs, à l'entrée duquel
» se voit, vers le sud, le beau tombeau de marbre du vaillant
» et pieux Godefroid de Bouillon, premier roi de Jérusalem,
» après la conquête de cette ville par les Chrétiens commandés
» par lui. Il a quatre pieds et quatre doigts de hauteur, et

---

(1) « *Gemaeckt,* dit Dapper, *drie hoeks-wyze, in vorm van een roef van
» eene doodbare.* Nauwkeurige beschryving van gansch Palestyn, etc..... »
'T Amsterdam, in-folio, 1677, p. 383.

» huit pieds en longueur : il repose sur quatre petits piliers...
» En face et au nord se trouve le tombeau de son frère Bau-
» douin, deuxième roi de Jérusalem : ce tombeau est tout à
» fait semblable au premier. Plus loin, contre l'autel et au-
» delà du tombeau de Godefroid, on voit encore un autre tom-
» beau de marbre, sans inscription ; les Grecs qui desservent
» cette chapelle assurent que c'est le tombeau de Melchisé-
» dech, le premier roi de Jérusalem (1). »

Dans son voyage de Liége à Jérusalem et en Egypte, entrepris en 1666, Barthélemi Deschamps, récollet, gardien des couvents de Verviers et de Bolland (Liége, 1678, in-8°), dit que le tombeau de Godefroid de Bouillon était de marbre blanc, porté sur quatre petites colonnes, qu'il était de forme triangulaire, de huit pieds de long et de quatre de haut. Le P. Surius lui donne quatre doigts de hauteur de plus.

Jacques Goujon dit que les tombeaux de Godefroid et de Baudouin avaient chacun dix palmes de long et trois de large. Le premier était, selon lui, soutenu de quatre piliers de la hauteur de trois palmes, d'une seule pierre en dos d'âne..... P. 162.

« On trouve à l'entrée de la chapelle, dit le P. Nau,
» deux autres sépulcres de nos roys chrétiens, qui n'ont rien
» de grand que les augustes cendres qu'ils renferment. Car

---

(1) « Deze capelle heeft een voorplaets binnen dezelve mueren besloten, in
» wiens ingangh naer de zuyt-zyde het schoon marmere graf staet van den
» vromen ende godtvruchtigen Godefridus van Bouillon, eersten koninck van
» Jerusalem, naer het leste innemen der christenen onder zyn beleydt. Heb-
» bende vier voeten ende vier vingheren in de hoogde, ende acht voeten in
» de lengde, steunende op vier pilaerkens... : Teghen over naer de noordt-
» zyde staet het graf van zynen broeder Balduinus, den tweeden koninck van
» Jerusalem, zeer ghelyck aen 't voornoemde... Voorder naer den autaer
» boven het graf van Godefridus, ziet men noch een ander marmeren graf
» zonder opschrift ; de Griecken die deze kapelle bedienen, zegghen dat het is
» 't graf van Melchisedech, den eersten koninck van Jerusalem... » P. 427.

» c'est une simple pierre en forme de bière, élevée sur quatre
» petites colonnes. »

Le peintre hollandais De Bruyn, qui partit de La Haye pour l'Orient le 1ᵉʳ octobre 1674, et qui consacra près de dix-neuf années à ses voyages, se garde bien de passer sous silence la chapelle d'Adam et ses curiosités :

« On y voit, dit-il, trois tombeaux dont l'un, construit en
» porphyre magnifique, est désigné par les Grecs comme
» celui du grand-prêtre Melchisédech. Les deux autres sont
» ceux de Godefroid de Bouillon et de son frère Baudouin,
» rois de Jérusalem... Ces deux tombeaux sont de la même
» façon, et reposent sur quatre petits piliers. Celui de
» Baudouin a onze palmes de longueur.

» En sortant de la chapelle, on voit en face du portail de
» l'église, contre le mur du grand chœur, trois tombeaux,
» tous d'un très-beau marbre (1). »

Le P. Antonio raconte qu'en entrant dans la chapelle d'Adam, ce qu'on y voit en premier lieu, ce sont deux tombeaux ressemblant à une caisse surmontée d'un couvercle en dos de poisson, et soutenue sur quatre petites colonnes.

« Nell entrar in essa, subitò dentro della porta, si vedono
» due sepolcri, o depositi, uno per parte a guisa di casse, col
» coperchio però a schiena di pesce, sollevati da terra con le
» lor colonette. »

H. Myrike se contente de dire que le tombeau de Godefroid de Bouillon était de marbre. M. Ladoire (1719) assure au

---

(1) « Men ziet hier drie graf-steeden, van de welcke d'eene gemaakt van
» schoone porfyrsteen, van de Grieken gezegd werd van den Hoogen-priester
» Melchisedech te wezen. De twee andere zyn van Godefroy de Bouillon, en
» zynen broeder Boudewyn, koningen van Jerusalem... Deze graven zyn
» beyde van een en 't zelve maaksel en staen yder op vier pilaartjes ; dat van
» Boudewyn heeft de lengte van elf palmen. Uit deze kapel tredende, ziet
» men, tegen over de kerkdeur, lange de muur van het koor heen, drie graf-
» steeden, alle drie van een zeer schoon marmer... » P. 287, t. I.

contraire que les *sépulcres de Godefroy de Bouillon* et de son frère Baudouin sont d'une pierre blanche et très-dure, mais sans aucun ornement. P. 81.

D'après J. Myller, les deux tombeaux étaient de *marbre*, ainsi que ceux qui étaient contre le chœur.

Mariti, dans son *Histoire de l'état présent de Jérusalem*, prétend que les tombeaux de Godefroid de Bouillon et de son frère *étaient tous deux en marbre ou de cette pierre qui en a la ressemblance*.

Geubels dit peu de chose : « Dan komt men aen de
» schoon verheve grave van de helden Godefridus de Bouil-
» lon, en broeder Balduinus... de graven staen vier voeten
» boven de aerde op vier pilaeren, hebbende acht voeten in
» de lengde... P. 272. — L'on arrive ensuite aux superbes
» tombeaux de Godefroid de Bouillon et de Baudouin, ces
» frères héroïques... Ces tombeaux sont élevés de quatre
» pieds au dessus du sol, et reposent sur quatre piliers : ils
» ont huit pieds de longueur. »

Rotthier est plus explicite, sans rien nous apprendre de nouveau : « In deze capelle staen de tomben van Gode-
» fridus en Balduinus, de eerste christene koningen van
» Jerusalem ; de distantie tusschen deze twee tomben is 13
» palmen... Deze zyn van zeer harten grysagtigen steen, zoo
» effen als marber, 11 palmen en 9 duymen lang en 5 breed ;
» staen op vier marbere pilaerkens, ieder hoog 3 palmen
» en wel gewerkt, zoo men kan zien in de 14° print (1),
» waerin zy duydelyk op hun zelven geteekent zyn met
» hun grafschriften... daer zyn nog vier ander graven op
» de zelve goesting, staende tegen de choor des Grieken,
» ook van zeer schoone harden steen, en waeren verciert
» met zoo schoone ornamenten, dat de Turcken daervan

---

(1) Ce dessin rappelle complètement, mais dans des proportions un peu plus fortes, celui de Zuallart.

» jalous zynde deze genomen hebben om in hunne mosqué te
» stellen (1). »

Châteaubriand, après avoir dit, dans son *Itinéraire*, que les monuments gothiques de Jérusalem se réduisent à deux tombeaux, ceux de Godefroid et de Baudouin, ajoute que ce sont deux cercueils de pierre, portés sur quatre petits piliers.

Finalement, en janvier 1854, le P. Triphon, le dernier des pères contemporains de l'incendie de 1808, déclare à M. l'abbé Lebègue, aumônier de la prison militaire d'Alost (v. p. 340), que les tombeaux de Godefroid de Bouillon et de son frère étaient exactement reproduits (2) dans la gravure de Zuallart (pl. II), qu'il avait sous les yeux, et que ces tombeaux étaient construits en marbre jaunâtre et *étranger*, affirmant qu'ils n'étaient certainement pas de pierre indigène. Les deux tombeaux étaient-ils de marbre blanc jauni par le temps, par le défaut d'entretien et par les outrages qu'ils avaient eus à subir ?

Voilà ce qu'on trouve chez les voyageurs modernes sur la matière dont se composaient les tombeaux des rois latins.

Parmi les écrivains contemporains, Albert d'Aix, dont l'histoire s'arrête à Baudouin II, était le seul qui eût énoncé que les tombeaux de Godefroid et de son frère étaient en marbre blanc poli : « Catholicis exequiis à Domino Patriarchâ
» terræ commendatus, juxtà fratris uterini Godefridi sepul-
» chrum in loco Calvariæ, in vestibulo templi dominici
» sepulcri, mausoleo, sicut decet reges, in memoriam et

---

(1) Rotthier confond sans doute les dates et les faits, les Karismiens et les Turcs : en effet, on lit dans la lettre du patriarche de Jérusalem, adressée à la chrétienté, le 3 novembre 1244, que ces barbares enlevèrent les colonnes qui décoraient l'entrée du Saint-Sépulcre et les transportèrent, en guise de trophée, dans la mosquée d'Omar.

(2) Avec cette réserve toutefois que les colonnettes des deux tombeaux étaient pareilles à celles du dessin représentant celui de Baudouin.

» honorem sui nominis, magno et mirifico OPERE ET MARMORE
» CANDIDO POLITO (1), inter cæteros sepultos promotus est,
» sicut et frater ejus Godefridus eodem mausolei honore
» sublimatus est. » (Ch. XXIX, p. 179.)

Enfin, l'abbé Ekkard, qui se trouvait en Palestine en 1101 et y resta jusqu'à l'année suivante, rapporte que Godefroid obtint dans le vestibule de l'église du Golgotha un mausolée en marbre de Paros. Il ajoute, à l'année 1108, qu'on éleva à son frère Baudouin un mausolée parfaitement semblable.

Nul doute n'existe donc sur le véritable caractère des tombeaux de Godefroid de Bouillon et de ses successeurs. Ils étaient en pierre et élevés sur quatre piliers. « Une modifi-
» cation qui caractérise, dit M. Murcier (2), les tombeaux du
» XI° siècle, c'est que bien que quelques-uns soient encore
» posés à plat sur le sol, la majorité a pour piédestaux des
» socles ou de petites colonnes ; il en résulte plus de légèreté
» pour l'aspect. » M. Murcier donne, comme spécimen des monuments de cette catégorie, le dessin d'un tombeau porté sur deux chantiers ornés, chacun sur le devant, de trois colonnettes. Il était dans le cloître de Nouaillé, près de Poitiers ; une inscription gravée sur le faîte attestait que ce tombeau était celui du prieur Guillaume. Ce dessin, qu'avait déjà reproduit M. de Caumont (3), complète merveilleusement celui de Zuallart, surtout en ce qui concerne les détails des petites colonnes qui soutenaient le tombeau de Godefroid de Bouillon.

Pierre de liais, pierre grisâtre, marbre et porphyre,

---

(1) L'*Epitome bellorum sacrorum*, dit à propos de Baudouin Ier : *In marmore monumenti ejus sculpta sunt hæc metra...*

(2) *La sépulture chrétienne en France,* par A. Murcier. Paris, 1855, in-8°, p. 3.

(3) *Cours d'antiquités monumentales,* t. VI, p. 364.

voilà les seuls matériaux dont se composaient, au dire de tous les écrivains et voyageurs, les tombeaux des rois latins enterrés dans l'église de la Résurrection, grâce à un privilége dont nous avons déjà fait ressortir l'inappréciable valeur.

Je n'hésite pas à conseiller, pour la reconstruction du tombeau de Godefroid de Bouillon, la pierre de liais, soit qu'on se serve à cette fin de la pierre blanche d'Arquennes, heureusement employée dans la restauration de la tour de la cathédrale d'Anvers, soit qu'on se décide à la tirer de l'étranger, ce qui serait regrettable.

Je la conseille, parce que, placé sur un sol étranger, en butte à la haine qui a déjà produit l'anéantissement des tombeaux primitifs, le mausolée qu'il s'agit de rétablir doit, autant que possible, se borner à rappeler la mémoire du héros brabançon, sans avoir par lui-même une valeur indépendante du prix que lui donnera ce glorieux souvenir.

Il faut d'ailleurs avouer que les anciennes magnificences de l'église de la Résurrection ayant disparu, le mausolée belge doit être en rapport avec tout ce qui l'entourerait, sans affecter des allures que ne comportent ni les lieux ni les ressources restreintes dont jouissent ceux qui seront chargés de l'entretenir en bon état de conservation.

Remarquons au surplus qu'au moyen âge, et à l'époque à laquelle appartenait le tombeau primitif dont nous déplorons la perte, l'on employait généralement la pierre de liais pour les monuments funéraires, plutôt que le marbre.

« Ces magnificences de sarcophages en albâtre ou en mar-
» bre furent ordinairement fort rares : ils étaient en pierre,
» et j'ai déjà dit plusieurs fois que l'usage de ceux-ci dura
» jusqu'à la fin du XIII° siècle. » (*Des sépultures nationales*, par Legrand d'Aussy. Paris, 1824, in-8°, p. 105.) Cette observation peut s'appliquer littéralement aux monuments de Godefroid de Bouillon et de ses successeurs.

Quant à l'emploi du bronze, il n'y faut pas songer ; ce serait, de gaîté de cœur, provoquer la cupidité et la spoliation. La fonte de fer conviendrait sous certains rapports, mais entraînerait aussi une dépense supérieure.

Plutôt que de recourir aux carrières étrangères, je proposerais d'employer la pierre bleue des Ecaussines ou de Soignies, car il faut avant tout que le monument ait une physionomie nationale : cette pierre lui donnerait au moins ce caractère, et la couleur sombre, dont l'a gratifiée la nature, ne messiérait pas à cette destination.

CHAPITRE IV.

INSCRIPTIONS DES TOMBEAUX DE GODEFROID DE BOUILLON, DE BAUDOUIN Ier, ET DES AUTRES ROIS.

Les rois latins de Jérusalem obtinrent le privilége d'être enterrés dans l'église de la Résurrection, jusqu'à la conquête de la ville sainte par Saladin. Godefroid de Bouillon reçut le premier cet insigne honneur : après lui, Baudouin Ier, son frère, Baudouin II, leur cousin, Foulques d'Anjou, gendre de ce dernier, Baudouin III et son frère Amaury, puis Baudouin IV, jouirent du même privilége. Enfin, au milieu des dissensions qui perdirent ce royaume fondé par la vaillance des Croisés, « Baudouin V, faible et fragile espoir du peuple chrétien, » mourut subitement (1180). On déposa ses restes dans le » lieu où reposaient les cendres de Godefroid, et sa tombe fut » la dernière tombe royale placée au pied du Calvaire (1). »

Souvenirs matériels et visibles de la gloire des guerriers orthodoxes, ces monuments que la piété éleva sur les restes de ces princes à jamais célèbres, ne cessèrent pas d'être, de la part des sectes qui envahirent successivement l'église de la Résurrection, l'objet d'une persécution sourde et persévérante (2).

(1) Michaud, *Histoire des croisades*, t. IV, p. 44.
(2) Il serait assurément peu équitable d'assigner aux Musulmans une part quelconque dans la destruction de ces précieux monuments de la domination

Cette haine des Orientaux contre l'Eglise latine remonte bien haut, hélas ! Elle contribua même à la catastrophe de 1187. Michaud rapporte, en effet, que les Chrétiens Melchites (1), supportant avec peine l'autorité des Latins, complotèrent une véritable trahison (2), et formèrent le projet de livrer Jérusalem aux Musulmans. Cette découverte redoubla les alarmes, et détermina une prompte capitulation (3).

chrétienne : non-seulement ils respectèrent l'église de la Résurrection, mais ils s'abstinrent de toucher aux tombeaux des rois dont la vaillance leur avait coûté si cher ! Rodolphe de Zuchen faisait observer, dès 1350, que cette tolérance était fort remarquable : « Es ist zu verwundern dass die Sarra-» cenen ire grabstatt (ceux de Godefroid et de Baudouin) und abgestorbene » leib nicht beschedigen, sondern unversert ruhen lassen, so sie inen doch » so grossen schaden zugefügt, und das ganz gelobt land abgedrungen haben. » » P. 844. — Les prélats de Terre Sainte leur avaient rendu le même témoignage à propos de l'invasion des Karismiens.

(1) A cette époque le mot *melchite* désignait les schismatiques, puisque ce ne fut qu'au concile de Florence, en 1439, qu'il y eut réunion partielle de l'Eglise grecque à l'Eglise romaine.

(2) *Bibliothèque des Croisades*, t. II, p. 39. — *Encyclopédie du dix-neuvième siècle*, t. IX, p. 338. Voici les propres expressions du savant Renaudot : « Mox Salaheddinus Hierosolymam obsedit nec cepisset absque civium discor-» diâ et *christianorum melchitarum proditione*. Nam per quemdam Josephum » Elbatith ex eâdem sectâ, qui negotiorum causâ multoties in urbem receptus » erat, eos ad excutiendum Francorum jugum, quòd numero superabant, inci-» tavit. » *Historia patriarcharum Alexandrinorum jacobitarum*. Paris, 1713, in-4°, p. 545.

(3) Faut-il s'étonner après cela de l'extrait ci-après de Gonzalès qui parle des prières faites par les Grecs schismatiques en faveur des Turcs, lors du siége de Candie. Pour bien apprécier la gravité de ce dernier fait, quelques mots sont nécessaires. Le sultan Ibrahim, qui monta sur le trône en 1640, déclara en 1645 la guerre aux Vénitiens, auxquels il reprochait d'avoir permis à des vaisseaux de l'ordre de Malte d'amener leurs prises à Candie. Les Turcs s'emparèrent de toute l'île, à la réserve de la capitale qui fut assiégée depuis 1645 jusqu'en 1669, la guerre continuant dans l'intervalle avec acharnement. En 1654 et 1656, la flotte des Vénitiens remporta, près des Dardanelles, deux victoires brillantes, et la marine des Turcs fut entièrement ruinée.

Enfin le célèbre grand-visir Achmet-Kupruli, celui-là même qui accorda en 1690 aux catholiques une éclatante réparation et leur fit restituer la moitié du Calvaire usurpée par les Grecs, se chargea lui-même de la direction du

Surius (1644), après avoir parlé des tombeaux de Godefroid et Baudouin et des autres tombes qui se trouvaient contre le chœur des Grecs, ajoute ceci :

« Les autres ont esté peu à peu brisées et gastées des
» Grecs, pour ainsi effacer la mémoire des chrestiens romains,
» lesquels naguères y furent attrapez. Le Bacha en estant
» adverty, les condamna à une amende de 1,000 piastres. Je
» dis cecy afin qu'il soit notoire à un chacun que les catholi-
» ques n'ont de plus grands ennemys au Levant que les Grecs,
» nation schismatique qui cherche par tous moyens d'oppri-
» mer les catholiques latins et se faire maistres de tous les
» Saints Lieux. »

Gonzalès (1665) dit à son tour, en faisant mention des tombeaux placés contre le chœur, qu'on ne peut plus en déchiffrer les inscriptions, à cause des dégradations que leur faisaient constamment subir les Grecs.

« Alle deze graven, dit-il, hebben de Griecken allenskens
» verdorven om alzoo de ghedachtenisse van de Latynsche
» wegh te nemen, die voor dezen eens op het feyt betrap
» zynde, ende aen den Bassa overghedraghen, hebben moeten
» twee duyzend rexdaelers tot een straffe gegheven. Ende
» noch in mynen tydt (1), als Candia belegert was van de
» Turcken, hebben zy publieckelyck ghebeden, ende doen
» bidden dat Godt zoude willen de victorie gheven aen de
» Turcken, uyt vreeze dat zy van de catholycken zouden ver-
» dreven worden, waert zy de overhant kreghen. Dit heb ick
» willen verhaelen om dat een ieder zou kennelyck zyn dat
» de catholycken gheen grooter vyanden en hebben in de

siége de Candie : il s'y transporta en 1667, à la tête de 70,000 hommes. Ce siége fut un des plus fameux dont l'histoire moderne fasse mention..... On prétend qu'il coûta dans les vingt-huit derniers mois 31,000 hommes aux Vénitiens et 19,000 aux Turcs, à qui la ville dut enfin être livrée.

(1) Gonzalès habita la Terre Sainte durant trois ans et fut gardien de Bethléem.

» ootsche landen, als deze hooghveerdighe schismatycken,
» die de Latynsche, in alles ende over al, soecken te ver-
» drucken, daer zy konnen. » (P. 427.)

Geubels (1772), dit à son tour, en parlant des tombeaux adossés au chœur : « De valsche Grieken hebben deze ver-
» nietigt, om de gedachtenisse der catholycke koningen aen
» de nakomende christenen te doen vergeten : zyn op zekeren
» tyd bevonden door de Turcken, welke hem overgedraegen
» hebben aen den Bassa en Cadi, door raed der christenen,
» en zy hebben moeten wederom opmaeken dat ze gebroken
» hadden, 2,000 piasters voor baerdgeld of boeten moeten
» betaelen, hier mede waeren dan te vrede. » (T. I, p. 266.)

Rotthier (1776) mentionne un déplacement momentané des tombeaux de Godefroid et de Baudouin, et en accuse les Grecs : « 't Sedert dat deze capelle aen de onvereenigde
» Grieken toebehoort, zyn de graven of tomben daer eens
» uytgenomen geweest, om plaets te winnen (zoo zy zeyden),
» maer 't was meerder om den lof of gedagtenis van de catho-
» lycke koningen te vernietigen : 't gene den grooten Turk
» nogtans niet verstont (1), want door zyn bevel hebben de
» Grieken, deze wederom moeten op hunne plaets stellen in
» hunne vorigen staet, boven dat hebben zy voor boete eene
» groote somme moeten betaelen. » (P. 196.)

---

(1) Ce ne serait pas le seul exemple de l'impartialité des gouverneurs musulmans et de la protection qu'ils accordèrent souvent aux latins contre les schismatiques. Mislin raconte (ch XXI) que les Grecs voulurent un jour s'emparer de l'autel placé dans la chapelle de la plantation de la Croix, et que le gouverneur, appelé sur les lieux, à la suite d'un véritable combat, dut se placer lui-même près de l'autel, et à la pointe de son propre sabre enlever le tapis qu'avaient placé les Grecs sur le marche-pied de l'autel. Ce gouverneur était Méhémet-Kupresli-Pacha, qui fut ensuite ambassadeur à Londres ; investi aujourd'hui de la dignité de Président du conseil du Tanzimat, après avoir été Grand-Visir, cet homme distingué est l'un de ceux qui contribueront le plus à sauver et à régénérer l'empire Ottoman.

L'on comprend très-bien que si les tombeaux étaient constamment l'objet des attaques des Grecs, les inscriptions qui s'y trouvaient gravées ne pouvaient guères être respectées ; c'était même ce qu'il leur fallait surtout faire systématiquement disparaître. Aussi, des trois tombeaux placés dans la chapelle d'Adam, ceux de Godefroid et de Baudouin les avaient-ils seuls conservées : le troisième tombeau, que les Grecs attribuaient à Melchisédech, et que nous avons essayé de restituer à Baudouin-du-Bourg ou à l'un des autres rois latins, en était totalement privé. Il n'est pas probable toutefois qu'il en fût originairement dépourvu, fût-il de Melchisédech. On peut donc supposer, sans crainte de calomnier les Grecs, que cette disparition fut leur fait (1). Ce sont là, de leur part, procédés ordinaires, et dont il ne faut guère s'étonner. Je trouve à ce sujet dans Mariti un passage trop curieux pour ne pas le transcrire. Sorti de la plume d'un écrivain catholique, il serait suspect à certains yeux ; il ne peut qu'avoir aux mêmes yeux un parfum délicat, venant d'un abbé voltairien qui voyait les choses sans aucune préoccupation cléricale (2), et qui applaudissait philosophiquement et sans vergogne à l'expulsion totale des Chrétiens de la Terre Sainte : « J'observe, disait-il (t. II, p. 376), en s'occu- » pant de l'église de Bethléem, que les inscriptions latines » sont plus maltraitées que les inscriptions grecques, et je » crois que cela provient de la haine des Grecs schismatiques, » qui cherchent à détruire tout ce qui rappelle le triomphe » de la foi latine. »

---

(1) Déjà en 1598, Jean Van Kootwyck parlant des tombeaux adossés au chœur, disait : « Egredientibus a dextris quatuor alia sese offerunt regia sepul- » cra muro chori adjuncta, semifracta partim et lacera, partim comminuta, » epitaphiis vel vetustate vel temporis injuriâ contritis. E quibus sequentem » hunc epigraphum colligere duntaxat licuit :
Septimus in tumulo, etc. (P. 188.)
(2) Mariti sah ohne mönchsbrill, und schreibt sehr frei, in gantzen gut unterrichtet... T. Tobler, *Topographie von Jerusalem*, t. I, p. 63.

Radzivill disait dès 1583, en parlant du triste état des inscriptions, « qu'il n'avait bien su déchiffrer que l'épitaphe
» de Baudouin : *Epitaphium unum commodé legi potest,*
» *quod Christ. Adrichomius in libro suo posuit, et ego ex*
» *sepulturâ ipsâ descripsi.* » (T. xx, p. 55, ép. ii.)

Quant aux 4ᵉ, 5ᵉ et 6ᵉ tombeaux, contigus au chœur, nous avons fait remarquer que, placés dans un passage commun et public, ils étaient, même à part toute malveillance, exposés à des dégradations inévitables. Les récits des voyageurs concernant la scandaleuse orgie dont l'église de la Résurrection est chaque année le théâtre, à l'occasion du prétendu feu sacré, donnent une idée des dangers auxquels ils se trouvèrent exposés pendant plus de deux siècles, et il n'est guères étonnant que, la malice des schismatiques aidant, ces précieux monuments aient fini par tomber en ruine.

Doubdan raconte que, le Samedi-Saint, il entra dans l'église du Saint-Sépulcre, avec plus de quatre ou cinq mille personnes, et qu'il alla prendre place dans les galeries supérieures de la rotonde pour voir à son aise les cérémonies, si l'on peut appeler ainsi le sabbat et la ronde infernale dont il fut témoin. Des femmes y montèrent aussi du côté des Arméniens : d'autres se placèrent sur des estrades préparées à cet effet en-dessous.

Une heure après-midi, les Grecs, les Arméniens et les autres schismatiques se prirent à courir autour du Saint-Sépulcre, criant *eleïson* sur tous les tons, se culbutant les uns sur les autres, et se chargeant mutuellement à grands coups de canne pour augmenter leur ferveur réciproque : ces courses s'animèrent peu à peu, et il en résulta, dit Doubdan, une confusion si horrible *que toute l'église en tremblait.* Vers les cinq heures commença la procession des Grecs, et bientôt après le feu sacré descendit du ciel dans l'intérieur du Saint-Sépulcre, où s'était enfermé le patriarche. Ce fut alors à qui se procurerait du feu nouveau, et *la nuit se passa ainsi : tout le monde était couché sur le pavé par toute l'église.*

« Environ sur les cinq heures du matin, après la messe,
» dit le même voyageur, je voulus aller faire les stations pour
» la dernière fois, mais je trouvai tout ce saint lieu, les gale-
» ries, les chapelles et le chœur même si plein d'eau et de
» saleté, qu'il n'y avait plus de place nette seulement pour
» mettre le pied, avec une puanteur si horrible qu'il estoit
» impossible d'y demeurer longtemps, et les religieux m'ont
» assuré que ce mauvais air y dure quelquefois plus d'un
» mois, tant il est infect et insupportable. »

« Quæ occurrunt, dit Quaresmius, (t. ii, p. 559), in sero
» illo sabbati, quot tumultus, quot ululatus, quæ irrisiones et
» strepitus, non modò explicari, sed ne quidem excogitari
» posse arbitror ; solùm qui videt, infidelium illorum vecor-
» diam et insaniam dijudicare potest. »

Ce que disaient Quaresmius et Doubdan en 1630 et en
1652 est encore vrai au xixe siècle, témoin ce curieux récit
que contient *L'univers,* sous ce titre : *Le feu sacré des Grecs
à Jérusalem en 1854.*

« Nos dernières correspondances de Jérusalem nous donnent quelques détails intéressants sur la manière dont les schismatiques ont cette année célébré leurs fêtes pascales dans la ville sainte. Leur jour de Pâques était le 13 avril. La veille, le 12, les Grecs, ainsi que les Arméniens, ont renouvelé les folies, ou plutôt les saturnales du *feu sacré,* douloureuse profanation du lieu le plus saint de la terre. Les pèlerins schismatiques étrangers n'étaient pas nombreux cette année : au lieu de 8.000, les Grecs et les Arméniens n'en ont guère reçu que 1,000 à 1,200.

» Dès le vendredi soir, les schismatiques de Jérusalem et des environs s'étaient portés en foule dans l'église du Saint-Sépulcre, qui ce jour-là et le lendemain ressemble à une halle où une multitude toujours bruyante, souvent licencieuse, *se suspend à toutes les galeries, à toutes les niches, se cramponne à tous les barreaux,* chantant, hurlant, poussant des cris sauvages qui font retentir les voûtes du temple de scandaleuses clameurs. La nuit du vendredi au samedi, un grand nombre d'hommes, de femmes, d'enfants, passent la nuit dans l'église, dans les chapelles latérales, dans les galeries. Qu'on n'aille pas croire que le temps s'écoule en pieux exercices, en saintes méditations. La pensée de Jésus-Christ, de ses souffrances, de son amour pour les hommes, est absente des cœurs et loin des esprits. On se groupe, on rit aux éclats, on court, on mange, on boit, on bat des mains, on saute, on crie et on se livre à mille folies ; ce va-et-vient de la foule, ce bruit, ce vacarme, cette dissipation font mal.

» Le lendemain, la foule devient plus compacte, le vacarme redouble ; les femmes cependant se rangent dans les galeries supérieures, s'accrochent à chaque rebord, s'appuient sur chaque ligne saillante ; elles sont enveloppées dans leurs voiles blancs, qui les feraient prendre pour des fantômes ; leur front est couronné de pièces d'or ou d'argent, leurs bras couverts de bracelets ; leurs pieds chaussés d'élégantes babouches. Le miracle du feu sacré arrive à heure fixe. Autrefois le pacha de Jérusalem commandait au Saint-Esprit, en agitant son mouchoir blanc, de communiquer à la foule empressée sa lumière incréée ; aujourd'hui ce dignitaire de la Porte se contente d'assister à la cérémonie, assis dans une galerie supérieure. Il arrive à deux heures après-midi dans le temple saint, précédé de ses janissaires, qui font une trouée dans la foule compacte, frappant de leurs courbaches ceux qui se rencontrent sur son passage. Tous les regards sont fixés sur le trou noir pratiqué dans le mur du petit monument qui contient le Saint-Sépulcre, et par où le feu sacré doit sortir.

» Pendant que l'évêque du feu et les autres prêtres se revêtent des habits sacerdotaux, la foule pousse des cris frénétiques ; des hommes en démence et à demi-nus forment de hideuses pyramides humaines, surmontées de jeunes gens aux longs cheveux tressés et retombant sur leurs épaules. Une des pyramides vient-elle à s'écrouler, alors chacun de ceux qui la composaient se démène comme un possédé, écume, hurle, agite ses bras tatoués, s'élance sur la foule qu'il fend en claquant des mains, recule, revient, saisit ceux qu'il rencontre, les soulève, les balance et les jette à terre en poussant d'affreux éclats de rire. Orgies, saturnales, véritable sabbat infernal où Satan a la joie de voir profaner sacrilègement le tombeau du Rédempteur.

» L'évêque du feu, le patriarche arménien sont dans la petite chapelle de l'Ange qui précède le lieu où est le Saint-Tombeau ; des janissaires armés de courbaches gardent l'entrée ; ils frappent à droite et à gauche, arrachent le tarbouche de celui-ci, repoussent celui-là, en lui flagellant le visage ; les pèlerins saisissent et brandissent les bannières sacrées, les cris redoublent, les femmes agitent leurs mouchoirs ; les bonds recommencent, le flot populaire roule vers la lucarne ;

la lumière attendue jaillit enfin du trou noir. On crie au miracle; les voûtes retentissent de clameurs diaboliques, les bras s'allongent, se croisent, et cherchent à allumer à la flamme sacrée les cierges dont ils sont munis; la lumière qu'elle communique est plus pure à sa source.

» Le feu sacré se transmet de proche en proche. On se heurte, on s'arrache les cierges brûlants, on promène le feu nouveau sur toutes les parties du corps; il a une vertu purificatrice, on s'en caresse la barbe, qui ne peut brûler, on se le met dans la bouche. Dans les tribunes, les femmes font aussi leurs purifications. Le jour tombe; la fumée noire remplit la rotonde du Saint-Sépulcre. Alors ces frénétiques brandissent la torche enflammée, et, se tenant entrelacés les uns aux autres, ils exécutent une danse digne de l'enfer. Des prêtres, des évêques, des patriarches sont là au milieu de la foule en délire, présidant cette hideuse cérémonie. Les deux clergés grec et arménien sanctionnent ainsi, de leur présence et de leur autorité, cette orgie qui rappelle les mystères du paganisme (1). »

Les auteurs émettent en général l'opinion que les inscriptions des tombeaux furent effacées par le fait des Grecs : ce n'est pas invention de ma part. « Sunt etiam et alia quinque » vel ex sepulchra uno eodemque modo et forma constituta, » dit Radzivill (1583), quorum inscriptiones ob vetustatem » difficulter leguntur. *Apparet græcæ gentis hominum ea* » *fuisse*. (P. 55.)

Longtemps après, en 1633, Vanderlinden disait à son tour, en parlant des quatre tombeaux adossés au chœur : « Zynde d'opschriften door lanckheyt des tyds vergaen, oft » van de barbaren gebroken; dan een had noch dit opschrift » dat noch kost gelezen worden, aldus... » (P. 67.)

Quaresmius suppose, pour excuser les voyageurs qui ne reproduisirent pas les inscriptions des tombeaux placés dans l'église de la Résurrection, que les uns ne purent les voir de

---

(1) Je dois avouer qu'on trouve le germe de cette cérémonie dans une tradition que mentionnent Foucher de Chartres, Guibert de Nogent, l'abbé Ekkard et G. Vinisauf, déjà cité. Quaresmius en parle également, t. II, p. 561 et 590.

leurs propres yeux, et que ceux qui eurent cet avantage manquèrent du temps nécessaire pour parvenir à les déchiffrer, *quoniàm odio Græcorum partìm demolita sunt*. Mais lui-même, il ne put reproduire que trois inscriptions ; d'où la conséquence que la plupart des tombeaux étaient, dès cette époque, dans le plus pitoyable état.

ÉPITAPHE DU TOMBEAU DE GODEFROID DE BOUILLON.

C'est dans l'*Epitome bellorum sacrorum* (1374) que je trouve la première mention de l'inscription du tombeau de Godefroid de Bouillon : « *Sepultus sub monte caluariæ prin-*
» *ceps nobilissimus et spectatissimus omnium regum et*
» *principum... Super sepulchrum... juxtà ostium à dextris*
» *in capellâ Georgitarum sculpta est hæc prosa:*

> *Hic jacet inclytus dux Godfridus de Bouillon,*
>   *Qui totam istam terram acquisivit*
>   *Cujus anima regnet cum Christo.*

« *Ici repose le célèbre duc Godefroid de Bouillon, qui acquit toute cette terre.*
  Que son âme règne avec Jésus-Christ. »

Ne croirait-on pas que cette épitaphe, si éloquente dans sa simplicité, est parvenue jusqu'à nous dans toute sa pureté, sans altération du texte, sans discussion même possible sur les mots dont elle se composait ? Il n'en est rien cependant, et sans le docte Quaresmius, nous serions encore à nous demander quelle était la véritable inscription du tombeau de Godefroid.

S'écartant de l'auteur inconnu de l'*Epitome bellorum sacrorum*, Quaresmius complète et reproduit en *fac-simile* l'épitaphe de Godefroid de Bouillon. Sa narration est trop

importante pour la tronquer, et ne pas la reproduire en entier. — « Sunt in illis (les deux mausolées de Godefroid et
» de Baudouin) congrua incisa latinis litteris epitaphia : quæ
» quamvis tùm apud alios, tùm in pluribus Terræ Sanctæ
» itinerariis descripta inveniantur, quæ tamen ego vidi non
» fuerunt ex originalibus fideliter transcripta : vel quia qui
» transcripserunt, non viderunt, vel quia qui viderunt nequiverunt, vel ob inopiam temporis et defectum considera-
» tionis necessariæ, quoniam odio Græcorum partim demolita
» sunt, ad verbum, et ut verè sunt, describere ; nos quibus
» tempus et consideratio non defuit, curavimus illa iisdem
» characteribus quibus incisa sunt hic tibi adscribere, et sunt
» ut sequitur :

» HIC JACET INCLYTUS DUX GODEFRIDUS DE BULLON (1) QUI TOTAM
» ISTAM TERRAM ACQUISIVIT CULTUI CHRISTIANO, CUJUS ANIMA REGNET
» CUM CHRISTO. AMEN. » (T. II, p. 481.)

Il reproduit de la même manière les épitaphes de Baudouin Ier et de Baudouin VII.

Le texte donné par Quaresmius est reproduit dans les mêmes termes par Radzivill, avec cette circonstance que ce dernier n'a pu déchiffrer entièrement, dans l'épitaphe de Godefroid, le mot *cultui* (2), puis, sauf des différences de ponctuation et d'orthographe, par Schweigger, Surius, Deschamps, De Binos, qui omettent le mot *dux*, et par Vanderlinden, Doubdan, Thevenot, Gonzalès, Goujon, Nau, De Bruyn, Flaminius, Morison, Myrike, Schmidt, etc.

---

(1) Il n'est pas jusqu'au nom de Bouillon qui n'ait subi d'étranges vicissitudes. En voici l'orthographe successive : Bollin, Bollon, Bulhon, Billon, Bovillion, Boulion, Boilon, Bilion, Van Billoen, Billion, Bolion, Buglione, Buglono, Bulion, Bolyon, Buillon, Boullion, Boillon, Boilon et Buillum.

(2) *Non omnes dictiones habet quæ legi possint,* dit-il, p 55, epist. II.

Je me suis demandé plus d'une fois comment les voyageurs ont pu éprouver tant de difficulté à déchiffrer cette intéressante inscription : la raison n'en serait-elle pas indiquée par Goujon, qui dit formellement que l'épitaphe de Godefroid de Bouillon se *lisait du côté de la muraille.* Cette phrase ne permettrait-elle pas de supposer que les PP. Franciscains, pour déjouer la malice de leurs ennemis, avaient retourné les tombeaux, de manière à ne présenter à la vue des passants que le côté du triangle qui était dépourvu d'inscription. L'on conçoit dès lors la position gênée dans laquelle devaient se trouver les pèlerins qui voulaient lire les épitaphes. Après en avoir lu quelques mots, ils croyaient s'être assurés que le texte était conforme à celui de l'un ou de l'autre auteur qu'ils avaient entre les mains, et ils le transcrivaient de confiance. Remarquons en effet que les variantes (1) existent surtout à la fin de l'inscription.

Les voici du reste toutes réunies : nous avons imprimé en italique les mots qui s'écartent du texte de Quaresmius.

Zuallart, 1587 :

Hic jacet inclitus Godefridus de *Buillon,* qui totam istam acquisivit cultui christiano ; cujus anima cum Christo *requiescat.* Amen.

Villamont, 1588 ; — Castela, 1600 ; — Fürer, 1621 :

Hic jacet inclitus Godefridus de *Bouillon,* qui totam istam terram acquisivit cultui *divino,* cujus anima *requiescat in pace* (2). Amen.

---

(1) Paquot, dans son article sur *Godefroid de Bouillon,* inséré dans ses *Mémoires pour servir à l'histoire littéraire des Pays-Bas,* s'était déjà aperçu de l'existence de ces variantes, mais ne l'avait signalée que d'une manière insuffisante.

(2) Cette formule était généralement, il faut le reconnaître, celle qui terminait les inscriptions tumulaires. M. A. Schaepkens en fournit maintes preuves dans son intéressante *Notice sur les tombeaux chrétiens :* annales de l'académie d'archéologie, t. vii, p. 108.

Bernardino, 1596 :

Hic jacet inclytus *Gottifredus* de *Buglion*, qui totam istam terram acquisivit cultui *divino, et* cujus anima *requiescat in pace.* Amen.

Jean Van Kootwyck, 1598 :

« Hic jacet inclitus Godefridus de *Bulion* qui totam istam terram acquisivit cultui christiano cujus anima *requiescat in pace.* Amen. »

Beauvau, 1605 :

« Hic jacet inclitus *Godefredus de Bouillon*, qui totam istam terram acquisivit cultui christiano, cujus anima regnet *in* Christo. Amen. »

Scheidt, 1614 :

« Hic jacet inclitus Dux Godefridus de Bullion qui totam istam terram cultui christiano acquisivit, cujus anima *cum Christo requiescat.* Amen. »

Stochove, 1631 ; — Rheinfelden, 1667 ; — Rottier, 1776 :

« Hic jacet inclitus dux Godefridus de *Buillion* qui totam istam terram acquisivit cultui christiano, cujus anima *cum Christo requiescat.* Amen. »

Fauquemberg, 1612 :

« Hic jacet inclitus Godefridus de *Buillon*, qui totam istam terram acquisivit cultui *divino,* cujus anima *cum Christo requiescat.* »

Roger, 1653 :

« Hic jacet inclitus dux Godefridus de *Bovillon* qui totam istam terram acquisivit cultui christiano, cujus anima *requescit* cum Christo. »

Myller, 1755 :

« Hic jacet inclytus dux Godefridus de *Bouillon* qui totam istam terram acquisivit cultui *Christi,* cujus anima *requiescit* cum Christo. »

Mariti, 1760 :

« Hìc jacet inclytus Dux Godefridus de *Bullon* qui totam terram acquisivit cultui Xpano, cujus anima regnet cum XRO. » Le mot *istam* est omis.

Geubels, 1772 :

« Hìc jacet inclytus dux Godefridus de *Bouillon* qui totam istam terram acquisivit cultui christiano : cujus anima regnet cum Christo *in cœlo*. Amen. »

Les doctes auteurs de l'*Histoire littéraire de la France* disent (1) que « Foucher, clerc de Chartres, chapelain et
» historien de Beaudouin, frère de Godefroid, à qui il suc-
» céda, fit une épitaphe pour orner le tombeau de ce pieux
» roi. Mais elle est d'une si grande platitude qu'elle ne mérite
» pas d'être rapportée. On en trouve une autre, commune
» aux deux frères, entre les œuvres de Philippe, abbé de
» Bonne-Espérance, en Hainaut (2) ; en voici une troisième

---

(1) *Histoire littéraire de la France, par des Religieux bénédictins de la congrégation de Saint-Maur*, t. xiii. Paris, 1747, in-4°, p. 610.

(2) Philippi de Harveng, ab Eleemosynâ, secundi abbatis monasterii Bonæ-Spei, ordinis præmonstratensis opera omnia. — *Douai, 1650, in-folio*. On y trouve, p. 802, sous ce titre : *Philippi abbatis varia fragmenta*, et à côté de onze autres épitaphes d'hommes célèbres, celle qui suit :

Epitaphium regum Jerusalem.

« Gentibus expulsis frater prior atque secundus
» Rex in Jerusalem fortis uterque fuit.
» Multa prior, sed plura sequens pro tempore gessit,
» Nàm frater breviter rex fuit, iste diù.
» Hostibus hi quasi fulgur erant, quasi murus amicis,
» Intùs prævaluit pax, gladiusque foris.
» In bello dorsum, pro pace tributa dederunt,
» Non est majores terra secuta viros.
» Ecclesias clerus, plebs urbem, rura coloni
» Implebant, segetes horrea, vina penùs.

» Godefroid et Baudouin, l'un et l'autre rois de Jérusalem, furent d'une
» égale bravoure.

» Le premier fit beaucoup, le second fit davantage, car Godefroid ne régna
» que peu de jours et Baudouin jouit d'un long règne.

» qui nous paraît originale (1) et qui vaut mieux que les deux
» autres :

> » Mirificum sydus, dux hic recubat Godefribus :
> » Ægypti terror, Arabum fuga, Persidis horror,
> » Rex licet electus, rex noluit intitulari,
> » Nec diademari, sed sub Christo famulari :
> » Cujus erat cura Sion reddere sua jura (sic),
> » Catholicèque sequi sacra dogmata juris et æqui :
> » Totum schisma teri, circà se jusque fovere.
> » Sic et cum superis potuit diadema mereri :
> » Militiæ speculum, populi vigor, anchora cleri. »

» Pour l'ennemi, ils étaient la foudre; pour leurs amis, un mur de refuge,
» et la douceur de leur âme était aussi grande que la vigueur de leur bras.

» Après avoir supporté héroïquement le poids de la guerre, ils recherchèrent avec soin les bienfaits de la paix : jamais on ne vit plus grands princes!

» Sous leur règne, l'Eglise s'organisa, les cités se peuplèrent, les campagnes
» se couvrirent de cultivateurs et les greniers publics regorgèrent de moissons
» et de vin. »

(1) Elle est tirée de la chronique de Saint-Bertin, par Jean Delanghe d'Ypres, abbé de ce monastère, plus connu sous le nom d'Yperius, qui vivait dans le xive siècle. Martène et Durand, *Thesaurus novus anecdotorum*, t. III, p. 443. Mais d'où cet écrivain l'avait-il lui-même tirée ? apparemment de l'*Annaliste saxon*, dans le travail duquel elle se rencontre avec quelques variantes et avec le premier vers donné par Adrichomius. Pertz. *Monum. Germaniæ historica*, t. VI ad a. 1100. On la trouve déjà dans une description de la Terre Sainte, transcrite dans le mns. 9826 de la bibliothèque de Bourgogne, et qui semble avoir été écrite sous le règne de Foulques d'Anjou. L'auteur anonyme de cette description dit que ces vers furent écrits sur son tombeau : *In cujus tumulo hi versus scripti sunt*. Etait-il bien informé ? et en faut-il conclure que ces vers furent réellement la première épitaphe du tombeau de Godefroid de Bouillon ?

Adrichomius, comme Jean d'Ypres, l'a reproduite, mais sans se tromper sur le véritable caractère de cette pièce, à laquelle, avec raison, il ne donne pas le titre d'épitaphe : « *Cui principi (Godefrido), ut apud vetustum scrip-* » *torem reperi, quidam hujusmodi epicedium cecinit.* »

L'*epicedium* est pour les funérailles ce qu'est l'*épithalame* pour les mariages.

En la répétant, Dupuis dit erronément que cette épitaphe était placée sur son tombeau. *Histoire de Jérusalem ou explication du plan de Jérusalem et de ses faubourgs*, par l'abbé André Dupuis. Deuxième édition. Liége, 1851.

Sweertius a cru devoir l'accueillir, mais il le fait d'une manière peu correcte, dans son curieux recueil intitulé : *Epitaphia jocoseria, latina, gallica italica, hispanica, lusitanica, belgica, etc.* Coloniæ, 1623, in-12, p. 69.

Adrichomius commence la pièce par le vers suivant :

« Francorum gentis Sion loca sancta petentis, etc. »

Et la termine par ceux-ci :

« Huic virtute pari frater datur associari
» Baldwin insignis gentilibus, et ferus ignis. »

Dans sa *Bibliothèque des croisades*, p. 412, M. Michaud nous a donné une traduction incomplète de cette composition, assurément peu remarquable. J'ai essayé de la traduire plus exactement, et aussi littéralement que possible :

« Cy gît le duc Godefroid, honneur des Latins coalisés
» pour la conquête des Lieux Saints, astre éblouissant, terreur
» de l'Egypte, vainqueur des Arabes, épouvante de la Perse.
» Quoique élu roi, il en refusa le titre aussi bien que le dia-
» dème, ne voulant qu'être l'esclave de Jésus-Christ. Tous
» ses soins se tournèrent vers Sion, qu'il s'efforça de réinté-
» grer dans ses anciennes prérogatives : catholique sincère,
» il ne s'attacha qu'à suivre la voie de la justice et de l'équité,
» à étouffer le schisme et à faire régner le droit autour de lui,
» dans l'espérance de mériter ainsi la couronne céleste. Il fut
» un miroir de bravoure, la force de son peuple, et l'ancre de
» l'Eglise.
» L'illustre Baudouin, brûlant météore, égal en bravoure à
» son frère, mérita d'obtenir sa sépulture à côté de celle de
» Godefroid. »

Quant à la prétendue épitaphe attribuée à Foucher, elle n'est que l'une de ces compositions versifiées que l'on rencontre souvent intercalées dans le texte de cet écrivain, comme chez d'autres chroniqueurs du moyen âge, et elle rappelle certains ouvrages modernes écrits en prose entremêlée de vers.

La voici, du reste :

« Ad caput hoc anni, post captam contigit urbem
» Ad meriti cumulum Dominus tibi, dux Godefride,
» Contigit hoc regnum. Sed tempore non diuturno
» Tu perfunctus eo, naturâ dante, ruisti ;
» Orto sole, semel sub fervescente leone
» Æthera scandisti, lætans Michaële levante. »

« Tes vertus, ô Godefroid, te valurent la couronne, après » la prise de Jérusalem ! mais tu n'eus guère le temps d'en » jouir, car, grâce à la faiblesse de la nature humaine, tu » péris d'une mort prématurée! Sous l'influence perfide du » lion, tu fus appelé au ciel, et grande fut ta joie de voir l'ar- » change Michel en descendre à ta rencontre. »

Il faut reconnaître qu'ici les doctes Bénédictins se sont trompés, que Foucher n'a aucunement voulu composer une épitaphe *destinée à orner le tombeau* de Godefroid de Bouillon, et que c'est Quaresmius qui nous a donné le véritable texte de celle que la plupart des pèlerins ont vue jusqu'à la fin du xviiie siècle sur le cénotaphe de l'illustre duc de Lothier. C'est cette épitaphe que je voudrais voir graver sur son tombeau, si nous avions le bonheur de pouvoir un jour le rétablir dans l'église de la Résurrection.

INSCRIPTION DU TOMBEAU DE BAUDOUIN Ier.

L'épitaphe du tombeau de Baudouin Ier était en vers : c'est ce qui explique l'uniformité avec laquelle les voyageurs, sauf un seul, l'ont successivement reproduite. La voici telle que l'a donnée en *fac-simile* le savant Quaresmius, t. ii, liv. v, p. 481 :

« Rex Baldewinus, Judas alter Machabeus,
» Spes Patriæ, vigor Ecclesiæ, virtus utriusque :
» Quem formidabant, cui dona ferebant
» Cedar et Egyptus, Dan, ac homicida Damascus.
» Proh dolor! in modico clauditur hoc tumulo. »

Le roi Baudouin, autre Judas Machabée, espoir de la patrie, force de l'Église, âme de l'une et de l'autre, que redoutaient le Cédar, l'Égypte, Dan et Damas l'homicide, et à qui ils envoyaient des présents et des tributs; ô douleur! il est enfermé dans ce modeste tombeau.

« Il y a peu d'observations à faire, dit le chevalier Artaud
» de Montor (1), sur l'épitaphe de Godefroid : elle est très-
» simple, mais touchante; en même temps on ne peut louer
» plus complètement un héros de qui on dit *qu'il acquit toute*
» *cette terre au culte chrétien.* L'épitaphe de Baudouin est
» d'un style plus vif, plus animé; les similitudes bibliques,
» les comparaisons héroïques abondent. Le troisième et le
» quatrième vers donnent une idée de l'extension que prit le
» royaume de Jérusalem. Au nombre des contrées qui étaient
» *frappées de crainte*, et qui payaient des *tributs*, dissimulés
» sous le titre de *présents*, on comptait le *Cédar*. C'est une
» contrée de l'Arabie Pétrée, située près des Nabathéens, et
» dont les habitants descendaient des fils d'Ismaël. Les Céda-
» rites vivaient sous des tentes, comme le font encore les
» Arabes qui demeurent dans les mêmes lieux. Ces tentes
» étaient noires, au dire du *Cantique des cantiques*. Les
» Cédarites étaient occupés au transport des marchandises, se
» faisaient conducteurs de caravanes, et menaient en Pales-
» tine leurs agneaux, leurs béliers et leurs boucs, dont ils
» trouvaient un bon débit. (Barbier du Bocage, *Dict. de la géog. de la Bible*. Paris, p. 44.)

---

(1) *Considérations sur Jérusalem*, etc. Paris, 1846, in-8°.

» Il est inutile de dire ce qu'a été, et ce qu'est l'Egypte :
» il paraît que les rois de Jérusalem recevaient des tributs du
» Caire.

« Dan était ainsi appelé de la tribu qui en fit la conquête
» (*Judic.*, cap. XVIII, 2, 25, 29). Dan est souvent nommé
» comme ville frontière à l'extrémité septentrionale de la
» Palestine. A Dan se trouvait l'un des veaux d'or de
» Jéroboam. Appelée *Césarée de Philippe* sous les Romains,
» elle prit sous la domination des Croisés le nom de Panéas,
» et fut détruite par le fameux Nour-ed-Din.

» Damas est une des villes les plus remarquables du monde
» entier. *Homicida Damascus* est une allusion à une tradition
» rapportant, suivant saint Jérôme, que c'est là que Caïn tua
» son frère Abel. »

C'est dans les *Assises de Jérusalem*, édition de la Thaumassière, que je trouve la première reproduction du texte, tronqué, il est vrai, de l'épitaphe de Baudouin Ier. L'auteur anonyme de la relation publiée par Bongars, sous le titre de *Secunda pars historiæ Hierosolymitanæ*, s'était contenté de dire : *Cujus* (Balduini I) *mausoleo epitaphium inscripserunt versibus heroicis conscriptum*.

Le livre des *Lignages deçà mer*, dont l'auteur, dit La Thaumassière, est inconnu, mais vivait du temps de Philippe-le-Bel, et demeurait vraisemblablement dans le royaume de Chypre, a également donné à sa manière l'épitaphe de Baudouin.

Lorsqu'on songe aux vicissitudes qu'a éprouvées l'épitaphe de Godefroid de Bouillon, l'on ne peut assez s'étonner de la fidélité avec laquelle tous les voyageurs, Myller excepté (1), nous rapportent celle de son frère (2).

---

(1) C'est l'épitaphe donnée par Jean d'Ypres que reproduit Myller.
(2) Ainsi qu'il l'avait fait pour Godefroid, Foucher de Chartres, après avoir raconté la mort du roi Baudouin, lui consacre, au chapitre XLIV, quelques

Notre tâche s'en trouve singulièrement abrégée, et nous pourrions passer, sans observation, aux tombeaux des autres rois latins, si quelques auteurs n'avaient cru pouvoir attribuer l'épitaphe qui précède à Baudouin II, dit *du Bourg*.

Les premiers voyageurs se bornent à raconter qu'ils virent à droite en entrant, sous le Calvaire, les tombeaux de Godefroid de Bouillon et de Baudouin. Ainsi s'expliquent Mandeville, De Lannoy, Breydenbach et Fabri, Adrichomius et Bernardino.

Rodolphe de Zuchen dit avec plus de précision que ces deux tombeaux étaient ceux de Godefroid *et de son frère* Baudouin.

P. Adornes dit que le tombeau placé à gauche était celui de Baudouin Ier, frère de Godefroid.

De Ghistelles s'exprime de même, ainsi que Le Huen, le comte de Nassau, P. Desmet, dit Van Steebroek, Jean de Zillebeke, Jacque Le Saige, Jean d'Ehrenberg, F. Noé, Beauvau, Jacques Fauquemberg, Hieron. Scheidt, Bénard, Castillo, Stochove, Vanderlinden, Surius, Doubdan, The-

vers que les auteurs de l'*Histoire littéraire de la France* présentent derechef, t. IX, p. 207, mais à tort, comme une épitaphe :

« Cùm rex iste ruit, Francorum gens pia flevit,
 » Cujus erat scutum, robur et auxilium ;
 » Nàm fuit arma suis, timor hostibus, hostis et illis
 » Dux validus patriæ, consimilis Josue.
 » Achon, Cæraream, Berutum, necne Sydonem
 » Abstulit infandis hostibus indigenis.
 » Post terras Arabum, vel quæ tangunt mare rubrum,
 » Addidit imperio, subdidit obsequio ;
 » Et Tripolim cepit, sed Arsuth non minùs ursit ;
 » Pulchraque præthereà fecit honore rata.
 » Obtinuit regnum rex annis octo decemque
 » Mensibus atque tribus insuper appositis
 » Sex decies Phæbus vervecis viserat astrum,
 » Cùm Bulduinus rex obiit eximius.
 » Octies et decies faciens menses duodenos.
  » Regis habes annos, patriam quibus optimè rexit. »

venot, Gonzalès, Nau, De Bruyn, Antonio, Ladoire, Myller, Geubels, Rotthier et Seetzen (1).

Melchior von Seydlitz est moins positif : « On voit, dit-il,
» parmi les tombes royales, celle du duc Godefroid de Bouillon
» et celle d'un Baudouin, selon l'épitaphe (2). »

Breuning parle d'un tombeau de Godefroid de Bouillon, et ajoute : « Ferner ligt alhier begraben Baldewinus de Burgo,
» der ander dez namens, und dritte köning van Jerusalem :
» dessen grabschrifft lautet also :

Rex Baldewinus Judas alter Machabeus, etc.

« J'ay dit cy-dessus avec le légat Vitriacus (3), lit-on dans
» Zuallart, chap. x, p. 69, que ce dit dernier épitaphe est de
» Baudouyn, premier du nom : quelques autres sont d'opinion
» que c'est celuy du second, à raison qu'il fit la guerre aux
» Egyptiens, Damascéniens et autres, plus que le premier.
» Et selon l'archevêque de Tyr, il semble que ce fut Baudouyn
» le troisième, qui exigea tribut des dits Egyptiens (4). »

(1) L'évêque de Crémone, Sicardi, qui mourut en 1215, s'exprime de façon à prouver que cette épitaphe était positivement celle de Baudouin Ier : « *Anno Domini MCXVIII, rex Balduinus universæ carnis debitum solvit, quùm regnasset annis XVIII. Cui tributa dederunt Cedar et Ægyptus, Dan et Damascus. Et sepultus est in Golgota juxtà fratrem suum ducem Gotefredum.* (Muratori, t. VII, p. 520.)

(2) Unter welchen (gräber) der erste herzog Gottfried von Bulion, und einer Balduinus nach anzeigung der *epitaphium*, geheissen. (P. 472.)

(3) « Eodem anno prædictus rex Balduinus, cujus memoria in benedictione
» erit usquè in perpetuum... viam universæ carnis ingressus, sub Calvariâ, in
» loco qui Golgotha dicitur, honorificè, prout regiæ competit magnificentiæ,
» est sepultus. » (Jac. Vitriac., ch. XXIX, p. 60.)

(4) Guillaume de Tyr dit à la vérité de Baudouin III, quatrième roi, qu'il fut enterré au pied du Calvaire : « *Sepultus est inter prædecessores suos, secùs fratrem, in eâdem lineâ, ante locum Calvariæ...* » lib. XX, c. 33, mais on ne peut aucunement inférer de ce passage que l'épitaphe *Rex Baldewinus, Judas alter Machabeus, etc.*, fût celle de Baudouin III. L'erreur de Zuallart provient de ce qu'il n'a pas réfléchi que Baudouin III avait également dû avoir son mausolée pourvu d'une inscription, comme les autres tombeaux.

Jean Van Kootwyck assure que le tombeau placé à gauche est celui de Baudouin II, troisième roi de Jérusalem : « Quant au tombeau de Baudouin Ier, dit-il, on ne sait où il » se trouve : *sepulchrum injuriâ temporis collapsum quod » sit, ignoratur.* » P. 190.

INSCRIPTION DU TOMBEAU DE BAUDOUIN V.

Tous les voyageurs attestent que le prétendu tombeau de Melchisédech ne portait aucune inscription. Ils sont également unanimes pour attester qu'à l'exception d'une seule d'entre elles, les inscriptions qui existaient sur les tombeaux adossés au chœur étaient illisibles. Celle que nous donne Quaresmius n'a même pu être déchiffrée par tous les voyageurs.

L'abbé De Binos dit formellement que ces quatre tombeaux *étaient dans un tel état de délabrement qu'il n'y put déchiffrer aucune inscription*, et avant lui, Myller ne l'avait transcrite que d'une manière incomplète et fautive.

Dès 1556, Melchior Von Seydlitz avait renoncé à les déchiffrer : après avoir parlé des tombeaux de Godefroid et de Baudouin, et avoir dit un mot de l'épitaphe de ce dernier, il ajoute immédiatement : « *Der andern wiewol ire epitaphii » auch vorhanden, kan man doch die schrift nit mehr lesen » oder erkennen.* » P. 472.

Breuning y va plus rondement ; il rapporte les épitaphes de Godefroid et de Baudouin, et ajoute que les autres tombeaux n'avaient pas d'inscriptions : « *Die überige begrabnussen » haben kein oberschrifft.* » P. 229.

Jean Van Kootwyck rapporte les inscriptions de Godefroid, de Baudouin Ier, de Baudouin V, et il ajoute : « Quant aux » autres, elles ont été consumées par le temps ou détruites » par le fait des Barbares : *epitaphiis vel vetustate, vel tempo-» ris injuriâ, consumptis, vel Barbarorum operâ contritis.*» P. 188.

D'après Gonzalès, l'un des tombeaux adossés au chœur était encore debout, avec son épitaphe, mais on ne pouvait plus y déchiffrer de noms : « 'T eerste... noch bynaer gheheel is, » met zyn epitaphium, maer den naem kan met niet lezen...» P. 427.

La voici, d'après Quaresmius, t. II, p. 484 (1) :

« Septimus in tumulo puer isto rex tumulatus
» Est Baldewinus regum de sanguine natus
» Quem tulit è mundo sors primæ conditionis (2)
» Ut paradisiacæ loca possideat regionis. »

M. Laorty-Hadji l'a traduite ainsi : « Sous cette tombe » repose le septième roi de Jérusalem, du sang royal des » Baudouin. Le sort commun de l'humanité l'a enlevé de ce » monde pour le mettre en possession du paradis. »

Ce tombeau était évidemment celui du jeune Baudouin, que son oncle, Baudouin-le-Lépreux, fatigué des intrigues qui s'agitaient autour de lui, et de la certitude d'une mort prochaine, fit couronner dans l'église de la Résurrection, le 20 septembre 1183, et qui mourut peu de temps après, âgé de huit ans à peine.

Quaresmius semble vouloir laisser la question indécise, car il se demande, t. II, liv. 5, ch. I, p. 484, si ce tombeau est celui de Baudouin IV, qui, couronné à treize ans, décéda cinq ans après, et pouvait être appelé *enfant* à cause de sa mort prématurée, ou Baudouin V, son neveu : « Rex tumulo isto » sepultus, cujus proprium nomen in epitaphio non exprimi- » tur, an est Balduinus IV, septimus Jerusalem rex, de quo » Guillelmus Tyrius, lib. 24 de bello sacro, quem sextum

---

(1) Quaresmius affirme qu'on ne savait lire que l'épitaphe de l'un des quatre tombeaux adossés au chœur : « Unius duntaxat quod est in capite » legitur epitaphium. »

(2) C. Debruyn et Mariti, au lieu de *sors primæ conditionis*, portent *supremæ conditionis*. Cette variante est fautive.

» Jerusalem regem ex Latinis appellat? Puer appellatur quia
» vitam cum morte commutavit anno vitæ suæ 18... an potiùs
» erit Balduinus V hujus nominis, rex et septimus Jerusalem,
» qui verè puer obiit? »

Ce doute ne pouvait guère exister chez un homme aussi savant que le P. Quaresmius. Ces mots *septimus rex* ne peuvent s'appliquer qu'au dernier roi latin enterré dans l'église de la Résurrection : il sera facile de le démontrer.

Godefroid de Bouillon ne reçut et ne porta jamais le titre de roi ; il s'intitule lui-même « par la grâce de Dieu, avoué
» de l'église du Saint-Sépulcre, *gratiâ Dei, ecclesiæ Sancti*
» *Sepulcri nunc advocatus*, » dans la célèbre épître adressée au Saint-Père et à toute la chrétienté, après la bataille d'Ascalon et au retour des principaux Croisés dans leurs pays respectifs.

Baudouin, frère de Godefroid de Bouillon, se fit au contraire sacrer, et prit, dans une foule d'actes qui nous ont été conservés, le titre de premier roi de Jérusalem.

Ainsi, on lit dans les lettres patentes érigeant en cathédrale l'église de Bethléem : « Ipse verò Deo dignus (dux Godefridus)
» sanctæ civitatis gubernator, primo principatûs sui anno
» peracto, Deo propitio tertiâ die sequenti in pace quievit.
» Cui ego Balduinus, ab exultante clero, principibus, et
» populo, *primus rex Francorum* (1). »

Le *cartulaire du Saint-Sépulcre* contient divers actes par lesquels Baudouin II (du Bourg), Baudouin III, Amaury, et Baudouin IV se qualifient respectivement deuxième, quatrième, cinquième et sixième rois de Jérusalem.

---

(1) Guillaume de Tyr, liv. xi, ch. 12. Cet auteur ne manque pas d'appeler Baudouin du Bourg deuxième roi (*secundus Hierosolymorum rex ex Latinis*, lib. xii), et ainsi de suite jusqu'à Baudouin-le-lépreux, dont il fut le précepteur, et avec lequel s'arrête sa chronique : *Sextus Hierosolymorum Latinorum rex fuit D. Balduinus quartus, D. Amalrici illustris memoriæ regis filius*, lib. xxi, c. 1.

Jacques de Vitri, écrivain du milieu du xiiie siècle, dit en termes exprès que Baudouin, frère de Godefroid de Bouillon, fut le premier roi de Jérusalem : « Primus siquidem Latino-
» rum qui regni Hierosolymitani dominium obtinuit, fuit Deo
» amabilis dux Godefridus de Bouillon, per quem Deus ope-
» ratus est salutem et liberationem terræ sanctæ.

» Quo viam universæ carnis ingresso, frater ejus Baldui-
» nus, comes Edessanus, eidem in regno successit. Hic
» primus rex Latinorum Hierosolymitanus fuit : nàm frater
» ejus ubi Dominus spinis coronatus fuerat, regio diademate
» coronari recusavit... Cui successit secundus Latinorum rex
» Hierosolymitanorum Baldovinus de Burgo, consanguineus
» ejus... » Ch. xcv, p. 118.

Schweigger (1) et d'autres ont donc eu tort de dire que cette épitaphe était celle de Baudouin IV, dit le lépreux.

Radzivill, après avoir rapporté l'inscription de Baudouin Ier et celle de Godefroid, dont il mutile le texte, renonça à lire les inscriptions des tombeaux adossés au chœur : « Ego quamvis
» diligenter inscriptiones ejusmodi contemplatus fuissem,
» præter superiùs positas (celles de Godefroid et de Baudouin)
» plura describere non potui. Nam character est antiquus, et
» sepulchra ipsa rupta et mutilata. P. 55, epist. ii. Il ajoute,
» p. 144 : Epitaphia vetustate consumpta legi non possunt. »

« Contre le mur du chœur de l'église, lit-on dans Zuallart,
» p. 168, sont encore des sépultures bien anciennes et haut
» eslevées... desquelles les inscriptions sont fort effacées,
» réservé celle de Baudouyn septième, lequel décéda en en-
» fance... duquel épitaphe la teneur suit (2). »

---

(1) Ein newe beschreibung aus Teutschland nach Constantinopel und Jerusalem, durch Salomon Schweigger, damal dienar am evangelio, etc. Nürnberg, 1608, in-4°.

(2) « *Septimus in tumulo puer hic regum tumulatus...* »

Ce vers est évidemment tronqué : c'est sans doute la faute du typographe, plutôt que celle de l'auteur.

Jean Van Kootwyck s'occupe beaucoup des tombeaux des rois latins, mais il doit être lu avec précaution. En sortant de la chapelle de Saint-Jean, dit-il, on trouve à droite quatre tombeaux de rois : « Egredientibus à dextris quatuor » alia sese offerunt regia sepulchra, muro chori adjuncta, » semifracta partim et lacera, partim comminuta. » P. 188. Nous avons déjà vu qu'il attribue à Baudouin du Bourg le tombeau du frère de Godefroid de Bouillon.

Foulques d'Anjou, ajoute-t-il, p. 190, fut aussi enterré près du mont Calvaire : *Sepulcrum tamen ex confractis quodnam sit, ignotum est.*

Il en est de même, selon lui, quant à Baudouin III : « Quem » etsi juxta prædecessores suos tumulatum verisimile sit, » nulla tamen hodie ejus sepulchri exstant vestigia. »

Il en dit autant d'Amaury : « Juxta Calvariae montem » sepultus : monumentum nescitur. »

Il n'en sait pas davantage sur Baudouin-le-Lépreux : « Corpus ejus in Golgothano templo illatum, et juxta anteces- » sores suos sepultus. De sepulchro tamen, quale ex con- » fractis sit, non satis constat. »

Quant au tombeau du petit Baudouin, nous avons déjà fait remarquer qu'il en rapporte correctement l'inscription.

D'après le baron De Beauvau, « au sortir de cette chapelle » se voient deux autres sépultures de marbre blanc... dont la » première est d'un des enfants (1) de Baudouin (c'est de » Baudouin Ier qu'il vient de parler), l'autre de sa femme (2). »

Beauvau rapporte les trois inscriptions de Godefroid, de Baudouin Ier, et de Baudouin V ; quant à celle qui se trouvait sur le prétendu tombeau de la femme de Baudouin, « l'escri- » ture est tellement gastée, dit-il, qu'on ne la sçauroit lire. »

(1 et 2) Nous avons vu que Baudouin Ier mourut sans enfants, bien qu'il se fût marié trois fois : quant à la question de savoir si l'une de ses épouses a pu être enterrée dans l'église du Saint-Sépulcre, nous l'avons examinée au chapitre II, et nous l'avons résolue négativement.

Bénard vit, en sortant de la chapelle de Saint-Jean l'évangéliste, *belles sépultures de marbre blanc que l'on tient estre d'aucuns roys de Hiérusalem, mais il n'y a aucune épitaphe.* C'est se mettre à l'aise. Avant lui Breuning avait également sauté à pieds joints sur l'épitaphe du petit Baudouin, septième et dernier roi enterré dans l'église de la Résurrection.

Deshayes vit aussi contre le chœur quatre tombeaux *à moitié* brisés : sur l'un de ces tombeaux on lit encore, dit-il, mais avec beaucoup de peine, une épitaphe rapportée par Cotovic (Van Kootwyck), celle de Baudouin V.

Quaresmius, d'après lequel nous avons reproduit l'épitaphe de Baudouin V, mentionne le tombeau de Melchisédech, sans énoncer qu'il ait une inscription, et répète qu'on ne saurait lire que l'épitaphe de l'un des quatre tombeaux adossés au chœur : *Unius duntaxat quod est in capite, legitur epitaphium...*

Vanderlinden rapporte l'inscription du petit Baudouin, mais il ne put déchiffrer les autres.

Surius dit qu'en la chapelle d'Adam, outre les tombeaux de Godefroid et de Baudouin Ier, *on voit une autre tombe de marbre sans escriteau.* Il s'abstient de l'attribuer à Melchisédech, et ne dit mot des inscriptions des tombes placées *contre la closture du grand chœur.*

Thevenot, avant de rapporter l'inscription *septimus in tumulo, etc.*, dit qu'elle ornait l'un des quatre tombeaux adossés au chœur, et dans lesquels étaient ensevelis les *enfants de Baudouin* (1), c'est-à-dire de Baudouin Ier, dont il vient de reproduire l'épitaphe.

De Bruyn rapporte cette même épitaphe sans déterminer le nom du défunt qu'elle concerne : il en donne en outre un

---

(1) Myller commet la même erreur. On ne peut guère soupçonner d'où elle peut provenir.

fac-similé qui confirme l'exactitude de celui qu'a reproduit Quaresmius.

Il résulte de l'exposé qui précède que nous connaissons parfaitement les épitaphes de Godefroid de Bouillon, et des deux Baudouin qui furent le premier et le dernier des rois latins enterrés au pied du Calvaire. Les épitaphes des cinq tombeaux intermédiaires n'ont pas été conservées par l'insouciante histoire : puisse celle de Godefroid, dont le texte est parvenu jusqu'à nous, se perpétuer dans les générations futures, et prendre place parmi leurs plus chers souvenirs.

CHAPITRE V.

CARACTÈRE DES INSCRIPTIONS.

Nous avons donné précédemment le texte de trois inscriptions gravées sur les tombeaux des rois latins de Jérusalem. Quaresmius, t. II, p. 481, et le Dr Tobler en ont donné le *fac-simile*. Mais tandis que Quaresmius a employé les lettres dont on se servait pour l'impression au xviiie siècle, M. Tobler a cherché à restituer à son *fac-simile* le véritable caractère de celles qui étaient en usage au xiie siècle. Pour ce travail, il a spécialement consulté *Seb. Pauli codice diplomatico*, 136, où se trouve une description du sceau des chanoines du Saint-Sépulcre, et la *Topographie de Jérusalem*, par Krafft, où l'on voit un spécimen d'inscription de l'ancien hôpital de Saint-Jean.

Le tombeau de Godefroid de Bouillon qui figure au musée des armures et des antiquités, établi à la porte de Hal, à Bruxelles, et dont de nombreux exemplaires ont été offerts par M. le Ministre de l'Intérieur aux sociétés littéraires du royaume, a été exécuté en pierre de France, en 1849, d'après la gravure de Miglionico : les épitaphes de Godefroid et de Baudouin s'y trouvent gravées en caractères dits gothiques.

L'emploi de ces caractères constitue un anachronisme, en ce que, dans l'opinion générale, ces caractères ne furent en usage qu'après le xii° siècle. Nous pourrions examiner si cette opinion n'est pas trop absolue ; qu'il nous suffise pour le moment d'établir que l'emploi de ces caractères, dans la reproduction des épitaphes de Godefroid et de Baudouin, est une erreur grave pour le moins.

L'architecte qui a commis cette bévue se retranche, paraît-il, derrière Châteaubriand, lequel dit en effet que « les » épitaphes qu'on a lues dans la description de Deshayes sont » écrites sur ces cercueils en lettres gothiques. »

L'illustre écrivain venait de dire que les monuments *gothiques* de Jérusalem se réduisaient à quelques tombeaux, et que les monuments de Godefroid et de Baudouin étaient deux cercueils de pierre, portés sur quatre petits piliers.

Pour M. de Châteaubriand, comme pour une foule de personnes, le terme de *gothique* n'offre rien de bien précis à l'esprit, et paraît propre à désigner tout ce qui n'appartient pas aux purs modèles de l'art grec ou romain.

Dans tout ce qui concerne l'architecture, M. de Châteaubriand est un guide peu sûr : il émet en cette matière les plus singuliers paradoxes, et commet des erreurs manifestes. Il dit sérieusement, par exemple, « qu'il incline à croire que » toute architecture est sortie de l'Egypte, même l'architec- » ture gothique, car rien n'est venu du Nord, hors le feu et » la dévastation ; mais cette architecture égyptienne s'est » modifiée selon le génie des peuples... Elle s'éleva avec les » forêts des Gaules et de la Germanie ; elle présenta la sin- » gulière union de la force, de la majesté, de la tristesse dans » l'ensemble, et de la légèreté la plus extraordinaire dans ses » détails... »

Il dit que « le petit monument qui couvre le Saint- » Sépulcre a la forme d'un catafalque orné d'arceaux semi- gothiques, » engagés dans les côtés-pleins de ce catafal-

» que (1). Sous François Ier, l'architecture grecque se mêla au
» style gothique et produisit des ouvrages charmants. »

Enfin, parlant du sépulcre d'Absalon, il dit que « l'orne-
» ment de ce sépulcre consiste en vingt-quatre colonnes
» d'ordre dorique sans cannelure, six sur chaque fût du
» monument (2). »

Si, pour déterminer les véritables caractères dont se composaient les épitaphes des rois latins, l'on en était réduit aux
énonciations des voyageurs, on se trouverait dans une étrange
perplexité.

De Bruyn dit que les inscriptions des tombeaux étaient *en
lettres gothiques avec des abréviations* et qu'il a jugé le tout
digne d'être dessiné. Il est évident que son fac-similé, malgré
quelques fautes d'orthographe, constate l'existence de caractères romains (3).

Doubdan dit aussi qu'elles étaient gravées en *vieilles lettres
gothiques*.

---

(1) Nous avons déjà relevé l'impropriété de ce terme appliqué à la chapelle du Saint-Sépulcre. Quant aux arceaux *semi-gothiques*, bornons-nous à faire remarquer que cette chapelle fut reconstruite en 1555, comme l'atteste la lettre du P. Boniface, évêque de Stagno, reproduite par Quaresmius, t. II, p. 512, d'après le P. Gretser. Or, c'était l'époque du style *ogival* le plus prononcé.

(2) « Le vicomte de Châteaubriand assigne ces colonnes à l'ordre *dorique*:
» après un examen réitéré et dont le résultat a été confirmé par les observa-
» tions d'un ami, l'auteur (Joliffe) s'est déterminé à restituer ces colonnes à
» l'ordre *ionique*. » (*Lettres sur la Palestine, etc.*, trad. d'Aubert de Vitry, p. 132.)

Le tombeau d'Absalon est orné de quatre colonnes ioniques, sur chacune des quatre faces. Deux de ces colonnes sont engagées, et les autres font pilastre. C'est ce qui a fait dire à MM. de Châteaubriand et de Géramb qu'il y avait vingt-quatre colonnes.

(3) « Het grafschift van een derzelve (graven) zo als het tegenwoordig ge-
» vonden werd, heb ik op hetzelfde plaatje, met dat van Godefroy willen
» vertoonen, zo als ik het, om de oudheid der gottischen letteren en verkor-
» tingen, waardig geacht heb aldaar af te teekenen. » Ch. LIV, p. 287.

Myrike et Myller emploient également cette dénomination, sans doute parce que, selon la juste observation de N. de Wailly, l'on donne ce nom à toutes les écritures qui paraissent difficiles à déchiffrer. — *Eléments de paléographie*, t. I, p. 648. Paris, 1838, in-4°.

Radzivill et Thevet se bornent à dire que les épitaphes étaient en *caractères anciens*.

Castela et Bénard assurent que les inscriptions étaient en lettres romaines, *fort malaisées à lire*, dit le premier, *fort effacées*, dit le second.

Zuallart prétend qu'elles étaient *en lettre antique-lombarde ou romaine bastarde*, et J. Van Kootwyck émet à peu près la même opinion, en employant l'expression *antiquo Logobardorum charactere*; mais Jacques Lesaige, de Douai, avait déjà dit, dès 1518, *qu'elles étaient en lettres latines*, et l'ouvrage érudit, publié par Quaresmius, en 1639, vint prouver que, le premier, Lesaige avait vu les caractères tels qu'ils étaient.

Le P. Quaresmius fut custode de la Terre Sainte de 1630 à 1632, mais il habitait depuis longtemps les Saints Lieux, puisque l'approbation canonique de son ouvrage est datée de février 1625.

« Les tombeaux de Godefroid de Bouillon et de Baudouin
» portent, selon lui (1), de belles épitaphes gravées en lettres
» latines : quoiqu'on les trouve dans maint itinéraire de la
» Terre Sainte, je dois dire que celles que j'ai lues ne sont pas
» conformes aux inscriptions originales ; en effet, les uns ne
» les ont pas vues, les autres n'ont pu les copier exactement,
» soit parce que le temps leur manquait, soit parce que les
» tombes sont en mauvais état, grâce à la haine des Grecs.
» Comme j'avais, moi, tout le temps nécessaire pour bien

---

(1) « Sunt in illis (mausoleis) congrua incisa *latinis litteris* epitaphia. » V. p. 395 ci-dessus.

» examiner ces inscriptions, j'ai voulu prendre l'empreinte
» des caractères dont elles se composent. »

Je trouve dans l'*Histoire de l'état présent de Jérusalem*, par l'abbé Mariti, la note suivante de l'éditeur de 1853, M. Laorty-Hadji :

« Ces trois inscriptions, celles de Godefroid, de son frère et
» de Baudouin V, sont tracées en caractères du douzième
» siècle. On y voit quelques lettres où la forme des bons
» caractères romains est altérée. Elles se confondent ainsi
» l'une avec l'autre. Je ne sais si cet usage tient au mauvais
» goût, ou si on l'a suivi pour ménager la place sur le
» marbre.

» Dans l'histoire que Mariti a publiée particulièrement de
» l'église du Saint-Sépulcre, les caractères de ces inscriptions
» y sont figurés, c'est-à-dire tout à fait semblables à ceux des
» inscriptions originales. »

J'eusse vivement désiré pouvoir confronter le fac-simile de Mariti avec celui de Quaresmius, mais l'*Histoire du temple de la Résurrection* (1) paraît ne pas se trouver en Belgique : du moins mes recherches sont restées infructueuses.

———

Ainsi voilà qui est certain. Non-seulement Quaresmius, le savant, l'exact, le véridique Quaresmius nous assure que les inscriptions étaient en lettres romaines, mais il nous en offre un fac-simile dont l'exactitude, si elle avait besoin d'être démontrée, le serait par un autre fac-simile, moins parfait toutefois, celui de De Bruyn, peintre de profession, et dont, à ce titre, la compétence ne saurait être contestée.

(1) *Histoire du temple de la Résurrection ou de l'église du Saint-Sépulcre*. Livourne, 1787, in-8°.

En voyant le fac-simile de Quaresmius (1), l'on comprend pourquoi Castela disait que les inscriptions étaient en *lettres romaines fort malaisées à lire* : elles fourmillent en effet de *sigles* (2), auxquels il faut être habitué, et dont il n'est pas facile de saisir le sens lorsqu'on est pressé, comme le sont ordinairement les voyageurs, fussent-ils des pèlerins dans l'acception réelle et respectable du mot.

L'on comprend de même l'embarras d'autres voyageurs, et leurs termes : *lettres lombardes, lettres romaines bâtardes, lettres gothiques*, etc.

« La capitale *lombardique*, dit-on, dans le nouveau traité
» de diplomatique (3), t. III, p. 65, n'est à proprement parler
» que la majuscule romaine un peu altérée et revêtue de
» nouvelles nuances... Les Lombards se rendirent maîtres de
» l'Italie, l'an 569, excepté de Rome et de Ravenne. Leur
» domination ne dura qu'environ deux cents ans. Cependant,
» la plupart des écritures qui ont eu cours au delà des monts
» depuis le VIIe siècle jusqu'au commencement du XIIIe, sont
» qualifiées Lombardiques. Romaines d'origine, comme celles
» des Visigoths, des Francs, des Anglo-Saxons et des autres
» peuples du rit latin, elles se distinguent par un goût national
» et par diverses formes qu'elles prirent pendant la révolution
» d'environ six siècles. »

« En fixant au XIIIe siècle, dit M. Natalis de Wailly (*Élé-*

---

(1) Quaresmius donne également en fac-simile une foule d'autres inscriptions éparpillées dans l'église et peintes contre les voûtes, où elles se trouvèrent hors de la portée des dévastateurs.

Ces inscriptions latines, dit M. T. Tobler (*Golgatha*, p. 153), remontent à la domination franque. Elles offrent les mêmes caractères que les inscriptions des tombeaux.

(2) *Sigle* ou *sigla*, mots de la basse latinité, employés dans le Digeste, et qui dérivent de *singulare* ou *singula*. Ils s'emploient aussi pour signifier des abréviations en général.

(3) *Nouveau traité de diplomatique*, par deux religieux bénédictins de la congrégation de Saint-Maur. Paris, 1757, in-4°.

» ments de *Paléographie*, p. 399), le commencement de la
» période *gothique*, on n'a pas la prétention d'indiquer une
» date rigoureuse et invariable (1). Il ne s'agit point en effet
» d'une révolution totale et instantanée, mais de changements
» partiels et successifs, qui ont amené par degrés la métamor-
» phose complète de l'écriture... Il suffisait d'indiquer le
» siècle où l'écriture gothique commença à se manifester
» d'une manière évidente. »

« Selon les Bénédictins, le gothique moderne (2) n'est
» autre chose que l'écriture latine dégénérée et chargée de
» traits bizarres, absurdes et superflus. Cette dénomination
» ne lui fut pas donnée dès le temps de sa naissance, ni lors
» même qu'il exerçait sa tyrannie absolue sur presque toutes
» les écritures de l'Europe. On croyait alors voir des agré-
» ments et des beautés qu'on n'apercevait plus dans la noble
» simplicité des caractères antiques. Mais à proportion que le
» goût de la belle littérature reprit ses anciens droits, on se
» passionna pour les vraies lettres latines, et l'on traita de
» *gothiques* celles qui s'en étaient écartées. Sous la plume
» des premiers restaurateurs des belles-lettres, les caractères
» qu'ils trouvèrent en usage furent déclarés *gothiques* : et
» comme ils ne pouvaient les attribuer aux anciens Romains,
» ils les mirent sur le compte des Goths, qui avaient renversé
» leur empire.

(1) L'on trouve, en effet, à la bibliothèque de Bourgogne, divers manuscrits antérieurs, dont les caractères offrent une certaine analogie avec ceux auxquels on applique la dénomination de gothiques. Ainsi *l'évangéliaire de Stavelot*, mns. du xie siècle, n° 9922, et les *dialogues de saint Grégoire*, mns. du xiie siècle, n° 9916, ce dernier surtout, se rapprochent visiblement de l'écriture dite gothique, mais il est évident qu'entre le règne des caractères romains et celui des caractères appelés gothiques, il devait y avoir une époque de transition pendant laquelle certains manuscrits pouvaient avoir une physionomie équivoque, s'écartant des beaux caractères de la période romaine, avec une tendance visible vers l'écriture barbare qui allait lui succéder.

(2) *Nouveau traité de diplomatique*, t. III, p. 658, art. 3.

» Les premiers littérateurs, partant des écritures dont ils
» étaient environnés pour se transporter tout d'un coup dans
» les siècles les plus florissants de la domination romaine, ne
» pouvaient pas avoir des idées bien justes de la succession
» des écritures. Ils n'en avaient pas étudié les révolutions et
» les métamorphoses.

» Depuis le commencement du xiiie siècle, le gothique
» établit son empire dans tous les Etats d'Europe où l'écriture
» latine était reçue. Durant son cours et celui du suivant, ses
» progrès furent grands et rapides. Mais tandis qu'au xve et
» xvie d'une part, il s'abolissait et perdait tous les jours de
» son crédit, de l'autre il était accueilli favorablement, et
» porté aux derniers excès. »

Les tombeaux des rois latins furent tous érigés dans l'église de la Résurrection pendant les trois premiers quarts environ du xiie siècle. Or, le P. Mabillon, dans son impérissable ouvrage sur la diplomatique, donne au chapitre vi (1), p. 370 et 371, quatre spécimens d'écriture du xiie siècle. En les examinant avec attention, il est facile de s'assurer du premier coup d'œil que les caractères employés à cette époque ne sont aucunement du genre de ceux qu'a choisis l'architecte de 1849, pour le fac-simile du tombeau de Godefroid de Bouillon.

Le même auteur donne, p. 371, un fac-simile de l'extrait d'un ouvrage de Florus, de Corbie, en deux gros volumes (*magnæ molis*), écrits l'an 1164. Cet extrait offre des caractères qu'on eût pu, sans anachronisme, employer pour l'épitaphe de Godefroid de Bouillon, si Quaresmius n'avait eu soin de nous laisser l'empreinte des véritables caractères qui existaient sur les trois tombeaux de Godefroid, de Baudouin Ier et de Baudouin V.

S'il fallait une preuve subsidiaire que les caractères de

---

(1) *De re diplomaticâ*. Paris, 1709. In-folio.

ces épitaphes n'étaient pas du genre dit *gothique*, nous la puiserions dans le sceau que nous a fait connaître M. le chanoine De Ram, et qui se trouvait appendu à la charte de 1096 (1). On peut la consulter dans Miraeus (t. I, p. 77), ainsi que dans les *Acta Sanctorum* (t. II, p. 149); l'authenticité n'en paraît pas contestable.

Par la charte en question, Ida, la pieuse mère de Godefroid de Bouillon, donne, du consentement de ses trois enfants (2), aux moines d'Afflighem, l'église et les dîmes de Genappe, et confirme en outre des donations faites antérieurement par la comtesse.

« La légende, dit Mgr De Ram (n° 5 des bulletins de
» l'Académie, t. XIII), est en écriture capitale latine, qui s'est
» maintenue sur les sceaux jusqu'au XIIe siècle, où elle
» commence à dégénérer en gothique. »

Elle porte :

GODEFRIDUS (3) GRATIA DEI DUX ET MARCHIO.

C'est, d'après Mgr De Ram, le seul sceau de Godefroid de Bouillon qui soit connu (4); les caractères qui s'y trouvent ont dû être ceux qu'on employa pour les tombeaux élevés dans le cours du XIIe siècle à Godefroid et à ses successeurs.

---

(1) L'original de la charte et du sceau a disparu à la vérité. Mgr De Ram ne parle que d'après une ancienne copie, faite d'après l'original qui était conservé dans les archives de l'abbaye d'Afflighem, copie qui a l'avantage de reproduire l'empreinte des trois sceaux attachés à la fin de la charte.

(2) *Filiis meis Godefrido, Eustachio et Balduino mihi cooperantibus.* Ce dernier mot semble exprimer quelque chose de plus qu'un simple consentement.

(3) Cette légende prouve que *Godefridus* et *Godefroid* sont la véritable orthographe de ce nom célèbre, et que, d'une part Godefroi ou Godefroy en français, d'autre part Godifredus ou Gottifredus en latin, en sont la cacographie.

(4) D'oultreman et Malbrancq attribuent à Godefroid de Bouillon deux autres sceaux, dont ils donnent un fac-simile, mais qui sont évidemment supposés. Voir aussi Schrant, *Lofrede op Godfried van Bouillon*, p. 128, et Devaddere, *Traité des ducs et du duché de Brabant*, t. I, p. 309.

Nous connaissons donc non-seulement le texte des épitaphes de Godefroid de Bouillon et de son frère, mais encore les caractères dans lesquels elles avaient été gravées sur leurs tombeaux. Ces caractères étaient romains, sauf les altérations inhérentes à l'époque, et M. Tobler, après Quaresmius, nous en a fourni la représentation exacte et fidèle.

Il n'existe, par conséquent, aucun embarras, de ce côté, pour la reconstruction du tombeau de Godefroid dans l'église de la Résurrection, d'où l'on a bien pu bannir son mausolée, mais non sa mémoire !

CONCLUSION.

Nous avons établi que Godefroid de Bouillon et les premiers rois latins de Jérusalem avaient obtenu pour leur sépulture une place d'honneur dans l'église du Saint-Sépulcre, au pied du Calvaire.

Par la malice des Grecs schismatiques, ces monuments glorieux ont successivement disparu. Non contents d'en avoir poursuivi pendant plusieurs siècles l'anéantissement, les Grecs ont modifié, de manière à la rendre méconnaissable, la place d'honneur où reposèrent ces princes illustres, dont la mémoire n'a pu périr, malgré le succès de ces odieuses et sournoises persécutions. Le souvenir de Godefroid de Bouillon est aussi vif au xixe siècle qu'il l'était dans l'esprit de nos pères, et il n'a pas besoin de monument pour vivre avec le même éclat chez les générations futures.

La Belgique est toutefois intéressée à rétablir dans l'église de la Résurrection le mausolée de son héros : elle a besoin de faire en toute occasion acte de vie, et de protester contre toute obscurité dans laquelle on voudrait la replonger.

Semblable aux monuments dont nous déplorons la perte, la Belgique s'est vue successivement amoindrie, et livrée à toutes les chances d'une destruction totale. La Belgique actuelle n'est plus que l'ombre d'elle-même : elle aussi a vu ses inscriptions effacées, son nom supprimé, son existence menacée ; mais, plus heureuse que les mausolées dont j'écris l'histoire, la Belgique n'a point succombé. Elle a relevé son noble front; elle revendique toutes ses gloires.

Rétablie dans son indépendance, puisse la Belgique restaurer à Jérusalem le tombeau du magnanime Godefroid de Bouillon! Puisse-t-elle y restaurer la chapelle qui porta son nom, et que la gloire du héros de *la Jérusalem délivrée* rappelle de nouveau à l'univers les titres de la Belgique à l'estime de la chrétienté !

Le tombeau de Godefroid devrait être rétabli dans sa forme primitive, telle que la détermine notre compatriote Zuallart (pl. II). Il faudrait le reconstruire en pierre blanche, matière dont il se composait selon toute probabilité, à l'instar des tombeaux de cette époque, ou en pierre bleue des Ecaussines, pour mieux en attester l'origine belge.

C'est au pied du Calvaire, et non ailleurs, qu'il faut le replacer.

Enfin, un prêtre belge devrait chaque jour célébrer le saint sacrifice dans la chapelle de Godefroid de Bouillon, pour le bonheur et la prospérité de la Belgique (1).

Nous allons examiner successivement ces diverses propositions (2).

---

(1) Jean de Wirzburg, dans son Itinéraire de la Terre Sainte (1130), assure que l'on célébrait chaque année à Jérusalem l'anniversaire de Godefroid de Bouillon. « In tertiâ deindè die (post annuam dedicationis festivitatem) anni-
» versarium ducis egregii Gotefridi, felicis memoriæ, illius sanctæ expeditionis
» principis et magistri, *ex Alemannorum stirpe oriundi, tota civitas solemniter
» observat cum larga eleemosynarum in majori ecclesiâ distributione ex
» ipsius adhuc viventis dispositione.* » Pezii thesaur. anecdot. noviss., t. I, p. 483.

(2) L'autorisation de replacer le tombeau de Godefroid de Bouillon, soit au pied du Calvaire, soit provisoirement ailleurs, une fois obtenue, ce monument, parachevé à Bruxelles dans toutes ses parties, serait démonté avec soin et emballé avec précaution dans des caisses qui seraient expédiées directement en Terre Sainte. Un ouvrier habile accompagnerait ce trophée national, et le dresserait de ses propres mains dans l'église de la Résurrection.

Les planches i et ii donnent une idée exacte de ce qu'étaient autrefois les chapelles du Calvaire. La planche iii indique de même les modifications qu'elles ont reçues après l'incendie de 1808, surtout en ce qui concerne les chapelles du rez-de-chaussée.

La place d'honneur où étaient ensevelis les rois latins est devenue entre les mains des Grecs une antichambre, un café, un réfectoire, ou un magasin. Il serait facile, si l'on parvenait à obtenir de l'équité de la Porte la restitution de ce lieu glorieux, de faire disparaître l'ignoble maçonnerie qui a défiguré et rendu méconnaissable l'état primitif des lieux. Il ne faudrait, pour arriver à ce résultat, que démolir et déblayer : les anciennes voûtes, les anciens piliers subsistent encore. Quelques travaux peu coûteux rétabliraient, sinon la crypte primitive, dont parle Quaresmius, au moins la partie qui fut souvent désignée sous le nom de chapelle d'Adam, et que remplace aujourd'hui ce réduit voûté où couchent les pèlerins grecs.

M. l'abbé Lebègue, qui a séjourné à Jérusalem pendant près de six semaines, s'est assuré, d'après mes recommandations, de la possibilité matérielle d'effectuer ces changements désirables.

Comprend-on que ce lieu qui avait reçu une destination spéciale, véritable cimetière royal qui contient encore les ossements des rois latins, ait pu être dénaturé impunément et sans protestation? Conçoit-on que les Grecs, malgré leurs prétentions exclusives à l'orthodoxie, n'aient pas, en leur qualité de chrétiens, et en dehors des égards que méritaient les sépultures royales, respecté le lieu que les anciens écrivains désignaient spécialement sous le nom de Golgotha !

Les Musulmans, qui poussent très-loin le culte des tombeaux, accueilleraient assurément une réclamation formulée par les Catholiques aux fins de déblayer le *campo-santo* des princes qui y furent si honorablement ensevelis pendant le xiie siècle. Je me plais même à croire que la Porte, livrée à ses propres inspirations, rendue à son indépendance, et reprenant toute sa liberté d'action, n'en resterait pas à cette concession réparatrice. Grâce à elle, l'église de la Résurrection, restituée au culte catholique, ne serait plus un bazar de sectes diverses, une espèce de halle où, à certaines époques, la population musulmane elle-même cherche un appât profane à sa curiosité. Rendue au Pontife Romain, l'église du Saint-Sépulcre verrait se déployer de nouveau, sinon les magnificences sacerdotales inaugurées par Constantin-le-Grand et sainte Hélène, au moins les splendeurs du culte que les Croisés y rétablirent au nom de l'Europe, alors unie pour son bonheur dans une même communion religieuse !

Que si ce magnifique résultat ne peut être acquis, et s'il faut dans l'intérêt de la paix, admettre les divers cultes chrétiens au partage des sanctuaires, qu'au moins la chapelle de Godefroid de Bouillon renaisse à la lumière, et devienne un témoignage solennel et permanent de notre existence et de la gloire de nos aïeux.

―――

L'idée de rétablir le tombeau de celui que la voix de l'histoire persiste à appeler le premier roi de Jérusalem, ne m'appartient pas.

L'auteur des *Droits légaux et état de la Terre Sainte*, témoin oculaire de l'incendie de 1808, s'écriait avec indignation : « Il faudrait que nous manquions de foi et de respect
» pour des lieux trois fois saints, pour que nous ne cherchions
» pas, autant que possible, à les rétablir dans leur état
« primitif, ou à remplacer les parties qui n'existeraient plus
» par des monuments convenables, attestant la profanation
» commise par les Grecs, *comme aussi à rétablir les tombeaux*
» *de la crypte, et ceux de cinq ou six rois qui étaient hors du*
» *Saint-Sépulcre, du côté du grand chœur*, et dont notre

» Quaresmius a relevé les inscriptions dans son Histoire de la
» Terre Sainte (1). »

Dès 1817, le comte de Forbin réclama en termes chaleureux contre la destruction des tombeaux de Godefroid et de Baudouin (2). Il se plaignait avec raison de l'insouciance des chrétiens de l'Occident, qui ne pensaient point, comme dit Joliffe (3), à faire *rétablir les monuments de ces deux héros européens*.

« Depuis mon retour en Europe, disait M. de Forbin, j'ai
» parlé de cette profanation, et de la facilité de faire rétablir
» ces deux tombeaux, avec aussi peu de succès que j'en avais
» eu auprès du patriarche de Jérusalem (4). »

D'autres voyageurs déplorent la destruction des tombeaux.
« Dans le vestibule de la grande église du Sépulcre, dit
» l'anglican Robinson (5), on nous montra la place où était
» autrefois le tombeau de cet illustre défenseur de la foi
» chrétienne (Godefroid de Bouillon), ainsi que celui de son
» frère Baudouin. Par suite de quelques changements faits par
» les Grecs dans cette partie de l'édifice, après le grand
» incendie de 1808, ces deux sépulcres furent sacrilégement
» enlevés par esprit de parti. A en juger par une gravure de
» ces deux monuments que j'ai vue, ils n'étaient remarquables

---

(1) *Histoire de la Terre Sainte*, par Don Math. Rod. Sobrino, t. II. p. 187. Tournai et Paris, Casterman.

(2) *Voyage dans le Levant en 1817 et 1818*, par le comte de Forbin. Paris, 1819, in-8°.

(3) *Lettres sur la Palestine, la Syrie et l'Egypte, ou voyage en Galilée et en Judée; fait dans l'année 1817*, par J. R. J. (Joliffe); traduit de l'anglais, par Aubert de Vitry. Paris, 1820, in-8°.

(4) M. De Forbin avait eu la singulière idée de s'adresser au patriarche grec *pour lui demander compte de la disparition des deux tombeaux;* mais le patriarche et les archimandrites, ses diacres, se confondirent en politesses et affirmèrent que les tombeaux avaient été détruits par l'incendie, tandis que le feu n'attaqua même pas cette partie de l'église du Saint-Sépulcre.

(5) *Voyage en Palestine et en Syrie*, par M. Georges Robinson, traduction revue et augmentée par l'auteur. Paris, 1838, 2 vol. in-8°.

» qu'à cause des cendres illustres qu'ils renfermaient (1) : *à ce*
» *titre ils auraient assurément dû être respectés par les*
» *chrétiens de toute secte.* »

« Ces monuments, dit le père de Géramb, appartenaient
» aux Latins et cela seul leur était un titre à la proscription.
» Mais que dis-je? ils appartenaient aux Latins!... Non, ils
» étaient la propriété de l'univers catholique, et les destruc-
» teurs porteront la honte de la violation et de l'outrage
» jusqu'à la dernière postérité ! »

« Les tombes de Godefroid et de Baudouin, dit à son tour
» le comte d'Estourmel, par le plus insigne honneur, avaient
» été érigées à quelques pas de celle du Christ. Je les cher-
» chais : on m'a montré deux bancs de marbre à l'entrée
» d'une salle obscure partiquée sous le Calvaire. »

« D'autres Barbares, s'écrie Mgr Mislin après avoir imputé
» l'anéantissement des tombeaux aux Grecs, avaient déjà livré
» aux flammes les dépouilles de ces héros ! »

« Qu'il est fâcheux, dit le comte de Pardieu, qu'on ait
» ainsi laissé ensevelir ces monuments de la gloire *fran-*
» *çaise :* » Il entend par là les tombeaux de Godefroid et de
son frère.

« Les moines grecs ont violé ces tombes, écrit M. Eugène
» Boré... L'ignorance de ce forfait, que nous dénonçons au
» gouvernement français, peut seul expliquer et justifier sa
» patience. »

Enfin, M. Poujoulat termine avec éloquence la série de ces
protestations : « Ces tombeaux, dit-il, étaient comme les
» protecteurs de nos catholiques! Les libérateurs du divin
» sépulcre semblaient défendre encore les gardiens des Saints
» Lieux au milieu de Jérusalem, devenue musulmane, et les
» Grecs trouvèrent beau de se jeter sur ces morts glorieux,
» qui n'étaient plus que de la poussière ! »

---

(1) C'est presque littéralement ce que disait le P. Néret, en 1674.

Le premier Belge qui, après M. de Forbin, songea au rétablissement du tombeau de Godefroid de Bouillon, fut M. l'abbé Claes, aujourd'hui curé à Strombeek-Bever, près de Bruxelles. Dans une lettre écrite d'Alexandrie le 22 janvier 1837 à la *revue de Bruxelles* (1), il en faisait la proposition

(1) *Revue de Bruxelles*, mars 1839, p. 159. En voici le texte :

« Alexandrie (Egypte), 22 janvier 1839.

» De retour en cette ville d'un voyage que je viens de terminer en Palestine
» et en Syrie, il m'est tombé entre les mains, chez M. Blondeel Van Cuele-
» broeck, notre consul général, un numéro de la *Revue de Bruxelles* (avril
» 1838), contenant un abrégé de la vie de Godefroid de Bouillon. Tout Belge,
» jaloux de la gloire de son pays, partagera sans doute les nobles sentiments
» qui ont engagé l'auteur à consacrer quelques belles pages à la mémoire d'un
» de nos plus grands capitaines : mais après avoir rappelé la patrie, retracé
» les exploits, et raconté la fin de Godefroid de Bouillon, j'aurais désiré que
» l'auteur eût jugé à propos d'y ajouter quelques mots sur la déplorable
» destruction du monument qui lui avait été érigé à Jérusalem. Son zèle
» patriotique lui aurait certainement inspiré de vifs accents de regret, en nous
» rappelant que dans l'église du Saint-Sépulcre, où ses dépouilles mortelles
» avaient été déposées, notre héros avait été privé de son tombeau. Ces
» accents n'auraient pu manquer d'avoir leurs échos ; et la patrie, en y prêtant
» l'oreille, se serait, j'en suis sûr, empressée de réparer les torts de l'indiffé-
» rence et de l'oubli. C'est dans ce but, messieurs, que malgré mes faibles
» expressions, je prends la confiance de vous prier de leur donner de la
» publicité, afin que l'on sache qu'il est une tombe glorieuse et nationale qui
» est indignement profanée et qu'il faudrait faire rétablir, pour que le pèlerin
» belge, en visitant le saint tombeau, puisse de nouveau revoir celui de son
» compatriote qui, en nous laissant des exemples de valeur, nous donna aussi
» d'édifiantes leçons de piété. Aujourd'hui, il n'en existe plus rien. Les Grecs
» schismatiques, dont la jalousie contre les Latins est aussi vive que leur haine
» est profonde, ont profité de l'incendie de 1808 pour confondre dans le
» même désastre, et le Saint-Sépulcre, et la tombe qui couvrait les cendres
» de son illustre conquérant. L'époque malheureusement ne favorisait que
» trop leurs coupables projets ; et la politique qui absorbait alors toute l'atten-
» tion de l'Europe, privait les pères de Terre Sainte de l'appui nécessaire des
» puissances chrétiennes. Ces pères oubliés de leurs frères d'Occident et
» n'ayant rien à offrir au grand-seigneur, les Grecs lui présentèrent de fortes
» sommes d'argent, en retour desquelles ils obtinrent un firman qui les auto-
» risait à rebâtir le Saint-Sépulcre sur ses débris négligés, et à célébrer leurs
» erreurs à côté des saints mystères des catholiques : alors leurs mains jalouses

formelle, adressant à ce sujet un chaleureux appel au patriotisme de la Belgique et de son gouvernement.

» qui avaient renversé la tombe de Godefroid de Bouillon, y construisirent
» un pan de muraille pour en faire disparaître jusqu'à la moindre trace :
» ainsi en rebâtissant (1810-1811) le Saint-Sépulcre, ils y supplantèrent en
» partie les catholiques, et en brisant la tombe, ils détruisirent leur plus
» beau titre de possession C'était donc devant une muraille muette que je
» m'arrêtai d'abord avec respect, mais où je sentis bientôt mon cœur navré
» de douleur en songeant que les restes du héros belge, qui reposèrent à mes
» pieds, y avaient été traités d'une manière aussi barbare. Ce n'est pas,
» comme le dit très-bien l'auteur, qu'il soit à craindre que la mémoire de
» Godefroid de Bouillon puisse jamais périr, ou que le pèlerin en visitant le
» Saint-Sépulcre ne se rappelle pas le touchant souvenir du pieux guerrier
» qui en fut le libérateur, mais ce qui doit nous préoccuper, messieurs, c'est
» que l'on tombera bientôt dans une grande incertitude sur la place qui couvre
» ses dépouilles et où fut son monument ; et c'est sous ce rapport que déjà la
» mémoire commence à s'affaiblir, que même parmi les jeunes pères gardiens,
» les renseignements ne sont plus tout à fait d'accord : j'ose vous prédire que
» lorsque les pères Clément et Tryphon, qui sont aujourd'hui les seuls qui
» l'aient vu, ne seront plus, la tradition sur l'exacte indication de cette place
» deviendra de plus en plus confuse et obscure ; et certes ce ne seront pas les
» Grecs qui l'éclairciront. Alors le plus grand zèle pourra échouer devant ces
» nouvelles difficultés ; et l'on ne recouvrera peut-être plus ce petit, mais
» précieux espace dans les saints lieux, dont chaque pouce de terrain est
» disputé avec acharnement aux catholiques par les différentes sectes qui les
» ont envahis.

» Je me suis entretenu de cette affaire avec monsieur le supérieur de
» Terre Sainte, qui se trouve ici dans ce moment : il m'a dit que son prédé-
» cesseur avait adressé, il y a deux ans, une supplique au roi des Français,
» tendant à obtenir par son intercession un firman de la Porte, qui remît les
» pères en possession de la place dont ils avaient été injustement dépouillés ;
» et qu'il y avait ajouté une demande de secours pour les aider à y remplacer
» le monument détruit ; jusqu'ici rien n'a été définitivement décidé : mais si le
» monument de ce grand homme doit être rétabli, n'est-ce pas à sa patrie
» qu'est dévolu le devoir de l'élever ? Et la Belgique où il vit le jour, serait-
» elle assez indifférente pour abandonner ce soin aux étrangers ? Exposerait-
» elle ses enfants, qui feront le pèlerinage de la ville sainte, à ces paroles
» humiliantes que leur compatriote avait été renié par eux ? Non, non ; lors-
» qu'on s'est senti fier de pouvoir prouver aux pères gardiens que Godefroid
» de Bouillon était Belge, et qu'il n'était pas Français, comme ils le croyaient
» là généralement, il répugne d'admettre l'idée que la patrie puisse être ingrate
» envers les cendres d'un homme qui fait aujourd'hui son orgueil, comme il

Tel est aussi le vœu qu'émet M. Tobler dans l'un de ses savants ouvrages sur la Terre-Sainte : « Plaise au Ciel, s'écrie-t-il, que les tombeaux de ces rois héroïques puissent un jour revoir la lumière. — *Möchte der Barbarismus der Griecken einmal gebeugt, und die grabmale der heldenkönige aus tageslicht gezogen werden!....* »

Il n'y a du reste qu'une voix sur cette scandaleuse destruction.

« Lorsque les moines grecs, dit M. Laorty-Hadji (1), ont » restauré la partie du temple qui avait été incendiée, ils » était jadis la gloire de nos pères; cette gloire, dit Michaud, qui est aussi » un bien réel pour une nation, car les grands souvenirs fondent l'existence » des peuples comme celle des familles, et sont la plus noble source du » patriotisme.

» En vous priant, messieurs, d'insérer ma lettre dans votre estimable » recueil, j'ai l'espoir qu'elle fixera l'attention de quelques véritables amis de » l'honneur national, qui pourront engager le gouvernement à s'intéresser » à l'exécution d'un projet qui, à l'étranger, doit lui donner un nouvel » éclat. Nous avons à Constantinople et à Alexandrie des agents actifs qui » s'empresseraient de traiter cette affaire auprès des deux cours. Notre » consul général qui travaille ici avec le zèle le plus ardent aux intérêts gé-» néraux de la Belgique, et qui a su, par les nobles qualités qui le distinguent, » attirer la bienveillance de Méhémet-Ali, autant que la reconnaissance des » voyageurs belges qui ont passé par Alexandrie, ne laisserait pas, j'en suis » persuadé, échapper l'occasion de donner une nouvelle preuve de patriotisme, » pourvu que monsieur le Ministre des affaires étrangères voulût bien l'y » autoriser. Ses réclamations, couronnées de succès, nous mettraient d'abord » en possession de la place où reposent les cendres de Godefroid de Bouillon, » et ensuite on pourrait ouvrir une souscription pour subvenir aux frais d'un » nouveau monument.

» Je pars après demain pour Constantinople où je recommanderai aussi » l'objet de la présente à monsieur Achard, notre chargé d'affaires.

» Agréez, messieurs les Directeurs, l'assurance de ma considération distinguée.

» Votre très-humble serviteur,

» L'abbé P.-J. Claes. »

(1) *La Syrie, la Palestine et la Judée*, pèlerinage à Jérusalem et aux Lieux Saints. Paris, 1853, in-8°, p. 144.

» ont détruit ces tombeaux. Jalousie vaine et impie qui a
» bien pu faire disparaître des inscriptions gravées sur
» quelques pierres, mais non pas arracher les pages de
» l'histoire qui instruisent le monde catholique que Godefroid
» de Bouillon et Baudouin ont conquis le Saint-Sépulcre
» et le droit pour leurs ossements d'être déposés au pied du
» Calvaire. »

En 1841, M. Achart, alors premier secrétaire de la légation belge à Constantinople, adressa au ministre des affaires étrangères une note (1) relative au projet sur lequel

(1) *Annales de l'Académie d'archéologie de Belgique*, t. VI, p. 387. Voici le texte de la note de M. Achart ; elle porte la date du 24 janvier 1841 :

« Lors de l'incendie qui éclata en 1808, dans l'église du Saint-Sépulcre, à
» Jérusalem, disparurent les tombeaux de Godefroid de Bouillon, de Baudouin
» son frère et de leurs cinq successeurs. A la place de ces monuments s'élève
» aujourd'hui une muraille construite peut-être de leurs débris. Les Musul-
» mans ne sont pour rien dans cette profanation. Elle doit être attribuée à
» l'impuissance des Latins et à la rivalité des schismatiques grecs et armé-
» niens. La Porte témoigne aujourd'hui le plus grand désir d'entretenir des
» relations de bonne amitié avec les États chrétiens.

» Elle tolère partout, avec un libéralisme exemplaire, les divers cultes qui
» se partagent son vaste empire, et les principes de tolérance trouvent une
» garantie nouvelle dans l'esprit qui a dicté la charte publiée récemment à
» Ghul-hané. Il n'est donc pas à craindre que le gouvernement de Sa Hau-
» tesse refuse d'accorder les firmans nécessaires pour rétablir le tombeau de
» Godefroid, si on les demande avec les précautions convenables, en ayant
» soin de ne mentionner que le pèlerin et nullement le guerrier conquérant.
» Peut-être même la Porte saisira-t-elle avec empressement l'occasion de
» faire acte d'autorité dans un pays soustrait longtemps à son obéissance.

» Le monument a été décrit par plusieurs voyageurs. Il en existe même des
» dessins. C'était une table de marbre revêtue d'une inscription et soutenue
» par quatre colonnes. L'on jugera sans doute convenable de le rétablir dans
» sa simplicité. Il ne faut ni matériaux, ni statue, pour ne pas exciter la
» cupidité ou alarmer la foi musulmane, ennemie des images. Du fer ou du
» granit, voilà ce qui convient. Le monument pourrait se construire en Bel-
» gique, et un des bâtiments de l'État irait le déposer dans un port de Syrie,
» d'où il ne s'agirait plus que de le transporter à Jérusalem.

» Les pères latins de Terre Sainte, à la honte de la chrétienté, se trouvent
» réduits à un état de pauvreté extrême. Depuis longtemps les subsides fournis

M. l'abbé Claes avait éveillé l'attention publique. Le gouvernement belge ne resta pas sourd à ces appels réitérés. Les départements de l'intérieur et des affaires étrangères s'entendirent pour donner à la légation de Constantinople des instructions qui, jusqu'ici, n'ont pu aboutir à rien.

Espérons qu'un jour les efforts de notre diplomatie amèneront à bonne fin cette patriotique négociation. Alors le nom de celui qui aura obtenu ce résultat, tout à la fois religieux et national, verra son nom inscrit dans les fastes de la Terre Sainte, à côté des Harlay-Sancy, Nointel, de la Haye, Vergennes et autres ambassadeurs du roi très-chrétien, qui obtinrent à diverses reprises les actes de réparation qu'exigeaient les continuelles usurpations des schismatiques.

Ce fut en 1342 que le roi de Naples, Robert-le-Sage, et sa femme Sanche d'Aragon obtinrent du Soudan d'Égypte que les sanctuaires de la Palestine fussent placés sous la tutelle des Pères Franciscains (1).

En 1517, la Terre Sainte, ainsi que la Syrie, devint la conquête de l'empereur Sélim; le traité conclu entre son successeur et François Ier mit les Saints Lieux et les religieux, gardiens des sanctuaires, sous le protectorat de la couronne de France.

» par l'Espagne et le Portugal leur manquent, et la France semble vouloir les
» oublier.

» La Belgique catholique ferait un acte de charité qui retentirait dans tout
» l'Orient, en venant en aide à ces religieux, si recommandables par leur
» dévouement et l'hospitalité qu'ils exercent. Accorder aux pères de Terre
» Sainte quelques secours réguliers, à la condition de veiller à l'entretien du
» tombeau de Godefroid, serait peut-être le meilleur moyen d'en assurer la
» conservation. Ce monument deviendrait ainsi leur hypothèque.

» Bruxelles, le 24 janvier 1844.

» Le secrétaire de la légation,
» ACHART. »

(1) C'est ce que constate parfaitement la bulle de Clément VI, *Gratias agimus gratiarum omnium largitori*. Dans son écrit, si remarquable d'ailleurs, sur la *question des Lieux Saints*, le P. Boré nous paraît s'être étrangement mépris sur la portée et le caractère réel de cette bulle.

Les premières usurpations des Grecs datent de 1757 : ce n'est pas qu'on n'eût pu remarquer antérieurement des tentatives d'empiétement, mais jusqu'alors les droits de possession ou de garde n'avaient souffert aucune lésion majeure, et malgré quelques firmans obtenus de loin en loin par les chrétiens dissidents, les sanctuaires restaient toujours et sans partage confiés aux religieux latins.

Le hatti-chérif impérial de 1757 porta une première et vive atteinte à leurs priviléges : chaque année, depuis cette époque, vit les catholiques perdre quelques-unes de leurs saintes prérogatives. L'on était en plein xviiie siècle, et la France avait bien autre chose à faire vraiment que de continuer les nobles traditions. Mme de Pompadour régnait, et s'occupait de l'expulsion des Jésuites !

Enfin, l'incendie de 1808, survenu au milieu des guerres qui décimaient l'Europe, devint pour les Grecs une excellente occasion de faire valoir des prétentions nouvelles : elles furent toutes accueillies, et la spoliation des Latins fut à peu près complète.

Le 25 mars 1842, feu le comte Amédée de Beaufort, inspecteur général des beaux-arts, et propriétaire du domaine de Baisy, adressa au ministre de l'intérieur, M. Nothomb, une nouvelle note rappelant la proposition de M. Achart, la nécessité de rétablir le tombeau de Godefroid, et l'honneur qui en résulterait pour la Belgique. L'homme d'Etat distingué qui tenait alors le timon des affaires belges (1) ne pouvait être

(1) C'est à M. le baron de Nothomb, actuellement envoyé extraordinaire et ministre plénipotentiaire de S. M. le roi des Belges à Berlin, qu'on doit l'érection de la statue de Godefroid de Bouillon, dont il sera parlé ci-après. Ce fut lui qui en inscrivit le projet dans le budget de 1843 et le défendit vigoureusement, soutenu par M. le comte Félix de Mérode, dans la séance de la chambre des représentants, du 22 décembre 1842. La section centrale en avait proposé provisoirement l'ajournement, par des scrupules de comptabilité

insensible à la gloire de Godefroid : il insista vivement auprès de son collègue des affaires étrangères pour que la diplomatie préparât les voies à la restauration du mausolée, si fatalement détruit lors de l'incendie de 1808.

En 1845, quelques personnes cherchèrent à fonder un comité (1) spécialement chargé de réunir les fonds nécessaires à la restauration du tombeau de celui qu'on appelle toujours le premier roi de Jérusalem. Ce comité chercha, mais en vain, à compléter la pensée qui avait présidé à l'arrêté royal du 20 novembre 1843, par lequel une somme d'environ 100,000 francs était consacrée à la statue équestre que nous admirons sur la place royale de Bruxelles.

Le 15 août 1848, la capitale fut témoin d'une noble et imposante cérémonie : la statue de Godefroid, l'un des chefs-d'œuvre de Simonis, était découverte en présence des ministres du Roi et de S. A. R. Mgr le duc de Brabant, au milieu des applaudissements d'une foule immense. Dans le discours que prononça à cette occasion le comte Félix de Mérode (2), président de la commission du monument, on remarque la phrase suivante : « Il nous appartient de procurer dans
» l'église du Saint-Sépulcre, à Jérusalem, le rétablissement
» des tombeaux modestes, mais grands malgré leur simpli-
» cité, que la catastrophe de 1808 et la mauvaise volonté
» des Grecs en ont fait disparaître. Je n'hésite pas à espérer

---

et tout en approuvant l'idée d'*élever un monument à ce héros chrétien, l'une des figures historiques les plus imposantes du moyen âge,* paroles de M. P. de Decker, plus tard ministre de l'intérieur.

(1) *Annales de l'Académie d'archéologie de Belgique,* t. VI, p. 387.

Ce comité était composé du comte Félix de Mérode, ministre d'État, de M. Gilles de 'S'Gravenwesel, actuellement sénateur, du comte d'Argenteau, archevêque de Tyr, et de l'auteur de cet ouvrage. Le comte de Mérode est mort à Bruxelles, le 7 février 1857 : la perte irréparable et prématurée de cet homme illustre que recommandaient toutes les vertus, jointes à un esprit supérieur, a été l'objet d'un deuil national et des plus patriotiques manifestations.

(2) Voir le *Moniteur belge,* du 16-17 août 1848, n° 229-230.

» que notre administration supérieure s'empressera avec
» un zèle patriotique d'appliquer activement son influence
» à cette restauration qui mérite toute sa sollicitude. »

Ce fut le dernier vœu officiellement énoncé en faveur du rétablissement du mausolée de Godefoid ! Plusieurs années se sont écoulées depuis. Qu'il reste au moins, avec la statue de notre illustre compatriote, comme une protestation contre la prolongation d'un état de choses qui fait honte à la chrétienté tout entière !

———

Que de fois nos princes se firent un honneur d'entourer les sanctuaires de la Terre Sainte de leur protection (1), et d'y consacrer une portion des largesses que la Providence leur permettait de faire !

Charlemagne est le premier des princes belges qui ouvre la liste des bienfaiteurs des Lieux Saints. L'un de ses immortels capitulaires, dont le texte est malheureusement

(1) Depuis la première édition de cet ouvrage, leurs Altesses Royales Mgr le duc et Madame la duchesse de Brabant se sont rendus en Orient, la santé du prince ayant paru rendre ce voyage désirable. Les vœux et les prières de toute la Belgique accompagnaient les illustres voyageurs qui, après un certain séjour au Caire, voulurent aller honorer les Saints Lieux et passer la grande semaine au pied du saint Sépulcre. Ils arrivèrent à Jaffa, le 27 mars 1855, sur une frégate à vapeur que le vice-roi d'Egypte avait fait mettre à la disposition de l'héritier présomptif du trône de Belgique : leur arrivée coïncidait avec celle de la caravane des pèlerins belges et français, organisée par le comité de Paris. Depuis plusieurs jours, le chancelier de Mgr Valerga, le Consul de Belgique, le R. P. Custode, et le premier officier du pacha de Jérusalem se trouvaient au port pour les attendre. Le 30 mars, le duc et la duchesse atteignirent la ville sainte, et y furent reçus avec un cérémonial inusité par le patriarche et son clergé, auxquels s'étaient joints le pacha, le patriarche arménien, l'évêque grec, et le grand rabbin. Depuis les revers des Croisés, la Palestine n'avait pas été témoin d'une manifestation aussi solennelle.

Leurs Altesses Royales ne quittèrent Jérusalem que le 9 avril, après avoir édifié toute la population, tant latine que dissidente, et avoir donné au monde catholique un exemple digne d'être imité.

perdu, et qui porte la date de 810, avait pour titre : *De eleemosinâ mittendâ ad Hierusalem, propter ecclesias Dei restaurandas.* Nous avons déjà rappelé, p. 188, qu'Eginhard et le moine de Saint-Gall mentionnent des présents envoyés par l'Empereur au Saint-Sépulcre et à l'église de la Résurrection. Cette mention est répétée en d'autres termes par plusieurs chroniqueurs, et je lis dans les annales de Metz (1) que l'an 800, il expédia à Jérusalem un prêtre attaché à sa maison, nommé Zacharie, qu'il chargea d'une somme considérable destinée aux Lieux Saints. Zacharie revint auprès de l'Empereur avec deux envoyés de l'évêque de Jérusalem qui lui envoyait, en guise de bénédiction, les clefs de l'église de Jérusalem et celles de la ville elle-même, ainsi qu'un étendard. C'est à cette dernière circonstance que l'on doit apparemment la fable des mêmes clefs envoyées en hommage à Charlemagne par Aaroun-al-Raschid.

« En 1478, le P. Jean Tomacelli renouvela la charpente
» de l'église avec des sapins que lui amenèrent des galères
» vénitiennes, et la couvrit de plomb ; admirable travail, dit
» M. E. Boré, qui subsiste encore aujourd'hui (1850), et
» qui fut achevé aux frais du duc Philippe de Bourgogne,
» le même dont le cœur a été déposé près des restes de
» Godefroid de Bouillon (2). »

(1) « Ann. 799. Eodem anno monachus quidam de Hierosolymis veniens,
» reliquias multas attulit Regi ex parte Patriarchæ Hierosolymitani.
 » Ann. 800. Rex absolutum Hierosolymitanum monachum misit et cum eo
» Zachariam presbyterum de palatio suo, et per illum multam pecuniam misit
» per illa sancta loca, ubi Dominus noster corporaliter est conversans........
» Zacharias presbyter cum duobus monachis, uno de monte Oliveti, altero de
» Bethleem, Romam venit, quos Episcopus Hierosolymitanorum ad regem
» direxit ; qui, benedictionis causâ, claves sepulchri Domini ac loci Calvariæ,
» claves etiam civitatis cum vexillo detulerunt. Quos rex benignè suscipiens
» aliquot dies secum detinuit et mense aprili remuneratos absolvit. » *Annales Francorum Metenses.* Duchesne, t. III, p. 164, in-folio. Voyez également les *Annales du moine de Saint-Gall et celles de l'abbaye de Fulde.* Duchesne, t. II, p. 40 et 539.

(2) M. Boré n'est pas le seul qui place le cœur de Philippe-le-Bon à côté

« Nous nous fîmes montrer, dit Stochove, les ornements
» du Saint-Sépulcre, qui sont très-beaux et très-riches :
» il n'y a princes de la chrétienté qui n'y aient envoyé
» quelque présent, mais il n'y en a point qui esgalent ceux
» de notre roy, lequel, entr'autres ornements et joyaux, y

des tombeaux des rois Latins ; on lit dans Quaresmius ce qui suit : « Non abs
» re erit hìc adnotare quòd in chronicis Hollandiæ legitur de duobus Burgun-
» diæ principibus. In primis verò anno Domini 1467, 15 junii, obiit Philippus
» primus, dux Burgundiæ 26, comes Hollandiæ, ætatis suæ 73, qui seriò
» testamento filiis suis mandavit inter cætera, ut sui corporis intestina sepe-
» lirentur apud S. Donatianum ; cor verò monilibus aureis et argenteis ab
» episcopo Atrebatensi exornatum et cupro inclusum, multis nobilibus comi-
» tantibus, Jerosolymam delatum fuit, datis fratribus minoribus ibidem regiis
» muneribus : nàm quia ea loca vivens semper cordi habuit, suæ dilectionis
» argumenta etiam in morte manifestavit. Ità chronica Hollandiæ, divis. 29,
» cap. 54.
» Deindè Philippus, dux Burgundiæ 29, comes Hollandiæ, Burgi in castilliâ
» obiit anno ætatis 28, sept. 26, Domini 1560. Severè mandans cor suum
» sepeliri in Jerusalem, ubi jàm pridem sepultus fuerat cor Philippi I, abavi
» sui. » Ibid., div. 22, cap. 23.

Le P. Goujon (1671) rapporte le même passage, mais ajoute immédiatement
que, quoique étant supérieur au Saint-Sépulcre et ayant fait chercher partout
ce trésor, même dans les lieux les plus retirés, il ne put rien découvrir, après
avoir fouillé en outre les registres et les inventaires.

Zuallart rapporte aussi, d'après le P. Francisco Soriano, alors gardien du
Saint-Sépulcre, « que le duc Philippe ordonna qu'après sa mort son cœur
» serait porté avec six mille ducats, pour estre employéz en achapt de rentes
» pour dotter le dict monastère et subvenir aux nécessitéz et aliment des reli-
» gieux et pèlerins, *mais sa volonté ne fust effectuée,* car l'évesque qui les
» portoit, acheminant à Venise, en fut dissuadé pour estre lors l'armée des
» Turcs devant Négropont, tellement qu'il ne passa pas plus avant que Rome,
» où il fist honorablement poser le dict cœur en l'église de Saint-Pierre. »
Liv. III, p. 48.

A la page 44 de l'*Histoire de la Toison d'Or,* par le baron de Reiffenberg
(Bruxelles, 1830, in-4°), on lit que, désolé de n'avoir pas accompli son vœu
et parti pour la Terre Sainte, Philippe-le-Bon aurait légué aux Frères-
Mineurs de Jérusalem son cœur et une rente annuelle de 4,000 ducats. Le
fait serait tiré du *Defensorium sacerdotum,* par Christophe Scheurlus, dont je
n'ai pu me procurer l'ouvrage. Ce prince aurait en outre, d'après le même
Scheurlus, envoyé au chapitre de Saint-Pierre, à Lille, son portrait en costume
de pèlerin de Jérusalem.

» a envoyé une lampe d'argent d'une extraordinaire grandeur
» et pesant entre les sept et huit mille onces d'argent. Ils
» (les religieux) ne se servent qu'une fois par an de ces beaux
» ornements et de ces précieux joyaux ; le reste de l'année
» ils les tiennent cachés soubs terre. » P. 369.

Pierre Desmet, dit Van Steebroeck (1505), raconte que l'église du couvent de Sion (1) est remarquable par de magnifiques tapis donnés par Philippe, duc de Bourgogne, et qui portent ses armes. Breydenbach (1583) confirme ce fait, en disant qu'il admira les mêmes tapis, ainsi que d'autres ornements précieux, rehaussés d'or : il ajoute que le duc fit aux religieux latins, tant qu'il vécut, une rente annuelle de mille ducats.

Zuallart, p. 48, parle aussi de cette rente : « Frère
» Franciscus Sorianus, qui estoit père gardien du monastère
» du Mont-Syon, l'an mil-quatre-cent-quatre-vingt-cinq et
» y avoir résidé plus de quatorze ans, dit en son livre que
» l'église que fist bastir Sainte-Hélène avoit de longueur
» cent coudées et cinquante de largeur..... mais que de son
» temps n'en restoit en pied que le chœur et le Saint-Cénacle,
» ayant esté le surplus jetté par terre par les Sarrasins en une
» fureur, ou émotion populaire, l'an mil-quatre-cent-soixante ;
» aussi que depuis le duc Philippe de Bourgogne, surnommé
» le Bon, fist restablir cette église, avec le monastère, donnant
» aux frères religieux de Saint-François, résidens en iceluy,
» par aumosne, mille ducats de rente, outre et par-dessus
» quatorze mille ducats que lui avoit cousté cette opération
» laquelle rente il a payé tant qu'il a vescu. Il donna aussi

(1) Ce couvent, qui contenait le Cénacle, était alors habité par les Frères-Mineurs, et c'est de là que provient le titre de leur supérieur : *Révérendissime Père Gardien du Saint-Sépulcre et de la montagne sacrée de Sion, Custode de la Terre Sainte.* Les Franciscains en furent chassés en 1501, sous prétexte que le mont Sion était une position fortifiée qui pourrait servir aux chrétiens, s'ils tentaient un jour de reprendre Jérusalem! On en a fait une mosquée. Quaresmius, t. I, p. 52.

» au monastère de riches tapisseries, dont on use encore
» ès-jours plus solennels pour aorner le lieu du Sainct-
» Sepulcre. »

Philippe-le-Bon fonda aussi à Ramla, ville où s'arrêtaient habituellement les pèlerins d'occident, un hospice à leur usage : cet hospice existe encore aujourd'hui. Pierre de Smet, dit Van Steebroeck, rapporte qu'il y logea en 1505.

Ce prince magnifique, que les Orientaux appelaient le grand-duc d'Occident, médita longtemps une nouvelle croisade. Selon plusieurs manuscrits qui provenaient du prieuré de Rouge-Cloître, situé dans la forêt de Soignes, à Auderghem, près de Bruxelles, les princes chrétiens et même le roi de Perse lui adressèrent à ce sujet des lettres et des ambassades (1).

Dès 1421, il avait chargé Guillebert de Lannoy, l'un des principaux seigneurs de sa cour, d'une ambassade qui avait pour but de pressentir les intentions des princes chrétiens sur une nouvelle croisade à entreprendre contre les infidèles.

En 1429, il institua à Bruges, à l'occasion de son mariage avec Isabelle de Portugal, l'illustre Ordre de la Toison d'or, qui est encore aujourd'hui le premier des ordres de chevalerie. Il n'est pas téméraire de comprendre le désir d'aider la Terre Sainte parmi les divers motifs qui contribuèrent à cette fondation. L'on trouve, en effet, ce qui suit dans le préambule des statuts de l'ordre : « *Scavoir faisons à touts présens et*
» *advenir que, pour la très-grande et parfaicte amour que*
» *nous avons au noble estat et ordre de chevalerie, dont, de*
» *très-ardente et singulière affection, désirons l'honneur et*

---

(1) L'on peut consulter à ce sujet une note du chevalier Marchal : *Bulletin de l'Académie royale de Belgique*, t. XI, p. 170. Anselme Adornes, de Bruges, qui avait reçu de Philippe-le-Bon plusieurs missions diplomatiques importantes, fut chargé en 1473 par Charles-le-Téméraire d'aller complimenter le roi de Perse, en société du patriarche d'Antioche.

» *accroissement, par quoy la vraye foy catholique, l'estat de*
» *notre mère saincte Eglise et la tranquillité et prospérité*
» *de la chose publicque soient, comme estre peuvent, deffen-*
» *dues, gardées, et mainstenues, etc.* »

Jules Chifflet ne veut voir primitivement dans l'ordre de la Toison d'or, dit M. de Reiffenberg, qu'un moyen de venir au secours de l'Eglise, *qu'une espèce de croisade permanente*, et il se prévaut du témoignage d'Olivier De la Marche (1) et de George Chastelain, qui, dans un poème encore inédit, s'exprime ainsi, en s'adressant à Philippe :

« Mais n'est d'oubly le haut eslevement
» De la Thoyson, haulte et divine emprise
» Que, pour confort ayde et reparement
» De nostre foy, au long proposement,
» Tu as mis sus, divulguée et emprise,
» Soubs aultre grand religion comprise,
» Touchant honneur et publicque équité,
» Pour estre mieux envers Dieu acquitté. »

A quoi se rapportent ces vers de l'épitaphe du même prince :

« Pour maintenir l'Eglise, quy est de Dieu maison,
» J'ay mis sus le noble Ordre qu'on nomme la Thoyson. »

En 1433, il engagea Bertrandon de la Brocquière, son premier écuyer tranchant, à rédiger le pèlerinage qu'il avait fait en Terre Sainte, en 1432 (2).

Retenu quelque temps à Jérusalem par une maladie, La Brocquière y forma le hardi projet de revenir en France par

---

(1) Liv. I, ch. 15 : *Discours de l'évêque de Verdun au chapitre de la Toison-d'or, tenu à Gand en* 1446.

(2) *Voyage d'outremer et retour de Jérusalem en France par la voie de terre, pendant le cours des années 1432 et 1433*, publié par Legrand d'Aussy, avec un discours préliminaire. — Mémoires de l'institut national de France, t. V, an. XII.

la voie de terre. C'était s'engager à traverser toute la partie occidentale de l'Asie, ainsi que toute l'Europe orientale, et toujours, excepté vers la fin du voyage, à travers la domination musulmane. L'exécution de cette entreprise paraissait alors impossible ; néanmoins La Brocquière l'exécuta et revint en 1433 se présenter au duc, sous le costume sarrasin qu'il avait été obligé de prendre, et avec le cheval qui avait fourni cette traite étonnante. Une aventure si extraordinaire ne pouvait manquer de faire à la cour un grand effet. Le Duc voulut que le voyageur en écrivît la relation. « On y trouve, dit Legrand d'Aussy, p. 453, un long
» morceau sur la force militaire des Turcs, sur les moyens
» de les combattre vigoureusement, et quasi avec une armée
» médiocre, mais bien conduite et bien organisée, *de pénétrer*
» *sans risques jusqu'à Jérusalem*. Assurément, un épisode
» aussi étendu et d'un résultat aussi important, est à remar-
» quer dans un ouvrage présenté au Duc et composé par
» ses ordres, *et l'on conviendra qu'il n'a guère pu y être*
» *placé sans un dessein formel et une intention particulière.* »

Un autre seigneur de la cour des ducs de Bourgogne, le sire de Wavrin, qui était né dans le Hainaut vers la fin du xive siècle, avait aussi visité la Palestine dans la même intention.

Jean de Torzelo avait rédigé un long rapport, daté de Florence le 16 mars 1439 : cette pièce fut envoyée à Philippe-le-Bon, qui la fit traduire par Bertrandon de la Brocquière, et ce dernier ainsi que Wavrin furent appelés à émettre leur avis sur le travail de Torzelo.

Dans le même temps, Jean Mielot, chanoine à Lille, traduisit en français (1), par ordre du duc, dont il se qualifie

---

(1) Manuscrits de la bibliothèque de Bourgogne, nos 7250 et 7251. — V. Saint-Genois, *Les voyageurs belges*, t. i, p. 206. — Reiffenberg, *Bulletin de l'Académie royale*, t. xi, 1re partie. Le voyage de Brochart a été imprimé pour la première fois dans le *Rudimentum novitiorum*. Lubeck, 1475, 2 vol. in-fol.

le translateur ordinaire, le voyage du dominicain Brocard, dit le Teutonique, et appelé Brochart par les Français. Ce dernier, qui était parti pour la Terre Sainte, en 1308, ayant longtemps séjourné outre-mer, avait voulu aider de sa plume le roi de France, Philippe de Valois, lors d'une croisade projetée en 1330, de concert avec le pape Jean XXII.

Constantinople succomba sur ces entrefaites et fut prise d'assaut, avant que Philippe-le-Bon eût pu exécuter les projets qu'il méditait.

Peu de mois après ce douloureux événement, il rassembla à Lille, le 17 février 1452, toute la noblesse de ses Etats, et par une fête célèbre dont Olivier de la Marche offre le récit fidèle (1), il chercha à frapper l'imagination chevaleresque de ses invités.

Le jour du banquet étant arrivé, la magnificence du prince qui fut admirée, dit La Curne de Sainte-Palaye, dans la multitude et l'abondance des services, éclata surtout dans les spectacles, connus alors sous le nom d'entremets (2), qui rendirent la fête plus amusante et plus solennelle tout à la fois.

On vit paraître dans la salle diverses décorations; des machines, des figures d'hommes et d'animaux extraordinaires, des arbres, des montagnes, des rivières, une mer, et des vaisseaux. Tous ces objets, entremêlés de personnages, d'oiseaux et d'autres animaux vivants, étaient en mouvement dans la salle ou sur la table, et représentaient des actions

---

(1) Olivier de la Marche, *Mémoires sur la maison de Bourgogne.* Paris, 1842, in-8°, ch. 29, liv. I, p. 488-504. — La Curne de Sainte-Palaye, *Mémoires sur l'ancienne chevalerie,* t. 1, p. 185.

(2) Ces divertissements avaient été imaginés pour occuper les convives dans l'intervalle des services d'un grand festin, dans l'entre-deux d'un mets ou service à un autre mets, d'où ce mot *entremets*. Le festin offert en 1378, à Paris, par Charles V, à l'empereur Charles IV et à son fils Wenceslas, roi des Romains, devait avoir quatre services de quatre-vingts plats chacun, mais le roi en fit retrancher, à la prière de l'empereur qui était indisposé.

relatives au dessein que le Duc avait formé. On ne peut imaginer sans étonnement quelle devait être l'étendue de cette salle, qui contenait une table si spacieuse, ou plutôt un vaste théâtre, avec tout le terrain nécessaire pour faire mouvoir tant de machines et tant de personnages, sans compter la multitude des convives et la foule des spectateurs.

Tout à coup entra un géant, armé en sarrasin de Grenade et vêtu à l'antique; il conduisait un éléphant qui portait un château dans lequel était une dame éplorée et vêtue de longs habits de deuil, en forme de religieuse ou de femme dévote. Quand elle se vit dans la salle au milieu de l'assemblée, elle récita un triolet pour ordonner au géant d'arrêter : mais celui-ci, la regardant d'un œil fixe, continua sa marche jusqu'à ce qu'il fût arrivé devant la table du Duc. Dans ce moment, la dame captive qui représentait la religion, fit une longue complainte en vers sur les maux qu'elle souffrait sous la tyrannie des infidèles; elle se plaignit de la lenteur de ceux qui devaient la secourir et la délivrer. Cette lamentation finie, Toison d'Or (roi d'armes de l'Ordre de ce nom), précédé d'une longue file d'officiers d'armes, portant sur le poing un faisan en vie orné d'un collier d'or enrichi de pierreries et de perles, s'avança vers le duc de Bourgogne, et lui présenta deux demoiselles, dont l'une était Yolande, fille de ce prince, et l'autre Isabeau de Neufchâstel, fille du seigneur de Montaigu, chacune accompagnée d'un chevalier de la Toison d'or. En même temps, le roi-d'armes offrit au duc l'oiseau qu'il portait au nom des mêmes dames qui se recommandaient à la protection de leur souverain, *afin*, disent les auteurs de la relation, *de se conformer aux anciennes coutumes suivant lesquelles dans les grandes fêtes et nobles assemblées on présente aux princes, seigneurs et nobles hommes un paon, ou quelqu'autre noble oiseau, pour faire des vœux utiles aux dames et demoiselles qui implorent leur assistance* (1). Le duc, après avoir attentivement écouté la requête du roi d'armes, lui remit un billet dont la lecture fut faite à haute voix, et qui contenait la promesse la plus formelle de porter la guerre chez les infidèles pour la défense de l'Eglise opprimée. Le vœu du duc fut un signal auquel toute la cour, le comte de Charolais, son fils, en tête, répondit par d'autres vœux diversifiés à l'infini : chacun tendait à signaler son courage contre les Turcs par quelque exploit rare et singulier, soit seul, soit avec un autre chevalier qui faisait le même vœu, peut-être en vertu de quelqu'une de ces associations ou fraternités d'armes si communes au moyen âge. Tous s'imposaient des pénitences arbitraires, qu'ils juraient de continuer jusqu'à l'entier accomplissement de leur vœu. Les uns, par exemple, devaient ne point coucher dans un lit ; les autres, ne point manger sur nappe ; ceux-ci, s'abstenir de viande ou de vin certains jours de la semaine ; ceux-là, ne porter jamais certaines parties de leur armure, ou la porter jour et nuit, et quelques autres, se vêtir d'étamine ou de haire, etc.

La conclusion des vœux fut célébrée par un nouveau spectacle. Une dame vêtue de blanc, en habit de religieuse, et portant sur son épaule un rouleau dans lequel était écrit en lettres d'or GRACE-DIEU, vint remercier l'assemblée, et présenter douze dames conduites par autant de chevaliers. Ces dames qui figuraient différentes vertus, dont chacune portait son nom sur l'épaule dans un billet ou brevet, devaient être les compagnes de voyage pour en assurer le succès. Elles passèrent successivement en revue, remettant l'une

---

(1) Le plus authentique de tous les vœux était celui qu'on appelait le vœu du paon ou du faisan. Ces nobles oiseaux représentaient parfaitement, par l'éclat et la variété de leurs couleurs, la majesté des rois et les superbes habillements dont les monarques étaient parés pour tenir leur cour plénière, et ils servaient de but aux chevaliers qui s'exerçaient à la course des chevaux et au maniement de la lance.

après l'autre leur brevet à Grâce-Dieu, qui en faisait la lecture, et récitait à chaque fois un couplet de huit vers.

Il n'est point hors de propos de les nommer ici, pour faire encore mieux connaître quelles vertus constituaient le véritable et parfait chevalier : foi, charité, justice, raison, prudence, tempérance, force, vérité, largesse, diligence, espérance et vaillance étaient leurs noms; *et toutes enfin commencèrent à danser en guise de mommeries, et à faire bonne chère pour remplir et rachever plus joyeusement la fête.*

Cependant le grand duc vieillissait. Il ne désirait plus que la paix et le repos, mais la seule chose qui l'occupait encore, dit David (1), c'étaient son vœu de 1453 (2), et la promesse faite au souverain pontife de secourir les chrétiens d'Orient. Il fallut toutefois y renoncer : Louis XI ne cessait de l'en dissuader, et puis les chagrins domestiques y mettaient également obstacle. En 1458 néanmoins, Martin Vilain, issu de l'illustre maison de Gand, partait encore pour la Terre Sainte, avec un sauf-conduit en date du 10 janvier et avec une suite de dix personnes, probablement pour une mission confidentielle.

Lorsqu'en 1459, le pape Pie II convoqua dans Mantoue une assemblée de princes chrétiens pour former une ligue contre Mahomet, le duc ne manqua pas d'y envoyer ses ambassadeurs, à la tête desquels était le duc de Clèves. (Legrand d'Aussy, *Voyage de Bert. de la Brocquière*, p. 455.)

En 1464, Philippe équipa encore douze galères, et les envoya dans la Méditerranée avec un nombre suffisant de vaisseaux de transport et dix mille hommes de troupes d'élite. Cette flottille se dirigea vers Ancône, qui était le lieu de réunion indiqué pour ceux qui devaient prendre part à la croisade.

---

(1) *Manuel de l'histoire de Belgique*, t. II, p. 288.

(2) Ce vœu se trouve littéralement transcrit au chap. xxx des *Mémoires* d'Olivier De la Marche.

Tout à coup la mort du saint-père, Pie II, qui parlait de se mettre à la tête de l'expédition, vint arrêter l'entreprise, et le retour de la flotte belge fut désastreux. Après avoir été fort maltraitée par la tempête, elle arriva à Marseille au commencement de 1465 : de là les troupes, décimées par les misères et les maladies, retournèrent par terre aux Pays-Bas. Ce fut pour le vieux duc une nouvelle source de chagrins, dit M. de Barante (1).

Vers la même époque, le grand-maître de l'Ordre de Saint-Jean, Raimond Zacosta, ayant jugé nécessaire de construire un nouveau fort pour la défense de la ville et du port de Rhodes, sérieusement menacés par les Turcs, l'établit sur des rochers fort avancés dans la mer et n'épargna rien pour le rendre inexpugnable. Philippe, à qui il communiqua son dessein, fournit 12,000 écus d'or pour y contribuer. Les chevaliers, par reconnaissance, placèrent ses armes sur les flancs de cette forteresse, qui fut appelée la tour de Saint-Nicolas (2). Jean Adorne, dans son intéressant *Itinéraire* de 1470, nous apprend qu'à cette époque on l'appelait *la tour du duc de Bourgogne* (3).

Les largesses de Philippe étaient vraiment inépuisables. L'église de Bethléem possédait une toiture vieille de trois siècles et qui devait être renouvelée : ce fut au duc de Bourgogne qu'on dut les bois nécessaires à cette réparation, qui ne fut terminée qu'après sa mort, en 1482. Malheureusement, l'ancienne toiture était en bois de cèdre et de cyprès, tiré du Mont-Liban : cette fois, on dut se contenter de bois

---

(1) *Histoire des ducs de Bourgogne.* Edit. de Reiffenberg, p. 240, 250 et 266.

(2) *Histoire des chevaliers hospitaliers de Saint-Jean de Jérusalem,* par l'abbé de Vertot. Paris, 1726, in-4°, t. II, liv. 7, p. 257. — Item, *Istoria della sacra Religione ed illust. Militia di San Giovanni Gierosolimitano,* di Jacomo Bosio. 2 vol. in-folio. In Roma, 1594, t. I, p. 229.

(3) *Anselme Adorne,* par M. E. De la Coste. P. 232.

de pin venant de l'Allemagne et travaillé par les Vénitiens (1).

Philippe-le-Bon mourut à Bruges, en 1467. S'il fallait une preuve de la sincérité qu'il apporta constamment dans l'accomplissement de son vœu de 1453, je la trouverais dans ce passage très-positif de Georges Chastelain, qui raconte, ch. 28, III° part, qu'en 1464 le duc *pour mettre à effet son vœu et servir Dieu de son pooir, prestement après les vœux faits, ordonna de ses affaires, rompt son ostel, donna congié à une grant part de ses gens pour deux ans, ordonna du mariage de son fils, du gouvernement de ses pays et seigneuries, et de toutes aultres choses appartenant à nécessité, à honneur et de salut, et feignant d'aller seulement en Bourgoigne, ou privée mainie, s'embla de ses pays à ceste intencion glorieuse, sçaichant véritablement que quand il se trouverait devant l'empereur, qui l'avait mandé et requis de venir vers ly pour ceste matière, et que l'on verrait qu'il tireroit pays aveucque le dit empereur pour aller à Constantinople, tout le monde et tous les nobles de ses pays le sievraient, à veux et sans veux, et ce ne lesseraient pour nulle riens.*

Arrivé à Ratisbonne, Philippe-le-Bon n'y trouva pas l'empereur, et toutes ses sollicitations auprès des princes de l'empire furent vaines. *Aussy*, continue Chastelain, *ce je moustre que tousjours depuis incessamment et aussi de grant voloir, le dernier jour que le premier s'y est porté, moustré et offert comme ung vray noble chevalier, comme ung prince véritable et dévot crestien, seul entre les princes regnans solliciteur de ceste œuvre.*

M. de Barante n'hésite pas à lui rendre le même témoignage

---

(1) *Bethlehem in Palestina*, von Dʳ T. Tobler. St-Gallen, 1849, in-8°. — Mariti assure qu'en 1492, l'église de Bethléem fut de nouveau réparée par Ferdinand et Isabelle de Castille, mais M. Tobler doute de l'exactitude du fait.

dans la belle *Histoire des ducs de Bourgogne*, t. VIII, p. 4, 26, 340 et 381.

Charles-le-Téméraire ne fut pas indifférent aux affaires d'Orient : il est même probable qu'il concourut au moins de ses deniers aux armements du Souverain Pontife et de l'Ordre de Saint-Jean contre les Turcs. Nous voyons même au mois de mars 1473 (vieux style) un personnage important de sa cour, Anselme Adorne, baron de Cortwick, partant de Bruges, avec une suite nombreuse et brillante, comme ambassadeur auprès du roi de Perse. Déjà, le Pape y avait dépêché, au nom du duc Philippe, et sans doute de concert avec lui, Louis de Boulogne, revêtu du titre de patriarche d'Antioche; familiarisé avec l'Orient par un premier voyage dont nous possédons la relation, le baron de Cortwick eût sans doute retiré de grands fruits de son ambassade, mais des événements trop longs à détailler l'arrêtèrent en route (1).

L'empereur Charles-Quint respecta les intentions de son bisaïeul comme l'avaient fait, Fabri l'assure, Charles-le-Téméraire et son gendre Maximilien d'Autriche (2). Ce fut à ses instances, ainsi qu'à ses largesses, que l'on dut en 1555 la reconstruction du petit monument qui recouvrait le Saint-Sépulcre. C'est ce qu'atteste, dans la pièce suivante, le P. Boniface Stephano, évêque de Stagno, qui fut chargé de cette reconstruction (3) : « L'année de notre salut 1555,

---

(1) *Anselme Adorne,* par M. E. De la Coste. P. 294.

(2) « Felicis recordationis quondàm dux Burgundiæ Philippus censu annuo
» mille ducatorum subsidio, dùm vixit, pro suâ salute ad loca sancta contulit
» devotione, ac Fratrum Deo ibi servientium sustentatione. Quod et filius ejus
» Carolus, dùm fuit in humanis, etiam fecit. Sed et successor ejus modernus,
» Dominus illustrissimus et victoriosus, dux Austriæ et Burgundiæ, Maximi-
» lianus, nunc recenter rex gloriosissimus Romanorum creatus, ipsum idem
» suorum imitatus exemplum prædecessorum in ducatu Burgundiæ, transmit-
» tens fratribus consueta subsidia. » *Evagatorium Terræ Sanctæ,* t. III, p. 348.

(3) Frater Bonifacius Stephanus, Dei dono et apostolicæ sedis gratiâ, Stagni

» comme le petit monument si célèbre qui recouvre le
» Saint-Sépulcre de Notre-Seigneur, et qui avait été construit
» par sainte Hélène, mère du grand Constantin, menaçait
» ruine et s'était déjà même écroulé en grande partie, au
» grand détriment de la piété chrétienne, le pape Jules III
» (que Charles-le-Quint, empereur des Romains, et son
» illustre fils Philippe engagèrent par leurs prières à entre-
» prendre cette œuvre), déplorant la perte imminente de
» cet édifice, nous commanda expressément à nous qui,
» dans ce moment, étions revêtus de la charge de préfet
» apostolique et de gardien du couvent de Saint-François
» à Jérusalem, de faire réparer au plus tôt ce lieu saint
» tombant en ruines : ce dont nous pressa aussi l'illustre
» seigneur François Vargas, ambassadeur de Sa Majesté
» Impériale auprès de la république de Venise, en nous
» assignant, au nom de l'empereur, des sommes considéra-

Raccusini episcopus, universis has litteras inspecturis salutem in Domino sempiternam.

Cùm anno salutis nostræ MDLV fabrica illa celeberrima ab Helenâ, magni Constantini matre, jam olìm structa, D. N. J. C. sepulchrum in orbem claudens, non sine christianæ pietatis injuria, ruinam minaretur, ac jam ferè collapsa esset. Julius papa tertius (quem ad hanc rem perficiendam æterni nominis ac perpetuæ memoriæ invictissimus Carolus quintus Romanorum Imperator, nec non Deo gratus Philippus ejus filius inclytus precibus pulsarunt), instantem ruinam dolens, nobis qui id temporis conventûs sancti Francisci de observantiâ Jerosolymis præfectum apostolicâ auctoritate agebamus, obnixè præcepit, ut sacrum collabentem locum quàm primùm refici instaurareque curaremus ; id quod illustrissimus quoque Dominus Franciscus Vargas, cæsareæ majestatis tunc apud Venetos instaurator, non minori studio, ut perficeretur, urgebat, magnâ ad operis illius constructionem pecuniæ summâ Imperatoris nomine nobis assignatâ. Quare Solimanni Othmani, Turcarum regis, priùs ad id factâ nobis copiâ, quam magnis difficillimisque itineribus confectis, summis laboribus et expensis tandem obtinuimus, exoptatum opus sedulò aggressi sumus, etc., etc.

Datum Stagni, in ædibus nostris, sub die 13 maii, anno à Christo nato suprà septuagesimum millesimo quingentesimo.

Jacobi Gretseri, S. J. : *Apologia pro S. Cruce.* T. I, p. 64. Ratisb., 1734, in-folio. — Quaresmius, t. II, p. 542.

» bles pour la construction de cet ouvrage. C'est pourquoi,
» après en avoir obtenu l'autorisation de Soliman Othman,
» empereur des Turcs, autorisation que nous sollicitions
» depuis longtemps, et que nons n'avons obtenue qu'à force
» de démarches, d'efforts, et d'argent, nous nous sommes
» empressés de nous mettre à l'œuvre. »

Ce monument, réparé en 1669 et en 1749, toujours par les religieux latins, fut entièrement reconstruit, lors du fatal incendie de 1808 (1).

Dès son avènement au trône d'Espagne, Charles-Quint s'était intéressé à la croisade dont Léon X s'était fait l'ardent promoteur, et à laquelle cet illustre pontife chercha vainement à associer l'Europe chrétienne. M. Capefigue, dans son *Histoire de François Ier et de la Renaissance*, chap. ix, cite l'extrait d'un *Mémoire concernant le dessein de faire la guerre aux Infidèles*, rédigé par ordre de Charles-Quint, et communiqué à toutes les puissances catholiques, afin de populariser son avènement et de lui donner une empreinte religieuse. Pendant tout le cours de sa brillante carrière, il resta fidèle à la pensée d'une nouvelle croisade, sans jamais pouvoir parvenir à l'organiser.

Philippe II envoya aux Pères de la Terre Sainte un ornement extrêmement riche, en velours noir, sur lequel étaient brodés, en perles fines, de magnifiques dessins de la passion de Notre-Seigneur, et divers personnages de l'ordre de Saint-François (2).

---

(1) Le monument que le P. Boniface attribue à sainte Hélène ne se trouve reproduit avec précision que dans les diverses éditions de Breydenbach : il affichait des formes exclusivement romanes. Le monument élevé en 1555, appartenait au contraire au style ogival : on en trouve une représentation fort exacte chez Dapper, chez Rotthier, et ailleurs. Zuallart et une foule d'autres se trompent en substituant le plein-cintre à l'ogive. Quant au monument qui existe actuellement, tout le monde le connaît, et il donne une bien pauvre idée du talent de l'architecte grec qui dirigea les restaurations de 1810.

(2) Ce sont les ornements dont parle Stochove, de qui nous avons rapporté plus haut les paroles, p. 438.

« Il ne se contenta pas, dit Don Mathias Sobrino (1),
» d'exciter le zèle des fidèles à augmenter leurs offrandes :
» lui-même, après avoir envoyé pour le service du temple
» beaucoup d'ornements et d'autres objets, après avoir fait
» des dons considérables pour la terminaison des travaux,
» assure à perpétuité aux religieux la livraison gratuite et
» annuelle de quarante chariots de froment, qu'il convertit
» ensuite en espèces, en assignant à cet effet une allocation
» annuelle de mille ducats sur les fonds de sa caisse. »

Philippe III et la reine Marguerite, sa femme, ne se bornèrent pas à constituer aux religieux une rente de trois mille ducats : ils donnèrent des calices, des aubes, une lampe d'argent de la plus grande dimension que l'on connût alors, et multiplièrent leurs bienfaits à ce point qu'on disait ordinairement au monastère que *Sa Majesté catholique prenoit Jérusalem pour son Escurial, et que la reine Marguerite s'étoit faite sacristaine du Saint-Sépulcre* (2).

Philippe IV (3) renchérit encore sur la générosité de ses prédécesseurs. Dans le cours de son règne, il fit plus pour l'entretien des Saints Lieux que n'avaient fait les autres princes, dit M. De Géramb, en trois siècles. En 1628, il envoya trente mille ducats pour la réparation du couvent de Bethléem, et de 1640 à 1652, les aumônes qu'en reçurent les Pères furent si abondantes qu'on disait de lui qu'il déposait ses trésors sur le sépulcre de Notre-Seigneur.

« Entre les dons qui, aujourd'hui encore, attirent la
» curiosité des pèlerins, je n'ai pu m'empêcher de remarquer,
» dit le P. De Géramb, avec une sorte d'admiration, les
» aubes, celles entre autres qui ne servent qu'aux jours de

---

(1) *Histoire de la Terre Sainte*, t. II, p. 215.

(2) *Pèlerinage à Jérusalem et au mont Sinaï,* par le P. de Géramb, abbé de la Trappe, p. 166.

(3) Philippe IV ne rentra qu'en 1633 dans la possession des Pays-Bas, cédés par Philippe II, son aïeul, à l'infante Isabelle, d'honorée et pieuse mémoire.

» fête solennelle. Il en est plusieurs qui sont brodées en or ;
» j'en ai vu quelques-unes d'autant plus précieuses, à mes
» yeux surtout, qu'elles furent travaillées par les mains
» impériales de l'immortelle Marie-Thérèse. »

En face de pareilles traditions, le gouvernement belge pourrait-il substituer une sordide indifférence aux patriotiques largesses de nos anciens souverains ! Il me répugne de le soupçonner seulement. Une fois la question du tombeau de Godefroid de Bouillon résolue, je voudrais que nos chambres législatives, sur la proposition du gouvernement du roi, inscrivissent à l'unanimité au chapitre VIII du budget de la justice (culte catholique), sous un n° spécial, un crédit de 5,000 francs, ainsi libellé : *Subside pour un aumônier belge attaché, à Jérusalem, à la chapelle de Godefroid de Bouillon, duc de Lothier* (1).

Chaque jour ce chapelain, chargé d'entretenir cet oratoire, et de veiller à la conservation du tombeau de Godefroid, y offrirait le saint sacrifice ; chaque jour, il appellerait les bénédictions du ciel sur la patrie du pieux guerrier enterré au pied du Calvaire ! Et ainsi se trouveraient liés l'un à l'autre, par le lien indissoluble de la religion, la conquête de Jérusalem en 1099 et notre établissement national de 1830 !

---

(1) Que d'ossements de nos preux dorment dans les monastères du mont Sion et dans la vallée de Josaphat ! et pas un prêtre ne prie sur tant de cendres..... *Comte d'Estourmel*, t. II, p. 65.

FIN.

ERRATA.

P. 104, l. 32. *Ekkardi Uraugiensi chronicon.*

P. 259, l. 34. di S. Francesco.

P. 276, l. 15. Rodolphe de Zuchen.

TABLE DES MATIÈRES.

Introduction. VII

Notice sur Godefroid de Bouillon. 9

Son lieu de Naissance. 15

Fables diverses qui le concernent. 37

Critiques dirigées contre le clergé latin. 53

Quelques mots sur le patriarche Arnould de Rho. 107

Jugement sur Pierre l'ermite. 155

Notice sur les chevaliers du Saint-Sépulcre. 177

Dernières considérations sur Godefroid de Bouillon. 199

Notice sur Baudouin d'Edesse, premier roi. 213

» Baudouin du Bourg, deuxième roi. 221

» Foulques d'Anjou, troisième roi. 224

» Mélisende, régente du royaume. 229

» Baudouin III, quatrième roi. 231

» Amaury, cinquième roi. 233

» Baudouin-le-Mézel, sixième roi. 237

» Baudouin V, septième roi. 241

CHAPITRE I. Chapelle de Godefroid de Bouillon ou d'Adam. 245

» II. Emplacement des tombeaux. 281

» III. Leurs formes et leurs matériaux. 369

» IV. Leurs épitaphes. 385

» V. Caractères des épitaphes. 413

Conclusion. 423

DÉSIGNATION DES PLANCHES :

I. Plan de la chapelle de Godefroid de Bouillon, avant et après l'incendie de 1808. 244

II. Aspect de cette chapelle au XVIe siècle, d'après Zuallart. 246

III. Idem, après l'incendie de 1808. 250

IV. Idem, d'après un livret du XIIIe siècle. 260

FIN DE LA TABLE.

Tournai, typ. de H. Casterman.

www.ingramcontent.com/pod-product-compliance
Lightning Source LLC
Chambersburg PA
CBHW070206240426
43671CB00007B/567